Q&A 実務家が知っておくべき 社会保障

障害のある人のために

佐々木 育子 編著

板野　陽一
小久保 哲郎　著
藤井　　渉
藤岡 夕里子

日本加除出版株式会社

推薦のことば

　この 10 年ほどで，障害者をめぐる法律問題や権利擁護に弁護士が関わる
分野・場面が，急速に拡がってきたように実感している。

　それは，障害者自立支援法訴訟の「基本合意」に基づく障害者総合支援法
の見直し，障害者権利条約の批准に向けた国内法整備（障害者虐待防止法，
障害者差別解消法など）など「障害者の完全参加と平等」に向けた大きな流
れの中で，障害当事者が地域であたりまえに暮らすことが具体的な実践とし
て全国に拡がったことと無縁ではない。そして「完全な法的能力の保障」
（障害者権利条約 12 条）に向けて障害当事者が積極的に権利主張を行うよう
になってきたことも大きい。

　障害者虐待防止，障害者差別解消（障害者雇用を含む），成年後見制度と
意思決定支援，介護支給量保障，障害年金認定，精神科病院退院・処遇改善
請求，触法障害者の刑事弁護（入り口支援）といった専門的な分野だけでな
く，離婚，交通事故，消費者被害，債務問題，遺言や相続，労働問題といっ
た一般的な法律問題とされてきた課題について幅広い対応が求められている。

　弁護士，司法書士，社会保険労務士等の法律実務家には，それらの課題解
決において障害者の特性に十分に配慮することが求められ，また，意識され
るようになってきた。どの課題についても，単に当面のトラブルだけに着目
するのではなく，障害当事者の生活全般を視野に入れ，その中でどのような
方策や社会資源の活用が可能かも踏まえた解決と連携のスタンスが求められ
るようになってきた。

　ところが従来，法律実務家には，障害者の社会保障制度の諸施策の理解や
活用について身につける機会は，養成過程でも，実務研修においても，ほと
んど用意されてこなかった。また，法的課題との関連を意識して，障害者の
社会保障制度を実践的に教える文献にも恵まれていなかった。ともすれば，
それが，障害者の法的課題に取り組むことへの躊躇にもつながったり，適切
な福祉関係機関との連携を妨げる要因にもなっていた。

推薦のことば

　そこに待望の本書が上梓されることになった。本書は，これまで障害者の権利擁護や法律問題に積極的に関わってきた実務家や研究者を執筆陣に迎え，法律実務家の視点とニーズから編まれた法律実務のための障害者の社会保障制度解説の集大成というべき内容になっている。障害者福祉サービスから，医療，就労支援，年金，生活保護，そして最近の虐待防止法や差別解消法，成年後見制度と意思決定支援まで，網羅的に，しかも実践的な視点でまとめられており，多岐にわたる諸制度へのガイダンスとして最適である。

　本書が，これからますます求められることになる障害者の権利擁護や法律問題への支援に，法律実務家が積極的に取り組むためのテキストとして幅広く活用され，その一助となることを期待している。

　　2017 年 9 月

　　　　日本弁護士連合会　高齢者・障害者権利支援センター　センター長
　　　　　　弁護士　青　木　佳　史（大阪弁護士会）

は　し　が　き

　前著「Ｑ＆Ａ実務家が知っておくべき社会保障―働く人，離婚する人，高齢者のために」を発刊して３年が経過したが，この度，その続編として「Ｑ＆Ａ実務家が知っておくべき社会保障―障害のある人のために」を出版する運びとなった。

　「障害」は，偶発的な事情で，ある日突然，目の前に生じる。知的障害のように，生まれつきの障害もあるし，高次脳機能障害のように，病気や事故で後発的に障害が生じるときもある。豊かか貧しいかに関わりなく，行いの良しあしにも関係なく，障害は，誰にでも生じうる身近な問題である。しかし，今の日本は，障害者やその家族にとって，障壁だらけの生きにくい社会であることが否めない。様々な社会的障壁を乗り越え，自立した生活を送っていくために，多くの社会保障の制度を使いこなしていく必要がある。しかし他方で，ほとんどの社会保障の制度は，「申請主義」をとっており，自ら制度を知り，利用したいと申し出なければ，活用することができない。また社会保障は，頻繁に改正される，多くの法律や規則，省令，通達等に拠って運用されており，法律実務家であってもあまり知られていない制度が多い。さらに，障害者が社会の中で様々なトラブルに巻き込まれたとき，労働問題，借金問題，消費者被害や警察に逮捕されたときの対応など，法的に解決していかなければならない課題があるが，相談支援の専門職にとっては，法律のことはよくわからず，十分な支援ができないことも多い。そんな中で，いま抱えている「困っていること」が，どうしたら軽減できるのか，どこに相談したらいいのかについて，全く分からず，解決をあきらめてしまう当事者や家族の姿が後を絶たない。

　本書では，障害者支援の現場でよく相談を受ける56の事例をあげながら，福祉，医療，就労，年金，生活保護，虐待対応等の社会保障の問題，また労働問題，借金問題，成年後見，刑事事件，遺言相続，信託等の法律問題を横断的に取り上げ，わかりやすく，かつ詳細な解説を加えた。最新の情報や数

iii

はしがき

値を盛り込みながら，法律実務家にとっても，相談支援の専門職にとっても，実際に相談現場において，即戦力となる知識を身につけられるように工夫している。

　障害があっても，もちろん，自分らしく，自由で，豊かな暮らしを送る権利がある。そのために障害者支援の現場では，法的課題への正しい取り組み方を知り，様々な社会保障の制度を使いこなす方法を知らなければならない。法律実務家や相談支援の専門職が，十分な知識をもって障害者をエンパワメントしていくこと，そして，障害者とともに，社会の中の障壁と対峙し，必要な人が，必要な社会保障を得られるように強力にバックアップしていくことが，いま求められている。その実践の積み重ねが，障害があってもより豊かな生活を生み出し，社会の障壁を取り除いていく原動力となる。

　本書が，より多くの法律実務家や相談支援の専門職に活用され，ともに協力して障害のある人に寄り添い，問題解決にむけて力強く支援していく手がかりになることを祈念している。

2017 年 9 月吉日

著者を代表して

弁護士・社会保険労務士　佐々木　育子

凡　例

　文中に掲げる法令・判例・文献等については，次のように略記する。

【法　令】

医療観察法……………	心神喪失等の状態で重大な他害行為を行った者の医療及び
（医観法）	観察等に関する法律
行服法………………	行政不服審査法
健保法………………	健康保険法
健保令………………	健康保険法施行令
厚生年金特例法………	厚生年金保険の保険給付及び保険料の納付の特例等に関する法律
厚年法………………	厚生年金法
厚年令………………	厚生年金保険法施行令
バリアフリー新法……	高齢者，障害者等の移動等の円滑化の促進に関する法律
国保法………………	国民健康保険法
国年法………………	国民年金法
国年規………………	国民年金法施行規則
国年令………………	国民年金法施行令
雇保法………………	雇用保険法
雇保規………………	雇用保険法施行規則
児福法………………	児童福祉法
社福法………………	社会福祉法
障害者虐待防止法……	障害者虐待の防止，障害者の養護者に対する支援等に関する法律
障害者虐待防止法施行規則	障害者虐待の防止，障害者の養護者に対する支援等に関する法律施行規則
障害者雇用促進法……	障害者の雇用の促進等に関する法律
障害者差別解消法……	障害を理由とする差別の解消の推進に関する法律
障害者総合支援法……	障害者の日常生活及び社会生活を総合的に支援するための法律
障害者総合支援法施行規則	障害者の日常生活及び社会生活を総合的に支援するための法律施行規則

凡　例

精神保健福祉法………精神保健及び精神障害者福祉に関する法律
精神保健福祉法………精神保健及び精神障害者福祉に関する法律施行規則
施行規則
成年後見制度…………成年後見制度の利用の促進に関する法律
利用促進法
特定商取引法…………特定商取引に関する法律
（特商法）
特定商取引法施行……特定商取引に関する法律施行規則
規則（特商規）
特定商取引法　……特定商取引に関する法律施行令
施行令（特商令）
難病医療法……………難病の患者に対する医療等に関する法律
年金機能強化法………公的年金制度の財政基盤及び最低保障機能の強化等のため
　　　　　　　　　　　の国民年金法等の一部を改正する法律
労基法…………………労働基準法
労災法…………………労働者災害補償保険法
労災規…………………労働者災害補償保険法施行規則

【条　約】
障害者権利条約………障害のある人の権利に関する条約

【判　例】
最判……………………最高裁判所判決
最決……………………最高裁判所決定
高判……………………高等裁判所判決
高決……………………高等裁判所決定
地判……………………地方裁判所判決
地決……………………地方裁判所決定
家審……………………家庭裁判所審判
○○地○○支判………○○地方裁判所○○支部判決

【判例集】
民集……………………最高裁判集民事判例集
訟月……………………訟務月報

凡　例

判時……………………判例時報
判タ……………………判例タイムズ
判自……………………判例地方自治
賃社……………………賃金と社会保障
労判……………………労働判例

【文献等】
生活保護手帳…………『生活保護手帳（2017 年版）』（中央法規出版・2017 年）
告示……………………生活保護法による保護の基準（昭和 38 年厚生省告示第
　　　　　　　　　　　158 号，改正：平成 29 年 3 月 31 日厚生労働省告示第 162
　　　　　　　　　　　号による改正まで）
次官通知………………生活保護法による保護の実施要領について（昭和 36 年 4
　　　　　　　　　　　月 1 日厚生省発社第 123 号厚生事務次官通知，改正：平成
　　　　　　　　　　　29 年 3 月 31 日厚生労働省発社援 0331 第 2 号による改正
　　　　　　　　　　　まで）
局長通知………………生活保護法による保護の実施要領について（昭和 38 年 4
　　　　　　　　　　　月 1 日社発第 246 号厚生省社会局長通知，改正：平成 29
　　　　　　　　　　　年 3 月 31 日社援発 0331 第 4 号による改正まで）
課長通知………………生活保護法による保護の実施要領の取扱いについて（昭和
　　　　　　　　　　　38 年 4 月 1 日社保第 34 号厚生省社会局保護課長通知，改
　　　　　　　　　　　正：平成 29 年 3 月 31 日社援発 0331 第 10 号による改正ま
　　　　　　　　　　　で）
医療扶助運用要領……生活保護法による医療扶助運営要領について（昭和 36 年
　　　　　　　　　　　9 月 30 日社発第 727 号厚生省社会局長通知，改正：平成
　　　　　　　　　　　28 年 10 月 6 日社援発 1006 号第 7 号による改正まで）
別冊問答集……………『生活保護手帳　別冊問答集 2017』（中央法規出版・2017
　　　　　　　　　　　年）
小山……………………小山進次郎『改訂増補版　生活保護法の解釈と運用』（全国
　　　　　　　　　　　社会福祉協議会・1975 年）
「新版注釈民法(1)」……谷口知平・石田喜久夫編『新版　注釈民法(1)総則(1)通則・
　　　　　　　　　　　人』（有斐閣・1988 年）

vii

目　次

目　次

第1章　障害者福祉サービスの知識——————————————— 1

Q1　障害の気付きと幼児期の支援······························· 1

　　私の息子は出生時には特に医師から何も指摘がありませんでした。と
ころが2歳になってからも発語がなく，じっとしていることができませ
ん。保育所を利用するようになってからは他の子どもと比べてしまって，
自閉症なのかなと考え込んだりして，どうしたらいいのかよく分かりま
せん。こういうときはどこに相談したらいいのでしょうか。

Q2　障害児の就学先の決定と特別支援教育····················· 6

　　私の娘は生まれつき脳性マヒの身体障害があり，移動は車いすを使っ
ていました。小学校のときは近所の公立小学校に通って友達もたくさん
できたのですが，地元の公立中学校に進学するときに，市の就学指導委
員会から公立中学校には車いす用のスロープもエレベーターもないこと
を理由に，特別支援学校へ進学するように言われました。県の教育委員
会もこれに応じ，遠方の特別支援学校へ進学するように就学通知を出し
ましたが，娘は支援があれば地元の公立中学校に通うことができると思
いますので，どうしても納得できません。そもそも親や障害をもつ子ど
もには就学先を決める権利はないのでしょうか。

Q3　障害福祉サービスの体系····································· 15

　　特別支援学校を今度卒業する児童についての相談なのですが，実家か
らの児童虐待により，障害児入所施設で育ち，今後も実親からの支援は
期待できない状態です。今後の地域生活の基盤を作っていくために，ど
のようなサービスを利用していくことができるでしょうか。

Q4　障害福祉サービスにおける相談支援と意思決定支援·········· 23

ix

目　　次

　　最近，「意思決定支援」という言葉をよく聞くのですが，これは誰がどのような支援を行うということでしょうか。また障害福祉サービスの計画相談というのは，今までの相談支援や，入所施設や精神科病院等から退所・退院に当たっての地域移行支援・地域定着支援とどのように違うのですか。

Q5　精神科病院からの退院に向けての支援‥‥‥‥‥‥‥‥‥‥‥‥34

　　私は統合失調症という診断を受け，親から，自宅から離れた精神科病院の閉鎖病棟に医療保護入院という形で閉じ込められ，5年以上生活しています。医者や精神保健福祉士（PSW）からは退院可能と聞いているのですが，親の反対で退院できないでいます。病院での生活は管理が厳しく，プライバシーもなく，苦痛で仕方がありません。私が普通に外で暮らすために，どこでどのように住まいを探したらいいでしょうか。

Q6　障害のある人の日中活動の支援‥‥‥‥‥‥‥‥‥‥‥‥‥‥41

　　実家に住む私の妹は，軽度の知的障害があり，今まで両親が全ての面倒を見てきましたが，母親が亡くなった後，父親1人では自分の生活のことも限界があり，父親だけ施設に入ることになりましたので，今後妹1人の生活となる予定です。妹は働いたことがなく，日中何もすることがないので私の目から見ても浪費癖があり，このままでは生活が破綻しないか心配です。今後の妹の生活についてどこに相談したらいいでしょうか。

Q7　依存症に対する支援‥‥‥‥‥‥‥‥‥‥‥‥‥‥‥‥‥‥‥45

　　私の息子は離婚をきっかけにアルコールに依存しています。普段は穏やかなのですが，お酒を飲むと態度が変わって，暴力や暴言がひどくなります。家の中ではお酒を飲ませないようにしていますが，外出した隙に飲んでしまうため，どうしようもありません。朝から酒臭い時もある

目　次

ため，仕事も長続きしません。こういう問題はどこに相談したらいいの
でしょうか。親としては何をしたらいいのでしょうか。

Q8　ひきこもり支援..55
　　　私は地域包括支援センターで働いていますが，関わっている認知症の
高齢者から40歳代のひきこもりの娘さんのことで相談を受けています。
話を聞いてみるとこの娘さんは発達障害ではないかと疑われますが，手
帳も何もなく，他の親戚とも福祉関係者ともつながっておらず，孤立し
ています。こういったひきこもりの人についてはどこに相談し，どんな
支援を受けたらいいのでしょうか。

Q9　累犯障害者への支援..59
　　　私が今度国選弁護人を引き受けた知的障害のある男性ですが，万引き
を繰り返して刑務所に入った経験があり，今回は累犯として重く罰せら
れる可能性があります。原因は家族が浪費を恐れて生活費を渡さないこ
とのようですが，家族も彼のことを見放しており，今度刑務所を出た後，
引受けを拒否しています。今後の彼の生活再建のためにどんな支援が可
能でしょうか。

Q10　障害者総合支援法と介護保険法の関係................................63
　　　私の弟は知的障害があり障害者のサービスを使っていましたが，65歳
以上ということで介護保険のグループホームに入所することになりまし
た。弟はまだ66歳なので，他の入居者が80代の高齢者ばかりで話が合
わないようであり，月に1回か2回気晴らしに外出することを望んでい
ます。グループホームでは対応できないということだったのですが，障
害者の福祉サービスを使って外出支援を受けることはできないでしょう
か。

xi

目　次

第2章　障害者に必要な医療の知識―――――――――69

Q11　健康保険の基本的な仕組み――――――――――69
　障害のある人が健康保険を使うには，どのような手続が必要ですか。もし入院や手術で高額な医療費がかかる場合にはどのような保障を受けることができるでしょうか。またもし健康保険料を滞納した場合にはどんなリスクがあるでしょうか。

Q12　重度心身障害者に対する福祉医療――――――――83
　重度心身障害者の福祉医療とはどんな制度でしょうか。利用するのにどのような手続が必要ですか。また精神障害者福祉手帳2級でも利用できる市町村もあると聞いたのですが，市町村によって対象者は変わるのですか。

Q13　指定難病の場合の医療費助成―――――――――――86
　私の姉には知的障害があるのですが，次第に腰が曲がってきて，手が震えるようになり，病院で診てもらったところ「パーキンソン病」と診断されました。パーキンソン病については医療やリハビリを受ける際に，どんな助成が受けられますか。特定医療費（指定難病）受給者証はどこでどのような手続をしたらよいのですか。

Q14　自立支援医療――――――――――――――――――90
　私は離婚によって鬱状態となり，夜も眠れず，仕事もできず，食事ものどを通りません。しかし，ただでさえ私や子どもの生活費を親に負担してもらっているため，病院に通うお金を親に求めることができません。こんな場合に，気兼ねなく通院できるように利用できる制度はありますか。またその場合，医療費はどのくらい安くなるのですか。

Q15　医療費が払えない場合～医療扶助と無料低額診療――94
　私は民生委員をしていますが，私の担当地区の60歳の単身女性から，

xii

股関節の変形が悪化し歩くのが難しいのに，年金が少なくて入院代や手術代を出せないという相談を受けました。この人はもともとけがで左腕が不自由ですが身体障害者の手帳などはとっておらず，障害年金も受けていません。遺族年金額は14万円くらいでぎりぎり生活保護の最低基準を超えており，以前生活保護の申請をしようとしたが受け付けてもらえなかったそうです。このようなときに利用できる制度はありませんか。

Q 16　精神科病院への強制入院の制度---100

　　私の息子は統合失調症という診断を受けていますが，最近，「病気が治った」等と言って通院しなくなり，薬も飲まなくなりました。そうすると，テレビで自分の悪口を言ってるとか，食べ物に毒が混じっている等と言うようになり，家族に対しても近所の人に対しても非常に攻撃的になっています。息子は頑として病院に行かず，親だけでは連れて行くのは難しいのですが，病院に行かせるためにいい方法はないでしょうか。

Q 17　包括型地域生活支援（ACT）とは何か--------------------------------107

　　最近，重い精神障害を抱える人に対する在宅医療・看護・福祉の支援プログラムとして，「ACT」というものがあるのを知ったのですが，これはどんなプログラムですか。また，全国どこでも行っている取組なのでしょうか。

Q 18　医療観察法による入院・通院の制度------------------------------------116

　　私の父は躁鬱病で，鬱状態の時に，自殺を企図して自宅アパートに放火し，現住建造物放火罪で逮捕されました。幸い早く火が消し止められ，被害弁償もできたので不起訴になったのですが，その後医療観察法による処分がされるということで鑑定入院させられてしまいました。せっかく仕事が決まったところだったのに，これからどうなるのでしょうか。

xiii

目　　次

第3章　障害者が働くことへの支援──────── 125

Q 19　障害者が働き始めるときの支援の仕組み─────── 125

　　私の息子には軽度の知的障害があり，一旦一般企業に就職したのです
が，どうしても仕事が難しくて付いて行けないと毎日愚痴をこぼしてい
ます。仕事を辞めなくて済むように何か支援を受けられる方法はありま
すか。また障害者がどの職業に適性があるかをどう判断するのか，また
働くための技術をどこでどのように身に付けたらいいのか教えてくださ
い。

Q 20　一般就労の場合に役立つ障害者雇用率や補助金の知識─────── 134

　　私は，高等養護学校の進路指導担当の教員になったばかりなのですが，
生徒を一般企業に就職させる際に，知っておいた方がいい法律の仕組み
や，企業が得られる補助金の制度があれば，教えてください。

Q 21　障害者が離職・再就職するときの支援の仕組み─────── 144

　　私は障害者就業生活支援センターの相談員として勤務しはじめたばか
りなのですが，一般企業に就職して1年半ほど経つ利用者の方から，経
営不振を理由に突然事業所が閉鎖されることになり，彼も解雇されるこ
とになったという相談を受けました。こんな場合に，再就職できるまで
の間，雇用保険からどんな支援の制度があるのでしょうか。

Q 22　働く障害者がけがや病気になった場合の補償─────── 159

　　私は就労継続支援A型の事務所でクリーニングの仕事をしていますが，
作業中に転倒して足を骨折してしまいました。私は治療のために休業し
ている期間について，何か補償を受けられますか。また，仕事が休みの
日に自宅で転倒して骨折した場合の補償はどうでしょうか。

Q 23　就職先がブラック企業だった場合の対応─────── 170

　　私の息子は，鬱病で精神障害者2級の手帳を持っています。最近よう

やく一般企業に就職できたのですが，休日も満足にとれず，毎日深夜まで残業があるのに，賃金は定額の 20 万円で，支払の遅れもたびたびあります。息子が社長に意見を言うと，「月給 20 万円には 80 時間分の残業代が含まれている」「お前には謙虚さや感謝の気持ちが足りない」等と怒鳴られるようです。また，息子は仕事を辞めたくて仕方がないのですが，「辞めたら，作業に穴が開いた分を損害賠償請求する」等と言って辞めさせてくれません。このままではまた息子の鬱病がひどくなりそうで心配です。どうすればいいでしょうか。

Q 24　職場内の虐待が疑われる場合の対処法──────────175
私は養護学校の進路指導担当をしていますが，最近，卒業生の中で気になる子がいます。彼は知的障害があり，児童養護施設で育っていますが，卒業後も家庭に戻れなかったので，住み込みのできる家具製造工場で働いています。しかし，就職後 1 年くらいしてから，卒業生の集まりになかなか来なくなり，面会に行ってもなかなか会わせてくれなくなりました。最近やっと連れ出すことができたのですが，給料を支払ってもらえないし，些細なことで怒鳴られたりするというのです。給料について，さりげなく社長に聞いてみると，寮費を天引きして，後は貯金をしてやってると言われました。彼には障害基礎年金もあるはずですが，全く通帳は見たことがないそうです。こういう場合，虐待の疑いありと考えてよいのでしょうか。また誰に相談したらいいのでしょうか。その後，どのような手続が行われるのかも教えてください。

第 4 章　障害者支援のために知っておくべき年金の知識──────183
Q 25　国民年金の被保険者と保険料の支払──────────183
日本では全ての国民が何かの年金保険に加入していると聞きました。私は鬱病の闘病中で，先月会社を辞めたばかりですが，国民年金に加入して保険料を払わないといけないでしょうか。また，もしお金がなくて保険料が支払えない場合は，どうしたらいいでしょうか。

xv

目　次

Q 26　厚生年金の被保険者と保険料の支払 ──────── 193

　　私の娘は，軽度知的障害を抱えながら，障害者枠で従業員が３人くら
いの小さな株式会社に勤めています。社長は，うちは社会保険に入って
ないから，厚生年金や健康保険に入れないと言うのですが，それは仕方
ないのでしょうか。私の娘は障害基礎年金の２級と認定されていますが，
もし厚生年金に加入していれば，高齢者となった時にさらに上乗せで老
齢年金をもらうこともできるのでしょうか。

Q 27　障害厚生年金，障害基礎年金の受給要件と手続 ─── 198

　　私の夫は交通事故に遭って頭部打撲し，脳挫傷の重症を負ったのです
が，外傷は回復したものの，忘れっぽくなったり，怒りっぽくなったり
して，仕事も休みがちになっています。医師からは，高次脳機能障害の
疑いがあると言われました。仕事も簡単な作業しかできなくなり，収入
も下がってしまったので，障害年金を請求したいのですが，どんな年金
が請求できるのか，また詳しい手続を教えてください。

Q 28　障害厚生年金と傷病手当金の関係 ──────── 215

　　私の父（63歳）は会社員であった１年前に脳梗塞で倒れ，緊急入院と
なりました。半年ほどで退院し，今は自宅に戻っていますが，右半身の
麻痺がかなり残っており，仕事には行けないため，退職になりました。
現在は健康保険から傷病手当金をもらいながら何とか生活していますが，
それもしばらくしたらもらえなくなると聞きました。父は障害年金をも
らうことができるでしょうか。

Q 29　初診日や障害認定日の診断書が取れない場合の対応 ─── 220

　　私の娘は遠方の大学に１人暮らしをして通学していましたが，卒業間
際になって様子がおかしくなり，最後の審判の日が近い等と教授に訴え
たりして，結局，留年してしまいました。何年か留年しながら卒業論文

xvi

を書こうとがんばっていましたが，結局退学となりました。25 歳の時に
実家に連れて帰り，精神科病院に連れて行ったところ，統合失調症との
診断を受けました。症状が出始めた頃に，しばらく心療内科に連れて
行ってましたが，いまは廃業してしまって，初診日の証明や認定日の診
断書が取れませんし，障害認定日である 1 年 6 か月後の診断書も取れな
い状態です。できれば障害年金の請求をしたいのですが，できるでしょ
うか。

Q 30　保険料納付要件を満たさない場合の対応 ································· 224

　　私は民生委員をしていますが，近所にひきこもりの 30 代の男性がいて，
彼の親から経済的にしんどいという相談を受けています。彼は，10 代の
頃から不登校で，なかなか働こうとせず，生活の全てを親が支えていま
す。親御さんも生活が苦しくて，なかなか病院にも連れて行けず，国民
年金の保険料も 20 歳からずっと支払わずにほったらかしになっているよ
うです。私が会ってみたところ，なんとなく知的障害を抱えているよう
に感じられますし，今後の生活費のことを考えると障害年金を申請した
方がいいと思うのですが，今から障害年金を請求することはできるので
しょうか。また遡って年金を請求することは可能ですか。

Q 31　傷病の同一性の問題 ··· 227

　　私は，大学時代に，健康診断で尿検査を受けた際にたんぱく尿である
ことを指摘され，病院で精密検査を受けるように指示されました。しか
し，その時は自覚症状も無かったのでその指示には従いませんでした。
その後働き始めてから 10 年くらいして，全身に倦怠感があり，むくみも
ひどく，朝起きるのもしんどくなってしまったので病院に行くと，ネフ
ローゼ症候群という診断でした。それでも治療せずに放置していたとこ
ろ，さらに症状が進行し，吐き気や頭痛，尿量の減少などがあり，仕事
を辞めてからまた医者に行ったところ，末期の慢性腎不全になっている
ので，透析が必要だと言われました。最初にたんぱく尿を指摘されたと

xvii

目　次

きが初診日だとすると，その時には国民年金保険料を支払っていなかっ
たのですが，それでも障害年金は申請できるのでしょうか。また症状が
出始めたのはまだ会社に勤めていた頃なので，私は障害厚生年金を請求
できるでしょうか。

Q 32　障害の程度が重くなった場合の併合認定 ················ 234
　　　私の息子は，もともと軽度の知的障害があり，障害等級2級の障害基
礎年金を受け取っていました。その後，障害者枠で清掃会社に雇用され
て厚生年金に加入しながら働いていましたが，糖尿病が悪化し，視力が
下がって矯正視力が右 0.02，左 0.04 まで落ちてしまいました。そこで，
障害厚生年金の請求をしようと思うのですが，この場合，何級の年金を
もらうことができるでしょうか。

Q 33　初診日が厚生年金保険の被保険者であったときの遺族厚生年金の
　　　支給 ·· 242
　　　私の夫は，会社に勤めているときに胃がんとなり，全摘出の手術を受
けました。その後抗がん剤の治療を受けたのですが，完治しないままに
1 年間の傷病休暇の期限が切れたため，そのまま退職しました。私も懸
命に闘病生活を支えたのですが，結局リンパ節や肝臓に転移し，2 年後
に亡くなりました。亡くなったときは国民年金しか加入していなかった
のですが，私は遺族基礎年金しか受給できないのでしょうか。

Q 34　老齢基礎年金の繰上げ支給と障害年金 ················ 247
　　　私の母は 64 歳の時にメニエール病と診断され，めまいがひどくて仕事
ができなくなりました。母は現在特別支給の老齢厚生年金をもらってい
ますが，給付額が少なくて生活が苦しいので，老齢基礎年金の繰上げ支
給を受けたいと思っているようです。このように老齢基礎年金を繰上げ
支給してもらっても，障害基礎年金は請求できるのでしょうか。

xviii

目　次

Q 35　児童扶養手当と公的年金⋯⋯⋯⋯⋯⋯⋯⋯⋯⋯⋯⋯⋯⋯⋯⋯253
　　私には夫と子どもが1人います。昔から重度の鬱病を患っており，夫
が児童扶養手当を受給していました。平成25年4月から障害等級1級の
障害基礎年金を受給することになりました。ところが，年金を受給でき
ることになった途端，これまでもらえていた児童扶養手当が全額支給停
止になってしまったのです。子どもを扶養しているのは同じなのに，な
ぜこのような不利益な取扱いがなされるのでしょうか。

Q 36　障害年金の支給停止の場合とその対応⋯⋯⋯⋯⋯⋯⋯⋯⋯⋯259
　　私は，日常生活自立支援事業の専門員をしていますが，最近相談を聞
いている1人暮らしの精神障害者の男性（55歳）が，もともと障害等級
2級の障害基礎年金を受け取っていたようですが，現在は通帳に振り込
まれている形跡がありません。このように障害年金が止まってしまって
いるのはなぜなのでしょうか。また再度支給を受けたいときの手続につ
いて教えてください。

Q 37　不服申立手続と年金申請手続に専門家の協力を得る方法⋯⋯⋯261
　　私は，変形性股関節症を患い，人工股関節置換術の手術を受けました。
しかし術後の経過が悪く，片足で立ったり，階段の上り下りなどを1人
ですることができず，常に杖をついて歩かなければならない状態になり
ました。ところが，医者の診断書には症状を軽く書かれてしまったらし
く，障害等級3級の障害厚生年金しか受給できませんでした。私は自分
でいろいろ調べて，障害等級2級の障害年金を受給できると思っていた
ので，できればこの認定を争いたいのですが，これからどんな手続をと
らなければなりませんか。また専門家に相談するのに，誰に相談したら
よいのでしょうか。

xix

目　次

第5章　障害者支援のために知っておくべき生活保護の知識——266

Q 38　障害者が受けられる生活保護の給付——266

　私は，生まれつき脳性麻痺の障害があり，身体障害者1級の手帳を持っています。いままで親と一緒に暮らしていましたが，親との関係があまりうまくいかないので，1人暮らしをしたいと考えています。私の障害基礎年金1級と特別障害者手当だけでは1人暮らしをするのに十分でないので，生活保護を受けたいと思っていますが，どのような項目で，どの程度の保護費がもらえるでしょうか。

Q 39　福祉事務所が相談を受け付けてくれないときの対処法——292

　私は，鬱病で2級の精神障害手帳を持っています。A市で1人暮らしをしていましたが，病状が悪化して失業し，家賃を滞納して家を出ざるを得なくなりました。友人宅を転々とし，今はB市に住む友人宅に世話になっています。いつまでも友人に迷惑をかけるわけにいかないので，B市の福祉事務所に生活保護の相談に行ったところ，「住民票がA市にあるので実施機関はA市になる。友人と同居しているので友人と合わせて保護が必要かどうか判定することになる」と言って受け付けてもらえませんでした。私は，友人宅を出て生活保護を利用したいのですが，アパートを確保する費用がありません。どうすればよいのでしょうか。

Q 40　住宅扶助費の減額と特例——299

　私は，統合失調症により1級の精神保健福祉手帳を持っています。最近生活保護費が次々と削減されていきますが，福祉事務所職員から，「あなたの住宅扶助費の上限額が4万2000円から3万9000円に下がりますので，大家さんと交渉して減額してもらってください」と言われました。大家さんは減額を認めてくれませんでしたが，賃貸借契約の更新時期から住宅扶助費の支給額が3万9000円に下げられてしまいました。すると今度は，福祉事務所から，「住宅扶助費より高額家賃の物件に住むことは許されないので基準内家賃の物件に転居してください」と繰り返し指導

されるようになりました。今のアパートは，通院先にも近く，実家も近くて，何かと援助が得やすいので，転居したくありません。不安で症状が悪化しそうですが，私は転居しなければならないのでしょうか。また，転居指導に従わなければ，指導指示違反で保護を打ち切られてしまうこともあるのでしょうか。

Q 41 障害年金の遡及支給と生活保護 305

私は鬱病で働けないため，現在生活保護を受けていますが，支援者の助言で社会保険労務士に依頼して，障害年金の申請書類を年金事務所に提出しました。そうすると障害厚生年金2級が認められ，遡って5年分の年金として600万円もお金が入ることになりました。しかし福祉事務所にそれを伝えたところ，その全額を63条返還で市に返すようにと言われました。私は納得がいかないですし，社会保険労務士の方への報酬の支払もどうしたらいいか困っています。このお金は全部返さないといけないものでしょうか。

Q 42 年金担保貸付を受けた場合と生活保護 315

私は社会福祉協議会で日常生活自立支援事業の専門員をしています。私が金銭管理に関わっている知的障害者が，障害年金の半分を担保にして，福祉医療機構から年金担保貸付を受け，そのお金を妹に取られてしまいました。この兄が妹にだまされて年金担保貸付を受けるのは，今回が2回目です。そのせいで年金が月3万円ほどになり，預金も底をついたため，生活保護の相談に行きました。しかし，福祉事務所は，2度目の年金担保貸付だから，今回の保護は下りないというのです。月3万円では生きていけないので，何とか生活保護を受ける方法はないでしょうか。

Q 43 障害者の車両の使用 319

私にはパニック障害があり，自由に乗り降りできない閉鎖空間が苦手

xxi

目　　次

で，公共交通機関には乗れません。そのため，車でないと移動全般が困
難なため，買い物に出かけたり，友達に会ったりするのでも，外出に軽
自動車を使っていました。

1 ）この度，生活保護を受けることになりましたが，「身体障害の認
　　定を受けていない者に車の保有を認める余地はないから車を処分し
　　なさい」と指導指示を受けました。これに従わないでいたところ，
　　指導指示違反があるとして生活保護を停止されてしまいました。車
　　を保有したまま生活保護を利用することはできないのでしょうか。

2 ）車の保有は認めてもらいましたが，通院以外には使用してはなら
　　ないと指導指示を受けました。ところが，通院以外の日常生活に車
　　を使っていることが見つかり，指導指示違反があるとして，生活保
　　護を停止されてしまいました。日常生活に車を使いながら，生活保
　　護を認めてもらうことはできないのでしょうか。

Q 44　通院交通費の給付 ··· 326
　　私は多発性硬化症の難病にかかり，下半身が麻痺していて，通院に介
護タクシーが必要です。しかし，私がこの介護タクシー代を福祉事務所
に請求したところ，「障害者加算をもらっているのだから，その範囲内で
通院費は賄いなさい」と指導されました。友達では，ケースワーカーか
ら月 4 回までの通院や，公共交通機関を使った交通費，管外の医療機関
への交通費は出さないと言われた人もいます。通院交通費はどのような
場合に生活保護から出してもらえるのでしょうか。

第 6 章　障害者の権利擁護のための知識 ─────── 333
Q 45　障害者差別禁止のための制度 ····························· 333
　　私は交通事故で両足を失い，電動車いすで移動しています。ところが，
公共交通機関であるバスを利用しようとしたところ，「手動の車いすはバ
スに乗ってもいいが，電動車いすは誤作動の可能性もあるので，遠慮し
てもらっています」と言われて，乗せてもらえませんでした。バス会社

xxii

にいくら掛け合っても全く相手にしてもらえません。手動の車いすでは一人で長い距離を移動するのは無理ですし，私は，これは合理的理由のない差別ではないかと感じるのですが，どこにこの問題を訴えれば解決するのでしょうか。

Q 46　養護者による障害者虐待への対応 ·· **339**
　　私は就労継続支援Ｂ型の事業所で相談員をしていますが，そこの利用者さんのことで相談があります。統合失調症の40代の女性なのですが，以前から父親との仲が良くなくて，生活保護を受けながら１人暮らしをしています。しかし，実家の近くであることもあって，父親が生活保護費や年金，工賃を全て管理しており，本人に必要なお金を渡してくれないそうです。また，彼女が言うことを聞かないと，頭や頬を叩いたり，食事を与えなかったりするとのことでした。彼女には，母親もいますが，父親は母親にも暴力を振るっているようで，何も口出しができない様子です。父親はキーパーソンでもあることや，本人に統合失調症があり，どこまでが現実でどこまでが妄想なのかはっきりしないところもあるのですが，これからどのように支援していったらいいでしょうか。

Q 47　施設内の障害者虐待への対応 ·· **346**
　　私は市役所の障害福祉課で勤めており，障害者虐待の対応窓口の担当をしています。先日，ある指定障害者支援施設で働いていた元職員から，「施設内で虐待行為をしている職員がいる」との通報がありました。５年前から勤めている男性の介護職員が，木工製品を作る生活介護サービスの責任者になっているそうなのですが，入所者が指示に従わないと，頭を物差しで叩いたり，アホ，ボケなどと怒鳴ったりしているようです。また女性の入所者の胸やお尻を触っているのを目撃されたこともあるそうです。しかし，その男性職員が理事長の親戚であることもあり，上司に相談しても，もみ消されてしまうため，黙って辞めていく職員が多いとのことでした。このような通報を受けた場合，市としてはどのように

xxiii

目　次

動いたらいいでしょうか。

Q 48　障害者が陥りがちな消費者被害と回復方法 ················· 352

　　私の息子は軽度の知的障害があるのですが，就労継続支援A型の作業
所を出たところで，見知らぬ女性に「商品アンケートに協力願います。
お答えいただいたら抽選で素敵な景品もあります」と声をかけられ，喫
茶店で話しをするうちに親しくなったようです。何度かデートした後で，
「私の働いている店にサクラとして来て」と頼まれて，宝石店に付いてい
くと，そこでその女性にねだられ，35万円もするネックレスをクレジッ
トカードで購入してプレゼントしたとのことです。その後，その女性と
は連絡が取れなくなったということですが，「2人だけの秘密」と言われ
ていた息子は誰にも相談できず，契約から1か月後のクレジットカード
の引き落としがあって初めて私たちの知るところとなりました。この
ネックレス代は支払わないといけないのでしょうか。

Q 49　借金問題の解決法 ·· 359

　　私の長男には軽度の知的障害があります。最近悪い友達ができて，
ガールズバーに入り浸り，友達の飲み代までおごらされた上，ガールズ
バーのマスターに「名義を貸してほしい」と頼み込まれてマンションの
賃貸借契約もしてしまったようです。また，飲み代のツケも多額に及ん
でいるとして，サラ金（消費者金融）からも借入れをさせられたようで，
支払が滞っている旨の請求書が自宅に届き始めました。マスターやサラ
金が怖いので，請求される金額を親の私たちが代払いしようかとも思っ
ていますが，どのように対処したらよいでしょうか。

Q 50　障害者アートと著作権 ·· 364

　　私は障害者の生活介護の事業所の施設長をしています。当事業所では
障害者アートや音楽に力を入れています。利用者の一人に自閉症の男性
がいるのですが，彼の書く仏像の絵が素晴らしく，先日の展覧会で優秀

xxiv

賞を取りました。そうしたところ，彼の絵をギャラリーで売らせて欲しいという会社があり，彼のためにもなると思って何十枚か絵を渡しました。ところが，絵は売れたはずなのに，いくらで売れたのか聞いても教えてくれず，10万円だけ振り込まれてきただけでした。また，そのギャラリーでは彼の絵をホームページに載せたり，画集や絵葉書にして売ったりしているのですが，そこまで承諾した覚えもなく，その対価も曖昧なままです。何か彼の権利を守る方法はないでしょうか。

Q 51　成年後見制度と法人後見 ·· 374
　　私の息子は重度の知的障害があり，指定障害者支援施設に入所しています。いままでは親として，年金を管理したり，差し入れや様子を見に行ったり等の世話をしてきましたが，80歳近くなり，持病も抱えていて，いつ倒れるか分かりません。親亡き後を考えると成年後見制度を利用した方がいいのかと思いますが，正直言ってどんな制度なのか分かりません。成年後見制度を利用すると，誰がどんなことをしてくれるのでしょうか。また最近，「法人後見」という言葉を聞くのですが，これは入所施設が後見人をしてくれるということなのでしょうか。

Q 52　社会福祉協議会による日常生活自立支援事業の活用法 ··············· 386
　　私のいとこは精神障害があり，叔母と長年一緒に暮らしていましたが，先日，叔母が心不全で急に亡くなりました。生活保護の世帯だったので，特に財産は無いのですが，叔母が全ての金銭管理をしていたので，いとこだけでは銀行にお金を下ろしに行くのも一苦労のようです。最初は手伝っていましたが，私も離れたところに住んでおり，仕事もありますので，いつまでもというわけにはいきません。こういうときは誰に通帳の管理をお願いしたらいいのでしょうか。

Q 53　障害者と刑事弁護 ··· 396
　　私が勤めている法人が経営するグループホームに入所していた利用者

目　　次

（25 歳男性）が，近所のアパートのベランダに干してあった女性の下着
を盗んだとして逮捕されました。グループホームの居室も家宅捜索され
ましたが，新品ではない女性の下着が 10 着ほど見つかり，押収されまし
た。彼には軽度の知的障害があるのですが，彼が下着を盗ったのを見た
という目撃者の証言があり，近所で女性の下着を物色して，盗っていた
のではないかと疑われているようです。警察は私たちにはそれ以上教え
てくれませんが，面会も禁止され，親族とも疎遠な人なので，本人がい
まどうしているのか不安な気持ちでいます。こういう刑事事件に関して
は，誰に相談したらいいでしょうか。またもし，彼がまだ少年（未成年）
であった場合，どんな手続になりますか。

第 7 章　障害者支援のために知っておくべき相続・税金・信託の知識——————411

Q 54　相続・遺言に関する基礎知識················411

　　私には，小児麻痺で肢体不自由の娘がおり，長年介護してきています。
しかし家業を継いでいる息子は，自分が稼いでいるお金で，娘がずっと
実家で暮らしていることをあまりよく思っておらず，施設に入れてしま
えと言います。私の死後，遺産のことで 2 人がもめないかが心配です。
できれば家は娘にやり，預金は娘と息子が等分に分けて欲しいと思って
いますが，そのためには何をしたらいいでしょうか。

Q 55　障害者が使える税金控除の種類と金額·····419

　　私の息子には重度の精神障害がありますが，所得税の申告のときに，
「障害者控除」「特別障害者控除」というものがあるようなので気になっ
ています。障害者本人が受けられる税金の控除と，障害者を扶養してい
る親族が受けられる税金の控除について詳しく教えてください。

Q 56　福祉型信託の今後の活用················429

　　私には幸い，まとまった財産があるのですが，夫は亡くなり，子ども

xxvi

目　　次

は重度の知的障害のある娘1人だけです。娘はもう54歳で，子どもを産むこともないと思いますので，娘に引き継がせても誰に承継させることもできません。娘にまとまったお金を渡して誰かにだまされるのも可哀想なので，私は，娘が生きている間は豊かに生活できるだけのお金を毎月娘に渡し，娘が亡くなった後は福祉施設に寄附したいと思っています。どうすればこのような財産の処分が可能になるでしょうか。

事項索引 445

xxvii

第1章 障害者福祉サービスの知識

1 障害の気付きと幼児期の支援

Q 　私の息子は出生時には特に医師から何も指摘がありませんでした。ところが２歳になってからも発語がなく，じっとしていることができません。保育所を利用するようになってからは他の子どもと比べてしまって，自閉症なのかなと考え込んだりして，どうしたらいいのかよく分かりません。こういうときはどこに相談したらいいのでしょうか。

A 　児童相談所や保健所で専門的な相談を受けることができます。また，３歳児健診では集団生活に必要な社会性や言語，運動などの発達について健診があり，個別相談も行われ，必要に応じて保健師によるフォローアップや地域の専門機関につなげてもらい，相談支援や早期治療などを受けることができます。

解 説

1 乳幼児健診の仕組み

　乳幼児への健康診断（健診）は母子保健法12条1項によって市町村が実施します。発達の遅れや偏りを見る1歳半健診と3歳児健診が，保健所（地域保健法5条）や保健センター（同法18条）で行われ，自治体によっては独自の健診を実施しているところもあります。

　障害の気付きは様々ですが，親子関係の中での気付きや子ども同士の集団

第1章　障害者福祉サービスの知識

の中で把握されていくこともあります。乳児は微笑むなど情動表出を行い，親はそれを見ながら子育てに励んだり，やがて子どもが親を認識し出すと特別な存在として捉え，笑いかけ，それを見た親がいとおしく思ったりといった親子の相互作用を通じて愛着が形成されていきます。

　例えば自閉症があると情動表出が乏しいことがあり，相互作用に支障を来して愛着形成に課題が出て来る場合があるとされます。子どもは1歳半になると意味のある単語を話し出しますが，2歳になっても言葉が出ないと親は心配するようになり，思い悩んでようやく病院に訪れるのは2歳半から3歳になってからのことも多くあります。それでは遅いため，上記のような課題に早期に対応するように1歳半健診が実施され，言葉の遅れやコミュニケーションの取りづらさ，遊びの偏りなどに着目した健診が行われています。

　子どもは3歳になると活発に話すようになり，基本的な生活習慣が身に付く時期になります。3歳児健診では言語的なコミュニケーションの発達状況や多動や集中力，こだわりなどに着目した健診が行われます。例えば自閉症であれば名前を呼んで振り向くか，物音への反応，ごっこ遊びや動作の繰り返しの様子などです。また，健診以外の場でも，保育所で落ち着きがなかったり友達とうまく遊べなかったり，あるいは会話が成り立たなかったりすると，「気になる子ども」として目立つようになり，それが障害の気付きにつながることもあります。

　健診では子どもの状態に応じて精密検査や保健師や医師による療育相談，グループワークを行う親子教室を紹介したり，より専門的なケアが必要な場合は療育機関につないだりしています。また，健診は健康の確認や障害の早期発見，育児相談に加え，虐待の発見の場としての役割もあります。

　療育では発達の状況を詳しく見ながら支援する必要があり，例えば自閉症のある子どもに対しては，愛着行動の習得や社会的な場面での振る舞い方の習得に向けた療育が実施されています。自閉症では相手からの情報を正確に受け取りにくいことがあるため，手遊び歌や絵描き歌などをしながら本人との意思疎通の手段を探っていくことが必要とされます。言葉の遅れの捉え方は複雑で，聴覚が機能しない結果，3歳になって指さしによるコミュニケー

ションを通して言葉を覚えるケースもあり，様々な症状の可能性を踏まえながら療育プログラムを考えることが必要になります。

　しかし，健診では知的発達の遅れを伴わない発達障害の発見には限界があります。発達障害者支援法では発達障害の早期発見について国や自治体の責務が明記され（同法3条），自治体によっては5歳児健診を実施しているところも増えています。また，小学校就学前には学校保健安全法11条による就学時健診があります（就学時健診についてはQ2）。

2　障害の気付きの支援

　障害のあることが発見できたら，障害そのものをできるだけ軽減していくことに加え，障害がありながらどのように生きていくのか，母親や家族が孤立しないようにその将来展望を共に考えていくための家族支援が重要になります。

　子どもにとってはできるだけ早くに適切な療育につなげていくことが必要です。しかしながら医師から「治らない」といわれた場合，親にとっては大きな心理的動揺や葛藤をもたらすことがあり，強い自責の念に駆られる中で子どもの早期療育の必要性に加え，成長・発達の可能性すら見えなくなることがあります。その中で障害の発見が支援につながりにくい状況があるため，親に対する障害の受容への支援が必要となります（第4回障害者医療研究集会運営委員会編『障害児にとりくむ医療』（医療図書出版社・1978年）参照）。

　障害の受容については様々な研究がありますが，肢体障害や視覚障害など，障害の種類によって障害を受け入れていく過程は大きく異なりますし，知的障害や発達障害は子どもの集団の中で少しずつ気付いていくこともあり，必ずしも定式化できません。例えば障害をどうしても認められないという拒否，こうしておけばよかったといった過去を振り返りながらの自己否定や葛藤，そして諦めといった感情を経た上で，障害がありながらこれからをどうやって考えていくのかという受容に至るプロセスが指摘されていたりします（しかしこれにも問題があります。詳しくは田島明子『障害受容再考―「障害受容」から「障害との自由」へ』（三輪書店・2009年）を参照ください）。

第1章　障害者福祉サービスの知識

逆に障害があることが分かり，「ホッとした」と話す親も少なくないことを示す調査結果（2017年2月15日付『毎日新聞』（朝刊・大阪版）「子のADHD判明6割『ほっとした』」参照）もあります。自閉症のある子どもの子育てには，普段直面する「育てにくさ」のなかで様々な労苦を重ねながらも「育て方が悪いから」といった自責の念に苛まれることが少なくなく，その場合は障害の認知をきっかけにその自責の念に良い意味で距離感が生まれることも期待できます。

親にとって大事なのは，子どもが障害を抱えながら生活をするということであっても，その先にはやはり健常児を産んだ親と同じような生の喜びが待ち構えていることです。支援する側は，本人や家族に少しでも前向きな部分を丁寧な関わりの中で手繰り寄せ，そこを起点として共に考えていくスタンスで関係性を構築していくことが望まれます。親自らが抱え込みがちな責任感をできるだけ軽減していけるための支援に加え，ひとりの大切な子どもが生まれたことを周りが「肯定的」に認めていく中で，子どもに向き合い，これからの人生を前向きに受け止めていった親の姿も見られます。そのために有効な社会資源として次のような福祉サービスが整備されています。

3　幼児期の福祉サービス

児童福祉法では，障害児とは身体に障害のある児童，知的障害のある児童，精神に障害のある児童（発達障害児を含みます），又は治療法の確立していない疾病その他の特殊な疾病のある児童とされています（児福法4条2項）。身体障害児には身体障害者手帳，知的障害児には療育手帳，知的な遅れを伴わない軽度障害児・発達障害児には精神障害者保健福祉手帳が交付されます。基本的には手帳の取得を通して福祉サービスを受けることができる仕組みになっていますが，必ずしも手帳の取得を必要としていない福祉サービスも多々あります。

相談窓口には次のようなものが準備されています。児童相談所や保健所では発達の遅れや障害について専門的な相談が受けられます。通所サービスを利用する場合は障害児相談支援事業所があり，障害児通所支援（児童発達支援,

医療型児童発達支援，放課後等デイサービス，保育所等訪問支援）を利用する上で必要となる利用のための計画（障害児支援利用計画）を作成してくれます。日常的な介護の相談は障害者総合支援法の相談支援事業を利用することができます。障害児入所施設に入所する場合は児童相談所が窓口になっています。また市町村教育委員会が設置する教育相談では，就学基準やその手続，特別支援学校での教育の現状，卒業後の就労や生活の見通しといった相談を受けることができます。

　経済的な支援では児童手当のほかに特別児童扶養手当（平成29年4月時点，1級月額5万1450円，2級月額3万4270円）があり，重度障害の場合は障害児福祉手当（平成29年4月時点，月額1万4580円）が給付されます（ただし，本人や扶養義務者の所得によって制限があります）。

　特に，早期のリハビリテーションにとって重要な場になるのが児童発達支援を行う施設です。これは就学前の障害のある乳幼児を対象にしたリハビリテーションのための施設で，全国に約2700か所設置され，約6万5000人が利用しています。ここでは日常生活における基本的動作の指導，自活に必要な知識技能の付与，集団生活への適応訓練や，臨床心理士による発達診断も行われています。明らかな障害のある子どもだけでなく，発達が遅れていると見られる子どもであったり，親に対する支援も行われたりしています。児童発達支援を行う施設のうち，児童発達支援に加え，保育所等訪問支援や障害児相談支援などの地域支援を行っているものは児童発達支援センターと呼ばれ，市町村単位で1〜2か所設置されています。また，児童発達支援に加え，身体の機能が回復するような治療を行うのが医療型児童発達支援です。

　保育所等訪問支援は，保育所や幼稚園などで障害児が他の児童との集団生活に適応するための専門的な支援を行うサービスです。障害児を受け入れる保育所や幼稚園に対し，障害児施設で勤務する職員などが2週間に1回程度訪問し，障害児に直接支援を行ったりその様子を伝えながら担当職員に助言をするなど間接支援をしたりします。しかし，保育所等訪問支援は新設されて間もないサービスで，支援を受ける保育所等は年々増加しているものの，実態としては，まだまだこのサービスは普及していません。

第 1 章　障害者福祉サービスの知識

　なお，入所が必要な障害児には障害児入所施設があり，医療を必要とする
障害児が入所するための施設に医療型障害児入所施設があります。医療型障
害児入所施設では日常生活の支援に加え，自閉症児支援，肢体不自由児支援，
重症心身障害児支援への専門的な治療が提供されます。ただし，障害児入所
施設は児童福祉法に基づく施設なので年齢制限（18 歳まで。支援がなければ福祉
を損なうおそれがあると認められる場合は 20 歳まで）があることに注意が必要です。
18 歳以降も施設入所する場合は原則的に障害者総合支援法の施設に移行す
ることになります。

2　障害児の就学先の決定と特別支援教育

Q　　私の娘は生まれつき脳性マヒの身体障害があり，移動は車
いすを使っていました。小学校のときは近所の公立小学校に
通って友達もたくさんできたのですが，地元の公立中学校に進学する
ときに，市の就学指導委員会から公立中学校には車いす用のスロープ
もエレベーターもないことを理由に，特別支援学校へ進学するように
言われました。県の教育委員会もこれに応じ，遠方の特別支援学校へ
進学するように就学通知を出しましたが，娘は支援があれば地元の公
立中学校に通うことができると思いますので，どうしても納得できま
せん。そもそも親や障害をもつ子どもには就学先を決める権利はない
のでしょうか。

A　　一般的にはインクルーシブ教育が主流となっており，障害
児も小・中学校で教育を保障していくことが求められていま
す。現在も就学先を決定するのは教育委員会とされており，文部科学
省によれば障害児への受入れ環境が整備されていれば，小・中学校に
就学することも可能とされています。

6

2　障害児の就学先の決定と特別支援教育

《学校教育法施行令 22 条の 3　視覚障害者等の障害の程度》

視覚障害者	両眼の視力がおおむね 0.3 未満のもの又は視力以外の視機能障害が高度のもののうち，拡大鏡等の使用によつても通常の文字，図形等の視覚による認識が不可能又は著しく困難な程度のもの
聴覚障害者	両耳の聴力レベルがおおむね 60 デシベル以上のもののうち，補聴器等の使用によつても通常の話声を解することが不可能又は著しく困難な程度のもの
知的障害者	一　知的発達の遅滞があり，他人との意思疎通が困難で日常生活を営むのに頻繁に援助を必要とする程度のもの 二　知的発達の遅滞の程度が前号に掲げる程度に達しないもののうち，社会生活への適応が著しく困難なもの
肢体不自由者	一　肢体不自由の状態が補装具の使用によつても歩行，筆記等日常生活における基本的な動作が不可能又は困難な程度のもの 二　肢体不自由の状態が前号に掲げる程度に達しないもののうち，常時の医学的観察指導を必要とする程度のもの
病弱者	一　慢性の呼吸器疾患，腎臓疾患及び神経疾患，悪性新生物その他の疾患の状態が継続して医療又は生活規制を必要とする程度のもの 二　身体虚弱の状態が継続して生活規制を必要とする程度のもの

解　説

1　就学先の決定プロセス

　就学先は次のような段階を経て決まります。まずは就学前年度の 10 月 1 日を現在日として，10 月 31 日までに学齢簿が作成され，11 月 30 日までに就学時健診が市町村教育委員会によって実施されます。就学時健診は栄養状態や視力，聴力，眼，皮膚，歯といった疾病状況について検査し，上記の「学校教育法施行令 22 条の 3」に示された「視覚障害者等の障害の程度」に該当するかどうかの資料となります。

　市町村教育委員会は就学指導委員会の審議を含む専門家と保護者からの意見聴取を踏まえて就学先を決定します。就学先の決定には本人や保護者に十分な情報を提供し，本人や保護者の意見を最大限尊重して合意形成を行うことを原則とし，最終的には市町村教育委員会が決定するとしています（2013

第1章　障害者福祉サービスの知識

年9月1日文部科学事務次官「学校教育法施行令の一部改正について（通知）」25文科初第655号）。このとき教育学，医学，心理学その他の障害のある児童生徒等の就学に関する専門的知識を有する者に加え，保護者からの意見聴取が義務付けられています（学校教育法施行令18条の2）。前掲の表に該当する状態にあるだけでなく，教育委員会が特別支援学校に就学させることが適当であると認められた場合は原則として「認定特別支援学校就学者」とされ，特別支援学校に就学することになります。なお，同表に該当する状態にあっても，保護者からの意見聴取や地域における教育の体制の整備の状況その他の事情などがある場合は認定特別支援学校就学者とはされず，小学校への就学が可能となります。

　市町村教育委員会が特別支援学校への就学を決めた場合，市町村教育委員会は特別支援学校に就学する旨を就学前年度12月31日までに都道府県教育委員会に通知し，都道府県教育委員会は保護者にその入学期日を1月31日までに通知します。

　認定特別支援学校就学者の仕組みはもともと「認定就学者」と呼ばれていたもので，これは2002年の学校教育法施行令の改正によって定められたものです。教育行政では障害児の就学先を盲・聾・養護学校にこだわり，就学先を強制する規定は1962年から登場し（1962年10月18日文部省初等中等教育局長「学校教育法および同法施行令の一部改正に伴う教育上特別な取扱いを要する児童・生徒の教育的措置について」文初特380号），更に，1978年の文部省の通達で強化され，その判別機関として設置されたのが就学指導委員会です（1978年10月6日文部省初等中等教育局長通達「教育上特別な取扱いを要する児童・生徒の教育措置について」文初特309号）。1979年の養護学校義務化（※）により，養護学校の対象とする障害児を一律に養護学校へ就学することを強制した結果，地域の小・中学校へ就学を求める訴訟が全国で相次いで起こってきました。大阪府内の一部自治体では統合教育が実施され，埼玉県では本人や家族が教育の場を選べるようにすべきとの考えが社会運動の中で提起され，学校選択権と呼ばれてきました。

※養護学校義務化とは，1979年の都道府県による養護学校の設置義務化に

8

伴い，対象とされた障害児が養護学校に就学を強制されたことを意味します。一方で，養護学校の設置義務化は全ての障害児への義務教育がようやく実現したことでもあります。本来は憲法26条によって障害児にも教育を受ける権利が保障されるべきでしたが，1947年に成立，施行された学校教育法では就学義務の猶予・免除規定が引き継がれ，多くの障害児は教育の対象外に置かれてしまいました。それが見直されたのが1979年であり，実に32年もの間，教育を受ける権利は放置されていました。しかしながら，その権利の保障の仕方はあくまで養護学校への就学を強制するものでもあったわけです。

　国際的にはノーマライゼーションの理念が世界に広がり，1990年代にはインクルーシブ教育が提起され，現在は障害者個々の合理的配慮を求めた障害者権利条約が締結されています。インクルーシブ教育とはサラマンカ宣言（1994年）から注目を集めた考え方で，障害に限らず国籍や母国語の異なる子どもなど，「特別な教育的ニーズを有する子ども」を普通の学校教育から排除するメカニズムそのものを問題として捉え，教育の仕組みとして排除しないよう普通の学校教育を改変していくという理念です。ノーマライゼーションもインクルーシブ教育も共通しているのが，障害者が一般社会から排除されたり隔離されたりしていることに問題を投げかけていることで，排除に向き合いながら共生社会を意識して制度設計を考えていくことが重視されてきています。

　このような影響を受けるようにして，日本の教育行政でも小・中学校への障害児受入れに2002年から態度を軟化させてきた背景があります。一方で，いま特別支援学校の定員は飽和状態にもかかわらず特別支援学校の対象となる児童生徒は増え続けています。教育政策では小・中学校に比べおよそ10倍のコストがかかっている特別支援学校の増設には消極的で，できるだけ小・中学校で対応せざるを得ないという財政的な事情も見えてきます。

　なお，認定特別支援学校就学者とは，学校教育法施行令5条1項では「当該市町村の教育委員会が，その者の障害の状態，その者の教育上必要な支援の内容，地域における教育の体制の整備の状況その他の事情を勘案して，そ

第 1 章　障害者福祉サービスの知識

の住所の存する都道府県の設置する特別支援学校に就学させることが適当であると認める者をいう」としています。つまり，学校にスロープやエレベーターの設置，教材教具の整備，障害に応じた教育内容や方法，専門性のある教員など，学校の教育条件の整備状況が反映されることになります。

　この部分について裁判例では，中学校就学を希望する肢体不自由児に対し，スロープやエレベーターといったバリアフリー環境が整備されていないことを理由に，特別支援学校への就学を一方的に決定した教育委員会の判断を違法としたものが出てきています（下市中学校進学拒否に対する仮の義務付け申立事件（奈良地決平成 21 年 6 月 26 日判例地方自治 328 号 21 頁，賃社 1504 号 47 頁））。

　2016 年度からは障害者権利条約の批准のために整備された障害者差別解消法がスタートし，公的な機関では障害者に対する合理的配慮が法的に義務付けられました。従来から小・中学校で障害児を受け入れてきた自治体では，学校生活に必要な身の回りの世話をする介助員を加配する仕組みが根付き，2007 年度からは地方財政措置に基づき介助員と同様の機能を持つ特別支援教育支援員の配置がスタートしています。また，学校には特別支援教育コーディネーターの配置が行われ，障害児などへの個別的な配慮のための校内外の連絡調整をする体制も始まっています。

　障害児の受入れに当たって，もし専門性の高い人員が配置されていないのであれば，既に特別支援教育の仕組みとして特別支援学級の設置や特別支援教育支援員，特別支援教育コーディネーターなどで専門的な人員を配置することは可能で，エレベーターやスロープ，障害者用トイレの設置についても国庫補助があります。そのための予算措置も教育委員会側に不釣り合いな負担を課すとは思えないため，人員やバリアフリーの問題，教材の作成などを理由に一方的に障害児の小・中学校就学を拒否することは，障害者権利条約及び障害者差別解消法で定めている合理的配慮に抵触する可能性があります。

　少なくとも，これまでしばしば地域の小・中学校への就学と引き替えに障害児や家族に求めていた，「私はスロープや手すりの設置は求めません」といった念書や誓約書を書かせる行為は，合理的配慮を一方的に拒絶する行為と考えられます。

通級	通常の学級に在籍する心身に軽度な障害がある児童・生徒に対して，特別の指導の場で行われる指導のことで，小・中学校の中に設置され，必要に応じて障害児が通い，一定時間教育を行う。
特別支援学級	小・中学校の中に 8 人を上限に設置される。設置される学級には知的障害，肢体不自由，病弱・身体虚弱，弱視，難聴，自閉症・情緒障害，言語障害学級がある。比較的軽度な障害児を対象にしている。
特別支援学校	障害児に特別な学校を設置して通わせて教育を行う。普通教育と同様に幼稚部，小学部，中学部，高等部がある。
訪問教育	自力で通学できない重度障害児に対して教員を派遣して指導する。教員は特別支援学校から派遣される。

出典：筆者作成

2　特別支援教育とは

特別支援教育とは，児童生徒一人一人の特別な教育的ニーズを把握して生活や学習上の困難に対する支援を行うものです。従来の特殊教育から対象を広げ，LD（学習障害）や AD/HD（注意欠陥・多動性障害），高機能自閉症を対象に含めました。

基本的には障害児に特別の場を準備して対応する仕組みにあり，障害の程度や種別に応じてそれぞれ通級，特別支援学級，特別支援学校，訪問教育といった形態が準備され，上記の表のようになっています。

特別支援学校では，小学校や中学校で行われる普通教育に準じた教育を障害に配慮しながら行う一方で，障害の軽減や克服，そして自立に必要な知識技能が得られることを目的にした自立活動が行われることが特徴です（学校教育法 72 条）。自立活動は学校教育法で「障害による学習上又は生活上の困難を克服し自立を図るために必要な知識技能を授けること」（同条）とされており，学校教育現場では障害を軽減するためのリハビリテーションや教育活動が行われています。

特別支援学校はもともと特殊教育諸学校や盲・聾・養護学校と呼ばれ，盲学校，聾学校，養護学校（肢体不自由，知的障害，病弱）に分類されていました。

第1章　障害者福祉サービスの知識

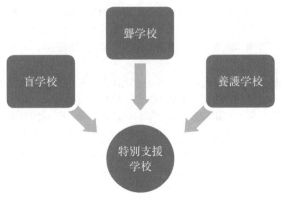

出典：筆者作成

それらを障害種別にとらわれない学校へと一元化（上記図表参照）し，これを2007年4月から特別支援学校としました。そのため特別支援学校に一元化した今日でも，実際は旧体制下の学校種によって受け入れる障害児を基本的に区別しています。また，特別支援学校は市町村単位ではなく都道府県単位で設置されていることから，都市部を除き，地域社会ではなくむしろ遠方に位置する方が多くあります。そのため寄宿舎を設置したりスクールバスを配備したりして対応している学校も増えてきましたが，いまだに通学に親の送迎を求めている姿も見られます。これは，通学に親が付き添えない場合，学校に通えない子どもがいることを意味します（文部科学省の調査によれば，2016年で特別支援学校に通う医療的なケアの必要な5357人の児童生徒のうち，実に65.8％の保護者が通学や学校内で付添いを求められている実態が示されています（文部科学省「公立特別支援学校における医療的ケアを必要とする幼児児童生徒の学校生活及び登下校における保護者等の付添いに関する実態調査の結果について」，2016年））。

　また，特別支援学級は必ずしも全ての小・中学校に設置されているわけではなく，障害児の就学に合わせて学級が作られます。できるだけ地域社会にある学校での就学を進めてきた自治体（大阪府など）では，1つの学校に複数の学級が設置されていることも珍しくありません。障害児が就学する場合どのような種類の学級を置くのか，あるいは学級の配置人数など，子どもにとって有利な形で教育条件が整備されるよう学校側には工夫が求められます。

2　障害児の就学先の決定と特別支援教育

　特別支援学校で課題になっているのが卒業後の就労先の確保です。バブル崩壊後，特別支援学校を卒業する障害児の就職率が大きく下がり，2016年現在では29.4％にしかすぎません（文部科学省「学校基本調査―平成28年度結果の概要―」）。他方，移行先の中心になっているのが障害福祉サービスで，「障害者支援施設等」が全体の60.1％を占めています（同資料）。大学への進学率も低く，視覚障害のある学生への点字教材の作成や聴覚障害のある学生へのノートテイクはもちろん，そもそも入試段階で障害への配慮が課題になっている状況です。障害者差別解消法がスタートしたいま，各大学ではこのような障害学生などを対象に障害学生支援室といった場を設置して対応を図る動きが広がっています。

　卒業後の場を確保する上でキーとなる職員が，進路担当の教員に加え，特別支援教育コーディネーターを校長から指名された教員です。学内での協力体制や学外の関係機関との連携などの推進，保護者への相談窓口としての役割などが期待されています。

　なお，多くの障害児にとってまず課題になるのが，学校にたどり着くための通学保障でしょう。障害者総合支援法の移動支援は通学を想定していませんが，臨時的な対応という枠組みで特別支援学校への通学への利用を一部認める動きがあります。さらに一部自治体（福岡県北九州市）では重度障害者の大学や専門学校への通学に移動支援を認める運用がなされているとの報道もあります（2017年2月15日付『朝日新聞』（夕刊・西部版）「重度障害者の通学　北九州市が支援へ」）。学齢期では，このような障害児の福祉サービスをうまく組み合わせて学校生活を送ることが重要です。以下では学齢期に利用できる福祉サービスについて解説します。

3　学齢期の障害児が受けられる福祉サービス

　学齢期の障害児が受けられる福祉サービスには，障害者総合支援法によるサービスに加え，児童福祉法による放課後等デイサービスなどがあります。

　障害者総合支援法によるサービスでは，例えば居宅介護や移動支援といった在宅福祉を支える基礎的なサービスが受けられ，障害支援区分の認定を必

第1章　障害者福祉サービスの知識

要としません（→Q3）。

　児童福祉法による放課後等デイサービスは，小・中学校や特別支援学校など就学期にある障害児への学童保育です。授業の終了後や休校日に施設に通い，生活能力のための訓練や社会との交流促進などを行うとされています。主に放課後や土・日曜，夏休みといった休校期間に利用されています。

　放課後等デイサービスの現場では，1つの事業所におおよそ10名程度の障害児が通い，遊びやレクリエーションなどの活動に取り組んでいます。放課後等デイサービスの役割は学童保育として親の就労保障に加え，子どもにとっては貴重な余暇活動の場となっています。好きな遊びに挑戦したり，仲間とけんかをして人間関係の葛藤を覚えたり，楽器に触れてみたり，夏には山にハイキングに出かけたりプールで泳いだりなど，学校教育の場とは違う自由さの中で様々な体験を重ね，成長や発達をしていく場でもあります。その中で職員には子どもの障害によるつまずきを捉え，知的障害があって遊び方が分からなければ自身が遊びの手本を見せたり，コミュニケーションが上手くとれず集団になじめなければその方法を一緒に考えたりする姿があります。

　子どもにとっては「できた」という体験を通して自信につながり，その変化は親にとって子どもの成長を実感できる機会にもなり，家族関係にも影響を与えます。さらには子どもと親にとっては地域社会と接点を結ぶ拠点としての役割もあります。

　いま，特別支援学校では夕方頃になると放課後等デイサービスの送迎車がずらりと並ぶ光景が目立つようになりました。放課後等デイサービスは2015年現在で7000か所設置され，12万人が利用し，今後も増加が予測されます。一方で，一般の学童保育である放課後児童クラブに通う障害児の数は増えておらず（放課後児童クラブに通う児童は約100万人ですが，そこに受け入れられている障害児は2.8％のみとなっています），健常児と障害児との物理的な分断が課題視されています。また，サービス水準にはばらつきが見られ，サービスの在り方についても課題視されているところで，2018年度に予定されている制度改定に視線が集まっています。

14

3　障害福祉サービスの体系

Q 　特別支援学校を今度卒業する児童についての相談なのですが，実家からの児童虐待により，障害児入所施設で育ち，今後も実親からの支援は期待できない状態です。今後の地域生活の基盤を作っていくために，どのようなサービスを利用していくことができるでしょうか。

A 　障害者総合支援法のサービスを利用して地域生活の基盤を作っていくことができます。サービスの利用には市町村の窓口を通して支給決定手続が必要です。障害者総合支援法では住む場所として共同生活援助（グループホーム）が提供され，一般就労ができなかった場合は就労移行支援を利用して一般就労に向けた支援を受けることができたり，就労継続支援で働く場を提供してもらう支援が受けることができたりします。また，土日などで余暇外出をする場合には移動支援を利用してヘルパーに付き添ってもらえます。

解　説

1　障害者総合支援法のサービスの利用申請

　障害者総合支援法とは，障害者が障害福祉サービスなどを利用するときにその必要な費用を給付している法律で，費用の給付対象とする障害福祉サービスの種類や提供の手続などが定められており，障害者が生活を成り立たせる上で柱となっています。

　障害者総合支援法のサービスを利用するためには支給決定手続が必要です。ポイントは2つあり，障害支援区分の認定と，サービス等利用計画案の作成です。

　まず，障害者手帳の交付（必須要件ではありません）を受けた上で市町村に申請を行います。すると認定調査が実施され，一次判定（コンピュータ処理）の

第 1 章　障害者福祉サービスの知識

結果を踏まえて有識者で構成された市町村審査会による二次判定が行われます。サービス利用の対象外と判断された場合は非該当とされ，該当する場合は障害支援区分が認定されます。

障害支援区分は障害に対する支援の必要度を示すもので，1から6までの数値で現され，6が最も必要度が高い認定となります。どのような数値が認定されるかによって受けられるサービスの種類と量が変動するため，利用者にとっては大変重要なものとなります。障害支援区分は認定調査の結果に加え，症状の安定性や治療内容などを記した医師意見書を基に決定します。認定調査は80項目の質問内容で構成され，例えば寝返り，起き上がりといった移動や動作，入浴や食事といった身の回りの世話，意思疎通，行動障害，特別な医療といった内容が認定調査員によって評価される仕組みになっています。しかし，このような認定調査では正確な把握に限界があるため，それを補う上でも医師意見書が重要な役割を担っています。

また，市町村は申請者にサービス等利用計画案の提出を求めます。サービス等利用計画案は介護保険でいうケアプランと同じで，例えば1週間のスケジュールの中で，いつ，どのようなサービスを受けるのかを示した一覧表のことです。サービス等利用計画案は指定特定相談支援事業者に作成を依頼するか，自分で作成する（セルフプラン）こともできます。

次に，市町村は障害支援区分やサービス等利用計画案などを基に支給決定（実際に提供されるサービスとその月単位の支給量の決定）を行い，それらを記載した障害福祉サービス受給者証を申請者に交付します。

なお，障害支援区分の認定では知的障害や精神障害などの評価に課題が多く，例えば知的障害では「こだわり」といった行動障害への判定が実際より低く評価されたり，統合失調症の場合は自傷や他害といった陽性症状であれば点数に出やすい一方で，じっとしていて自宅に閉じこもり，家事がはかどらないばかりか外にも出て行けないような陰性症状の場合は障害が表に現れず，評価されにくかったりします。また，認定調査員は必ずしも専門職によって行われることではないことや，二次判定では十分な時間をとって判定ができないといった課題もあります。

16

3　障害福祉サービスの体系

《障害福祉サービスの支給決定手続》

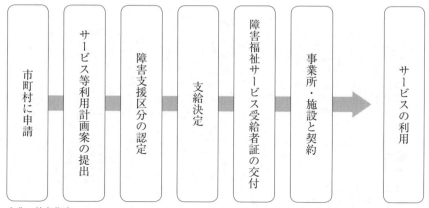

出典：筆者作成

　支給決定の内容に不服がある場合には都道府県知事に対して審査請求ができます。しかしながらその審議のための機関である障害者介護給付費等不服審査会の設置は任意設置とされており（障害者総合支援法98条1項），不服審査請求への体制整備が求められます。

　受給者証の交付を受けたら指定特定相談支援事業所はサービス等利用計画案を踏まえて事業所・施設とサービス担当者会議を開き，サービス等利用計画を作成します。その後，各事業所・施設と契約してサービスを受けることができます。申請から受給者証の交付までおよそ約1か月半〜2か月間かかりますが，暫定支給によって支給決定が下りる前にサービス利用が可能な場合もあります。

　実際にはさらに複雑な手続になりますが，できるだけ簡素にした流れを示すと上記の図のようになります。

2　利用できるサービス

(1)　障害者総合支援法のサービスの全体像

　障害者総合支援法では介護から医療，相談支援，リハビリ，補装具に関するものまで多種多様なサービスがあります。その全体像を示すと次頁の図の

17

第1章　障害者福祉サービスの知識

《障害者総合支援法のサービスの全体像》

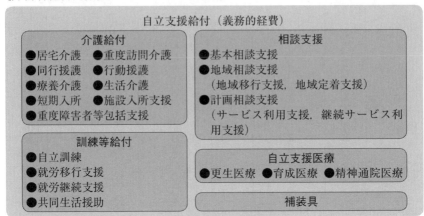

出典：筆者作成

様になります。

　図を基に説明をすると，まず障害者総合支援法のサービスは利用者に個別給付される自立支援給付と，自治体が行う地域生活支援事業に分けられており，地域生活支援事業では基本的に自治体裁量で運営されるため，自治体によってサービス内容や適用範囲などに差が出てくることが特徴になります。2つに分けられている理由には，財源の仕組みが義務的経費と裁量的経費に異なることが挙げられます。

　個別給付となる介護給付では，障害者の生活に必要な介護に関わるサービスが位置付けられており，訓練等給付は自立に向けたリハビリテーションや就労支援，そしてグループホームがあります。相談支援では病院や施設から地域生活に移行するための相談支援や，上述したサービス等利用計画案の作成などを担当してくれるサービスが位置付けられています。自立支援医療は障害に係る医療費を提供してくれるもので，補装具は車いすや白杖，義手義

3　障害福祉サービスの体系

足といった福祉用具が提供されます。

　一方で，地域生活支援事業では市町村が行うものと都道府県が行うものとがあり，それぞれには必須事業（必ず実施しなければならない事業）と任意事業があり，例えば市町村の必須事業では生活の悩み事など幅広い相談を受け付けてくれる相談支援や，外出に必要な支援を提供するガイドヘルパーを派遣してくれる移動支援などがあります。

(2)　障害者総合支援法の各種サービス

　障害者総合支援法の介護給付，訓練等給付，相談支援，地域生活支援事業の主要なサービスを一覧にすると次頁以下の表のようになります。

　介護給付では障害支援区分によって受けられるサービスが異なります。例えば居宅介護であれば区分1以上が要件とされ，生活介護では区分3以上（50歳以上は2以上），施設入所支援では区分4以上（50歳以上は3以上）が必要となります。訓練等給付は区分の制限はありません。

　利用者負担は実質的に応能負担（条文上利用者負担は原則1割とされており，所得に応じて自己負担限度額が定められています）となっており，負担上限月額は下記の表のように設定されています。施設における食費や光熱水費は実費負担とされています。ポイントになるのが，世帯の収入状況で自己負担上限額が

区分	世帯の収入状況	負担上限月額
生活保護	生活保護受給世帯	0円
低所得	市町村民税非課税世帯（注1）	0円
一般1	市町村民税課税世帯（所得割16万円（注2）未満）※入所施設利用者（20歳以上），グループホーム・ケアホーム利用者を除きます（注3）。	9,300円
一般2	上記以外	37,200円

（注1）　3人世帯で障害者基礎年金1級受給の場合，収入が概ね300万円以下の世帯が対象となります。

（注2）　収入が概ね600万円以下の世帯が対象になります。

（注3）　入所施設利用者（20歳以上），グループホーム，ケアホーム利用者は，市町村民税課税世帯の場合，「一般2」となります。

出典：厚生労働省ホームページ「障害者の利用者負担」（2017年閲覧）

　　　（http://www.mhlw.go.jp/bunya/shougaihoken/service/hutan1.html）

第1章　障害者福祉サービスの知識

《障害者総合支援法のサービス》

介護給付

サービス名	内　　容	障害支援区分
居宅介護	ホームヘルプサービスの1つで，ヘルパーが障害者宅に訪問して介護を提供する。	1以上
重度訪問介護	重度の肢体不自由などで，常に介護を必要とする障害者に対して長時間（例えば8時間）にわたって提供するホームヘルプサービス。	4以上
行動援護	重度の知的障害や精神障害で行動障害がある人へのガイドヘルプサービス。	3以上
同行援護	視覚障害へのガイドヘルプサービス。	なし（身体介護がある場合は2以上）
重度障害者等包括支援	介護の必要性が特に高い，常時介護が必要な障害者に様々な障害福祉サービスを包括的に提供する。	6
生活介護	日中に障害者支援施設で介護を提供し，創作活動や生産活動の機会を提供する。	3以上（50歳以上は2以上）
療養介護	病院や施設で，医療を必要な障害者に機能訓練，療養上の管理，看護，介護などを行う。	5以上
施設入所支援	施設に入所し，必要な介護を提供するサービス。夜間介護や夜間ケアとも呼ばれている。	4以上（50歳以上は3以上）
短期入所	施設に短期間入所できるサービス。ショートステイのこと。	1以上

※なお，従来は介護給付に共同生活介護というものがありましたが，2014年4月から廃止され，共同生活援助に統合されました。また，障害児へのデイサービスは従来，障害者自立支援法によって提供されていましたが，2012年4月から児童福祉法によって提供されています。

訓練等給付

自立訓練（機能訓練）	理学療法や作業療法によるリハビリテーション。利用期間は標準期間として1年6か月以内とされている。例えば身体障害や難病などで入所施設や病院を退所・退院した人が日常生活上の実践的なトレーニングを受け，その後一般就労や就労移行支援などにつなげていく支援など。
自律訓練（生活訓練）	日常生活の向上のための支援や相談支援。利用期間は標準期間として2年以内とされている。例えば入所施設や病院を退所・退院する知的障害者や精神障害者などが利用するもので，宿泊型自立訓練がある。
就労移行支援	一般就労が可能と見込まれる障害者に，一般就労に向けた必要な知識・技能の訓練や相談支援を提供するサービス。標準期間は2年。多くは特別支援学校卒業者が利用している。
就労継続支援（A型）	一般での就労が難しい障害者に対して，就労の場を提供するサービス。利用期間の制限はない。A型では雇用契約を結んで就労が可能と見込まれる人で，特別支援学校卒業者や一般企業を離職した人を対象としている。
就労継続支援（B型）	B型では雇用契約を結ばずに就労する。就労の機会を通して生産活動の知識や能力の向上が見込まれる人や，過去に一般企業に就職していたが年齢や体力面の問題で雇用されることが困難になった人たちを対象にしている。
共同生活援助	3～5人の障害者が地域のアパートやマンション，一戸建てなどでの共同生活を支援する。グループホームとも呼ばれている。介護サービス包括型と外部サービス利用型生活援助に分けられており，介護サービス包括型は一般的なグループホームを指しており，外部サービス利用型は世話人が配置されるものの，介護については外部の事業者に委託する。

3　障害福祉サービスの体系

相談支援

基本相談支援	地域の障害者やその家族などの様々な相談に応じ，情報提供や助言をしたり，サービス事業者との連絡調整などを行ったりする。
地域相談支援	施設や病院から地域に移行するための相談支援。地域移行支援（移行するとき），地域定着支援（移行した後）がある。
計画相談支援	サービスの利用計画を立てるための相談支援。サービス利用支援（計画を立てるとき），継続サービス利用支援（立てた計画の見直し）がある。

自立支援医療

育成医療	身体障害者福祉法4条の別表に定められている身体障害のある児童や，将来的に障害を残すとみられる疾患のある児童で，確実な効果が期待できる人を対象としている。
更生医療	身体障害者福祉法4条に規定されている身体障害者で，治療の効果が確実に期待できる人を対象としている。例えば視覚障害では角膜移植術，白内障手術，肢体不自由では人工関節置換術や骨切術，腎臓機能障害による人工透析療法など。
精神障害者公費負担通院医療	精神保健福祉法5条に規定されている精神障害者を対象にしており，統合失調症や躁うつ病，急性中毒・依存症，知的障害者，器質性の精神障害者に加え，てんかんのある人を対象にしている。

市町村による地域生活支援事業（必須事業のみ掲載）

相談支援	サービス利用の援助のほか，様々な日常生活の困り事について相談支援を行う。
移動支援	ガイドヘルプサービス。※視覚障害者と行動障害のある重度の知的・精神障害者はそれぞれ介護給付の同行援護，行動援護を利用する。
日常生活用具給付等	実用性や自立のために必要で，一般には普及していないといった要件を満たす日常生活用具を給付する。
手話奉仕員養成研修	手話奉仕員を養成するための事業を行う。
意思疎通支援	障害のために意思疎通が難しい障害者に，手話通訳者などを派遣する。
地域活動支援センター	障害者が通い，創作的活動や生産活動の機会，社会との交流を行うための居場所を提供する。基礎的事業（創作的活動・生産活動機会提供）と地域活動支援センターⅠ型（専門職員配置，相談支援事業の実施），Ⅱ型（機能訓練や社会適応訓練，入浴等サービス提供），Ⅲ型（5年以上実績のある安定的運営をしている事業所）がある。
成年後見制度利用支援	成年後見の利用に必要な費用を支給する。
成年後見制度法人後見支援	成年後見における法人後見の活動を支援する研修などを行う。
理解促進研修・啓発	市町村が地域住民に障害者の理解や啓発のためのイベントや広報を行う。
自発的活動支援	地域住民が自発的に行う障害者の理解への活動を支援する。

出典：筆者作成。なお，都道府県地域生活支援事業は省略。

第1章　障害者福祉サービスの知識

設定されることです。

　従来この「世帯」の中には保護者も含まれてしまい，様々な批判を招いた経緯があります。現在も本人ではなく世帯収入で計算され，保護者は世帯から除外されたものの，配偶者の収入が反映される仕組みにあります。そのため，例えば夫婦2人の世帯で世帯収入がおおよそ600万円以上あり，妻に重度の身体障害があるケースでは，月に3万7200円の自己負担が発生する可能性があります。

　なお，現在の障害者総合支援法は2005年に成立した障害者自立支援法を修正したものです。障害者自立支援法をめぐっては障害者団体から強い批判があり，成立後も全国で障害者自立支援法違憲訴訟が行われました。その結果，訴訟原告団・弁護団と国の間に和解が成立し，「基本合意文書」が取り交わされた経緯があります。その文書では障害者自立支援法の廃止が確約されていましたが（障害者自立支援法違憲訴訟弁護団編『障害者自立支援法違憲訴訟―立ち上がった当事者たち』（生活書院・2011年）），実質のところ障害者自立支援法は廃止されず，障害者総合支援法として名称を変えて存続しています。

(3)　設問の方が利用できるサービス

　設問の方については，おそらく利用できるサービスは次のようになります。特別支援学校を卒業するということですから，一般就労ができなかった場合は就労移行支援を利用し，一般就労に向けた支援を受けることができます。それでも難しい場合は就労継続支援を利用し，日中活動の場を確保することになります。

　就労継続支援はA型（雇用型）とB型（非雇用型）に分かれており，A型であれば最低賃金が支払われるため，月に5万円や，場合によっては10万円といった収入が得られる場合もあります。仮に20歳になって障害年金が月に6万6000円給付される場合，かなり少ないですが，2つを合わせるとある程度の生活水準が確保できます。なお，一般就労に向けてはハローワークや障害者就業・生活支援センターから支援を受けることができます（→Q 19）。

　住む場所としては，実家で生活することが困難とのことですので共同生活援助が候補に挙がってきます。共同生活援助は，少人数の障害者らが世話人

のサポートを受けながら地域社会にある一軒家やアパートなどで共同生活を営むための支援です。また，週末には買い物に出かけたり映画を観に行ったりする場合，移動支援を利用することができます。

　ただし，大事なのは本人がどのような生活を望んでいるかにあり，慣れない地域生活により本人が好きなことを控えていたり，虐待を受けた経験から様々な不安も感じていたりしていることもあります。本人が望む生活に少しでも近付けるよう自立訓練を利用したり，相談支援を提供している事業者に関わってもらって相談員と面談を積み重ね，話しやすい関係を構築しながら今後の生活の組立て方について自己決定ができるように支援していくことが重要となります。

4　障害福祉サービスにおける相談支援と意思決定支援

Q　最近，「意思決定支援」という言葉をよく聞くのですが，これは誰がどのような支援を行うということでしょうか。また障害福祉サービスの計画相談というのは，今までの相談支援や，入所施設や精神科病院等から退所・退院に当たっての地域移行支援・地域定着支援とどのように違うのですか。

A　意思決定支援は本人が意思を示し，決定できるプロセスを支援するもので，相談支援において重視されるべきポイントとして近年注目を集めています。計画相談とは障害者総合支援法の個別給付として提供されるもので，障害福祉サービスの利用のためのプランを立てるための相談支援です。それに対し，地域移行支援・地域定着支援は入所施設や精神科病院などにいる障害者が地域生活に移り変わるための相談支援となります。

第 1 章　障害者福祉サービスの知識

解　説

1　意思決定支援とは

　意思決定支援は，障害者福祉分野では知的障害や精神障害などで意思決定が困難な人を念頭に考えられており，障害福祉サービスの利用において法的な整備も進みつつあります。

　障害者基本法では，国や自治体は障害者の意思決定の支援に配慮しながら相談業務や成年後見制度の施策や制度が適切に行われ，利用されるようにしなければならないとしています（同法 23 条）。そして，障害者総合支援法では基本理念で障害者がどこで誰と生活をするかについての選択の機会が確保されることが明記され（同法 1 条の 2），障害福祉サービスを提供する施設や事業所は意思決定の配慮に努めなければならないとされています（同法 42 条，51 条の 22）。また，知的障害者福祉法（同法 15 条の 3）や児童福祉法（同法 21 条の 5 の 17（平成 30 年 4 月 1 日より 21 条の 5 の 18 に繰下げ），24 条の 11，24 条の 30）にも意思決定への配慮が追加されました。

　そして，意思決定支援は障害者総合支援法で今後の検討課題に位置づけられ，意思決定支援のための人材育成が課題に挙げられています。障害者総合支援法では平成 24 年改正法附則 3 条において，施行後 3 年後を目途に意思決定支援の在り方について検討を加え，所要の措置を講ずるとしていました。2017 年 3 月末に厚生労働省は意思決定支援の定義・意義・仕組みなどを明確にしたガイドラインを発表しています（2017 年 3 月 31 日厚生労働省社会・援護局障害保健福祉部長「障害福祉サービスの利用等にあたっての意思決定支援ガイドラインについて」障発 0331 第 15 号）。そのガイドラインを基に意思決定支援の質の向上を図り，相談支援専門職やサービス管理責任者などへの研修に位置付けることが提案されています。とりわけ意思決定に深く関わる分野が精神保健福祉における医療保護入院や措置入院であり，その部分についても検討が進められているところです。

　このような医療保護入院や措置入院といった強制入院の制度を含め，本人の意思決定に直接関わる制度が成年後見制度です。成年後見制度は本人の身

24

体や財産に深く介入し，場合によっては意思を代行して決定することもある
わけですが，その決定に本人の意思を尊重することが求められています（民
法858条）。ところが，後見人が本人の意思をどうやって尊重すべきなのか，
あるいは本人の意思に反する決定が後見人によってなされていないかといっ
たチェックは法的に定められておらず，大きな課題になっています。そして，
本人の意思が尊重できる後見人をどのように養成するかも課題に挙げられて
おり，今後の動きが注目されます。

　では，実際に意思決定支援はどのように行われているのでしょうか。意思
決定支援では本人が意思を表出し，その決定に至るプロセスに着目しながら
その阻害要因を取り除いていき，自己決定を実現していくことが鍵となって
います。意志決定支援はそもそも障害者とどう関わりを持つのか，そしてど
のようにして人間的な関係をつないでいくのかといった福祉援助やソーシャ
ルワークの核心に触れるものであり，その実践は古くから積み重ねがありま
す（例えば高谷清『重い障害を生きるということ』（岩波書店・2011年）を参照）。

　具体的には，移動支援の現場では買い物時に自身のお金であるにもかかわ
らず鉛筆1本を買うのに躊躇する姿も見られます。その場合，自身のお金を
自由に使えてこなかった背景を見ていくことが必要になります。知的障害者
にとってはそもそも意思や要求を表出する習慣を持たない中で生活を送って
きた状況があるからです。

　そのための支援として，グループホームでは自由に書けるノートを準備し
て，そこにやりたいことを自由に書いてもらうようにしたり，放課後等デイ
サービスでは重度の知的障害児に身体を使って「うん」と「いや」が表現で
きるよう，手遊びを用いてトレーニングをしたりしている姿があります。

　また，身体的な自由を確保することが意思の表出につながることもありま
す。療養介護の音楽療法の現場では，車いすを利用する重症心身障害のある
利用者に，あえて立位をとる習慣や，車いすからフロアに降りてもらい，普
段とは違う身体の自由さを体感してもらうことで，これまで意思を示さな
かった利用者が職員の提示する楽器を選んでつかむようになった事例もあり
ます。

第1章　障害者福祉サービスの知識

　意思表出をどう受け取るかも重要なポイントになります。言葉を話さない，あるいは話せない身体障害者に私が食事介助を行ったとき，手ではねのけるようにして強い拒否を示し，それを受けて当初は「食事をいやがっている」と感じていました。しかしながらその人とじっくりと関わっていくと，実は「自分で食べたい」というサインであったことがわかったこともあります。支援する側にとって，意思を示しにくい人のサインをどう受け取ることができるか，その力量によってその後の支援の幅に大きく影響するわけです。

　また，外に出ると大きな声を出して暴れてしまう重度の知的障害児に，家族は学校への通学を断念し，家に閉じ込めた状態で仕事に出かけていたという事例があります。しかし，相談支援専門員が絵カードなどを使って感情を示してもらえるよう丹念に関わりを持っていくと，実は聴覚過敏が原因だったことが分かりました。そこで周りの音が響かないようにヘッドホンを付けてもらうことでなんとか学校への通学につなげることができたとのことです。ここでは本人が「周りの音がうるさくてどうしようもない，だから外に出かけたくない」という意思を「暴れる」という手段でしか表出できなかったものを，相談支援専門員が介入してその表出の手立てを別に置き換えたりバリエーションを増やしたりしていった支援が鍵となっており，その支援は子どもにとって教育権に関わっていたことでもあります。

　このような意思決定はできる範囲から少しずつ実現させ，工夫を凝らしながらその範囲を広げていき，繰り返していくことでさらに次の意思決定につながっていきます。支援者はこのような積み重ねや循環の中で意思決定を支えることを意識することが必要となります。

　特に，現場では意思表出が難しい重度障害のある利用者を前にして，その保護者と勝手に話を進めてしまうことがあります。支援者側はそれを「本人の話がわからないから」と決め付けますが，本来は「こちらが読み取ることができないから」と認識すべきことです。本人の意思を読み取る努力をせず，勝手に話を付けてしまうことは本人にとって「押し付け」である以外何物でもありません。

26

2 相談支援の仕組み

 では，相談支援はどのような仕組みになっているのでしょうか。障害者への相談支援は非常に複雑になっており，しかも，この10年ほどで随分様変わりしています。現在の相談支援の仕組みを一覧に示すと下記の図のようになります。
 相談窓口としては地域にある相談支援事業所に直接連絡をしたり，市役所や関係する福祉の機関などを通じてつなげてもらったりすることもあります。相談支援の仕組みは特定相談支援や一般相談支援，障害児相談支援，そして地域生活支援事業による相談支援に分けられていますが，相談支援事業所によっては特定相談支援だけを行っていたり，これらを組み合わせて提供していたりします。ちなみに「つなげる」という言い方は単に「紹介する」ということではなく，担当者が直接その機関に連絡をしたり協議をしたり，あるいは同行したりするなど，つなげていく過程で本人がサービス利用を断念することのないよう，本人の状況に合わせながら「つなぎ止めていく」という意味合いが含まれています。

《障害者総合支援法の相談支援の仕組み》

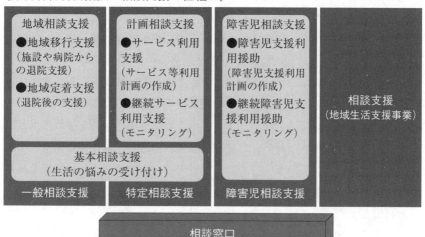

出典：筆者作成

第1章　障害者福祉サービスの知識

　さて，個別給付となる相談支援は，特定相談支援と一般相談支援に分けられています。いずれも基本相談支援があり，広く生活上の悩みを受け付けています。その上で，例えば障害福祉サービスの利用を希望する場合は申請に必要なサービス等利用計画案を作成してくれるサービス利用支援があります。サービス等利用計画案は障害福祉サービスを利用する上で必要な書類で，1週間のスケジュールの中でどの時間帯にどういったサービスを受けるのかを示した計画書になります。ちょうど介護保険サービスでいうところのケアプランに相当するものです。継続サービス利用支援は，実際にサービスを利用する中で計画書に齟齬がないかを確認し，調整したり，アセスメントをし直したりするものです。

　一般相談支援における地域相談支援は，障害者支援施設や精神科病院などから地域生活に移行するための相談支援です。地域相談支援は地域移行支援と地域定着支援の2つあり，地域移行支援は障害者支援施設や精神科病院，救護施設，刑事施設などに入っている障害者が地域生活に移行するための相談支援を行い，地域定着支援では地域に移行した後の生活を支えるための緊急時の対応や相談などを行っています（→Q5）。

　地域生活支援事業による相談支援は，個別給付の相談支援を行っている相談支援事業所に市町村が委託して実施していることが多いため，委託相談支援とも呼ばれています。個別給付の相談支援に比べて自由度が高く，一般的な相談を受け付け，地域に隠れている課題がないかアウトリーチ（地域に潜在している課題に積極的にアプローチすること）に取り組む事業所もあります。市町村によっては基幹的な役割を持つ相談支援事業所として基幹相談支援センターが設置されている場合があります。そこでは地域の相談支援の拠点として困難ケースや虐待への対応，自立支援協議会の運営，成年後見制度利用支援事業などが行われています。また，障害児については通所サービスを利用する時は障害児相談支援を利用し，居宅サービスを利用する時は特定相談支援を利用します。

　このような相談支援の仕組みは最近整備されてきました。2000年の社会福祉法成立によって相談支援事業が法制化され，2002年に障害者ケアガイ

ドラインが示され，相談支援従事者研修が実施されてきました。そして，2006年の障害者自立支援法の施行に伴い障害者ケアマネジメントが部分的に導入されてきたのです。入所施設では従来施設内だけでサービスは完結していましたが，障害者自立支援法では施設入所支援と生活介護といったように日中と夜間でサービスが切り離され，地域に散在するサービスと調整する必要性が出てきたことからも，相談支援の重要性が高まってきた背景が指摘されています（朝比奈ミカ・北野誠一・玉木幸則編著『障害者本人中心の相談支援とサービス等利用計画ハンドブック』（ミネルヴァ書房・2013年））。

　一方で，精神障害者福祉分野では2000年から大阪府が社会的入院解消研究事業を独自事業としてスタートさせ，2002年からは社会保障審議会・障害部会精神障害分会で入院から地域生活への移行の方針が示され，2003年から退院促進事業は国庫補助事業となりました。それが2006年からは障害者自立支援法の地域生活支援事業に，そして2012年からは一般相談支援として個別給付の事業に位置付けられていった経緯があります。

　そのため，相談支援事業所によっては身体障害者を専門にしてきたところや精神障害者の退院を中心に支援してきた事業所など背景が異なる場合があり，それぞれの相談支援事業所によって個性があったり強い分野を持っていたりします。

3　相談支援の現状と活用法

　計画相談支援ではケアマネジメントの手法を活用し，サービスの利用調整が困難な障害者に対してニーズと環境条件を調整して日常生活の具体的な支援計画が作成されます。

　利用者のニーズは単に日々の生活だけでなく人生設計を含んだものであり，サービス等利用計画はそのための短期的・中期的な計画となります。まずは利用者と家族の意向が聴き取られ，相談以前に関わっていた機関とも連携しながら長期目標と短期目標を念頭にニーズを整理する作業を行い，後掲の図のような週間のスケジュールを作成していきます。サービスはこの計画に沿って提供され，計画は定期的なモニタリングを通して見直しを行い，新た

なニーズがあればそのための支援計画が作られて継続的な支援が行われます。

　例えば，肢体障害があって就労支援サービスを利用しながら家族から独立して1人暮らしを希望する障害者がいた場合，1人暮らしに向けた生活の中で食事や入浴，排泄といった介護がどういった場面で必要となるかを具体的に考えたり，どんな職業に関心があって将来的に就きたい仕事に何があるのか考えたりしながら具体的な生活像を本人と組み立てていきます。そして，その実現に必要なホームヘルプサービス（居宅介護や重度訪問介護など）や就労支援のサービス（就労移行支援や就労継続支援A型など）を地域にある事業所の個性を踏まえながら検討し，本人が希望する生活に少しでも近付けるよう支えていくことになります。なお，本人に合った事業所や施設を見つけることは障害の状況によって時間がかかることもあり，相談支援事業所によっては何か月もかけて本人と見学を重ねる姿もあります。

　一方で，計画相談支援は担当人数の多さや報酬の安さが課題になっています。サービス等利用計画案の作成は，従来は市町村の支給決定に必ずしも必要とされていませんでしたが，2015年度からは全ての障害福祉サービスが対象となりました。しかしながら相談支援事業所やその相談員の養成など環境整備が追い付かず，計画相談支援を実施している事業所に一気に負担が集中しました。その結果，従来相談支援事業所が行っていたアウトリーチにまで手が回らなくなっている現場も現れています。

　例えば，1人の相談支援専門員が担当するケースは50～100人といった膨大な数に上ることがあり，これは介護保険現場と比較すると2～3倍の数になります。しかも，介護保険に比べて障害者の場合は相談の方向性が非常にバラバラで，個々が抱えている課題も全く異なります。就労について相談があったり，住む場所，通院，外出への相談があったり，さらには刑務所を出所してきた人への支援など幅広くあり，関わる障害種も身体障害や知的障害，精神障害，発達障害，あるいはそのボーダーにある人など様々です。

　にもかかわらず，1件につき報酬はサービス利用支援が約1万6000円で，継続サービス利用支援が約1万3000円でしかありません。そのため委託相談支援事業所や基幹相談支援事業所を同時に構えている相談支援事業所では，

4　障害福祉サービスにおける相談支援と意思決定支援

《サービス等利用計画の例》

様式2-2

サービス等利用計画　[週間計画表]

利用者氏名	○○ ○○太	障害程度区分	区分1	相談支援事業者名	○○相談支援センター
障害福祉サービス受給者証番号	123456789	利用者負担上限額	○○○円	計画作成担当者	○○ ○○
地域相談支援受給者証番号		通所受給者証番号			
計画開始年月	平成24年5月1日				

時刻	月	火	水	木	金	土	日・祝	主な日常生活上の活動
6:00	起床・朝食	起床・朝食	起床・朝食	起床・朝食	起床・朝食	起床・朝食	起床・朝食	・就労移行支援(職業訓練) 週5日～支給決定(2ヶ月)
8:00								
10:00	○○就労移行支援事業所 ・作業訓練 ・グループ指導 ・SST	○○就労移行支援事業所 ・作業訓練 ・グループ指導 ・SST	○○就労移行支援事業所 ・作業訓練 ・グループ指導 ・SST	○○就労移行支援事業所 ・作業訓練 ・グループ指導 ・SST	○○就労移行支援事業所 ・作業訓練 ・グループ指導 ・SST	○○相談支援センター個別面談	母親との買物	
12:00			通院等介助 (2週間に1回) ○○大学病院受診					
14:00		障害者就業・生活支援センター 個別面談			障害者就業・生活支援センター 個別面談 サークル「○○友の会」 原則、第3金曜日		夕食作りを母親と協働で行うことを協議 事前に食材準備を兼ねての外出	
16:00	帰宅							
18:00	・入浴 ・夕食 (役割～母と協働) ・TV ・PC/メール/ゲーム など	・入浴 ・夕食 (役割～母と協働) ・TV ・PC/メール/ゲーム など	・入浴 ・夕食 (役割～母と協働) ・TV ・PC/メール/ゲーム など	・入浴 ・夕食 (役割～母と協働) ・TV ・PC/メール/ゲーム など	・入浴 ・夕食 (役割～母と協働) ・TV ・PC/メール/ゲーム など	・入浴 ・夕食 (役割～母と協働) ・TV ・PC/メール/ゲーム など	夕食作り (母親と協働) ・入浴 ・夕食 ・TV ・PC/メール/ゲーム など	週単位以外のサービス ・通院 ○○大学病院 精神科 2週間に1回 定期受診 ⇒通院介助利用により、単身で受診できるように取り組む ・サークル「○○友の会」 毎月、第3金曜日 pm5:00～ ＊初回は、相談支援センター同行 ・障害者就業・生活支援 ⇒ジョブコーチ事業の活用 ・2週間に1度、障害者就業・生活支援センターが会社担当者と状況確認する
20:00								
22:00								
0:00	入眠	入眠	入眠	入眠	入眠	入眠	入眠	
2:00								
4:00								

サービス提供によって実現する生活の全体像

本人の希望は、現在の勤務先である「○○株式会社」での就労を継続して、将来的には一人暮らしや結婚することにあります。しかし、ここまで2年間の就業生活で明確になった職業面の課題に対して会社側からは継続雇用の条件として、何らかの訓練やトレーニングでの改善・克服することが示されています。当面2ヶ月間休職し、福祉サービス「就労移行支援」を利用しての職務遂行力を改善し、元の職場に復職することを目指します。依然として一人暮らしや「結婚」の実現に向けて、相談支援専門員とのモチベーションの継続を目指します。考えている一人暮らしや「結婚」関係を広げることも、自分自身で行うことには自信をもって行うことで生活力向上を目指しています。友の会に参加することで交友関係を広げるとともに、もっと生活力向上を目指しています。

出典：大阪府障がい者自立支援協議会ケアマネジメント推進部会「大阪府相談支援ハンドブック」(2014年) 61頁

第1章 障害者福祉サービスの知識

負担が集中する特定相談支援をカバーするためサービス等利用計画の業務を増やさざるを得ず，従来アウトリーチを担っていた役割が果たせなくなってきているのです。

相談支援専門員は地域の実情をつかむことも重大な仕事です。地域における障害者総合支援法のサービスの整備状況はもちろん，行政による実際のサービス運用にも地域差があり，事業者もサービスにどのような意味合いを持って提供しているのかも違います。相談支援専門員は実情を丁寧に見ながら利用者にとって有利にサービスを適用していくことが求められます。

例えば，地域生活支援事業の移動支援では市町村の裁量で様々な運用がなされています。市町村によっては日をまたぐ旅行や，特別支援学校への通学や大学・専門学校への通学に適用を認めているところもあります。移動支援は外出時の介助はもちろんですが，家族へのレスパイト（一時的な解放や休息）としてや，就労継続支援など日中に過ごす居場所までの付添いに利用したり，親が帰宅するまでの時間に外でヘルパーと過ごしたりするなど，ケースに応じて柔軟に利用することでうまく制度間の矛盾や隙間を埋める働きもしています。

制度間の隙間を埋める役割という意味合いでは，日中一時支援も重要な役割を果たしています。例えば生活介護では提供される時間帯がおおよそ15～16時までがほとんどですが，仕事上の事情などで親が本人の帰宅に間に合わないこともあります。その場合に日中一時支援を利用し，親が帰宅するまでそのまま施設で継続してサービスを提供してもらっているケースもあります。

さらには，短期入所は病気などで家族介護が行えない場合を想定して設けられたものですが，例えば数か月に1回のペースで施設に宿泊する機会を作り，親元から離れて過ごす時間を作ることで，将来的にグループホームなどで自立して生活するための支援として意味合いを持たせている現場もあります。本来はこのような支援のための社会資源として宿泊型自立訓練が考えられますが，本人や家族のペースに合わせて利用しやすい短期入所の特性を活かすことで，本人にとって自立の体験を積み重ねていくための場としても機

32

能しています。

　ただし，どこまで柔軟に活用できるかは市町村によって異なります。移動支援は市町村によっては余暇外出に限定しているところもあったり，週1回のプールに通うための付添いすら認めなかったりしたケースがあります。さらには「映画鑑賞やライブは個人の趣味で必要不可欠な外出ではないので認められない」と，移動支援の趣旨の理解が疑われるようなケースもあり，移動支援の時間や適用そのものをかなり限定してしまっている市町村も見られます。日中一時支援は地域生活支援事業では任意事業として位置付けられているため，サービスそのものを実施していない市町村も考えられます。しかし，障害者にとって，たまたま生まれ住んだ地域によってライフラインに大きな差があることは受け入れ難いことです。このような課題に対して積極的な働きかけをしてきたのが障害者団体です。

　障害者の地域生活を支える社会資源には障害者総合支援法などフォーマルなサービス以外にも，地域によってはひきこもり支援を行っているNPO法人や当事者の会による互助活動など，多種多様な社会資源があります。

　特に障害者領域では障害種別や立場，そして地域によって様々な団体があり，例えば当事者団体としては社会福祉法人日本盲人会連合や社会福祉法人日本ライトハウス，自立生活センター，NPO法人全国精神障害者団体連合会，ピープルファーストなどがあり，家族や関係者らによる団体としては全日本手をつなぐ育成会や一般社団法人全国肢体不自由児者父母の会，公益社団法人全国精神保健福祉会連合会，そして無認可作業所づくりを担ってきた「きょうされん」などがあります。また，このような障害者団体が加盟する全国組織として特定非営利活動法人日本障害者協議会（JD）があります。

　障害者団体は，行政交渉や訴訟運動など社会に対する働きかけを積極的に行っている一方で，制度としてまだ整備されていない社会資源を自主的に作り，それを制度として根付かせてきた歴史があり，今日の障害福祉サービスの担い手としても重要な役割を担っています。相談支援専門員はこのような実情を見て各団体とうまく連携を図りながら，制度で定められたサービスを利用者にとってうまく適用されるよう工夫を凝らしていくスキルが求められ

第1章　障害者福祉サービスの知識

ます。

　さらに，相談支援専門員として求められる基本的な資質が，利用者の自己決定の尊重です。相談支援専門員は一方的にサービス利用を押しつけたり決めつけや否定をしたりするのではなく，あくまで利用者の思いに沿って悩みを整理したり必要な情報を伝えたりしながら自己決定に至るプロセスを支えることを仕事としています。利用する側にとっては，悩みを共に解決していくパートナーとして捉えることで，自分らしい生活の実現に向けてうまく活用していくことができます。

5　精神科病院からの退院に向けての支援

Q 　私は統合失調症という診断を受け，親から，自宅から離れた精神科病院の閉鎖病棟に医療保護入院という形で閉じ込められ，5年以上生活しています。医者や精神保健福祉士（PSW）からは退院可能と聞いているのですが，親の反対で退院できないでいます。病院での生活は管理が厳しく，プライバシーもなく，苦痛で仕方がありません。私が普通に外で暮らすために，どこでどのように住まいを探したらいいでしょうか。

A 　医療保護入院の場合は入院時から退院のための計画が練られ，退院に向けて相談に乗ってもらえる相談員（退院後生活環境相談員）が選任され，相談員から退院に向けた相談支援や様々な社会資源の紹介，そしてその利用に向けた援助を受けることができます。具体的にはアパートを探すため不動産会社やグループホームの見学に付き添ってもらったり，地域生活に必要な経済的な課題をクリアするため，障害年金や生活保護などの手続，そして各種障害福祉サービスや介護保険サービスを利用するための申請手続を手助けしてもらったりすることができます。

5　精神科病院からの退院に向けての支援

解　説

1　退院支援の仕組み

　精神科病院への入院では早い段階から退院を考えていく必要があります。特に医療保護入院の場合は，病院管理者は本人や家族からの相談に応じる退院後生活環境相談員を7日以内に選任し，その役割を書面と口頭で伝えることが義務付けられています（精神保健福祉法33条の4，精神保健福祉法施行規則15条の3）。

　退院後生活環境相談員は，本人と関係を構築しながら入院から退院までの手続や金銭面での相談支援，他機関との連絡調整，そして権利擁護などの支援を行っており，看護師や精神保健福祉士などが担っています。また，本人や家族には退院を手助けしてくれる相談支援機関（地域援助事業者と呼ばれています）を紹介し，必要な場合は実際につなげていくこととされています（精神保健福祉法33条の5，33条の6）。

　医療保護入院の退院を審議するための場として，病院には医療保護入院者退院支援委員会を設置することが義務付けられています。委員会には主治医や看護師，退院後生活環境相談員などの職員に加え，本人が希望する場合は委員会に出席し，あるいは書面で意見を述べることができます。また，本人が希望する場合は家族や地域援助事業者，その他退院後の生活環境に関わる人たちにも出席を求めることができます（精神保健福祉法施行規則15条の7）。

　委員会の審議は，在院期間が1年未満で入院時の入院診療計画書に記載された入院期間を経過していたり，委員会審議で設定した入院期間を経過したりした場合や，在院期間が1年以上で病院の管理者が委員会での審議を必要と認めた場合に開催されます（精神保健福祉法施行規則15条の6）。

　また，精神医療審査会に退院請求ができる仕組みがあります。精神医療審査会とは1987年の精神保健法への改正で登場したもので，医療保護入院に関しては入院届や定期病状報告書，本人や家族からの退院請求や処遇改善請求などの審査を行っています。精神医療審査会は都道府県や政令指定都市が設置している第三者機関で，精神医療の学識経験者や法律の学識経験者，そ

35

第1章　障害者福祉サービスの知識

して精神障害者の保健や福祉の学識経験者で構成されています。

　精神保健福祉法では「退院等の請求」が38条の4で規定されており，本人や家族等や代理人である弁護士が都道府県知事に対して，病院に退院や処遇改善に必要な措置を命じることを求めることができるとされています。弁護士を代理人に選任することができない場合は弁護士以外を代理人にすることも可能で，請求は電話など口頭でも認められています。

　請求を受けた都道府県知事は，精神医療審査会に入院の必要性や処遇が適当かどうかの審査を求めます。精神医療審査会は本人や精神科病院の管理者に意見を聴取し，その際には審査で意見陳述の機会があることや本人に弁護士による権利擁護が受けられることを通知します。都道府県知事はその審査結果とその結果に基づいて行った措置について本人へ通知することが義務付けられており，その期間はおおむね1か月か，やむを得ない場合は3か月以内に行うこととされています。

　このような退院請求や処遇改善については，日本司法支援センター（法テラス）から弁護士費用等の援助があり，病院所在地の弁護士会に問い合わせれば弁護士による無料出張相談が受けられる場合があります。これは日本弁護士連合会が精神障害者・心神喪失者等医療観察法法律援助として法テラスに委託して実施している事業で，精神科病院に入院する人への代理人弁護士費用の援助を受けることができます。

2　退院後生活環境相談員の役割と地域援助事業者

　退院後生活環境相談員は，2014年から改正精神保健福祉法のスタートに伴って配置されたものです。2014年から病院に義務付けられたものには，退院後生活環境相談員を設けることに加え，地域にある相談支援事業所などの地域援助事業者との連携，退院促進のための体制整備があります。

　退院後生活環境相談員は主には看護師や精神保健福祉士が位置付けられており，地域の社会資源に詳しい相談員が退院に至るプロセスを支える仕組みになっています。退院後生活環境相談員の選任は入院後7日以内に行われることが義務付けられています（精神保健福祉法施行規則15条の3）。この部分は

もともと保護者に求められていたもので，ようやく専門的に支援する仕組みがスタートしたことになります。実際の退院に向けた動きには，次頁の図のような流れが示されています。

　地域援助事業者とは，本人や家族にとって必要な情報提供などを行う相談支援事業者のことで，具体的には障害者総合支援法の相談支援（一般相談支援事業所，特定相談支援事業所），介護支援専門員が配置されている各種介護保険法の施設や事業所が位置付けられています（精神保健福祉法33条の5，精神保健福祉法施行規則15条の5）。地域援助事業者の情報は，必要に応じて本人に連絡先を記載した書面やその他適切な方法で本人に伝えることが義務付けられています（同規則15条の4）。

　この他にも実際に連携が期待される機関には，市町村の障害福祉課など担当部局や福祉事務所，精神保健福祉センター，あるいは依存症の対策に取り組む当事者グループのNPO法人や支援機関といった幅広い社会資源から本人や地域の状況に応じて活用していくことが求められます。

3　退院支援の取組

　実際に退院するときは，どこかの時点で医療保護入院から任意入院に入院形態を切り替え，アセスメントを通して退院のための支援計画が立てられます。精神科の場合は服薬の管理は入院中から指導が行われ，退院後は訪問看護を利用して看護師と一緒に分包して飲んでいくといったケアがなされています。

　退院後の地域生活を定着していく場面では，緊急時の対応に加え，病院のデイケアや地域活動支援センターなどで日中活動の場や余暇活動の場で様々な人との関係性を確保できるようにすること，また，ピアサポーターとしてこれから退院をする人たちの手助けになってもらうことで本人なりに役割を担ってもらう場を準備する取組があります。このような支援が合理的に進められるよう，行政や病院，事業所などの地域ケアネットワークの構築が求められています。

　退院にとって重要な役割を担いつつあるのが地域相談支援（地域移行支援と

《入院の経過に対する退院後生活環境相談員及び精神保健福祉士の業務内容》

推定入院期間を3ヵ月と想定した退院までの流れ

入院期間を3ヵ月と想定した精神保健福祉士の業務までの流れ

	入院前	入院	7日以内	退院に向けての取り組み	退院時	医療保護入院者退院支援委員会	定期病状報告書	通時（退院に至らなかった場合）
退院後生活環境相談員の業務		・医療保護入院の説明 ・相談員の選任を診療録に記載	・入院診療計画書に記載 ・相談員の紹介と役割の説明 ・地域援助事業者の紹介・連携 ・相談員の説明済を相談録に記載	・退院に向けた相談支援 ・地域援助事業者の紹介・連携	＜相談内容を相談録に記録＞	・委員会開催の通知、開催日を診療録に記載 ・退院支援委員会の通知を診療録に記載 ・委員会結果の通知を診療録に記載	・定期病状 ・開催記録 ・委員会審議の記録	・定期病状報告 通院支援委員会 必要性を検討 ・地域移行・定着支援の利用に向けた取り組みの記載
パブリックツール		・入院形態のお知らせ ・入院同意書 ・市町村長同意入院依頼書	・入院診療計画書 ・医療保険入院カルテ			・委員会 ・開催記録 ・審議記録		
精神保健福祉士（PSW）の業務	・診察の相談 ・予診 ・入院担当者との情報共有	・診察の同席 ・介入施設との面接 ・インテーク面接 ・限度額の確認 ・生活状況の確認 ・関係機関との情報交換 ・権利擁護	・インテーク面接 ・アセスメント ・他業種カンファレンスで退院に向けての確認 ・面接機会の確保	・本人、家族に面接（その人を知る関係作り） ・退院前訪問指導 ・多業種多機関連携 地域移行、地域定着 支援の利用に向けて ・支援計画の立案	・退院時面接 ・退院前訪問指導 ・社会資源等の確認 ・退院前カンファレンス ・支援計画の確認	＜地域援助事業者名の丁寧な説明＞ ・本人の意向を向けた確認 ・院内外の関係者の参加調整 ・支援計画の確認	＜多職種多機関連携＞ ・退院に向けた支援計画の再検討	・その人を知る関係（作り） ・生活上の課題を一緒に考える家族支援 ・多業種多機関連携 退院後や地域生活支援の検討
PSWお助けツール	・予診票	・医療保険入院者台帳 ・地域援助事業者一覧表 ・社会資源チェックリスト	・相談員紹介文 ・ケース記録 ・アセスメントシート ・入院インテークシート ・「気持ち・希望等」聴き取りシート	・クライシスプラン ・社内資源チェックリスト ・退院後スケジュール確認シート ・サービス等利用計画及びケアプランの確認		・事業所パンフレット ・地域援助事業者一覧表	・アセスメントシート ・「気持ち・希望等」聴き取りシート ・事業所パンフレット	・アセスメントシート ・「気持ち・希望等」聴き取りシート ・事業所パンフレット
PSWの心構え	入院のきっかけ 入院前の生活歴 本人・家族の今後の希望「気持ち・アセスメント等」をしっかり聴きましょう。		本人・家族の生活環境 寄り添いながら退院に向けた支援を行いましょう。		実践は記録に残しましょう。	医・衣・居・食・職・仲間などの調整を確認しましょう。	日常的な関わりを踏まえ、情報を共有しましょう。	継続して関わりましょう。

出典：日本精神保健福祉士協会退院促進委員会編『精神保健福祉士のための退院後生活環境相談員ガイドライン』（日本精神保健福祉士協会・2016年）5頁

5　精神科病院からの退院に向けての支援

地域定着支援）です。これは障害者総合支援法に基づく指定一般相談支援事業所が提供しているもので，精神科病院などから退院して地域生活を送るために必要な相談支援を提供しています。地域移行支援は病院に入院している人が退院するまでの相談支援を担当し，地域定着支援は退院した後の地域生活のための緊急時の対応や相談などを行っています。地域移行支援は半年間，地域定着支援は基本的に1年の期限が設定されています。

　例えば精神科に長期入院していた障害者への地域移行支援では，支援計画を基に地域移行に向けた日中活動のサービスを体験利用したり，自宅やグループホームへの宿泊体験などを積み重ね，実際に地域に移り住んだ当事者に悩みを聞いてもらうピアサポーターにつなげたりして少しずつ地域生活がイメージできるような支援がなされています。

　いま，地域移行支援の現場では，利用者の精神科病院への長期入院による高齢化と身体的な合併症，それに伴い家族支援の難しさといった課題に直面しています。特に身体的な合併症は退院後の生活を送る上で大きな影響を及ぼすとされており，長期入院は家族関係を疎遠にさせている状況があります。

　家族関係が疎遠であると実家に帰ることが難しくなり，その場合はアパートやグループホームを検討することになります。居住の場の確保では，民間の賃貸住宅では契約時に保証人が必要であることがハードルになっていたり，利用者に合った空きのグループホームが見つかりにくいといった課題に直面していたりします。精神科病院によってはアパートを直接1棟借りし，そこを拠点に退院につなげる取組をしているところもあります。

　家主や不動産会社からすれば，近所からの苦情や賃料の未払，あるいは自殺のリスクといった様々な不安を抱えている場合もあり，相談員が本人に付き添って不動産屋に訪問し，退院後の生活への支援体制を丁寧に説明する姿があります。また，不動産会社と関係を作りながら保証人を必要としない物件を紹介してもらったり，公営住宅に当たってみたり，保証会社を活用したりもしています。

　なお，県営や独立行政法人都市再生機構（UR）による公営住宅には障害者の優先入居があり，障害者手帳や原爆被害者手帳所持者，あるいは難病者な

第 1 章　障害者福祉サービスの知識

どの場合は障害の程度によって 5 ～ 7 倍の当選率になります。また，公営住宅はグループホームにも活用できるようになっています（公営住宅法 45 条）。

　グループホームは公営住宅や一軒家で実施していたり，アパートを借りて行っていたりと様々で，バリアフリーの状況によって身体障害者が利用できることも可能になります。グループホームによっては連帯保証人を立てる必要があるところもあり，利用期間を 3 年や 6 年に設定するところもあります。グループホームにも色々な違いや個性があり，本人にとって安心できるグループホームを探すことが重要になります。

　具体的には，グループホームは障害者総合支援法では介護サービス包括型と外部サービス利用型生活援助に分けられており，介護サービス包括型は事業者自らが介護を提供するもので，外部サービス利用型は外部の事業者に委託するものです。また，より一人暮らしに近いグループホームとしてサテライト型住居があります。入居定員は 1 人で，3 年を期限に一般住宅への移行を目指します。なお，病院内の建物を共同生活住居とするグループホームに地域移行支援型ホームがあり，1 年以上精神科に入院している人が対象となっています。ただし，病院内であるにもかかわらず居住の場とみなしてしまう地域移行支援型ホームには，当然ながら強い懸念と批判があることに注意が必要です。

　長期入院や頻回入院を重ねる重度の精神障害者の地域生活を支える取組としては，ACT と呼ばれる実践があります。重度の精神障害者を対象に幅広い職種の専門家チームを構成し，1 人の利用者に必要なケア（医療や福祉，就労）といったサービスを 24 時間体制で全員のスタッフが直接提供するものです（→Q 17）。

　このような退院に目を向けだしたのは 2004 年の「精神保健医療福祉の改革ビジョン」からで，7 万人以上いるとされる社会的入院患者の解消に向けて取組が行われ出しました。そのための具体的な事業として実施されたのが精神障害者退院促進支援事業で，2006 年から障害者自立支援法の地域生活支援事業に位置付けられ，2012 年からは地域移行支援として障害福祉サービスの個別給付となりました。まだ退院支援への取組は始まったばかりとい

う状況なのです。

6　障害のある人の日中活動の支援

Q　実家に住む私の妹は，軽度の知的障害があり，今まで両親が全ての面倒を見てきましたが，母親が亡くなった後，父親1人では自分の生活のことも限界があり，父親だけ施設に入ることになりましたので，今後妹1人の生活となる予定です。妹は働いたことがなく，日中何もすることがないので私の目から見ても浪費癖があり，このままでは生活が破綻しないか心配です。今後の妹の生活についてどこに相談したらいいでしょうか。

A　妹さんの生活が孤立しないよう周りがサポートできる体制を作る必要があるでしょう。そのための相談窓口として相談支援事業所があり，日中活動の場をはじめ必要な福祉制度へつなげていくことが求められます。同時に妹さんの友人・知人や近くに住む親類，家族と付き合いのあるご近所さん，民生委員といった方々にも視野を広げ，頼りになる方がいれば積極的にお声かけをして，妹さんが地域で孤立しないように配慮していく必要があります。

解　説

1　「親亡き後」に向けた支援

　軽度の知的障害のある人が「親亡き後」の生活に向けて柱となるのは，居宅介護や就労継続支援などを通して日常的に触れ合える人や場の確保，経済面の安定と金銭面のトラブルを回避するための権利擁護，生活に課題を抱えた場合に気軽に助けを求められるキーパーソンの確保などが挙げられます。そのことを通して地域社会と色々な角度からの接点を持てるようにすること

41

第1章　障害者福祉サービスの知識

で孤立を防いでいくことが重要になります。

　まず考えられるのは居宅介護でしょう。そのための手続はQ4を参照ください。居宅介護には身体介護や家事援助があり，知的障害者の場合は家事援助を利用することが想定されます。家事援助の利用を通してヘルパーに定期的に家庭に入ってもらい，見守りを含めた生活の支援を受けることができます。

2　日中活動の支援

　障害者の日中活動の場を保障する社会資源には生活介護や就労継続支援などがあります。

　生活介護とは，障害者支援施設などで日中に食事や入浴，排泄などの介助や相談，助言，軽作業などの生産活動，創作活動の機会を提供するサービスです。その内実は施設によって様々ですが，多くの場合，他の利用者とともに作業を行ったりレクリエーションを行ったりします。作業には，例えば箱の組立てや簡単な電子部品の組立て，コンビニで使うスプーンやフォークの袋詰め，さをり織りなどの手織りや手芸などが行われ，金額は少ないですが工賃が支払われます。レクリエーションではみんなで散歩や音楽を楽しむ姿や，地域の祭りなどイベントに参加する姿があったりします。

　施設によっては送迎があり，サービスは9時から16時頃までの時間帯で提供されています。ただし，生活介護を利用するには障害支援区分が3以上必要（施設入所の場合は4以上）であり，50歳を超えると2以上（施設入所の場合は3以上）が必要とされます。そのため，障害支援区分の認定が軽度に判定された場合は利用できないこともあります。

　就労継続支援は，一般での就労が難しい障害者に対して就労の場を提供するサービスです。就労継続支援はA型（雇用型）とB型（非雇用型）に分かれています。A型は雇用契約を結んで就労ができる人で，特別支援学校を卒業して就活したが一般就労ができなかったり，就労移行支援を利用しても一般就労に結び付かなかったり，一般就労をしたが離職状態にある障害者が想定されています。

それに対し，B型では雇用契約を結んでの就労が困難な人で，年齢や体力的な限界から一般就労が難しかったり，就労移行支援事業を利用した結果B型が適当と判断されたりした場合などが想定されています。いずれも利用期限はなく，障害支援区分による制限もありません。

一般的に言って，A型はより就労ができそうな障害者が利用しているのに対し，B型では身体的にも精神的にも配慮が必要な利用者がゆとりをもって作業に当たっている様子が見られます。1か月の工賃（賃金）に目を向けると，厚生労働省による統計（「平成27年度工賃（賃金）の実績について」）では2015年現在でA型は6万7795円，B型は1万5033円で，時給に換算するとそれぞれ769円，193円となっており，事業所や地域によっても大きなばらつきがあります。

また，地域生活支援事業では日中一時支援事業や地域活動支援センターなどがあります。地域活動支援センターは日中活動の場として主に精神障害者の居場所としての役割を想定して整備されています。そのため，茶話会を通した利用者同士の交流や対人関係の構築の練習，コミュニケーションの練習などを行うSST（社会生活技能訓練）や地域との交流のためのレクリエーションなども行われています。地域活動支援センターは年々増加傾向にあり，厚生労働省の調査（「平成27年社会福祉施設等調査の概況」）では2015年10月1日現在で3190か所設置されているとのことです。

なお，インフォーマルな社会資源として無認可の小規模作業所が挙げられます。無認可というのは法定化していない作業所のことで，様々な事情で制度が利用できない人にとっても貴重な居場所として機能しています。

3　権利擁護

知的障害や精神障害などで判断能力が不十分な場合，様々な損害や被害を防ぐための制度として成年後見制度があります（→Q 51）。成年後見制度は本人の判断能力に応じて法律行為や金銭管理などを行う成年後見人を立てることができます。しかしその場合，成年後見制度を利用するための費用負担（精神鑑定や後見人報酬など）が障壁になる場合があります。

第1章　障害者福祉サービスの知識

　地域生活支援事業の中には成年後見制度利用支援事業や成年後見制度法人後見支援事業があり，成年後見制度の利用を手助けしてくれるためのサービスがあります。これらは市町村の必須事業とされています。このうち成年後見制度利用支援事業は成年後見制度にかかる費用を補助するものです。

　成年後見制度の利用には至らない，あるいは資力的に適切な成年後見人を得ることが難しいと判断される場合は日常生活自立支援事業があります（→Q 52）。これは都道府県社会福祉協議会が実施している事業で，生活援助員によって，福祉サービス利用に伴う契約行為や，日常的な金銭管理へのサポートが受けられます。具体的には福祉サービスの利用及び利用料の支払，行政的な手続への援助，年金の受給や社会保険，公共料金の支払，年金証書や預金通帳の預かりといったものがあります。サポートを受けるには判断能力が不十分であるが日常生活自立支援事業の利用契約を締結できるといった要件が設定されています。

4　キーパーソンの確保

　また，設問のような場合は，妹さんが地域社会の中で孤立しないよう見守ってくれる人や，もし生活に課題を抱えた場合に気軽に助けを求められるキーパーソンの確保が求められます。

　そのための相談窓口に地域にある相談支援事業所があります。相談を通して妹さんが社会資源を使いながらどう生活を成り立たせるかを考えることが求められます。しかし，障害が軽度の場合は毎日支援が受けられるわけではありません。多くの見守りの関係が結ばれるよう，妹さんの友人・知人や近くに住む親類，本人や家族と付き合いのあるご近所さん，民生委員といった方々などできるだけ多くの方とのネットワークを築き上げていくことが重要になります。その中で頼りになる人がいれば積極的にお声かけをして，妹さんが地域で孤立しないように配慮すべきでしょう。

　おそらく長い間親が支えてこられた中，その生活スタイルは妹さんの中に強く根付いているものだと思われます。知的障害は生活環境やパターンを変えることに課題を抱えることが多いため，生活を変えていくことには長い目

44

7 依存症に対する支援

で見ていく必要があります。また，「浪費癖」については様々な視点から考える必要があります。「浪費癖」を断ち切るにはその手段を遮断することが必要です。親が第三者を頼ることができず，「抱え込み」のような状況がある場合，親子関係が閉鎖的にある場合も見受けられます。長年にわたり培われてきた親子関係で浪費が繰り返し行われ，閉鎖的な親子関係でそれが何度も許されてきた経緯があるとすれば，その浪費行為を別の家族や親族などが引き受けてしまわないか，注意して見守る必要があるのかも知れません。

7　依存症に対する支援

Q　私の息子は離婚をきっかけにアルコールに依存しています。普段は穏やかなのですが，お酒を飲むと態度が変わって，暴力や暴言がひどくなります。家の中ではお酒を飲ませないようにしていますが，外出した隙に飲んでしまうため，どうしようもありません。朝から酒臭い時もあるため，仕事も長続きしません。こういう問題はどこに相談したらいいのでしょうか。親としては何をしたらいいのでしょうか。

A　まずは精神科病院を通してアルコール依存症への治療に加え，そこから依存症からの復帰のための心理療法や自助グループなどへとつなげていく支援が考えられます。しかし，アルコール依存症は自覚するまでに時間や労力がかかることがあり，まずは親御さんが精神保健福祉センターや保健所などに相談して必要な支援を受けていくことが求められます。

第1章　障害者福祉サービスの知識

解　説

1　アルコール依存症

　アルコール依存症は自身では飲酒をコントロールできなくなり，大量飲酒を続けることで中毒症状を招いて健康を脅かすばかりか，仕事や生活に支障を来し，家族など周囲の人間を巻き込んで人間関係をも破壊させる大変難しい病気です。本人が止めようと思ってもアルコール中毒には離脱症状があり，発汗や心悸亢進，不安や不眠，手の震えといった症状が本人を苦しめます。

　アルコール依存症ではアルコールの摂取がだんだんと増え，アルコールの血中濃度を維持するために朝から飲酒を行い，そのまま昼や晩と連続飲酒をするようになります。繰り返される飲酒はコミュニケーションにも影響を与え，本人にとっては暴力という手段でしか思いを伝えられない状況に陥る場合もあります。それは妻だけでなく子どもに向けられることもあるため，アルコール依存症に児童相談所が対応しているケースもあります。これは男性に限ったことではなく，いわゆるキッチンドリンカーとして妻が依存症になるケースも見受けられます。

　アルコール依存症の特徴は周囲を巻き込むことで，まず周囲が音を上げて受診に至るケースが多いことです。しかしアルコール依存症では本人に自覚が得られず，たとえ体に異常があっても内科治療で体を回復させ，体調が戻ると再び飲酒を繰り返し，なかなか依存症そのものへの受療に至りません。医師から依存症の診断が出たとしても多くは否認してしまいます。

　本人が受診に至るには，家族や周りの人たちによる説得に加え，内科的な受診を経て精神科に転院して受診に至ることや，自傷他害などかなり切迫した状況で医療保護入院を通して専門の医療機関につながることもあります。なお，アルコール依存症を専門的に扱う病院のリストは国立久里浜医療センターのホームページで見ることができます。

2　アルコール依存症への対応

　アルコール依存症への対応にはまず体を休めさせる治療から始まり，徐々

に本人の気持ちや態度を見守りながら変革を迫り，社会復帰につなげていく支援が行われています。

　治療では断酒と点滴などを通して体内のアルコールを抜き，体を休めるところからスタートします。本人の状態によって通院や入院といった形態がとられ，飲酒行為にはあえて二日酔いが続くような抗酒剤を服用する場合があります。

　半月ほどかけて断酒を行い，落ち着きを取り戻してくると，どのように断酒の状態を維持していくかが課題になります。一般的に，このとき断酒を成功して自信を持てたとしても再びアルコールを摂取してしまう傾向があるため，冷静に見守りながらアルコール無しの人生をどう設計していくのか，そのための生活習慣を本人や家族と一緒に検討していくことが重視されています。

　なぜなら，アルコールの大量摂取の裏にはアルコールがもたらす作用を願望する気持ちがあり，それを求めざるを得ない本人なりの必然性があるからです。したがって，一時的に断酒を成功させたとしても，アルコールに走らざるを得なかった状況そのものに向き合わなければ飲酒は繰り返されることになります。そこにメスを入れていくには時間が必要で，アルコール依存症の回復には1～3年といった長期にわたることが多く，生涯にわたってある意味「回復し続ける」ことを意識する必要があるとされます。

　実際にはアルコールのない生活を実現するためのストレス解消法を考えてみたり，暇な時間を作らないようにするための余暇活動を考えてみたり，飲酒に至るプロセスを記録を通して見つめながら新しい行動習慣を身に付けたり，認知行動療法によってものの考え方のクセを探りながらポジティブな捉え方へと修正を迫るカウンセリングが行われたりしています。

　その中で，様々な誘惑やふとしたきっかけで再び飲酒に至ること（スリップと呼ばれています）もあります。その場合は本人を責めるのではなく，日常生活の中でどこに問題があったか，そして本人が立ち直るきっかけとして積極的に活用することが重要となります。

　アルコール依存症と向き合っていくには，様々な団体が実施している自助

第1章　障害者福祉サービスの知識

グループと呼ばれるミーティングの場が鍵となります。自助グループでは同じ症状や経験を持つ人たちが集まってそれぞれの愚痴や思いを語ることで，冷静さを取り戻したりアルコールとの向き合い方を確かめたりする活動が行われています。

　アルコール依存症の自助グループには，例えば断酒会やAA（アルコホリック・アノニマス）などがあります。それぞれの自助グループによって雰囲気や方法（例えば断酒会では妻も参加するがAAでは本人のみ）に個性があり，地域によってどのような団体があるかは違うため，本人や家族に合った自助グループを精神保健福祉センターに問い合わせて紹介してもらうことができます。

　一方で，アルコール依存症では家族は大きく巻き込まれる存在であると同時に，逆にアルコールに依存する状況を支えてしまっている存在であることにも目を向けていく必要があります。

　家族が「原因は私にある」といった自責の念を持って本人と関わっている場合があったり，泥酔して失禁した本人にどれだけ献身的な世話をしたりしても，本人は朝になれば忘れ去っています。また，飲酒時に激しい暴言や暴力が行われ，それが嵐のように過ぎ去ると豹変し，すこぶる優しい態度を見せつけられる体験を重ねられると，家族にとっては心理的に大きな負荷がかけられて共依存に陥ることも考えられます。そのような家族関係が結果として本人の飲酒を逆に助長したり支えてしまったりしている状況があるため，アルコール依存症では家族支援が重要な視点となってくるわけです。このように，依存症を逆に支えてしまっている存在はイネーブラーと呼ばれています。

　この場合，イネーブラーを卒業し，一切の世話を止めてしまうことが本人にとっても重要な支援となります。そのため，家族に対するカウンセリングの現場では，家族が自責の念を持っている場合は「そうではない」というメッセージを伝える取組がなされたり，いかに家族が巻き込まれないか，その方法を家族とともに考えたりしています。

　さらには，アルコール依存症ではその親元で育った子どもが成人して精神的に病気を抱える問題，つまりアダルト・チルドレンの存在が出てきていま

す。アダルト・チルドレンとは「現在の自分の生きづらさが親との関係に起因すると認めた人」（信田さよ子『依存症』（文藝春秋・2000年）130頁）と定義されています。その対応では親との関係にメスを入れ，心の中に生き続け，自分の心を縛り続ける親の存在（インナーペアレント）をも考慮に入れながら，親からのコントロールから解放していくための取組が鍵とされています。

このような依存症の傾向やその支援は，アルコール依存症に限らず薬物依存症やネット依存症といったものにも共通しています。様々な種類の依存症はアルコール依存症を通して明らかにされてきた経緯があり，その意味でアルコール依存症への支援で培われてきた経験は他の依存症への支援の基礎を形成しています。

3 依存症とその社会的側面

依存症の判断には，依存によって体を壊す原因になったり仕事や人間関係，生活に支障をもたらしたりしているかがポイントとされています。

例えばアルコールは多くの人がたしなむものですが，それ無しではいられずイライラしたり，不安になったり，暴力的になったり，あるいは肝硬変といった中毒症状をもたらすことが目に見えていても止められないといったレベルになってくると，本人の意志だけでは制御が難しく，依存症として対処が必要となってくることになります。

第1章　障害者福祉サービスの知識

リフレッシュや生活に彩りを加えるもの。	
自分でコントロールでき，誰かが困っても注意を聞き入れられる。	
周囲の声が聞き入れられず，止められない。体調や生活，仕事，人間関係などに支障を来す。	

出典：筆者作成

　依存症はアディクションとも呼ばれ，破滅に向かうことが目に見えていたとしてもセルフコントロールが効かない状態にあり，またそれが本人にとっては生きていく上でそれしか頼るべき手段がない状態を意味します。人が直面するストレスや悩み，あるいは孤独といった負荷に対して折り合いをうまく付けられず，その埋合せをするように自分を守り，生きるための最終的な手段としてアルコールや薬物に手を出し，結果として依存症に陥っている状況があります。つまり，本人にとってはそれしか頼るべき手段がない必然性があり，依存症対策を考える場合もその部分を見つめていくことが必要になることを意味しています。

　依存症に至る傾向には，初めはアルコールや薬物を通して不安や葛藤をやり過ごすための手段であったものがいつしか逆転し，アルコールや薬物の摂取そのものが目的になってしまうところに特徴があります。いざその状態を抜け出そうとしても，薬物依存症の場合は厳しい離脱症状があり，薬物によって得られた快楽や安心感とは正反対の大変不愉快で不安な症状が待ち構えているとされています。つまり，依存症の回復に向けて自覚的に取り組む人たちは，こういった症状と向き合いながら日々努力を重ねている人たちということになります。

　おそらく，世間一般的には依存症になる原因を意志の弱さに求めたり，そ

7 依存症に対する支援

の対処を本人の贖罪意識や規範意識に求め，それがダメだった場合はさらに責を問う態度をとったりと，依存症者に対する見方はかなり厳しいものに思われます。取り分けアルコール依存症は「アル中」と呼ばれる中で社会的烙印（スティグマ）が押されてきました。

しかし実際に依存症の人を支援する現場では，これとは正反対にあることに気付かされます。そもそも依存症は意志の弱さの問題ではなく意志が制御できない病気であり，スリップは回復に至るプロセスの１つなのです。地域社会で断酒を続ける人に対して「怖い」と捉えるのか，「断酒をがんばっている人」と捉えるのかで，地域社会が受け入れる柔軟性が変化し，本人が社会復帰を果たしていくことができる可能性にも影響します。

おそらく依存症までには至らずとも，その寸前でなんとか踏みとどまっている状況にある人も多いと思われます。誰しもが大なり小なり依存症になるリスクを抱えて生活を送っているものであり，依存症は大変身近な病気といえます。それが何かのきっかけで依存症の状態へと押し出されている状況があるわけですが，押し出す要因を丁寧に見ていくと，本人というより社会の至るところにその「仕掛け」が準備されてしまっていることに注意が必要です。

例えば日本ではアルコール依存症を抱える人に対しては厳しい見方をする一方で，商業的には規制が全く進められてこなかった結果，多くのアルコール依存症を生み出してきた側面があります。

もともとアルコールに対してうまく折り合いを付けてきた共同体社会の営みを崩壊させてきたのが産業化社会です。村社会の中で培われていた酒害を防ぐための風習や習慣は都市化を通して崩壊し，産業化によってアルコールが大量生産・大量販売が可能となり，産業社会の下層で過酷な労働条件にある労働者の中で大量に消費され，深刻化していった歴史があります。日本で初めてアルコール依存症専門病棟を設立した国立久里浜医療センターが，農業解体と都市化，核家族化が一気に進んだ真っ只中である 1963 年に登場したこともそれをよく表しています。

さらに覚せい剤（ヒロポン）に至っては，日本では戦時期に兵士を対象に

51

第1章　障害者福祉サービスの知識

軍事生産・軍事利用され，それが戦後に一気に放出されて一般社会に広がった経緯があります。その後覚せい剤を服用する青年らによる集団強姦事件が起こり，ようやく規制対象とされてきたのです。

　既に海外では古くから政府がマーケットに介入しながらアルコールやギャンブルなどへの規制が進められていますが，日本ではいまだに酒害を促進するかのようにアルコール類のCMが流され，競馬や競輪，パチンコなど射幸心をあおる施設が全国津々浦々に張り巡らされ，最近ではIR（総合型リゾート）構想として新たに依存症が生み出される場が準備されつつあります。

　一方で，日本では異常に多い自殺者や，異常に多い残業や繰り返し生じる過労死など，労働現場の過酷さは周知の通りで，それは精神的にストレスを抱えている人たちの多さを示すことでもあります。その中で，アルコールに依存しなければ仕事や生活がやっていけない人たちが大量に生み出されていることについても丁寧に目を向けていく必要があります。

4　様々な依存症

　アルコールの問題を核に他の依存症にも目が向けられ，シンナーやたばこ，覚せい剤といった薬物依存症だけでなく，最近ではギャンブル，インターネット，DV，買い物など依存する対象の幅が広がっている様子が指摘されています。アルコール依存症以外の典型的なものを挙げてみたいと思います。

(1)　ギャンブル依存症

　パチンコやスロット，競馬，競輪，競艇などで簡単にお金が手に入ると，その快感が記憶に張り付くことになります。その快感を求めてギャンブルに打ち込み，損をするとそれを取り戻す心理が強く働き，一喜一憂することになります。それを促進しているのが全国に設置された施設の多さであり，消費者金融です。

　ギャンブル依存症はWHO（世界保健機構）によるICD-10にも位置付けられている「病気」ですが，日本では個性や人格の問題として片付けられてしまい，それがギャンブル依存症のまん延に拍車をかけている姿が見受けられます。いま成人の4.8％に当たる膨大な人が依存症にあるといわれ，海外と

比べると異常に高い数値とされています（2016年12月15日付『毎日新聞』厚生労働省の調査）。

ギャンブル依存症はヤミ金融からの借金に行き着くことや，金銭を確保しようと嘘を多用し，人間関係を破綻させていくことに特徴があるとされています。何百万，何千万円の借金の請求書が家族の前にさらされて事態の深刻さに気付くケースが多いとされています。

ギャンブル依存症には家族などが肩代わりをせず，家族が巻き込まれないようにすることで，本人からギャンブルを続ける手段を断ち切ることが重要となります。病状に関しては精神保健福祉センターに相談することや，負債に関しては弁護士への相談が必要となります。

(2) ネット依存症

ネット依存症では，スマートフォンにこだわり電池切れや圏外に耐えられなかったり，SNSでどのような書き込みがなされているのか，またネット上での仲間外れといったことへの不安に苛まれたり，課金を通して借金を抱えることで依存症として露見する場合があります。

ネットゲームでは心の落ち着きや楽しさを求めて入り込む姿があります。ネットゲームでは技術の発達とともにコミュニケーションの幅が広がることで様々なルールや慣習が生まれています。その慣習を枠組みにコミュニティが生まれ，その中で匿名性の高い緩やかな人間関係が形成され，それが醍醐味とされています。しかしその慣習に逆にとらわれてしまい，学校や仕事を休むようになり，現実世界に支障を来す人がいます。

今後もネット依存症は幅広い年齢層にまたがって引き起こされていくものと思われます。国立久里浜医療センターでは既にネット依存症治療部門が立ち上がり，インターネット・アディクション・テストが公開されています。

(3) クレプトマニア

クレプトマニア（kleptomania）は窃盗症や窃盗脅迫，病的窃盗ともいわれ，物を盗みたいという衝動に抵抗できなくなり，コントロールが効かない状態に置かれて窃盗を重ねてしまう病気です。窃盗を働く上で高揚感を感じるものの，事後に極度の不安や落胆，罪悪感を覚え，それでも繰り返し窃盗がな

第1章　障害者福祉サービスの知識

されていくとされています。

　窃盗の対象は必ずしも本人にとって必要であったり欲しいものではなかったりします。クレプトマニアでは，窃盗したものを使用したり金銭的な利益を得たりすることが目的ではなく，窃盗という行為に対する快感や満足感を繰り返し求めてしまうことに特徴があるからです。そのため，動機に窃盗行為が注意深く計画され，個人的な利得が見られる場合や，記憶力や知的能力の低下によるものといった場合などとは区別されます。

　クレプトマニアへの対応については衝動を回避するための認知行動療法や，自助グループによるミーティングが行われています。また，最近では摂食障害との関係も指摘されています。

　このような様々な依存のタイプには物質依存と行為依存，関係依存に分けられています。アルコールや薬物，たばこなどの物質に依存するものと，ギャンブルや浪費，暴力，ネットといった特定の行為や関係に執着して依存するもの，あるいはこのような依存の対象を複数抱えることもあるとされています。ただし依存症は概念的に曖昧な部分が多く，依存症の捉え方には論者によって違いが見られ，何が依存症なのかはより検証が求められます。

　なお，依存症とはやや距離があるとされますが，近年，摂食障害の問題が深刻化しています。摂食障害には拒食症や過食症，むちゃ食い障害，あるいは特定できない診断に分類されますが，共通しているのが異常な食行動や体重体型に自己評価が振り回されていること，そして圧倒的に女性が多いことが指摘されています。

　摂食障害には痩せることでしか自己評価が得られなくなった経緯や恐怖感があり，さらにその背後にはやはり何かしらの生きづらさを抱えている状況があります。そのため，治療の過程ではその恐怖感を少しずつ整理していくカウンセリングをしたり，生きづらさの中身に向き合えるよう自助グループによるミーティングが行われたりしています。特に摂食障害はアルコール依存症と同様に家族を巻き込んでしまうため，家族が本人とうまく距離感をとってもらうための家族支援が重要とされています。

　摂食障害は深刻な場合は死と隣り合わせにある状況が常にあり，できるだ

54

8　ひきこもり支援

け早くに受療し，あるいは予防していくことが重要になってきますが，現行の福祉制度ではそのための支援になかなかつながりにくい現状にあります。摂食障害は障害福祉サービスの対象に位置付けられていますが，実際に就労移行支援や就労継続支援といったサービスを適用しようとしても制度設計上に大きな壁があり，苦心しながらも摂食障害のある人のための居場所や拠点作りに取り組む医療関係者（例えば NPO 法人 SEED きょうと）の姿があります。

8　ひきこもり支援

Q　私は地域包括支援センターで働いていますが，関わっている認知症の高齢者から 40 歳代のひきこもりの娘さんのことで相談を受けています。話を聞いてみるとこの娘さんは発達障害ではないかと疑われますが，手帳も何もなく，他の親戚とも福祉関係者ともつながっておらず，孤立しています。こういったひきこもりの人についてはどこに相談し，どんな支援を受けたらいいのでしょうか。

A　ひきこもりへの支援では，多くは傾聴や見守りを行いながら家族関係の介入から行い，徐々に家族以外の人たちとのつながりを増やしていく支援が重要とされています。そのための社会資源にひきこもり地域支援センターがあり，発達障害が関係する場合は発達障害者支援センターがあります。

解　説

1　ひきこもりへの介入方法

ひきこもりの概念については，2010 年に厚生労働省により公表された「ひきこもりの評価・支援に関するガイドライン」では次のように示されています。

第1章　障害者福祉サービスの知識

「様々な要因の結果として社会的参加（義務教育を含む就学，非常勤職を含む就労，家庭外での交遊など）を回避し，原則的には6ヵ月以上にわたって概ね家庭にとどまり続けている状態（他者と交わらない形での外出をしていてもよい）を指す現象概念である」。

このように，6か月以上にわたって就学や就労，家庭外の交遊といった社会的参加を回避している状態にあり，その背後には様々な要因が控えているところにポイントが示されています。そのような要因を親や本人と共同で考える取組や，積極的に社会的参加の機会を準備していく実践などが行われています。

ひきこもり支援の現場には子どもの状況を心配した親からの相談が多く，中には家庭でのDVに直面して相談につながったり，学生生活の中で不登校となり，大学の学生支援センターなどを通してつながったりするケースもあります。

実際のひきこもりへの介入では依存症支援と同様，家族支援の視点が重視されています。ひきこもりでは本人が孤立し，家族関係がねじれた状態にあったり，家族ごとひきこもっていたりすることもあります。無理矢理外に連れ出すことは暴力沙汰を招くだけです。いきなり本人にアプローチをせず，まずは親の面談を重ねながら悩みを出してもらい，同じひきこもりの子を持つ親同士で話し合える場を準備するなど，親の不安を和らげる支援がまず必要となります。

親同士のグループワークではお互いの悩みや愚痴を共有したり，「世間体」からプレッシャーに感じていることや，本人との関わりで工夫していることについて話し合ったりと，家族がホッとできる場を用意していくことで，家族と本人にほどよい距離感が生まれ，それが家族の風通しを良くしていくことにもつながります。

親が変わると本人も変わることがあり，本人へのアプローチではそこを糸口に介入が進められています。相談員が機会を見ながら自宅などに訪問し，本人と援助関係を作るところからはじめ，本人が相談員に慣れてきたら徐々に家族以外との関係を増やしていく支援が行われています。

8　ひきこもり支援

　例えばNPO法人などで行われるバンドやクラシック同好会といった本人
たちによる音楽療法の場に同行してつなげたり，ピアサポーターに関わって
もらったり，あるいはその担い手になってもらいながら関係性を増やし，燃
え尽き症候群などにならないよう助け合える仲間を作るなど，様々な工夫を
通して少しずつ家族以外の人に関わる機会の拡大を意識した取組がなされて
います。

　親にとっては，同じ悩みを抱える親とつながり，悩みを共有することで不
安を和らげ，本人が徐々に外に出かける姿が見ることができると次第に表情
や言葉遣いも軟らかくなることがあり，その中で親子関係に変化をもたらし，
良い循環が芽生えることがあります。このような支援にはかなりの時間が必
要になることも意識する必要があります。

　一方で，支援の過程では発達障害や統合失調症などの症状に直面すること
があります。そこでは障害の受容がキーとなる場合も多々あり，本人の様子
を見ながら障害者手帳を取得することのメリットを説明し，ピアサポーター
による支援も意識的に行われています。

　このような支援につながるための社会資源には，ひきこもり地域支援セン
ターや子ども・若者総合相談センター，地域若者サポートステーション，そ
の他民間のNPO法人が行う事業や，精神科の病気や障害に関連する場合は
精神保健福祉センターや発達障害者支援センターなどがあります。

2　ひきこもりへの支援に関する社会資源

　障害者手帳がなく，福祉の対象となっていない人の相談窓口にはひきこも
り地域支援センターがあります。これはひきこもりを専門に扱う相談窓口と
して開設された機関で，都道府県や政令指定都市に整備が進められています。
厚生労働省による「ひきこもり対策推進事業」として整備が進められており，
相談支援に加え，地域の関係機関のネットワークの構築や対策に必要な情報
を提供しています。

　2016年現在で68か所整備され，その多くは精神保健福祉センターに設置
されています（厚生労働省「ひきこもり対策推進事業」ホームページ資料参照）。また，

57

第1章　障害者福祉サービスの知識

訪問支援をするひきこもりサポーターを養成し，派遣する事業があります。ひきこもりサポーターには実際にひきこもりを体験した人によるピアサポーターも位置付けられており，より本人に近い立場からの支援が期待されています。

　子ども・若者総合相談センターは2010年から施行された子ども・若者育成支援推進法に基づく機関で，ひきこもりや仕事の悩み，いじめといった子ども・若者育成支援に関する相談に応じ，関係機関の紹介や拠点としての役割が期待されています（子ども・若者育成支援推進法13条）。子ども・若者育成支援推進法はこのセンターを設置するほかにも，行政や民間の連携体制や教育や医療，福祉，雇用など分野を超えたネットワーク作りを行うための機関として子ども・若者支援地域協議会を自治体ごとに設置することを求めています（同法19条）。内閣府はそのための人材養成としてアウトリーチなどを学ぶ研修事業を行っています。

　就労に向けた若者支援では地域若者サポートステーション（通称，サポステ）があります。ここでは働くための悩みに対する相談支援や就労体験，コミュニケーションスキルの訓練やパソコン教室など各種セミナーなどの職業訓練が実施されています。サポステは厚生労働省が委託したNPO法人などが実施しています。また，地域によっては自治体から助成を受けながらひきこもり支援を行っているNPO法人もあります。

　このような若者を対象にした支援はいずれも30歳代までを想定しています。

　一方で，「ひきこもりの評価・支援に関するガイドライン」では，確定診断がなされる前の統合失調症が含まれている可能性が低くないことも指摘しています。支援の過程では発達障害や知的障害，統合失調症などが明らかになる場合は少なくありません。その場合，障害者福祉施策につなげていくことで専門の相談支援を受けたり，様々な就労支援のサービスにつなげたりすることができます。障害者の就労支援についてはQ 19を参照してください。ひきこもりの場合で，発達障害や統合失調症といった症状がある場合には，相談支援の機関として精神保健福祉センターや発達障害者支援センターがあ

58

9　累犯障害者への支援

9　累犯障害者への支援

Q 　私が今度国選弁護人を引き受けた知的障害のある男性ですが，万引きを繰り返して刑務所に入った経験があり，今回は累犯として重く罰せられる可能性があります。原因は家族が浪費を恐れて生活費を渡さないことのようですが，家族も彼のことを見放しており，今度刑務所を出た後，引受けを拒否しています。今後の彼の生活再建のためにどんな支援が可能でしょうか。

A 　繰り返し刑務所に入る障害者の場合は家族関係にねじれがあるか，疎遠になることが多く，また本人が安心して暮らせる居場所が不安定にあるか，あるいは喪失している状態が考えられます。まずは本人のアセスメントを丁寧に行いながら，暮らしの拠点の確保を支えていくことが必要になります。そのための支援機関に地域生活定着支援センターがあります。

解　説

1　出所後支援の社会資源

　警察に逮捕された場合，本人は警察や家族，友人を通じて当番弁護士と接見することができます。当番弁護士は逮捕された人に1回に限って無料で弁護士と面談ができる制度です（→Q 53）。当番弁護士の後は弁護人を付ける必要があり，本人や家族の費用負担による私選弁護士や，国の費用負担による被疑者国選弁護人があります。

　逮捕期間中の本人との面会は難しい場合もありますが，差し入れは可能です。勾留期間中，接見禁止命令が出された場合以外は基本的に面会・差し入

59

第1章　障害者福祉サービスの知識

れとも可能となります。なお，責任能力については刑法 39 条によって規定
されており，その程度が著しい場合は「心神耗弱」として刑が減軽され，責
任能力が無いといえる場合は「心神喪失」として無罪になります。その場合
は裁判前に不起訴処分となるケースもあります。

　不起訴処分や判決で弁護人の任務は終了しますが，不起訴処分となったり，
服役後刑務所から出所したり，あるいは医療観察法による強制入院であって
も，いずれにせよ地域社会に戻るための支援計画が必要となります。そのた
めのツールとして更生支援計画があり，それが刑事手続の中で情状証拠とし
て役立てられることもあります。

　設問のような場合，まずは本人の人柄や障害状況を警察や関係機関に周知
を求めていくことに加え，様々な福祉サービスを用いて帰る場所を用意して
いくための橋渡しをしていく必要があります。特に累犯障害者の場合は障害
者手帳が取得されていない場合が多く，制度の谷間に落ちていることが問題
視されています（2017 年 2 月 11 日付『毎日新聞』（朝刊・大阪版）「窃盗累犯　福祉の
谷間」参照）。地域社会への復帰には障害者手帳の取得や障害支援区分の認定
を受けるなど，積極的に福祉制度へつなげていく支援が必要です。このよう
な手続を含め，出所後の生活を再建していくために受刑中から介入してくれ
る機関として地域生活定着支援センターがあります。

　地域生活定着支援センターでは，矯正施設に収容されている人のうち，高
齢や障害があって行き場のない人に必要な福祉サービスをつなげていくため
の支援が行われています。矯正施設や保護観察所，そして福祉関係者と連携
しながら，受入れ先を紹介したり福祉サービスの利用支援を行ったり，矯正
施設から退所した後には定着のためのフォローアップの実施に加え，既に矯
正施設から退所した人の福祉サービス利用への相談支援も行っています。具
体的にはアパートの確保やグループホーム，更生保護施設への手続，障害者
支援施設，特別養護老人ホーム，救護施設といった福祉施設などへの手続な
どが矯正施設や保護観察所と連絡調整しながら進められています。

　保護観察所は仮釈放や保護観察付きの刑執行猶予となった人への自立や改
善更生を助けるため，指導監督と補導指導が継続的に，そして個別的に行わ

60

れています。指導監督は遵守事項と呼ばれるルールを課しながら，それが守られているかを確認します。一方で，補導指導では生活に対する生活環境の調整が行われ，福祉的な支援の要素が強い性格を持っています。なお，保護観察官の下で実際に本人と関わりを持つのが保護司です。地区ごとで保護司会が作られ，主婦や宗教家，会社役員といった人たちが，ボランティアで月に2回程度本人を自宅に呼んでの面談が1年ほど続けられています。

設問の人のように知的障害があり，帰る場所がない場合はグループホーム（共同生活援助）が受け皿として考えられます。共同生活援助は障害者総合支援法による訓練等給付に位置付けられているサービスで，障害支援区分が非該当でも利用が可能です。また，障害者就業・生活支援センターにつなげていくことで，障害者雇用の枠で就労に向けた支援を受けることも期待できます。

2　アセスメントと支援の実際

犯罪を繰り返す傾向が見られる場合，まずは本人の状況についてアセスメントを丁寧に行うことが必要となります。触法行為のある人への向き合い方では，予防的な観点で再犯防止のための監視に終始するのではなく，できるだけ本人の状況を理解しながら生活全般を丁寧に支えていく目線が重視されています。

生活の立て直しには，まず本人の状況をどう理解するかが鍵となりますが，往々にして家族関係がかなり複雑であったり，虐待に遭ったりしてきた中で自己肯定感を無くし，心理的トラウマなど複雑な課題を抱えていることがあります。発達障害がある場合はコミュニケーションのところでつまずきがあり，本人なりのつまずきのサインが周りに理解されてこなかった背景も考えられます。その結果，人との関係が疎遠になり，精神的にも物理的にも居場所を無くし，孤立している状況も考えられます。

支援者は本人が犯罪に対してどう認識しているのかを意識しながらも，否定的な言葉がけをしないことや，「良い」「悪い」といった価値判断を持ち出さないこと，何より「障害者」である前に1人の人間であることを理解する

第1章　障害者福祉サービスの知識

ことなど，本人との関係の結び方を意識する必要があります。本人に自閉的な傾向が見受けられる場合は正確に本人の意思を受け止められるよう，あるいは支援者側の意図が伝わるように抽象的な言葉を避け，細やかな言葉遣いやメッセージの図式化といった工夫も必要となります。

　特に刑務所に入れられ，家族関係の悪化や今後の生活など，本人が何に困っているのかを支援者が正確に理解できなければその後の関係も空回りしてしまいます。逆に，本人なりに何に困っているかを支援者が見つけることができれば，そこを窓口にして関係を作っていくことができます。

　例えば万引きを繰り返し，反省の色を見せない態度をとっている場合でも，援助者が面談を重ねながら援助関係を作り，安心して話せる関係性を作る中で一つ一つの行動にある内面の気持ちを整理していくことで，別の課題が見えてくることがあります。そこからイライラしている時の対処や窃盗などの衝動を回避する行動パターンを考えてみたり，本人なりに何か目標があれば，そのためのステップを一つ一つ確認しながら支援を重ねていくことができます。

　万引きなどの行為に依存症の傾向が見受けられる場合は，職員が万引き行為そのものに厳しい注意を促していくと，逆に「いけないけどやってしまう」という意識を高め，それが余計に快感を刺激する結果を招き，症状を助長させてしまうことがあります。依存症が見られる場合はこのような本人の自責感にうまく関わっていく目線も必要となります。

　さらにアセスメントには本人の問題行動にだけ着目するのではなく，本人の過去の生活歴やその中で学習してきたことや培われてきたもの，好きなことや興味関心，どのような対人関係を築いてきたのか，人との関係性の中でどんな個性を発揮してきたのかといった「強み」にも着目することがポイントになります。

　なぜなら，問題行動を全面に扱うといつしか本人の人格や人柄が見えなくなるからです。問題行動に着目してその対処を一つ一つ考えていくことも必要ですが，同時に本人が大事にしていることやこだわり，興味関心など，生活を営んでいく上で「強み」になる要素を支援者が見つけ出すことで，そこ

62

を土台に本人と共同して課題を設定して取り組むことができ，それが結果として犯罪の予防につながることがあります。

例えば共同生活援助の現場では，本人がゲームを楽しみにしているのであれば，新しく発売されるゲームを買うために本人が「できること」を考え，例えば身だしなみを整えて買い物に出かけることができること，1人で電車・バスに乗ることができること，仕事やお小遣いを貯めることができることなどといったいくつかの課題を職員と整理する姿があります。その中で金銭管理に課題があれば，昼食代やたばこ代といった支出に向き合い，職員と一緒に考えながらゲームを購入するための道筋を本人に立ててもらうことで，結果として生活全般における金銭管理の方法を身に付けてもらう実践が行われたりしています。また，このような支援の手がかりは本人の生活の幅を増やしていくことで明らかになるため，好きなことや興味関心の幅を広げる手段として移動支援を利用し，買い物に出かけたり地域のイベントに参加したりしている現場もあります。

10　障害者総合支援法と介護保険法の関係

Q　私の弟は知的障害があり障害者のサービスを使っていましたが，65歳以上ということで介護保険のグループホームに入所することになりました。弟はまだ66歳なので，他の入居者が80代の高齢者ばかりで話が合わないようであり，月に1回か2回気晴らしに外出することを望んでいます。グループホームでは対応できないということだったのですが，障害者の福祉サービスを使って外出支援を受けることはできないでしょうか。

A　障害者総合支援法のサービスを利用していた経緯があり，65歳を超えたことで介護保険サービスに移行したと思われますが，その場合でも必要に応じて障害者総合支援法のサービスが利

第1章　障害者福祉サービスの知識

用できます。

[解　説]

1　介護保険サービスの優先適用の原則

　65歳を超える障害者の場合は，障害福祉サービスと介護保険サービスと重なるサービスがあった場合は介護保険サービスの利用が優先されます。ただし，障害福祉サービスにしか存在しないサービスであったり，もともと障害福祉サービスを受けていたが介護保険サービスに移行したことで必要な支給量が受けられなくなったり，混乱が生じるなど個別の事情があったりする場合は，利用者の希望に応じて市町村が勘案し，そのまま障害福祉サービスを利用することができます。

　障害福祉サービスと介護保険サービスを比較した場合，利用できる対象やサービスの種類が異なります。また，介護保険法で定められている要介護認定の基準と障害者総合支援法で審査される障害支援区分では測定方法に違いがあります。そのため，障害者総合支援法ではサービスが利用できたが，介護保険法では利用できない，あるいは支給量が減ることは起こり得ます。

　2015年の厚生労働省の全国調査の報告によれば，65歳以上の人が障害福祉サービスを利用している割合は1割程度で，障害程度区分（当時）の認定と要介護認定を比較すると，例えば障害程度区分3の人が要介護認定で要支援1・2になった人が35％程度存在していたり，区分1の人が要介護認定では「自立」（つまり対象外）と判定された人が30％程度存在したりするなど，やはり両者の判定には差が見られます（厚生労働省社会・援護局障害保健福祉部障害福祉課「障害者の日常生活及び社会生活を総合的に支援するための法律に基づく自立支援給付と介護保険制度の適用関係等についての運用等実態調査結果」(2015年2月)）。

　障害程度区分の仕組みが障害者自立支援法に導入された当初は，介護保険法による要介護認定の仕組みをそのまま援用してしまったため，知的障害や精神障害といった障害を中心に正しい判定がなされない事態と混乱を招き，以降検討を重ねて現在の障害支援区分の仕組みに修正されてきた経緯があり

ます。

　また，障害福祉サービスと介護保険サービスではサービス内容が大きく異なります。障害者総合支援法では理念として社会参加が規定されており，そのためのサービスが整備されています。

　例えば，障害福祉サービスには就労継続支援があり，働く場として，あるいは就労を通じて社会と接点を持ちながら自己実現を図る場としても重要な役割を果たしています。また，視覚障害者が利用する同行援護や重度の知的障害者などが利用する行動援護があり，日常生活における買い物や友人・知人との交流，イベントへの参加，冠婚葬祭といった多種多様な外出に利用されています。さらには6時間や8時間といった長時間の利用を想定したホームヘルプサービスである重度訪問介護がありますが，いずれも介護保険には存在しません。このような場合，引き続き障害者総合支援法によってサービスを受けることができます。

2　障害福祉サービスが認められる例

　障害者総合支援法では自立支援給付の中身について，介護給付や訓練等給付，地域相談支援，計画相談支援，自立支援医療費，療養介護医療費，補装具費などを規定しています（同法6条）。この自立支援給付については，介護保険法による介護給付で自立支援給付に相当するものを利用できる場合は介護保険法の介護給付が優先されることになります（同法7条）。

　この自立支援給付と介護保険の適用関係には厚生労働省からは次のような考えが示されています（平成19年3月28日厚生労働省社会・援護局障害保健福祉部企画課長，障害福祉課長連名通知「障害者の日常生活及び社会生活を総合的に支援するための法律に基づく自立支援給付と介護保険制度の適用関係等について」障企発第0328002号／障障発第0328002号）。

　基本的には障害福祉サービスに相当する介護保険サービスがある場合は介護保険サービスを優先するが，介護保険サービスから必要な支援が受けられるかは一概に判断できないので，一律に介護保険サービスを適用することはしないことが示されています。そのため，利用者からの意向を聞いて把握し

第1章　障害者福祉サービスの知識

た上で，利用者が必要としている支援が介護保険サービスから受ける事ができるかを適切に判断することとしています。

　その際には従前のサービスや，介護保険サービスの地域密着型サービスについても実施の有無や当該利用者の利用の可否などを確認するよう留意が必要であるとしています。そして，「サービス内容や機能から介護保険サービスには相当するものがない障害福祉サービス固有のものと認められるもの」については，障害福祉サービスにかかる介護給付費が支給されることを明示しています。

　つまり，障害福祉サービスによる給付が認められるケースには，障害福祉サービスにあるが介護保険サービスにはない場合や，障害福祉サービスで認められていた支給量が介護保険ではサービス費等区分支給限度基準額の制約から確保できない場合，障害福祉サービスでは障害支援区分の認定を受けていたが要介護認定で非該当とされた場合などが挙げられます。

　ところが，この通知によっても現場では一律に介護保険サービスに移行させる事例が見られます。そのため厚生労働省は2015年にあらためて市町村に対して，介護保険サービスの支給量や内容では十分なサービスが受けられない場合は介護給付費等を支給するなど適切な運用を努めるよう求めています。特に，介護保険法の優先適用があたかも介護保険のみに利用が制限されているとの誤解を指摘した上で，障害福祉サービスの支給が可能なことを利用者に伝えていくことを求めています（平成27年2月18日厚生労働省社会・援護局障害保健福祉部企画課障害福祉課事務連絡「障害者の日常生活及び社会生活を総合的に支援するための法律に基づく自立支援給付と介護保険制度の適用関係等に係る留意事項等について」）。

　設問の人のように，介護保険サービスのグループホームを利用している障害者が外出のための支援を希望する場合は，介護保険サービスに相当するものがないと判断できるため移動支援を受ける事ができる可能性があります。また，障害者支援施設に入所していた障害者が65歳になった場合は必ずしも介護保険施設に移らなければならないわけではなく，必要性が認められる場合は障害者支援施設に引き続き入所することもできます。

10　障害者総合支援法と介護保険法の関係

　もし，日中活動の場として介護保険サービスの通所介護ではなく就労継続支援を受けたい場合は，就労継続支援でなければいけない必要性を具体的に市町村に示していくことがポイントになる場合があります。就労継続支援B型については介護保険サービスにはないため，厚生労働省が明記する「固有のサービス」に明確に該当します。そのため，利用者が65歳以上になって利用継続の更新手続を行った場合，行政にとって仮にそれを却下しようとする場合は，逆にその理由を明らかにする必要性が出てくることになります。もちろんケースにもよりますが，おそらく行政にとっては，厚生労働省が明記する「固有のサービス」を覆すだけの却下理由を示すことは簡単ではないように思われます。もしそれでも継続利用が認められないのであれば，都道府県知事への審査請求によって，市町村の却下理由について不当な判断かを審査してもらう手立ても考えられます。

　実際に，就労継続支援B型を利用していた精神障害者が65歳以降も就労継続支援B型を利用したいと希望していたところ，介護保険の要介護認定では「自立」の判定を受けてサービスの対象外とされてしまったケースがありますが，就労継続支援B型の継続利用を求めて市町村と相談を重ねる中で，その必要性を書類に細かく書いて提出したことで，認められたというケースも見受けられます。

　一方で，就労継続支援A型については利用開始時に65歳未満との年齢制限が定められており，継続して利用する場合はその必要性を市町村が判断することになります。

　また，居宅介護を受けていた人が介護保険サービスの訪問介護に移行させられた場合に，事業所に知的障害や精神障害に対応するノウハウがなく，本人がパニックを起こしたりサービス提供そのものが利用できない事態にまで発展したりしたトラブルも見られます。介護保険に相当するサービスがあるとして一律に移行するのではなく，本人の状況に応じた丁寧な対応が市町村には求められます。

　なお，介護保険サービスとの兼ね合いでもう1つポイントになるのが自己負担です。障害者総合支援法では軽減策があり，実質的には少ない金額で

67

第 1 章　障害者福祉サービスの知識

サービスを利用することができますが，介護保険サービスの場合は一律 1 割
負担となります。障害者総合支援法から介護保険サービスに移行した場合，
月々に支払わなければならない自己負担が大きく増えることになります。こ
の点については法改正によって既に軽減策の実施が決定していますが（平成
28 年法律第 65 号による，同法 76 条の 2 の改正（平成 30 年 4 月 1 日施行）），実際にど
の程度軽減されるのかはこれから検討されます。

　今後はさらに介護保険サービスとの適用関係が問われるケースが増えてい
くものと思われます。現在，知的障害者の中で 65 歳以上にある人は約 1 割
程度ですが，今後は知的障害者の高齢化が一般化していくものと思われます。
もともと知的障害者への福祉施策が本格的にスタートしたのは 1970 年代か
らで，全国的に施設サービスが大きく整備されていったのは 1990 年代です。
その背景には 1979 年から養護学校義務化がスタートし，それまで学校教育
から排除されてきた知的障害児を中心に，学校を卒業していく障害児が一気
に増えたことで，それまで家庭内に抱え込みがちであった障害者のニーズが
一気に顕在化した事情があります。

　その人たちが高齢期を迎えるのが 2030 年代で，これからは知的障害者福
祉の現場では認知症や加齢に伴う身体障害への対応が一般化していくことが
予測できます。取り分け，長寿化しつつあるダウン症のある知的障害者は
様々な合併症を抱えていることも多いため，医療の必要な障害者のケアが，
介護保険との兼ね合いのなかで難しい対応が求められることが予測できます。

第2章 障害者に必要な医療の知識

11 健康保険の基本的な仕組み

Q 障害のある人が健康保険を使うには，どのような手続が必要ですか。もし入院や手術で高額な医療費がかかる場合にはどのような保障を受けることができるでしょうか。またもし健康保険料を滞納した場合にはどんなリスクがあるでしょうか。

A 日本では，病気やけがをしたときに，その経済的な負担を軽減し，安心して医師による診察が受けられるように，必ず全ての人が，いずれかの公的医療保険に加入することになっています。これを国民皆保険制度といいます。障害がある人も，一定時間以上働けば，健康保険や共済組合の被保険者となることができますし，健康保険や共済組合に加入している親族の被扶養者となって，医療保険を使うことができます。またそれ以外の方は市町村の国民健康保険に加入できます。なお生活保護を受けている場合には，生活保護による医療扶助を受けることができますので，国民健康保険や後期高齢者医療保険に入ることはできません。

医療機関や薬局の窓口で支払った医療費の自己負担額が，一定額を超えた場合には，その人の年齢や所得に応じて，高額療養費が払い戻されます。

健康保険料は，企業等に雇用され働く人については給料から天引きされますが，市町村の国民健康保険については納付の手続が必要です。これを滞納すると，医療費が一旦全額自己負担になるなどのリスクが

69

第2章　障害者に必要な医療の知識

あります。

解　説

1　我が国の医療保険制度の仕組み

(1)　日本の医療保険制度は，全ての人がいずれかの公的医療保険に加入することになっていますが，具体的には，職域や，地域，年齢などによって加入する制度が異なります。大きく分けると，自営業を営む人たち，また無職の人たちが加入する「国民健康保険」と，どこかに雇われている人が加入する「被用者保険」に分かれます。そして，被用者保険の中でも，会社や工場，商店などで働く人が加入する「健康保険」，公務員や私学教員が加入する「共済組合」，船員が加入する「船員保険」があります（以下で「健康保険」として説明するときには，これら2つの被用者保険も含みます）。また原則として75歳以上の高齢者になると，従来加入していた健康保険等の被保険者や被扶養者から外れ，単独で後期高齢者医療保険の被保険者となります。

(2)　健康保険の保険者（保険料徴収や保険給付を行う運営主体）には，もともと政府管掌の保険であった全国健康保険協会と，企業や一定の業界団体が母体になった健康保険組合とがあります。全国健康保険協会の管掌する保険（いわゆる「協会けんぽ」。事務手続は日本年金機構が代行しています）の被保険者は中小企業の従業員が多く，一方，健康保険組合の被保険者は，健康保険組合を維持できるような社員数や資力のある大企業の従業員が多いという傾向があります。

(3)　国民健康保険の中には，同種の事業又は業務に従事する個人事業主等を対象にした「国民健康保険組合」もありますが，中心的なものは，市町村（特別区）が保険者になる「市町村国保」です。市町村の区域内に住所を有する者で，

　　①健康保険等の職場の保険に加入している者と，その被扶養者

　　②国民健康保険組合に加入している者と，加入者の世帯に属する者

　　③生活保護を受けている世帯に属する者

被用者保険

健康保険

協会管掌保険
主に中小企業の従業員と扶養家族

組合管掌保険
主に大企業の従業員と扶養家族

共済組合（短期）
公務員と扶養家族

船員保険
船員とその扶養家族

国民健康保険

市町村国保
自営業者の世帯
健康保険適用外の労働者の世帯
年金生活者の世帯

組合国保
同種の事業に従事する自営業者とその扶養家族

後期高齢者医療
75歳以上の高齢者

④後期高齢者医療制度の被保険者

のいずれにも属しない場合は，その者の意思や申請の有無を問わず，全員が原則として当該市町村が行う国民健康保険の被保険者とされます（国民健康保険法5条，6条）。市町村国保の制度があるために，障害があっても安心して医療を受け，その経済的負担を軽減することができ，国民皆保険制度が実現できるのです。

2 障害がある人の医療保険の手続

障害がある人も，障害のない人と同じように，医療保険への加入の手続ができます。

(1) 働く障害者の方の場合

ア 適用事業所に使用されている人は，国籍・性別・年齢・賃金の額などに関係なく，適用除外に該当する場合を除いて，原則として健康保険の被保険者となります（当然被保険者）。

イ 適用事業所には，強制適用事業所と，任意適用事業所の2種類があります。

第2章　障害者に必要な医療の知識

　強制適用事業所とは，①法定16業種の個人事業所であって常時5人以上の従業員を使用するものか，又は②国，地方公共団体又は法人の事業所であって，常時従業員を使用するものをいいます（健保法3条3項）。ここで法定16業種とは「第一次産業（農林・水産・畜産業）」，「接客娯楽業（旅館，飲食店，映画館等）」，「法務業（弁護士，税理士社会保険労務士等）」，「宗教業（神社，寺院等）」の4業種以外のほとんどの業種を網羅しており，これら4業種以外の事業を営む個人事業主（従業員常時5人以上）であれば，強制適用事業所となります。また②の「法人」には株式会社，有限会社，社会福祉法人，NPO法人など，組織を問わず，全ての法人が含まれますので，法人は従業員を常時1名以上雇用するだけで，強制適用事業所になります。

　障害者の就労支援との関係では，一般就労の場合だけでなく，就労継続支援A型の事業所では，利用者との間で雇用契約を結ばなければなりませんから，強制適用事業所となります。

　また強制適用事業所以外の事業所でも従業員の半分以上の同意を得て事業主が申請し厚生労働大臣の認可を受けた場合は，強制適用事業所と同じ扱いになります（任意適用事業所）。

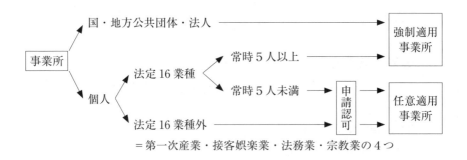

＝第一次産業・接客娯楽業・法務業・宗教業の4つ

ウ　健康保険の手続

　健康保険と厚生年金保険の被保険者資格はほぼ重なりますので，就職したときに，通常は同じ用紙で被保険者資格取得届を協会けんぽあるい

は健康保険組合に提出します。また，退職した時も同じように，共通の用紙で被保険者資格喪失届を提出します。手続は雇用主の方で行うことになっており，保険証の交付・回収も雇用主を通じて行われます。

エ　短時間労働者の場合

　しかし，実際には就労継続支援Ａ型の事業所でも，社会保険に加入できないということは多くあります。それは，短時間労働者として扱われているからです。

　上記のように適用事業所に雇用されている者であっても，「臨時に使用される者であって，①日々雇い入れられる者，②二月以内の期間を定めて雇用される者」は健康保険や厚生年金保険の当然被保険者の適用除外となっています（健保法3条1項2号）。しかしこれらの期間を過ぎて雇用されれば，当然被保険者となりますので，パートタイムのような短時間労働者が全て健康保険の被保険者の対象外となるわけではありません。

　しかし，実務上は，条文にはありませんが，一般的には，下記のような昭和55年6月6日付の内翰（都道府県民生主管部（局）保険課（部）長宛

　健康保険と厚生年金保険が適用されるかどうかは，健康保険法および厚生年金保険法の趣旨から就労者が事業所と常用的使用関係にあるかどうかにより判断すべきものである。

　短時間就労者が事業所と常用的使用関係にあるかどうかについては，以下の3点に留意する必要がある。

①　常用的使用関係にあるか否かは，当該就労者の労働日数，労働時間，就労形態，職務内容等を総合的に勘案して認定すべきものであること。

②　その場合，1日又は1週の所定労働時間及び1月の所定労働日数が当該事業所において同種の業務に従事する通常の就労者の所定労働時間及び所定労働日数のおおむね4分の3以上である就労者については，原則として健康保険及び厚生年金保険の被保険者として取り扱うべきものであること。

③　②に該当する者以外の者であっても①の趣旨に従い，被保険者として取り扱うことが適当な場合があると考えられるので，その認定に当たっては，当該就労者の就労の形態等個々具体的事例に即して判断すべきものであること。

第2章　障害者に必要な医療の知識

に，厚生省保険局保険課長・社会保険庁医療保険部健康保険課長・社会保険庁年金
保険部厚生年金保険課長が連名で出した通知）を根拠に，短時間労働者に対す
る健康保険や厚生年金保険の被保険者の資格を制限しています。その趣
旨は「パートタイム労働者の場合，被扶養者や第3号被保険者として健
康保険や年金の加入が認められており，自ら保険料を支払ってまで加入
を希望しないものが多い」ということにあります。なお非正規雇用の増
加に伴い，平成22年12月10日付「短時間就労者に係る全国健康保険
協会管掌健康保険及び厚生年金保険の被保険者資格の取扱いについて」
という事務連絡が改めて出され，同じ内容の基準が確認されています。

オ　内翰の基準によれば，②の所定労働日数や所定労働時間の4分の3以
上（法定労働時間が週40時間として週30時間以上）というのは，あくまで常
用的使用関係にあるかどうかの1つの目安にすぎないのですが，実際に
はかなり機械的に適用され，あるいはわざと法の適用を免れるために，
所定労働時間を短く定められたりなどして，多くの短時間労働者が，健
康保険や厚生年金保険に加入できないでいます。

　確かに，障害者雇用の場合，給料水準が必ずしも高くありません。少
ない給料の場合，むしろ短時間労働者として働き，健康保険に加入して
いる親族の扶養に入れば，自ら保険料を払わない方が得だという見方も
できます。しかし，健康保険の被保険者となると，傷病手当金（業務外
の病気やけがで会社を休み，有給休暇等の利用により事業主から十分な給料を受け
ることができないときに，会社を休んだ日が連続して3日間あった場合，4日目以
降，休んだ日に対して標準報酬日額の3分の2が支払われる制度）等，働き続け
るための支援の仕組みがあります。また健康保険と厚生年金保険の被保
険者は重なっているため，健康保険に加入しないということは，将来何
か別の障害を抱えたり，高齢者になったりしたときに受け取る年金がも
らえなかったり，あるいは少なくなるため，経済的格差を広げてしまう
ことになりかねません。

カ　こういった観点から次第に短時間労働者にも社会保険の適用を拡大し
ていく方向にあります。平成28年10月から，従業員501人以上の企業

においては，①週20時間以上，②月額賃金8.8万円以上（年収106万円以上），③勤務期間1年以上の短時間労働者には社会保険が適用されることになっています。障害者雇用においても，就労継続支援A型の事業所において，長時間働き，障害年金を含めて年間180万円以上の所得を得られる能力があるのであれば，原則通り健康保険や厚生年金保険に加入することを認めていくべきでしょう。また，国もこの適用拡大を支えられる障害者サービスの報酬体系を考えていくべきだと思います。

(2) **被用者保険の被保険者である親族の扶養を受けている場合**

　ア　被扶養者の収入に関する認定基準は以下の通りです（平成5年3月5日保発第15号・庁保発第4号）。

　　もし，障害者本人に障害年金も含めて180万円未満の所得しかなく，かつ，原則として被保険者の年収の2分の1未満である場合で，健康保険等の被用者保険の被保険者である親族が，障害者本人を扶養している場合，「被扶養者」として届出することで，医療保険を使う方法もあります（通常は，被扶養者の収入要件は，年間130万円未満ですが，60歳以上又は障害者の場合は，年間180万円未満までが収入要件となります）。もし障害者本人が一人暮らしをしていて，被保険者と同一世帯に属していない場合でも，その障害者の年収が180万円未満であり，かつ，被保険者からの援助による収入より少ない場合には，原則として被扶養者となります。この場合，保険料は被保険者の所得によって定められますので，新たな保険料の負担は必要ありません。

　　※なお，この年収130万円未満の要件は，「被扶養者となってからの先1年間の見込みとして，年間130万円以上の収入があるかどうか」を基準に考えます。そこで，例えば，去年1年間で200万円の収入があったとしても，これから仕事を辞める予定で，年収130万円以上の収入は見込めないという場合は，年収130万円未満であると考えられます。ただし，ここにいう収入には，障害年金，雇用保険の基本手当，健康保険の傷病手当金等の公的給付も入りますので，これらの給付を受けている期間は被扶養者になれない場合も出てきます。

75

第2章　障害者に必要な医療の知識

イ　被扶養者の範囲については，一定の範囲の親族に限定されており，さ
　らにそれぞれ次の要件を満たす必要があります（健保法3条7項）。

親族の範囲	要件
①　被保険者の直系尊属，配偶者，子（養子含む），孫及び弟妹	主として生計維持関係にあること
②　被保険者の3親等内の親族で①に該当しないもの（義父母，兄姉等）	主として生計維持関係にあること
③　被保険者と内縁関係にある者の父母及び子	＋
④　被保険者と内縁関係にある者の死亡後におけるその父母及び子	同一世帯に属していること

　　ここで「主として生計維持関係にあること」とは，その生計の基礎を
被保険者の収入に置き，その人の暮らしが成り立っていることをいい，
必ずしも，被保険者と同居していなくてもかまいません。他方，「同一
の世帯に属していること」も要件になっている場合には，被保険者と同
居し，住居及び家計を共同にしていなければなりません。なお入院など
の一時的な別居であり，もともとは入院の前に同一世帯であれば，「同
一の世帯に属していること」の要件を満たすと考えられます。

ウ　被扶養者の届出手続
　　健康保険の被保険者が，一定の親族を被扶養者として届け出るには，
雇用主を通じて，協会けんぽ又は健康保険組合に，「健康保険被扶養者
（異動）届」を提出します。また被扶養者の要件を欠くことになったとき
は，被保険者が雇用主を通じて，被扶養者でなくなったことについて届
出することになります。

(3)　その他の方の場合

　最後に，健康保険等の働く人の医療保険にも入っておらず，親族の被扶養
者にもなっていない障害者の方は（生活保護受給者を除きます），居住している
市町村の国民健康保険に加入することになります。他の公的医療保険に加入
していない人は，その者の意思や届出の有無を問わず，全員が原則として当

76

11 健康保険の基本的な仕組み

該市町村が実施している国民健康保険の被保険者とされます（国保法5条，6条）。つまり加入の手続をしなくても，国民健康保険の被保険者になるのですが，法令上は，例えば①退職などで，会社の健康保険から脱退したとき，②引越しなどで，他の市区町村から転入した場合で，前の住所地で国民健康保険に加入していたとき，③生活保護を受けなくなったとき，④子供が生まれたとき等の被保険者の資格の取得及び喪失に関する異動があれば，14日以内に，市区町村の窓口に行って，国民健康保険の加入の届出をしなければならないことになっています。もし届出をせずに遅れてしまったとしても，届出の前に遡って保険料を納める必要があります。なお国民健康保険には，被扶養者という概念がありませんので，世帯主以外も被保険者として扱われ，世帯主以外の所得も保険料の計算の際に考慮されます。

3 高額療養費制度

(1) 高額療養費とは，同一の医療機関や薬局の窓口で支払った自己負担額（原則3割負担）を，同一の月で合算し，一定額を超えた場合に，その超えた金額を支給する制度です（健保法115条1項）。健康保険だけでなく，国民健康保険，共済組合など他の医療保険でも同じ制度があります。高額療養費では，年齢や所得に応じて，被保険者が支払う医療費の上限が定められており，またいくつかの条件を満たすことにより，さらに負担を軽減する仕組みも設けられています。高額療養費制度のおかげで，病気やけがで，思わぬ高額な医療を受けなくてはならなくなったときでも，必要な医療を受けることができます。

障害者も，高額療養費制度を使うことができますが，一定以上の重度障害がある場合には重度障害者医療費助成制度（→Q 12）を利用する方が安くなりますのでそちらも参照してください。

第2章　障害者に必要な医療の知識

〈例〉70歳未満の者にかかる高額療養費
120万円の医療費で，窓口の負担（3割）が36万円かかる場合（月収30万円の場合）

	高額療養費	

負担上限額　　　　3割負担＝36万円　　　　　保険医療費総額120万円
※負担上限額　8万0100円＋（120万円－26万7000円）×1％
　　　　　　　＝8万9430円
※高額療養費　36万円－8万9430円＝27万0570円
　つまり，27万0570円は高額療養費として後から返ってきますので，実際の自己負担額は8万9430円となります。

(2)　**高額療養費の計算方法**

　最終的な自己負担額となる毎月の「負担の上限額」は，被保険者や被扶養者が70歳以上かどうかや，被保険者の所得水準によって分けられます。

《70歳未満の被保険者又は被扶養者の場合　平成27年1月〜》

被保険者の所得の区分		高額療養費算定基準額（自己負担上限額）
健康保険	国民健康保険	
上位所得者Ⅰ 標準報酬月額 83万円以上	上位所得者Ⅰ 年収901万円〜	25万2600円＋（同一の月の医療費の合計額－84万2000円）×1％
上位所得者Ⅱ 標準報酬月額 53〜79万円	上位所得者Ⅱ 年収600〜901万円未満	16万7400円＋（同一の月の医療費の合計額－55万8000円）×1％
一般Ⅰ 標準報酬月額 28〜50万円	一般Ⅰ 年収210〜600万円未満	8万0100円＋（同一の月の医療費の合計額－26万7000円）×1％
一般Ⅱ 標準報酬月額 26万円以下	一般Ⅱ 年収210万円未満	5万7600円
低所得者 市町村民税非課税 世帯	低所得者 市町村民税非課税 世帯	3万5400円

※70歳未満の被保険者や被扶養者の場合，1回の自己負担金が2万1000円未満の場合は合算できません。

※高額療養費は，同一の病院内でかかった自己負担額の上限を定めるものですので，複数の病院でかかった自己負担額を合算することはできません。

※差額ベッドや個室料等，健康保険では支給されない費用については，高額療養費の計算でも合算されません。

※高額療養費は世帯全体でかかった費用を合算します。

※「所得」とは，それぞれの給与や年金などの収入から，必要経費・控除額（公的年金については控除額80万円）を差し引いたもので判断します。所得区分の判定は，療養を受けた月が1～7月の場合は前々年，8～12月の場合は，前年の所得により行います。

標準報酬月額とは，健康保険の保険料や手当金の額を計算する基になるもので，被保険者が受ける毎月の報酬（基本給，家族手当，住宅手当，通勤手当，役付手当，残業手当等）の月額の平均を，1級・58,000円～50級・1,390,000円のいずれかにランク付けしたものです。例えば算出された平均額が93,000円の人も，101,000円の人も，同じ「5等級　98,000円」になります。

⑶　何か月にもわたる治療の場合や特定疾病患者の場合の負担軽減

ア　多数回該当の場合の負担軽減

直近の12か月間に，既に3回以上高額療養費の支給を受けている場合には，多数回該当の場合として，その月の負担の上限額がさらに引き下がります。

《70歳未満の被保険者又は被扶養者の場合》

被保険者の所得の区分	多数回該当の場合の高額療養費
上位所得者Ⅰ	14万0100円
上位所得者Ⅱ	9万3000円
一般Ⅰ・Ⅱ	4万4400円
低所得者	2万4600円

イ　特定疾病患者の負担軽減

被保険者又は被扶養者が，費用が著しく高額で，治療が著しく長期にわたり継続するものとして厚生労働大臣が定める疾病（特定疾病）にか

第2章　障害者に必要な医療の知識

かる療養（食事療養及び生活療養を除く）を受けた場合は，さらに自己負担額を1万円にして，手厚い高額療養費の支給を行っています（ただし人工透析が必要な慢性腎不全の上位所得者Ⅰ・Ⅱは2万円）。

（特定疾病の例）

① 人工透析治療を行う必要のある慢性腎不全

② 血しょう分画製剤を投与している血友病

③ 血液凝固因子製剤投与に起因する後天性免疫不全症候群（HIV）感染症

(4) 高額療養費の請求手続

　高額療養費を請求する場合には，一旦病院の窓口で医療費の自己負担分を支払った後に，加入している医療保険の窓口に，高額療養費の支給申請書を提出又は郵送します。なお，その際，病院で支払った治療費の領収書の添付を求められる場合もあります。

　高額療養費の申請があると，各医療保険の保険者において，レセプト（医療機関から医療保険へ提出する診療報酬の請求書）を審査した上で，支給が決定されます。そのため受診した月から振り込みまで，少なくとも2～3か月程度かかります。

(5) 健康保険限度額適用・標準負担額減額認定証

　被保険者又は被扶養者が70歳未満の場合，「健康保険限度額適用・標準負担額減額認定証」を保険者に事前に発行してもらうことで，医療機関の窓口での支払を，高額療養費を引いた自己負担の上限額までにとどめることができます。

4　国民健康保険料の不払の場合

(1) 健康保険の保険料は，雇用主が給料天引きで徴収し，保険者に支払義務があります。したがって，これを雇用主が滞納してるからといって，被保険者が何らかの制裁を受けることはありません。しかし，国民健康保険の場合は，国民健康保険料（国民健康保険税として徴収も可能です）は，市町村によって決められた納期までに納めなければなりません。給料や賞与から天引きさ

れる健康保険と違い，自分で納付手続をしないといけない点が国民健康保険の特徴です。

(2)　納付方法は，「口座振替」と，前もって郵便で送られてくる「納付書」の2つがあります。納付期限は，1年間を10期に分けて，それぞれの納付期限が定められますが（普通徴収），一括納付書を用いて全納することもできます。65歳以上の年金受給者には，2か月に1回支払われる年金から保険料を天引きされる「特別徴収」もあります。

(3)　国民健康保険料の軽減制度

保険料の金額は原則として前年の世帯全体の所得によって計算されますが，世帯主及び国民健康保険加入者の前年の所得額の合計が一定額以下の場合は（世帯主及び加入者全員が所得の申告を済ませている世帯に限られます），保険料から均等割額と平等割額の「7割」「5割」「2割」が軽減されます。まず，災害や病気などで所得が下がり健康保険料を滞納するおそれがあれば，軽減措置を利用できないか検討する必要があります。例えば平成22年4月から，職を失った失業者が安心して医療にかかれるよう，①倒産・解雇などにより離職した者（雇用保険の特定受給資格者），雇い止めなどにより離職した者（雇用保険の特定理由離職者）の前年の給与所得を7割減額して，保険料を軽減するよう申請できます。

(4)　国民健康保険料を滞納した場合

国民健康保険料を納付しなかった場合，保険料滞納のペナルティとして，保険給付を受ける権利が制限されます。

　ア　まず，保険料を滞納した場合，市町村は被保険者証について短期の有効期間を定めることができます。例えば病気で働けないので保険料を払えない場合などに，とりあえず一定の期間だけ使える短期保険証を交付し，病気を治してから滞納分を払ってもらうように柔軟性を持たせたものです。

　イ　また，保険料を1年を超えて滞納した者は，災害その他政令で定める特別な事情がある場合を除き，被保険者証を返還しなければなりません。ただし被保険者資格を失うわけではなく，代わりに被保険者資格証明書

第2章 障害者に必要な医療の知識

の交付を受けることになります。被保険者証を返還すると，病院で治療を受ける際に，療養の給付が受けられませんので，被保険者資格証明書を窓口に提示した上で，一旦窓口で費用の全額を支払わなければなりません。後日，市町村の窓口で手続をとり，立て替えた分を特別療養費として支払を受けることになります。なお児童福祉の観点から，保険料滞納により被保険者証を返還した世帯主に，その世帯に属する18歳に達する日以降の最初の3月31日までの間にある児童がいるときは，市町村は，その世帯主に対し，その被保険者（子ども）に係る有効期間を6か月とする被保険者証を交付することになっています。

ウ 保険料を1年6か月を超えて滞納した場合には，災害その他政令で定められる特別な事情がある場合を除き，保険給付の全部又は一部を一時差し止めされます（国保法63条の2第1項）。保険料の滞納を解消するために何らかの対応をしなければ，全ての保険給付を受けることができなくなり，医療費を全額自己負担しなければならなくなります。また健康保険料の滞納額について，財産や給料の差押えをされる場合もあります。

(5) 国民健康保険料の時効

国民健康保険の保険料を滞納した場合にも時効があります。保険料の場合は2年（国保法110条），保険税の場合は5年（悪質と判断された場合，7年）となっています（地方税法18条，18条の2第3項）。しかし，時効が成立するのは滞納を始めた日から時効成立日まで1度も請求がなかった場合だけです。したがって，途中で保険料の督促の通知が来ただけで，時効は中断（平成29年法律45号による改正後は「更新」）することになりますので，現実的には時効を理由に支払を免れるのは困難です。ただし，生活保護の受給を開始すれば，免除を認める市町村もあるようです。

国民健康保険料の滞納に関しては，放置していると延滞金が付きます。分割払いについても柔軟に対応していますので，時効を考えるより，担当課と早期に話し合い，支払方法を協議して，早期に健康保険証の再交付を受けられるように手続する方がいいでしょう。また所得の申告をしていないために，実際の所得よりも高額な保険料を請求されている場合は，所得の申告を遡っ

12 重度心身障害者に対する福祉医療

てすることで，納付額を下げられる場合もありますので，併せて申告しましょう。

12 重度心身障害者に対する福祉医療

Q 重度心身障害者の福祉医療とはどんな制度でしょうか。利用するのにどのような手続が必要ですか。また精神障害者福祉手帳2級でも利用できる市町村もあると聞いたのですが，市町村によって対象者は変わるのですか。

A 重度心身障害者医療費助成制度は，都道府県・市町村が医療保険の自己負担分を助成する制度です。市町村の役所の窓口を通して申請手続を行います。都道府県・市町村によって運用に差があり，多くは重度の身体・知的障害者を対象としていますが，奈良県では全ての市町村において精神障害者保健福祉手帳1級・2級の所持者まで対象者が拡大しました。

解 説

1 重度心身障害者医療費助成

重度心身障害者医療費助成は，重度心身障害者の医療保険の自己負担分を支給する仕組みで，自治体が独自に実施しているものです。全国の都道府県で実施され，それぞれ都道府県によって対象や仕組み，そして名称も異なります。

例えば京都府では「重度心身障害児（者）医療助成制度」が1975年から創設され，入院・通院共に自己負担が無くなるように医療費が助成されます。財源は府と市町村が半分ずつ負担しています。申請手続は市区町村の窓口が担当しています。対象は次のいずれかに該当する65歳未満の人，あるいは

83

第2章　障害者に必要な医療の知識

65 歳以上で後期高齢者医療の被保険者でない人となります。

① 　身体障害者手帳1・2級所持者
② 　IQ35以下の知的障害児（者）
③ 　身体障害者手帳3級所持者で知的障害IQ50以下の重複障害

　全国では身体障害者手帳1・2級の所持者と知的障害者への医療助成は全ての都道府県で実施されており，身体障害者手帳3級の所持者や精神障害者を対象にしている自治体も増えてきているようです。ただし，市町村によっては対象とする範囲に差があることに注意が必要です。少し古いデータですが，2011年現在の京都府下の市町村では身体障害者手帳1級から3級までを医療助成の対象としている市町村がある一方で，1級から4級までを対象にしている市町村や，精神障害者を対象にしているところもあったりします。さらには後に述べる所得制限を設けていない市町村も見受けられます（京都府福祉医療制度の検討に係るワーキンググループ「福祉医療制度の見直しに関する検討報告書」(2011年3月))。

　奈良県では全国に先駆け，全ての市町村において精神障害者2級まで（天川村は3級まで）の対象化が2017年度から実現しています。その背景には，奈良県や各市町村に要望を行う活動が，精神障害者やその支援者など関係団体で構成する「精神障害者の福祉医療を実現する奈良県会議」によって2012年から丹念に取り組まれてきた経緯があります。なぜ医療費助成を求める声が高まっていったのかに目を向けると，精神障害者の厳しい貧困状態があります。精神障害によって就労が難しい状況にあったり，それをカバーする福祉施策が大幅に遅れていたりすること，また，障害年金で支給される対象は限定され，支給対象となっても少額でまともな生活が送れないこと，さらには国民年金未加入の状態で初診日を迎えたため障害年金さえ受給されない無年金障害者の存在があったりします。特に，精神障害者には別の疾病を抱えていることが多く，精神障害以外の治療にも多くの医療費負担がかかっています。このような実態が奈良県による社会調査によっても示され，経済的な事情から治療を受けられない状況にメスが入れられてきました（奈良県

精神保健福祉ボトムアップ連絡会編『精神障害者の福祉医療を実現する奈良県会議　あすならプロジェクト〜運動の記録〜』奈良県精神保健福祉ボトムアップ連絡会・2016年)，奈良県公式ホームページ「奈良県精神障害者医療費助成事業について」)。

　障害児（者）の医療費助成のニーズは従来から高く，要請も多く行われてきました。1つの医療機関に専門医や専門外来が配置されていないことや，医療保険の給付対象が制限されたり社会福祉サービスの利用に制限項目や自己負担額が多かったりすること，地域の医療機関が障害者医療に消極的であること，それが家族に経済的，そして精神的にも負担がかかり，結果として本人の医療へのかかりにくさにつながっていることが指摘されてきました（高谷清・武内一・植田章編『障害者の健康と医療保障』（法律文化社・1997年))。

　取り分け，経済的な負担は通院のための交通費，特に福祉車両の購入費を含め多大なものとなっています。しかしながら医療保険では一律に原則3割の応益負担が設定されているため，所得格差による医療アクセスへの影響が懸念されます。その矛盾を埋めるものとして，障害者に対する医療費助成制度には障害者総合支援法による自立支援医療（育成医療，更生医療，精神通院医療)，難病医療法による医療費助成（特定医療費）などが整備されていますが，様々な条件で自己負担が発生したり，制度の適用外とされてしまったりする障害者が数多くいます。

　その対象として抜け落ちてきたグループの典型が精神障害者です。例えば精神通院医療では補助されるのは精神科への通院のみで，内科受診や歯科治療をカバーできず，自己負担の重さから医療中断してしまうことがよくあります。今後は，奈良県のように適用対象を広げていくことが期待されます。特に名称が重度心身障害者医療費助成と呼ばれているように重度障害者のみが想定されていますが，当然ながら実際の医療ニーズは軽度障害者にも同様にあり，その辺りにも視野を広げていくことが必要に思われます。

2　所得制限

　京都府における医療費の助成には所得制限が設定されています。所得制限は本人又は配偶者，扶養義務者の所得が特別障害者手当，障害児福祉手当の

所得制限を超えない範囲とされています（「福祉医療助成事業費補助金交付要綱」（昭和50年5月16日京都府告示第294号））。

特別障害者手当は著しい重度障害のある人に支給される社会手当で（2017年4月時点で月額2万6810円），障害児福祉手当は常時介護が必要な重度障害児に対してその障害のため必要となる精神的，物質的な特別の負担の軽減のために支給される社会手当です（2017年4月時点で月額1万4580円）。これらの所得制限は扶養親族等の数に応じて次のように設定されています。

扶養親族等の数	本人 収入額	本人 所得額	配偶者及び扶養義務者 収入額	配偶者及び扶養義務者 所得額
0	5,180,000	3,604,000	8,319,000	6,287,000
1	5,656,000	3,984,000	8,596,000	6,536,000
2	6,132,000	4,364,000	8,832,000	6,749,000
3	6,604,000	4,744,000	9,069,000	6,962,000
4	7,027,000	5,124,000	9,306,000	7,175,000
5	7,449,000	5,504,000	9,542,000	7,388,000

出典：厚生労働省ホームページ「特別障害者手当について」
（http://www.mhlw.go.jp/bunya/shougaihoken/jidou/tokubetsu.html）

13 指定難病の場合の医療費助成

Q 私の姉には知的障害があるのですが，次第に腰が曲がってきて，手が震えるようになり，病院で診てもらったところ「パーキンソン病」と診断されました。パーキンソン病については医療やリハビリを受ける際に，どんな助成が受けられますか。特定医療費（指定難病）受給者証はどこでどのような手続をしたらよいのですか。

　難病医療法による指定難病の場合，医療費助成を受けることができます。難病医療法は2015年1月から施行された

新しい法律で，従来は難病対策要綱によって対応されていました。手続には都道府県から支給認定を受ける必要があります。交付された受給者証を持って指定された医療機関から医療を受けることで助成を受けることができます。

解　説

1　難病医療法の仕組み

2014 年 5 月に成立し，2015 年 1 月から施行された難病医療法では，難病のある人が必要とする医療費に対して助成が受けられます。そのためには都道府県から支給認定を受け，指定された医療機関から医療を受ける必要があります。

対象となる難病とは「発病の機構が明らかでなく，かつ，治療方法が確立していない希少な疾病であって，当該疾病にかかることにより長期にわたり療養を必要とすることとなるもの」（難病医療法 1 条）と規定され，具体的に対象疾患を指定する機関として厚生科学審議会疾病対策部会に指定難病検討委員会が設置されています。つまり，一般的に「難病」とされているものであっても，この「指定難病」の中に位置付けられない限りは医療費助成を受けることができない仕組みです。対象疾患は 2017 年現在で 330 疾患となっています。

医療費助成は，医療保険で医療を受けた場合に原則として 3 割の自己負担が発生しますが，その自己負担分を軽減するものです。その軽減する金額は所得によって後掲の図のように設定されています。例えば市町村民税非課税世帯の場合で本人の年収が 80 万円よりも下回る場合は，1 か月当たりの自己負担額の上限が 2500 円となります。なお，所得区分を判断する支給認定世帯は医療保険に加入している世帯となります。

医療費助成は都道府県が実施主体となっています。申請は医師の診断書を持って都道府県の窓口（保健所等）で行い，指定難病審査会を通して支給認定がなされます。支給認定がなされると指定医療機関と有効期限が記載され

第2章　障害者に必要な医療の知識

《医療費助成における自己負担限度額（月額）》

☆医療費助成における自己負担上限額（月額）

(単位：円)

階　層区　分	階層区分の基準（（）内の数字は，夫婦2人世帯の場合における年収の目安）		自己負担限度額（患者負担割合：2割，外来＋入院）					
			原則			難病療養継続者（H29.12.31まで）		
			一般	高額かつ長期(※)	人工呼吸器等装着者	一般	重症患者	人工呼吸器等装着者
生活保護	—		0	0	0	0	0	0
低所得I	市町村民税非課税（世帯）	（本人年収～80万円）	2,500	2,500	1,000	2,500	2,500	1,000
低所得II		（本人年収80万円超～）	5,000	5,000		5,000		
一般所得I	市町村民税 課税以上7.1万円未満（約160万円～約370万円）		10,000	5,000		5,000	5,000	
一般所得II	市町村民税 7.1万円以上25.1万円未満（約370万円～約810万円）		20,000	10,000		10,000		
上位所得	市町村民税25.1万円以上（約810万円～）		30,000	20,000		20,000		
入院時の食費			全額自己負担			1/2自己負担		

※「高額かつ長期」とは，月ごとの医療費総額が5万円を超える月が年間6回以上ある者（例えば医療保険の2割負担の場合，医療費の自己負担が1万円を超える月が年間6回以上）。

出典：厚生労働省健康局難病対策課「難病の患者に対する医療等に関する法律の概要」

た特定医療費（指定難病）医療受給者証が交付され，指定医療機関に受診の際に医療受給者証を提示することで医療費の助成を受けることができます。

　なお，難病医療法の整備と並行して障害者総合支援法の対象に難病が加えられています。2013年の障害者総合支援法の施行とともに難病者の一部が新たに対象に入れられ，以後その枠を拡大し，2017年4月1日からは358の難病が対象疾患として位置付けられています。

　また，都道府県には難病相談支援センターがあり，相談を受け付けてもらうことができます。対象疾患や相談窓口の情報は難病情報センターのホームページで閲覧することができます。難病者を対象にした就労支援もあり，ハ

ローワークには難病患者就職サポーターが配置され，就労支援や雇用継続のための支援を受けることができます。

2　難病対策と患者団体

難病者への医療費助成の仕組みは1972年に定められた難病対策要綱からスタートします。成人の難病対策で特定疾患に初めて指定されたのが後に薬害と判明したスモンでした。スモンを含め，公害や環境汚染が深刻化し，社会病や薬害が広がりを見せていた時代状況の中で，公益社団法人日本リウマチ友の会（1960年設立）や一般社団法人日本筋ジストロフィー協会（1963年設立），一般社団法人全国心臓病の子どもを守る会（同年設立），社会福祉法人全国スモンの会（1969年設立），そして全国難病団体連絡協議会（1972年設立）などの患者会による働きかけが行われ，難病対策が実現されていった背景があります。最も要求が高かったのが医療費公費負担でした。これは単に病院に支払うための医療費の問題だけでなく，専門医療機関が遠方にあるため，通院のための交通費や宿泊費も大きな負担となっていました。

制度が始まった当初，医療費助成の対象はそのスモンを含むわずか5疾患のみ（『国民衛生の動向　2016／2017年』（一般財団法人厚生労働統計協会・2016年）参照）でしたが徐々に広げられ，2009年には56疾患まで広げられていきました。2013年度では特定疾患医療受給者証の所持者は86万人で，疾患別割合では上位から潰瘍性大腸炎やパーキンソン病関連疾患などが並びます（同書）。しかし一方で，様々な労苦を重ねてこられた難病患者には，「モルモット」として見られるような差別にも直面してきた歴史があることについて注意が必要です。

このような難病の患者団体の情報については難病情報センターのホームページから閲覧することができます（参考文献として，川上武編著『戦後日本病人史』（農山漁村文化協会・2002年））。

3　障害福祉サービスの利用

従来の居宅介護や生活介護といった障害福祉サービスは，難病者が対象に

第2章　障害者に必要な医療の知識

なっていませんでした。それが2013年の障害者総合支援法の施行とともに障害福祉サービスの対象に一部の難病が加えられ、サービスが利用できるようになりました。2017年4月1日からは対象疾患が358にまで増やされました。その具体的な一覧は、厚生労働省ホームページの「障害者総合支援法の対象疾病（難病等）」で見ることができます。

14　自立支援医療

Q　私は離婚によって鬱状態となり、夜も眠れず、仕事もできず、食事ものどを通りません。しかし、ただでさえ私や子どもの生活費を親に負担してもらっているため、病院に通うお金を親に求めることができません。こんな場合に、気兼ねなく通院できるように利用できる制度はありますか。またその場合、医療費はどのくらい安くなるのですか。

A　障害者総合支援法には自立支援医療があり、精神科の通院のための医療費の助成を得られる可能性があります。自立支援医療を受ける場合は認定を受ける必要があり、精神疾患の場合は、市町村の窓口を通して、都道府県から認定を受ける手続が必要です。自立支援医療の利用者負担は所得によって異なります。

【解　説】

1　自立支援医療の概要

　自立支援医療とは、障害の軽減や克服のために必要な医療にかかる費用の自己負担分を軽減するものです。医療保険では通常3割の自己負担が発生しますが、その部分に対する助成を行うことで1割に軽減されることになります。さらにこの1割負担についても世帯の所得が低い場合は軽減策が設けら

90

れています。この場合の世帯とは同一の医療保険に加入している人となります。高額な医療費負担が伴う治療を長期間受けなければならない場合は「重度かつ継続」と認定され，別の負担上限額によって負担が軽減される仕組みになっています。

医療費の助成には，精神障害者を対象にした精神通院医療，18歳以上の身体障害者を対象にした更生医療，そして18歳未満の障害児が対象となる育成医療があります。

具体的には，精神通院医療では精神保健福祉法5条に規定されている精神障害者を対象にしており，統合失調症や躁鬱病，急性中毒・依存症，知的障害者，器質性の精神障害者に加え，てんかんのある人も対象とされています。

更生医療では身体障害者福祉法4条に規定されている身体障害者で，治療の効果が確実に期待できる人が対象となります。具体的には視覚障害では角膜移植術，白内障手術，肢体不自由では人工関節置換術や骨切り術などがあり，より多くの人が利用しているものでは腎臓機能障害による人工透析療法があります。

育成医療では身体障害者福祉法4条の別表に定められている身体障害のある児童や，将来的に障害を残すとみられる疾患のある児童で，確実な効果が期待できる人が対象になります。

2　精神通院医療の手続

精神通院医療の場合，手続は市町村の窓口を通して都道府県（又は指定都市）から支給認定を受ける必要があります。申請には申請者の医療保険の情報や，医師による診断書，世帯の所得状況が確認できる書類などが必要です。通常は，半年以上精神科や心療内科に定期的に受診し，今後も慢性化しそうだという場合に診断書を書いてもらいます。支給認定は具体的には精神保健福祉センターが支給認定判定指針に基づいて行い，次のような疾患が対象とされています。

第2章　障害者に必要な医療の知識

躁及び抑鬱状態，幻覚妄想状態，精神運動興奮及び昏迷の状態，統合失調症等残遺状態，情動及び行動の障害，不安及び不穏状態，てんかんなどけいれん及び意識障害，精神作用物質の乱用や依存等，知能障害　等

　支給認定が行われると都道府県から自立支援医療受給者証が市町村を経由して交付され，都道府県が指定した指定自立支援医療機関でこの医療受給者証を提示することで，精神通院医療を利用することができます。自立支援医療の有効期間は1年間とされています。

　指定自立支援医療機関は病院や診療所，薬局，訪問看護ステーションがあり，医療受給者証に記載されています。受けられる医療の範囲は精神障害に起因する病態で，外来や外来での投薬，デイ・ケアや訪問看護による医療で，入院医療の費用は対象外となります。

　自立支援医療の自己負担額は世帯の所得水準に応じて次頁の図のように設定されています。自己負担額は大きく分けると5つのグループに分けられており，「重度かつ継続」と認定された場合は別の枠組みで自己負担額が決められます。

　自己負担額の計算は市町村民税23万5000円が基準になっており，市町村民税課税に応じて自己負担の額が軽減される仕組みになっています。例えば市町村民税非課税世帯で本人収入が80万円以下の場合は「低所得1」とされ，1か月の自己負担額の上限が2500円となります。生活保護を受けている場合は自己負担がありません。

「重度かつ継続」として認定された人は市町村民税23万5000円以上でも自己負担額の上限が2万円となります。「重度かつ継続」と認定されるには94頁の表のいずれかに該当する必要があります。

14　自立支援医療

《自立支援医療における利用者負担の基本的な枠組み》

① 利用者負担が過大なものとならないよう、所得に応じて1月当たりの負担額を設定（これに満たない場合は1割）。
② 費用が高額な治療を長期にわたり継続しなければならない（重度かつ継続）者、育成医療の中間所得層については、更に軽減措置を実施。

所得区分		更生医療・精神通院医療	育成医療	重度かつ継続	
一定所得以上		対象外	対象外	20,000円	市町村民税235,000円以上
中間所得	中間所得2	医療保険の高額療養費（※精神通院医療の治として は重度かつ継続）	10,000円	10,000円	市町村民税33,000円以上235,000円未満
	中間所得1	5,000円	5,000円	5,000円	市町村民税課税以上235,000円未満 ／ 市町村民税課税以上33,000円未満
低所得2		5,000円	5,000円	5,000円	市町村民税非課税（本人収入が800,001円以上）
低所得1		2,500円	2,500円	2,500円	市町村民税非課税（本人収入が800,000円以下）
生活保護		0円	0円	0円	生活保護世帯

「重度かつ継続」の範囲

○疾病、症状等から対象となる者
　〔更正・育成〕腎臓機能・小腸機能・免疫機能・心臓機能障害（心臓移植後の抗免疫療法に限る）・肝臓の機能障害（肝臓移植後の抗免疫療法に限る）の者
　〔精神通院〕①統合失調症、躁うつ病・うつ病、てんかん、認知症等の脳機能障害、薬物関連障害（依存症等）の者
　　　　　　②精神医療に一定以上の経験を有する医師が判断した者
○疾病等に関わらず、高額な費用負担が継続することから対象となる者
　〔更正、育成、精神通院〕医療保険の多数該当の者

出典：厚生労働省ホームページ「自立支援医療」
（http://www.mhlw.go.jp/stf/seisakunitsuite/bunya/hukushi_kaigo/shougaishahukushi/jiritsu/）

第 2 章　障害者に必要な医療の知識

①　1 年以内に医療保険の高額療養費の支給を 3 回以上受けた人
②　症状性を含む器質性精神障害，精神作用物質使用による精神及び行動の障害，統合失調症，統合失調症型障害及び妄想性障害，気分障害，てんかんの精神疾患のある人
③　3 年以上の精神医療の経験を有する医師から情動及び行動の障害又は不安及び不穏状態を示すために計画的・集中的な精神医療が続けて必要とされた場合

15　医療費が払えない場合～医療扶助と無料低額診療

Q 私は民生委員をしていますが，私の担当地区の 60 歳の単身女性から，股関節の変形が悪化し歩くのが難しいのに，年金が少なくて入院代や手術代を出せないという相談を受けました。この人はもともとけがで左腕が不自由ですが身体障害者の手帳などはとっておらず，障害年金も受けていません。遺族年金額は 14 万円くらいでぎりぎり生活保護の最低基準を超えており，以前生活保護の申請をしようとしたが受け付けてもらえなかったそうです。このようなときに利用できる制度はありませんか。

A 生活困窮のために必要な医療を受けられない場合に，まず検討すべきは生活保護の申請をし，医療扶助を受けることです。この方は以前，生活保護の申請をしようとしたけれども断られたということですが，要保護性の審査の際に，今後必要となる医療費を加算すると，最低生活費以下となってしまう場合，医療費のみを医療扶助として現物支給してもらうことが考えられます。この場合，必要な医療（例えばこの方の場合，人工股関節置換手術等）を受け終われば，生活保護から外れる可能性はありますが，身体障害者 2 級以上の手帳をとることで医療費を下げたり，特別障害者手当を受給したりして，必

15 医療費が払えない場合～医療扶助と無料低額診療

要な医療を受けられるようにし，生活再建を図っていくことが考えられます。また緊急に医療が受けたいのに，お金がなくて受けられないという場合に，無料低額診療を実施している医療機関を受診するという方法もあります。

解 説

1 生活保護の医療扶助だけを受けることもできる

(1) 生活保護は，その方の資産や能力等全てを活用しても，なお生活に困窮し，最低限の生活を送れない人に対し，必要な保護を行い，健康で文化的な最低限度の生活を保障するための制度です。その中には，日常生活に必要な費用（食費・被服費・光熱費等）を援助する「生活扶助」や，アパート等の家賃を援助する「住宅扶助」と並んで，その方が健康を取り戻すのに必要な医療を受ける費用を援助する「医療扶助」の制度があります。医療扶助は，金銭給付ではなく，福祉事務所が発行する医療券を持って指定医療機関に行って受診し，かかった医療費は福祉事務所から直接医療機関へ支払がなされます。

(2) 生活保護の申請に対して，要保護性があるかどうかを判断する際には，要保護者の収入を①生活扶助，②教育扶助，③住宅扶助，④医療扶助，⑤介護扶助，⑥出産扶助，⑦生業扶助，⑧葬祭扶助の8つの扶助項目で生じている支出に当てていき，不足が生じたところについて保護を実施するという手法がとられます（具体的な計算方法についてはQ 38）。医療扶助に関し，保護を受ける要件を満たしているかは，保護の実施機関が個別的に認定することになりますが，例えば東京23区の単身の60代の方であれば，要保護性を判断する収入の基準額は，おおむね14万円程度（家賃がかかっている場合）です。しかしこの程度の収入があっても，実際に必要な医療を，収入の不足のために受けられないという医師の診断が可能であれば，一旦生活保護の開始決定を行い，医療扶助だけを受けられる見込みはあります。なお，当然のことながら，生活保護を受けるに当たって，資産がないこと（預貯金の残高が半月分の生活費までなど），自動車，バイクなどを持っていないこと（例外あり。→Q

95

第 2 章　障害者に必要な医療の知識

43)，扶養できる者がいないこと等の生活保護受給のための他の要件を満た
す必要があります。

(3)　また生活保護が開始されると，医療扶助として，通院移送費（→Q 44）
を出してもらえるというメリットもあります。通院移送費については，公共
交通機関を使った場合でも，また身体的状況からやむを得ずタクシーを使っ
た場合でも，後から申告してその分を生活保護費として支給してもらうこと
ができます。かかった交通費が少額の場合には，自治体の保護課の窓口から
「通院移送費は出ない」という間違った説明がされることもありますが，通
院移送費は「移送に必要な最小限度の額」であれば，たとえ 100 円，500 円
の交通費でも支給されるというのが厚生労働省の見解ですので，申請してみ
るべきです。

(4)　特に高齢者や障害者は，一度生活保護の窓口で，生活保護は受けられな
いという説明を受けると，すぐに諦めてしまう傾向がありますが，医療や介
護の必要などに応じ，要保護性の基準は変わり得るものです。したがって生
活困窮者の相談を受けた立場としては，本当に生活保護を受けることができ
ないのか，どうしたら生活保護を受けられるのか，要件に照らして再検討す
る姿勢が必要です。

2　老齢基礎年金の繰上げ支給をしても，遺族厚生年金と併給できない

(1)　ここでよく悩むのは，65 歳からもらえる老齢基礎年金を繰上げ支給す
れば（繰上げ支給についてはQ 34），年金収入が増えるのかどうかです。しかし
結論から先に言うと，老齢基礎年金の繰上げ支給をしても，かえって悪い結
果になるおそれがあります。

(2)　サラリーマンの夫が死亡すると，妻は遺族厚生年金の支給を申請できま
す。また遺族厚生年金をもらいながら，子供がいれば，子供の年齢が 18 歳
になった翌年の 3 月（子供に障害等級 2 級以上の障害があれば 20 歳になる月）まで
遺族基礎年金が，またその後も 65 歳までは中高齢寡婦加算（→Q 33）が，そ
れぞれ支給されます。妻が 65 歳を過ぎていれば，夫の遺族厚生年金と妻自

96

身の老齢基礎年金という組合せで年金を受給できるのですが，妻が65歳になるまでは遺族厚生年金か老齢基礎年金かどちらかを選ばなければいけないので，両方を併給してもらうことができません。普通は遺族厚生年金の方が金額が多いため，そちらを選びますが，そうすると，せっかく減額されるのを承知で繰上げした老齢基礎年金（繰上げ請求した月数から65歳になる前月までの月数×0.5％が減額となります）が65歳までは支給停止となるのです。しかも停止となったにもかかわらず，65歳から復活して支給される老齢基礎年金は一生涯減額された額でしか支払われないことになります。

(3)　他にも，老齢基礎年金の繰上げ請求は，①国民年金の任意加入被保険者になって将来の年金額を増やせない，②通常は初診日の前々日において65歳までは，その後障害等級に該当する障害者になれば，障害基礎年金が受給できるのに，繰上げ請求をするとその時点で65歳になったのと同じ扱いになる，③寡婦年金（国民年金に保険料をかけた期間が25年以上の夫が，老齢基礎年金支給前に亡くなった場合，妻に対して60歳から65歳まで支給される未亡人のための年金）が支給されない等のデメリットがありますので，慎重に検討しなければなりません。

3　障害者手帳を取得できるようなら積極的に検討を

(1)　一旦生活保護の医療扶助を受けて，必要な医療を受けたら，次はいかに収入を上げて，生活の再建を図っていくかを考えるべきです。このときに検討すべきは，様々な障害者の加算や優遇措置を使うことができないかということです。

(2)　例えば，本設問で，股関節変形を治療するため，両側の人工股関節置換術の手術を受けたとします。この場合，術後の経過が安定した時点での可動域・筋力・日常生活動作などにもよりますが，身体障害者3級に認定される可能性があります（平成26年3月31日までは人工股関節置換術を受けるとそれだけで片側で身体障害者4級，両側で3級に該当するとされていましたが，基準が変わって厳しくなっています）。そこに片腕が不自由な分の障害が併合されると，身体障害者2級の手帳取得の検討の余地があります。身体障害者2級以上の手帳を

第2章　障害者に必要な医療の知識

とると，以下のような障害者の加算や優遇措置が期待できます。

① 生活保護を受給している人が，身体障害者1級，2級の手帳を取得すると，住んでいる市町村の区分によって1級地2万6310円，2級地2万4470円，3級地2万2630円の障害者加算を受けることができ，その分，生活保護を継続して受けられる可能性が広がります。

② 市町村の基準にもよりますが，身体障害者2級以上は，重度心身障害者医療費助成制度の対象になっていることが多く，医療費の全部又は一部が公費負担となり，申請すれば後で返ってきます（→Q 12）。

③ 身体障害者2級以上の在宅生活者で重複した障害があり日常生活を送る際，特別な介護を必要とすると認められれば，特別障害者手当が支給されます。支給金額は毎年改定されますが，平成29年度は，月2万6810円で，都道府県によってはさらに上乗せしているところもあります。手当は，年4回（2月，5月，8月，11月）に分けて支給されます。

④ その他身体障害者の手帳を持っていると，バスなどの交通機関が無償になったり，県営住宅等の公営住宅の優先入所による家賃の減額，税金の優遇を受けることができます（→Q 55）。

(3) また初診日（障害の原因となった病気やけがについて，初めて医師の診療を受けた日）の前々日において65歳未満であれば，ある一定以上の障害が残った場合に，障害年金の受給も検討できる場合があります。1級の障害基礎年金で年間97万4125円，2級の障害基礎年金で年間77万9300円の年金が受給できます（ただし，身体障害者の2級と，障害基礎年金の2級では基準が異なりますので身体障害者2級であれば必ず障害基礎年金が取得できるわけではないことは注意が必要です）。また老齢基礎年金と障害基礎年金はいずれか一方しか選択できませんので，両方もらえるわけではないことも注意が必要です。

5　無料低額診療制度

(1) 生活保護の医療扶助が受けられず，しかしどうしても緊急に医療の必要がある場合は，無料低額診療を実施している医療機関を探して診療を受けるという方法もあります。無料低額診療制度は，社会福祉法と法人税法に基づ

15 医療費が払えない場合～医療扶助と無料低額診療

く第2種社会福祉事業であり，あらかじめ都道府県（政令市，中核市）に届け出てこれを実施している医療機関が，患者の収入などを審査した上で，医療費の減免を行います。減免した医療費はその医療機関の持ち出しになるのですが，その分税金面での優遇があります。

(2) 厚生労働省によると，全国で無料低額診療制度を利用している人の数は，平成24年度で約700万人であり，平成21年度から比べると90万人ほど増加傾向にあります。また，無料低額診療を実施している施設数も平成21年に264施設だったのに対し，平成27年には553施設と増加しています（老人保健施設にも無料低額制度を実施している施設があります）。全ての都道府県に1つはあり，特に首都圏，京阪神，北海道，福岡県に多いです。例えば，もともと貧困者医療のために明治天皇が出資して設立した社会福祉法人恩賜財団済生会や，全日本民連（全日本民主医療機関連合会）加入の医療機関は，全国各地でこの無料低額診療制度を実施しています。

(3) ではどの程度の収入であれば，医療費が免除されるのかですが，これは共通の基準がなく，生活保護基準の1.2倍以下あるいは1.5倍以下など各医療機関で目安を定めているようです。また期間も，患者の状況に応じて，1か月～半年程度としているところが多いようです。とりあえず当面の医療の問題を解決しつつ，生活困窮の原因を医療ソーシャルワーカーが聞き取りながら，生活保護受給や年金受給，多重債務状態の解消などに向けた相談に乗ることになります。

(4) このように無料低額診療制度は生活困窮者の生活再建のために有用であり，活用していくべきですが，問題もあります。最も大きな問題は，無料低額の保険薬局がないということです。医薬分業が進んで，院外処方が増える中で，診療費が無料になっても，薬代がかかるので医療を諦めたり，中断してしまう人もいます。こういった問題点を踏まえ，高知県高知市では，平成23年4月から無料低額診療制度利用者に薬代を助成する制度を作り，その後，旭川市，青森市，那覇市などが制度化しています。しかし，予算的な問題が大きく，他の自治体にはなかなか広がっていません。この点については，今後の法改正が望まれます。

99

第 2 章　障害者に必要な医療の知識

16　精神科病院への強制入院の制度

Q　私の息子は統合失調症という診断を受けていますが，最近，「病気が治った」等と言って通院しなくなり，薬も飲まなくなりました。そうすると，テレビで自分の悪口を言ってるとか，食べ物に毒が混じっている等と言うようになり，家族に対しても近所の人に対しても非常に攻撃的になっています。息子は頑として病院に行かず，親だけでは連れて行くのは難しいのですが，病院に行かせるためにいい方法はないでしょうか。

A　本人がなぜ薬を飲まなくなったのか，病院を嫌がる理由，また症状に対してどう思っているのかを振り返られる機会をつくることが必要です。そのための相談機関の利用や，普段利用している福祉サービスに支援を求めていくことが考えられます。また，同じ立場にある統合失調症の家族会やそのようなネットワークに関わっていくことで解決につながる可能性があります。明らかに医療や保護を必要としている場合は精神保健指定医の診察で入院の必要性が認められ，家族などの同意によって強制入院が可能となる医療保護入院制度があります。

解　説

1　精神障害者福祉のこれまで

　精神障害者福祉では本人の意思決定にやや立ち入った形で介入が行われてきた経緯があり，精神障害者の支援ではその部分に向き合っていくことがポイントになります。

　精神障害者への福祉施策はかなり遅れており，福祉サービスの対象として本格的に位置付けられたのは 2006 年とごく最近です。いまだに精神障害を犯罪と単純に結びつける意識が根強くあり，精神保健福祉法を福祉ではなく

100

治安対策として捉えられることすらあります。福祉の対象としての認識が大きく遅れ，社会的入院の解消は遅々として進まず，本人の人権や意思が尊重されにくい状況が続いています。

　精神障害そのものも，病気や障害として認識されることに多大な時間と労苦を必要としてきた過程があります。精神障害者への対応は警察行政による取締りとしてスタートし，「癲狂」や「狂病」といった「狂」の言葉で精神障害者は表現されるとともに，家族による監護の責任が課せられていました。

　それが法律として登場したのが1900年の精神病者監護法で，その後，精神障害者は家族によって監護されるべき対象とされ，私宅監置といわれる座敷牢に監禁されることもありました。戦時中には子どもを産めない身体に手術をするという断種を合法化した国民優生法（1940年）が制定され，戦後も優生保護法（1948年）によって断種手術が本格的に実施させられる一方で，電気けいれん療法や前頭葉切除術（ロボトミー）といった処置を受け重大な後遺症を背負わされたりしてきました。

　私宅監置が廃止されたのは戦後の1950年で，精神病者監護法は精神衛生法となり，精神障害者が医療の対象としてようやく位置付けられました。社会復帰の観点が加えられたのは1987年に精神衛生法が精神保健法へ改正されてからとなります。そして福祉の観点の導入は1995年の精神保健福祉法の成立まで待たなければなりませんでした。

　その法改正には事件や不祥事といったネガティブな契機があり，少しずつ本人の人権とそのための支援に目が向けられてきた経緯があります。例えば相馬事件によって世間や国際社会の注目を受けて登場したのが精神病者監護法で，1965年の精神衛生法改正のきっかけにはライシャワー事件があります。精神保健法が登場した背景にも相次ぐ病院内での暴行死事件（大和川病院事件や宇都宮病院事件など）が挙げられ，宇都宮病院事件では国連人権委員会が国際人権規約違反として日本を批判する事態にまで至っています。これらの背後に常に横たわってきているのが，精神科特例に端的に示されているように，この分野に対する非常に切り詰められた社会保障支出であり，民間病院に対応を丸投げされ，福祉政策から放置されてきた状況が続いてきている

第2章　障害者に必要な医療の知識

ことです。

　また，精神病者監護法では監護義務者を定め，その人に監護義務を課すという保護者制度が設けられていました。保護者制度は，精神障害者に医療を受けさせたり財産上の利益を保護したりすることについて，1人の保護者に法律上の義務を負わせる制度です。具体的には治療を受けさせる義務，医師の診断に協力する義務，医師の指示に従う義務，財産上の利益を保護する義務，保護者の引取り義務を定めていたものですが，2013年の精神保健福祉法改正によって保護者制度は廃止されました。

　しかし，保護者制度に代わるものとして医療保護入院への「家族等」の要件が引き続き規定され，このときの「家族等」とは配偶者，親権を行う者，扶養義務者，後見人・保佐人のことで，扶養義務者とは直系血族，きょうだい，家庭裁判所が扶養義務を負わせた3親等内の親族とされています。そのため，患者を強制的に入院させることになる医療保護入院の決定にはやはり家族への負担を求めるものとなり，しかもいくら疎遠でも扶養義務者がいる限り，市町村長同意を行わないなどの市町村対応もしばしば見られるようになったため，かえって同意が得にくくなり，各方面から強い懸念が表明されています。

　さらに，精神病者監護法の成立当初から見られる「精神障害者は家族に監護されるべき存在」という発想はいまだに見られ，例えば精神障害（認知症）のある高齢者が列車に衝突して死亡した事故に対して，鉄道会社側は列車の遅延を発生させたとして遺族に損害賠償金の連帯支払を求める事案が発生しています（JR認知症訴訟。最判平成28年3月1日民集70巻3号681頁。結果は一部上告棄却，一部破却自判）。

　ノーマライゼーションや脱施設化，本人の自己決定権など，障害がありながらその人らしい生活を社会が支えるといった障害者福祉で提起されてきた理念は，精神保健福祉の政策ではことごとく見過ごされてきました。とにかく病院に入院させるという処遇が続けられ，20年や30年といった非常に長期にわたって入院してきた人も珍しくなく，現在は長期入院患者の高齢化に直面している有様です。

102

その中で，少しずつ地域社会を視野に入れた取組が進められてきています。1999 年に大阪府精神保健福祉審議会答申では社会的入院を人権侵害であると位置付け，その解消のための事業として 2000 年から社会的入院解消研究事業（精神障害者退院促進事業）をスタートさせました。その後，国は社会保障の方向として社会的入院の解消を目指す方向を明確に打ち出し，精神障害者退院促進事業は国庫補助事業となり，2006 年からは障害者自立支援法の中に位置付けられ，2013 年からは地域移行支援事業として障害者総合支援法の個別給付としてスタートしています。

2 精神障害者の地域生活を支える社会資源

設問のように薬を拒絶したり病院への通院を嫌がったりする理由，病状の悪化，そしてそれを見守る家族の負担について相談できる社会資源には，本人が通院していた病院の相談室に加え，保健所や精神保健福祉センター，相談支援事業所などがあります。

保健所は地域保健法 5 条によって設置されている行政機関で，主に都道府県や政令指定都市単位で設置されています。精神保健福祉相談員を配置し，措置入院の申請や通報を受け付け，相談訪問，精神保健に関する普及啓発などを行っています。

精神保健福祉センターは保健所の技術支援機関として創設され，都道府県や政令指定都市などの単位で設置されています（精神保健福祉法 6 条）。精神保健福祉の中核施設として機能し，保健所や医療機関，地域の福祉事業所といった関係機関のネットワーク作りを進めながらひきこもり支援や自殺対策，自死遺族相談など様々な事業を行っています。精神保健福祉センターは自治体裁量が認められ，自治体によっては「こころの健康センター」といった名称にしていたり組織形態が違ったりする場合もあります。

具体的には①精神保健福祉の知識の普及と調査研究，②相談指導，③精神医療審査会の事務，④精神障害者保健福祉手帳の判定と障害者総合支援法の自立支援医療（精神通院医療）の支給認定，⑤市町村への技術的な援助などを行っています。相談指導では精神障害者の複雑困難なケースへの対応や家族

第2章 障害者に必要な医療の知識

相談を行い，発達障害やひきこもり，依存症など精神障害に関わる相談支援を行っています。また，精神医療審査会の事務を担当し，精神医療審査会では医療保護入院の退院請求や処遇改善請求の審査をしています。

相談支援事業所は障害者総合支援法に基づく相談支援で，地域生活支援事業による市町村あるいはその委託を受けた相談支援事業所が実施する相談支援や，特定相談支援事業及び一般相談支援事業として実施されている相談支援があります。地域生活支援事業による相談支援は日常生活の悩みなど幅広い相談を受け付けてくれます。

また，地域生活支援事業では地域活動支援センター（Ⅰ型）があり（障害者総合支援法5条25項），精神保健福祉士などの専門職員が配置され，精神障害者にとって地域の拠点や居場所としての機能を担っています。

インフォーマルな社会資源としては家族会があります。家族会には病院家族会や地域家族会があり，都道府県単位で連合会を組織しています。その全国組織として公益財団法人全国精神保健福祉会連合会（みんなねっと）があり，様々な生活上の悩みについて相談を受け付けてくれる「みんなねっと相談室」が設置されています。

3 入院形態とその仕組み

精神科病院への入院形態には任意入院，医療保護入院，応急入院，措置入院，緊急措置入院の5つがあります。

(1) 任意入院

任意入院は自由意思に基づく入院で，入退院の自由がありますが，一定の行動制限がかかることも認められています。精神科病院は本人の同意に基づいて入院が行われるべきだとしており（精神保健福祉法20条），退院の申出があった場合は退院が義務付けられています（同法21条2項）。ただし精神保健指定医の診察の結果，医療や保護が継続して必要と認めたときは72時間以内に限って退院させないことができるとされています（同条3項）。

(2) 医療保護入院

医療保護入院は「家族等」の同意と指定医の診察によって強制入院させる

制度です。医療や保護の必要性で判定され，自傷他害のおそれは要件としません。具体的には指定医による診察の結果，精神障害者であり，医療と保護のために入院が必要であるが任意入院が行われる状態にないと判定された者のうち，「家族等」のいずれかの人の同意があるときに本人の同意無く入院させることができるとされています。このときの「家族等」とは配偶者や親権者，扶養義務者，後見人，保佐人とされています。また，その「家族等」がない場合は市町村長の同意で入院させることができるとされています（精神保健福祉法33条）。

　市町村同意ができるのは，「家族等」がない場合又はその「家族等」の全員が意思を表示することができない場合と規定されているため（精神保健福祉法33条3項），「家族等」が反対したり同意を拒否したりしている場合は市町村長同意を行うことはできないとされています。医療保護入院は人権に直接的に関わるため，退院などの請求やその他厚生労働省令で定める事項（精神保健福祉法施行規則13条の4第1号）を書面で知らせることが原則的に義務付けられています（精神保健福祉法33条の3）。

　なお，医療保護入院では精神科病院に対して退院後生活環境相談員を選任して退院後の相談支援を行うことを義務付けています（精神保健福祉法33条の4）。また，医療保護入院患者や家族から退院の求めがあったり，地域生活への移行の促進のために必要と認められたりした場合には障害者総合支援法の一般相談支援事業や特定相談支援事業などへの紹介に努めることが求められており（同法33条の5），そのための必要な体制整備や地域生活への移行を促進するための措置を行うことが義務付けられています（同法33条の6）。

⑶　応急入院

　応急入院は医療保護入院の要件を緩和したもので，緊急的な対応として設けられています。そのため入院は72時間以内に限定されています。具体的には任意入院が行われる状態になく，急速を要する場合で「家族等」の同意を得ることができず，直ちに入院させなければ医療や保護を行う上で著しく支障がある場合になります（精神保健福祉法33条の7）。

第2章　障害者に必要な医療の知識

(4)　措置入院

　措置入院は，自傷他害のおそれのある精神障害者に都道府県知事の権限で強制的に入院させるものです（精神保健福祉法29条）。申請は誰でも行うことができ，都道府県知事は自傷他害のおそれの判定には2名以上の精神保健指定医の診断を実施します。判定は精神障害のため自傷他害のおそれがあるかどうかが基準とされています（同法28条の2）。入院期間の限定がなく，人権に直接的に関わるため，入院には定期的な病状報告や退院請求ができることを書面で告知することが義務付けられています。また，入院を継続しなくても自傷他害のおそれがないと認められた場合は直ちに退院させることが義務付けられています（同法29条の4）。

(5)　緊急措置入院

　緊急措置入院は緊急的に対応しなければならず，措置入院の手続をとることができない場合に手続を緩和したもので，1名の精神保健指定医の診断と手続で強制的に入院させる制度です。応急入院と同様，72時間以内に限定されています（精神保健福祉法29条の2）。

　以上の入院形態のうち，実際の入院で大部分を占めているのが任意入院と医療保護入院で，医療保護入院が全体の半数弱を占めています。医療保護入院や措置入院で診断を担当する精神保健指定医は，医師として5年以上の実務経験が必要で，そのうち3年以上の精神科を経験していること，研修会の受講，そしてケースレポートの提出が条件となっています（精神保健福祉法18条）。1987年に患者の行動制限の必要性を判断する資格として導入され，精神保健福祉法の運用の担い手として，また医療観察法の精神保健判定医の要件としても位置付けられています。

　措置入院や医療保護入院患者の入院に関する審査や退院請求，処遇改善などの審査を行う機関としては精神医療審査会があります（精神保健福祉法12条）。これは1987年の精神保健法改正で登場したもので，宇都宮病院事件をきっかけに入院患者の人権を守るための機関として設置されたものです。医療保護入院の入院届や措置入院者，医療保護入院者の定期病状報告書，そし

106

て入院患者や家族の退院請求や処遇改善請求から入院の必要性や処遇について審査を行っています。審査結果により都道府県知事は精神科病院に退院や処遇改善についての命令が可能です。

なお，医療保護入院などは本人にとっては強制的な入院になるため，その後の支援に難しい対応が迫られることになります。医療保護入院は家族にとってはDVなどで大きな問題に直面する中で手続が行われる一方で，本人にとっては家族から見放されたといった思いを抱き，退院後の生活にも影響を与えることが考えられます。強い異食行為や自傷他害，医療拒否で明らかに入院を必要としている人にとっては，医療にかかるきっかけと意図して利用されるケースも考えられます。いずれにせよ，本人・家族とも大きな負担を伴うため，その判断や入院後の対応に丁寧な支援が求められます。

17　包括型地域生活支援（ACT）とは何か

Q 　最近，重い精神障害を抱える人に対する在宅医療・看護・福祉の支援プログラムとして，「ACT」というものがあるのを知ったのですが，これはどんなプログラムですか。また，全国どこでも行っている取組なのでしょうか。

A 　ACT（Assertive Community Treatment）とは，重い精神障害を抱えた方でも，地域の中で自分らしい暮らしを送れるように，精神科医，看護師，精神保健福祉士，作業療法士等からなる多職種連携のチームが，生活の場へ訪問して，24時間365日，医療・福祉・生活等の複合的な支援を行うケースマネジメント・プログラムのことです。1970年代にアメリカで提唱され，日本語では「包括型地域生活支援」と訳されています。精神科病院入院による隔離から地域移行していく政策と合わせて，今後の広がりが期待されます。

第2章 障害者に必要な医療の知識

解 説

1 精神科病院中心の精神医療からの脱却

(1) 日本は「精神科病院大国」といわれています。厚生労働省の調査によると，平成26年時点で，精神科病院は1,067箇所あり，一般病院の精神科も加えた精神科のベッド総数は33万8,000床，精神科の入院患者数は29万6,000人に及んでいます。平均入院日数も，全病床の平均が29.9日であるのに対し，精神科は281.2日です。平成26年にOECDがまとめた報告書によりますと，同年において，人口10万人当たりの精神科病床数は，加盟国平均で68床であるのに対し，日本は269床に上っています。世界の中で精神科病床の入院日数の平均が150日を超えているのは日本だけであり，イタリア，ドイツ，フランスなどでは，精神科の平均入院日数は1〜3週間程度といわれています。

(2) その背景として，精神障害者が，在宅で暮らしていくのに必要な社会資源が乏しく，家族に重い扶養の責任と負担がかかっているという現状があります。そのため，日本では，家族が引き取らない，家族がケアしたがらないという理由で，入院治療の必要は乏しいものの，入院を継続せざるを得ないという「社会的入院」が多いのです。厚生労働省は，平成16年に社会的入院患者の数が約7万2000人であると発表し，地域移行を目指し，社会的入院を0人にするという施策を掲げましたが，実際には社会的入院の患者はもっと数が多く，また地域移行するにも，十分なバックアップ体制がない状態が続いているため，ほとんど進んでいません。

(3) ACTプログラムは，1970年代にアメリカで発表された，重い精神障害を持つ患者が地域生活を維持するために必要なプログラムの研究に端を発しています。当時，アメリカでは多くの精神科病院が閉鎖され，脱施設化という政策が進められていましたが，反面，ホームレスの増加や，回転ドア現象と呼ばれた短期間での入退院の繰り返し等の社会問題を生じていました。そこで，「地域生活訓練」として，24時間365日アクセス可能な他職種チーム（看護師，ソーシャルワーカー，臨床心理士，作業療法士，精神科医など）が，地域の

中で，チーム全体で患者のケアの責任を共有し，包括的なサービス提供を行うという試みが行われました。このような充実した地域生活訓練の実施により，入院期間の短縮や，精神症状の改善，サービスへの高い満足度など有為な効果がみられました。これが ACT プログラムの原型となっています。

(4)　かつてのアメリカと同じく，日本でも，精神科病院に精神科医療の中心的なサービスが集中しており，そこから退院すると，途端に患者を支援するサービスの質や量が減ってしまうという問題があります。退院して外来治療に移行すると，「自由」にはなるのですが，通院治療のバックアップや，福祉・就労などの他のサービスの調整に誰も責任を持たない状態になり，それが地域での孤立や怠薬による病状悪化につながるのです。しかし精神科病院に長期入院させて，地域から隔離すればするほど，自分の生活を奪われ，地域で生活するための対処技能は低下して，依存的になり，さらに1人で暮らせなくなります。むしろ，地域移行を進めるためには，まず精神科病院中心主義を止め，様々な職種のスタッフが精神科病院から地域に移行し，家族に頼りすぎることなく，在宅生活を送る精神障害者が抱える個別のニーズに合わせて，包括的な支援体制を組むことが必要です。

2　ACT プログラムの特徴

　ACT プログラムで提供されるサービスは，保健，医療，介護，就労支援，相談支援など多岐にわたり，これを個々の利用者のニーズに合わせて，24時間 365 日提供します。多様なサービス提供を可能にするとともに，スタッフの燃え尽き現象を防ぐため，人員体制や組織の枠組みなどについては国際的に定められた標準モデルがあり，そのモデルとの適合度を評価する仕組みもあります。その具体的な内容は次頁の通りです。

(1)　**伝統的な精神保健・医療・福祉サービスの下では地域生活を続けることが困難であった重い精神障害を抱えた人を対象にしていること**

　ACT プログラムが対象としているのは，統合失調症や躁鬱病などの，治療だけでは十分改善しない重い精神障害を抱え，地域で生活するのに既存の精神保健・医療・福祉サービスでは十分対応できない方々です。家族では支

第2章 障害者に必要な医療の知識

《ACT プログラムの特徴》

1. 伝統的な精神保健・医療・福祉サービスの下では地域生活を続けることが困難であっ
   た，重い精神障害を抱えた人を対象としている
2. 看護師，ソーシャルワーカー，作業療法士，職業カウンセラー，精神科医など，さま
   ざまな職種の専門家から構成されるチーム（多職種チーム）によってサービスが提供
   される
3. 集中的なサービスが提供できるように，10人程度のスタッフから成るチームの場合，
   100人程度に利用者数の上限を設定している
4. 担当スタッフがいない時でも質の高いサービスを提供できるように，チームのスタッ
   フ全員で1人の利用者のケアを共有し，支援していく
5. 必要な保健・医療・福祉サービスのほとんどを，チームが責任をもって直接提供する
   ことで，サービスの統合性をはかっている
6. 自宅や職場など，利用者が実際に暮らしている場所でより効果の上がる相談・支援が
   行われるように，積極的に訪問が行われる
7. 原則としてサービスの提供に期限を定めず継続的な関わりをしていく
8. 1日24時間・365日体制で，危機介入にも対応する

出典：西尾雅明『ACT入門―精神障害者のための包括型地域生活支援プログラム』（金剛出版，
　　2004年）16頁

えきれず地域で孤立していたり，ひきこもって医療を拒否していたり，何度
も入退院を繰り返していたりします。ACT プログラムは，彼らの抱える複
合的な困難に対し，包括的な支援をしていくことになります。

(2) 看護士，ソーシャルワーカー，作業療法士，職業カウンセラー，精神科
　　医など様々な職種の専門家から構成される他職種チームによってサービス
　　が提供されること

　ACT は単なる精神科の医療機関ではなく，チーム内に医療やリハビリ，
福祉サービスの提供，相談支援などの様々な役割を果たせる専門家がいると
いうのが特徴です。実際には，訪問診療が可能な精神科クリニック，訪問看
護ステーション，相談支援事業所等が複合的に設置され，一緒に活動してい
ます。このように他職種が協働することで，より多彩なアセスメントが可能
になり，個人のニーズに合った対応策について，それぞれの専門家が多角的
に議論しながら方針を決定できるというのが利点です。

17　包括型地域生活支援（ACT）とは何か

(3)　集中的なサービスが提供できるように，10 人程度のスタッフからなる
チームの場合，利用者数は 100 人程度を上限にすること

　個別のニーズに合わせた丁寧な支援をしていくためには，一人一人にかけ
る時間を確保しなければなりません。サービスの密度と個別性を担保するた
め，ACT プログラムでは，スタッフ 1 人当たりの利用者の比率（ケースロー
ド）を 10 〜 12 人に保つことを原則にしています。これはスタッフの燃え尽
き防止の観点からも必要な配慮です。

(4)　担当スタッフがいないときでも質の高いサービスを提供できるように，
チームのスタッフ全員で 1 人の利用者のケアの情報を共有し支援していく
こと

　ACT プログラムでは，ある利用者に対して，中心的な関わりを持つス
タッフ（主ケースマネージャー）を決めますが，その担当者だけにケアの責任
を任せることはしません。スタッフ全員が定期的に利用者全員のチームミー
ティングに参加して，それぞれの利用者について情報を共有し，チームとし
てケアを分担して引き受けています。このようにチーム全体で引き受けるこ
とで，担当スタッフがいないときでも質の高いサービスを提供できるとされ
ており，また担当スタッフが 1 人で抱え込んで，燃え尽き現象を起こすこと
を予防しています。

(5)　必要な保健・医療・福祉サービスのほとんどをチームが責任を持って直
接提供することでサービスの統合性を図っていること

　従来の精神保健福祉サービスは，いわゆる縦割りであり，利用者に提供さ
れるサービスが事業者ごとに断片化されるという問題点がありました。計画
相談の導入により，サービス利用計画は立てられるのですが，介護保険のケ
アマネージャーのような統括的な役割の者がおらず，必要なサービスが見落
とされたり，サービスが重複したりする傾向がありました。ACT プログラ
ムでは，利用者が地域生活を送っていく上で必要なほとんどのサービスを，
ACT が直接提供することにより，迅速にニーズに応え，無駄のないサービ
ス提供をすることが可能になります。

111

第2章　障害者に必要な医療の知識

《既存のプログラムとの違い》

	訪問介護	「ケアマネジメント」	ACT
対象者	再発を繰り返したり生活支援のニーズの高い精神障害者	複数のサービスを総合的かつ継続的に利用するニーズのある精神障害者	精神医療の頻回利用，社会適応の妨げとなる行動，生活機能レベルの低下などを有する重症精神障害
ケースロード	制限なし	制限なし	1：10〜12
スタッフの職種	看護師，ワーカー，OT，医師などの医療職	ケースマネジャーを中心に，複数の機関に所属する多職種がかかわる	チームに所属する多職種の専門家から構成される
チームアプローチ	サービス自体にチームアプローチの要素は少なく，最終責任は指示箋を出す主治医	多職種チームモデルに似るが関係者が集う機会は限定されており，責任はケースマネジャー個人にある	超職種チームモデルでケアの責任をチームで共有
サービス時間	通常は時間内だが親病院の夜間救急と連携可能	時間内だが関連する地域生活支援センターや主治医のいる病院夜間救急が利用可能	24時間週7日対応
サービス提供の場	生活の場だが，提供されるサービスは限定されている	オフィス・生活の場	生活の場中心
接触頻度	主体となる医療機関のポリシーによるが，原則としてそれほど高くはない	低い	高い。利用者の状態に応じて調節可能
直接援助サービスの内容	服薬支援，日常生活支援などサービスの内容は限定される	関連機関からは多様なサービスが提供されるが，ケースマネジャー自身の提供するサービスは，それらの斡旋と調整が主となる	医学的援助から就労支援まで，多様なサービスがチームにより直接提供される

出典：西尾雅明『ACT入門—精神障害者のための包括型地域生活支援プログラム』（金剛出版，2004年）55頁

(6) 自宅など利用者が実際に暮らしている場所に積極的に訪問が行われること

ACT プログラムでは，利用者にどこかの場所に集まってもらって支援するのではなく，利用者の自宅などにスタッフが頻回に訪問（アウトリーチ）して，支援を行うのが基本です。訪問は，自宅だけでなく，スーパーマーケットやレストラン，銀行など，利用者が普段生活している場所に一緒に出かけることも含みます。普段の場所で会うからこそ，利用者のニーズも見えやすく，より実践的に，在宅生活をバックアップできるという利点があります。

(7) 原則としてサービスの提供に期限を定めず，継続的な関わりをしていること

ACT プログラムの利用者は，もともと頻回入院や長期入院を繰り返す人が多く，ACT プログラムから離脱すると再発の可能性が高くなるといわれています。そこで本人のニーズが無くなるまで，特に利用の期間を定めることなく，継続的なサービス提供を行うのが原則です。仮に利用者が精神科病院に入院することになっても，入院時や入院期間中も関わり，退院に向けた支援を行います。

(8) 1 日 24 時間 365 日体制で，危機介入にも対応すること

ACT プログラムは，毎日 24 時間，在宅で生活する精神障害者を支えるシステムです。夜間や休日においても突発的にどんなことが起こるかわからないため，スタッフはシフト制を組み，当番スタッフの携帯電話が常につながる形にして，利用者や関係機関から連絡がつくようにし，緊急事態には危機介入をしています。このように退院して在宅生活に戻っても，専門のスタッフがいつでも対応し，迅速に支援の方針を打ち出して責任をもって援助するというのが，ACT プログラムの強みであり，利用者や家族，周囲の人間の安心感を生んでいます。

3 ACT を支える理念

(1) Recovery-oriented

希望や自尊心を取り戻し，障害や病気があっても社会の中で自分が求める

第2章　障害者に必要な医療の知識

生き方，自己実現を追及するという考え方です。

　従来の精神科医療は，治療が中心であり，薬を飲んで病状を安定させることを第一に考えてきました。しかし，問題のない安定した生活を送っていれば，あとは何もしなくていいということではなく，そもそも本人の生きる希望，目標は何かということを常に確認しながら，より良い時間の過ごし方，より良い日常を一緒に考えていくというのが，ACT の基本姿勢です。もしかしたら，その結果として，失敗することもあるかもしれませんが，そうしたらまた次にどうしたらその人の希望が叶うのかを一緒に考え，生きる力をつけていきます（トライアンドエラー）。

(2)　ストレングス

　精神障害があるゆえに「できない」ことに着目するのではなく，人が持つ様々な強み（ストレングス。例えば性格が明るい，計算が得意，絵を書くのがうまい，家やお金がある等）に目を向け，本人のリカバリーに生かすという考え方です。誰でも，自分の強みを褒められればやる気が出るものですので，そこを伸ばして，チャレンジへの足掛かりにしていきます。

(3)　エンパワメント

　精神科病院入院が長期間になると，何も考えず，何でも人の指図どおりになってしまう傾向があります。しかし，在宅生活で自立していくためには，自分がいま何をしたいのか，ということについての自己決定力を取り戻すことは非常に大事なことです。ACT プログラムによる支援は，ACT の指示どおりにしたらいいということではなく，ACT による支援によって，自分で自分のことを決め，自分の面倒をみられることのきっかけにしていくということが重要です。

(4)　エンゲージメント

　利用者と関係性を築いていく際に，安心や信頼といった感情を基に，互いに積極的に関わる関係性の持続を約束するという考え方です。そのために利用者と，ACT とは何なのか，どんな支援をしていくのか等，対等の立場で話し合いをしてから，ACT プログラムへの参加を呼びかけます。

17 包括型地域生活支援（ACT）とは何か

(5) Person Centered

　本人中心主義と訳します。暮らしの場で当事者が輪の中心にいて，チームが伴走するという考え方です。ACT チームを構成する多職種のスタッフは，利用者から提起される様々な課題について，専門的知見から意見を持ちますが，それをそれぞれが利用者に押しつけることはしません。利用者の自己決定を大事にしつつ，日々のチームミーティングの中で問題解決のためにどうするべきかを多角的に議論し，その上で利用者にフィードバックして一緒に考えるという支援を行います。

《ACT チームを構成するスタッフの職種例》

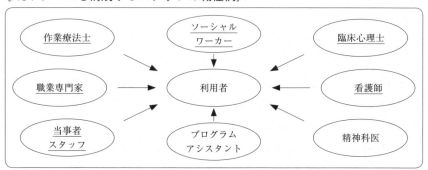

出典：西尾雅明『ACT 入門―精神障害者のための包括型地域生活支援プログラム』（金剛出版，2004 年）37 頁

4　ACT の今後の広がりのために

(1)　ACT プログラムを実施している団体は，平成 29 年 3 月時点で，日本国内に約 20 か所ありますが，まだ実施地域は一部にとどまっています。24 時間 365 日の支援を可能にするために，スタッフ 1 人当たりの利用者は 10 〜 12 人までとされていますし，また移動の時間を考えると，実施地域を広域にしていくことは難しいため，各都道府県に人口比に応じて複数の ACT を設置していくことが望ましいでしょう。

(2)　厚生労働省は，平成 26 年 4 月に「良質かつ適切な精神障害者に対する医療の提供を確保するための指針」を発表しました。そこでは精神病床を減

第2章　障害者に必要な医療の知識

少させ，地域移行をさらに進めるということが明言されました。しかし，他方で精神科病院の病床を，他の施設（グループホーム等）に転換することを検討することが盛り込まれており，それでは社会的入院と変わらないではないかという批判があります。また「第5期障害福祉計画（平成30年～32年）」の基本指針の中には，「重度かつ慢性に該当しない長期入院精神障害者の地域移行を目指す」という目標が掲げられました。しかし，別の厚生労働省の精神保健医療福祉あり方検討会の報告書では，全国調査の結果，1年以上の長期入院患者（認知症を除く）のうち，6割以上は「重度かつ慢性」に該当するとされていることから，この基本指針では，長期入院患者の6割以上は地域で暮らすことを想定せず，入院継続を相当とすることになりかねないとの批判を浴びています。

(3)　このように政策は揺れていますが，支援があれば地域で暮らせる精神障害者を，精神科病院に長期間隔離し，閉じ込め続けるのは，人権問題だという意識改革が必要です。ACTプログラムのような包括的な支援があれば，重い精神障害を持っていても地域で暮らせる人はたくさんいますし，それがノーマライゼーションの理念からも望ましいことです。まずは国や地方公共団体の政策として，地域の精神保健・医療・福祉の予算の配分を充実させるとともに，ACTプログラムを実施できる団体を全国各地で，育成・支援していくことが求められています。

18　医療観察法による入院・通院の制度

Q　私の父は躁鬱病で，鬱状態の時に，自殺を企図して自宅アパートに放火し，現住建造物放火罪で逮捕されました。幸い早く火が消し止められ，被害弁償もできたので不起訴になったのですが，その後医療観察法による処分がされるということで鑑定入院させられてしまいました。せっかく仕事が決まったところだったのに，これからどうなるのでしょうか。

116

18　医療観察法による入院・通院の制度

> **A**　医療観察法は，平成13年6月に発生した池田小学校の無差別殺人事件を契機に，平成15年7月に制定され，平成17年7月から施行されている法律です。この法律の中では，精神障害による心神喪失又は心神耗弱の状態で，重大な加害行為を行った者に対して，検察官の請求により，裁判所が，強制処遇としての入院治療や通院治療を決定できる制度が創設されました。従前の精神保健福祉法上の措置入院とは手続が大きく異なりますので，今後の処遇については，付添人の弁護士とよく相談するようにしましょう。

解　説

1　医療観察法の概要

(1)　検察官による必要的申立ての原則

　検察官は，精神障害により心神喪失又は心神耗弱の状態で，「対象行為」（①殺人，②放火，③強盗，④強姦・強制わいせつ，⑤傷害（⑤以外の罪は未遂罪含む））を行い，不起訴になった者（医観法2条2項1号），無罪又は執行猶予になった者（同項2号）について，この法律による医療を受けさせる必要が明らかにない場合を除き，医療観察法による入院や通院をさせるかどうか，地方裁判所に審判（以下「当初審判」といいます）を求める申立てをしなければならないことになっています。ただし傷害については，軽微であって（おおむね加療期間が1週間未満），諸般の事情から医療観察法による処遇を行う必要がないと判断される場合には，申立てをしないことが認められています（同法33条3項）。

(2)　鑑定入院

　当初審判に申立てを受けた裁判所の裁判官は，医療観察法による医療を受けさせる必要が明らかにないと認める場合を除き，「鑑定入院命令」を発し，対象者に対して，鑑定その他医療的観察の目的での入院を命じなければならないとされています（医観法34条）。当初審判の裁判で合議体を形成するのは，裁判官と精神保健審判員（精神科医）の2名ですが，通常，鑑定入院先となるのは，精神保健審判員の所属する病院とは別の精神科病院であり，また指

117

第2章　障害者に必要な医療の知識

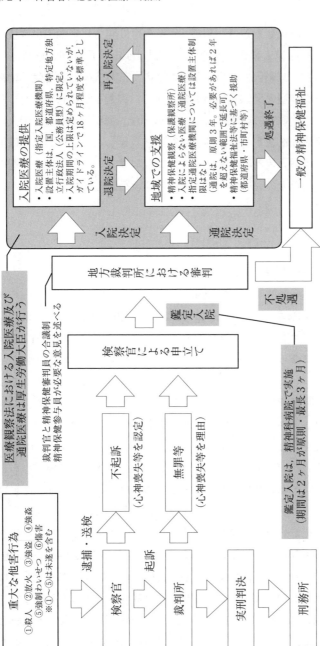

出典：厚生労働省ホームページ
(http://www.mhlw.go.jp/stf/seisakunitsuite/bunya/hukushi_kaigo/shougaishahukushi/sinsin/gaiyo.html)

定入院医療機関とも異なります。

　鑑定入院の期間は，原則として2か月以内（必要があれば1か月以内の延長可能）です（医観法34条3項）。その間は，鑑定を命じられた精神保健判定医が，対象者に対する観察を行いながら，通常の精神科と同様の治療行為を行うことになります。鑑定の結果は，当初審判の資料として裁判所に提出されます。

　鑑定入院命令は，身体拘束を伴い，一種の不利益処分であるため，対象者，保護者又は付添人は，不服があるときは，鑑定入院命令の取消請求（医観法72条1項）又は鑑定入院期間の延長に対する異議申立（同法73条1項）をすることができます。どのような場合に取消や異議が認められるかについて明文はありませんが，「対象行為不存在」「責任能力の存在」「医療観察法による医療を受けさせる必要がないこと」等の当初審判の審理の対象については理由にならないとされており（同法72条2項，73条2項），実際には手続違背や，鑑定入院先での不当な処遇などを理由にせざるを得なくなっています。

(3) 社会復帰調整官による生活環境調査

　当初審判の申立てを受けた裁判所は，保護観察所長に対し，対象者の生活環境の調査を行い，その結果の報告を求めることができるとされています（生活環境調査。医観法38条）。この生活環境調査に従事しているのが「社会復帰調整官」（同法20条）です。社会復帰調整官は，それ以外にも，退院後の生活環境調整や，通院命令が出されたときの精神保健観察，関係機関との連絡調整等，医療観察法における様々な職務を担っており，精神保健福祉士や社会福祉士，保健師，看護士など，精神保健福祉に関する専門的知識や豊かな実務経験を持つ専門職が任命されています。

　実際には，社会復帰調整官が，対象者の家族関係や通院歴，本件に至るまでの生活状況や治療状況等に関し，どのような生活環境調査を裁判所に報告するかが，当初審判の結論に大きく影響することになります。社会復帰調整官は，いずれ退院後の生活環境調整にも大きな役割を果たすことになるため（医観法101条1項），できれば当初審判の前から，生活環境調整に着手し，入院処遇ではなく，通院処遇を目指すことに協力してほしいところですが，当初審判時には，条文上，生活環境調査しかできないように読めるため，これ

第2章　障害者に必要な医療の知識

に消極的な社会復帰調整官も多いという問題があります。

(4)　付添人の活動

　そこで，対象者の生活環境調整に大きな役割が期待されるのが，「付添人」です。対象者及び保護者（対象者の一定の親族や後見人等）は，弁護士を，付添人に選任することができます（医観法30条1項）。当初審判及びその不服申立の手続においては，対象者に付添人がいなければ，裁判所は国選付添人を選任しなければなりません（同法35条，67条）。

　付添人は，医療観察法の各種手続の中で，精神障害を抱えて弱い立場に立たされている対象者の味方として，対象者の権利や利益を守る活動をします。当初審判においては，①対象行為（前提となる犯罪行為）の存否に争いがある場合にはこれを争い，防御活動を行うこと，②医療観察法による医療を受けさせる必要があるかどうか，医学的あるいは精神保健福祉的な観点から意見を述べること，③鑑定入院中の対象者に対する処遇が適正かどうかについてチェックすること等が主な任務になります。そのために，対象者や保護者と面会して話を聞くこと，処遇事件の記録や鑑定書，生活環境調査記録を閲覧・謄写して検討すること，対象者の主治医や担当ケースワーカー，鑑定医から病状や治療経過等の話を聞くこと，対象者が関わっていた福祉関係団体や社会復帰調整官と連携し，社会復帰のための環境整備を行うこと等の活動を行います。また，その結果を意見書にまとめ，当初審判の期日に出席して意見を述べることになります。

(5)　当初審判手続の流れ

　当初審判の期日は，鑑定入院期間内に指定されることが多いため，鑑定入院命令が出されてから，原則として2か月以内，鑑定入院が延長されてもそこから1か月以内に開かれます。通常は期日の前に，裁判所に関係者が集まって進行協議やカンファレンスが行われます。期日は一回結審が多いのですが，事実関係に争いがあれば，刑事訴訟法が準用され，証人尋問，鑑定，検証などが行われます（医観法24条）。

　当初審判の審理の対象は，①対象行為の存否（医観法40条1項1号），②責任能力（心神喪失・心神耗弱）の存否（同項2号），③入院により又は入院によら

120

ないでこの法律による医療を受けさせる必要（処遇要件）の有無（同法42条1項）です。①又は②が認められない場合は，申立てが却下されます。

　ここで注意が必要なのは，③の処遇要件の有無の判断に当たり，最高裁は，「精神保健及び精神障害者福祉に関する法律（筆者注：精神保健福祉法）による措置入院等の医療で足りるとして医療観察法42条1項3号の同法による医療を行わない旨の決定をすることは許されない」とし，原審の福岡高裁の判断を支持する決定を出したことです（最決平成19年7月25日判時1984号113頁）。しかし実際には，住み慣れた地域の中で，精神保健福祉法上の措置入院や医療保護入院を選択する方が，より精神障害者の社会復帰に資する場合も多いと考えられるため，微妙な悩ましい問題です。

　当初審判の期日が終わると，「入院による医療の決定」（入院決定），「入院によらない医療の決定（原則3年間）」（通院決定），「医療観察法による医療は不要との決定」（不処遇決定）等が出されます。

(6) 不服申立て

　裁判所の入院命令や通院命令に不服がある場合には，2週間以内に高等裁判所に抗告し，争うことができます（医観法64条）。抗告ができるのは，対象者，保護者又は付添人です。付添人は抗告審の付添人として新たに選任された場合はもちろん，原審付添人の資格でも抗告することができます。また，抗告審の決定に不服がある場合は，2週間以内に最高裁に対して再抗告をすることもできます（医観法70条）。

(7) 当初審判後の手続の流れ

① 入院決定が出された場合

　対象者は，全国に32か所ある指定入院医療機関（平成29年4月時点。病床数は825床）のいずれかに移送され，入院することになります。ちなみに指定入院医療機関のある都道府県は29か所しかなく，北海道，東北，四国地方では未整備の地域が多いため，かなり遠方に措置されることが多い状態にあります。指定入院医療機関では，急性期（3か月），回復期（9か月），社会復帰期（6か月）として，18か月で退院させる入院処遇ガイドラインを実施していますが，法律上の上限期間はなく，実際

第2章　障害者に必要な医療の知識

には18か月を超える入院患者は珍しくない状況です。なお入院費については全額国費で賄われ，自己負担はありませんし，社会復帰期において自宅に戻る交通費やスタッフの付添い費用も国から支給されます。病棟内では，入院処遇者1名に対し，精神科医師・看護師・心理療法士・作業療法士・精神保健福祉士の5職種で構成される専門的多職種チームが，個別の治療計画を立てて，様々なプログラムを実施しています。例えば，薬物療法を主体とした精神病性症状への治療，入院処遇者が犯した罪に対する内省・洞察の深化を目指した精神心理療法，対人交流技能や自炊，金銭管理など退院後の生活で必要とされる生活能力の獲得・向上を目的とした作業療法などが実施されます。

　また保護観察所は，指定入院医療機関に入院した対象者が，帰っていく地域の中で円滑に社会復帰できるよう，入院当初から，退院に向けた取組を継続的に行います。具体的には，社会復帰調整官が，指定入院医療機関や地元の保健所，市町村，指定通院医療機関となる予定の病院，福祉サービス事業者などの関係機関と連携して「生活環境の調整」を行います。

　病院管理者は対象者の入院継続の必要がある場合，6か月ごとに裁判所に入院継続確認の申立てを行います（医観法49条2項）。また病院管理者は，入院継続の必要がなくなった場合には，退院許可の申立てを地方裁判所に行うことになっています（同条1項）。これらの手続にかかわらず，対象者，保護者，又は付添人は，退院許可又は医療終了の申立てができます（同法50条）。しかし，いずれの手続も付添人の選任は必須ではありません。

② 　通院決定が出された場合及び退院許可決定が出された場合

　当初審判において通院決定が出された場合，又は当初審判で入院決定を受けた対象者が退院許可決定を受けた場合は，「この法律による入院によらない医療」を受けることになります（医観法51条1項2号）。

　これは回りくどい言い方ですが，要は，指定通院医療機関に通院しながら，保護観察所による精神保健観察（社会復帰調整官による月1回程度の

面接）を受けるという手続です。指定通院医療機関は，全国に516か所の病院，65か所の診療所，2513か所の薬局，302か所の訪問看護ステーションが指定されており（平成29年4月時点），比較的身近な地域にあります。また，これらの指定通院医療機関にかかる医療費も全て国費で負担され，自己負担はありません。

　指定通院医療機関に通う期間は原則として3年間ですが，保護観察所の所長は，この法律による医療の必要がなくなったときは地方裁判所に，医療終了の申立てを行います（医観法54条1項）。また逆に，さらにこの法律による医療の必要がある場合は，裁判所に2年間に限り延長の申立てを行ったり（同条2項），再入院が必要だという場合は，再入院の申立てを行わなければならないとされています（同法59条）。また対象者，保護者又は付添人は，裁判所に処遇終了の申立てを行うことができます（同法55条）。これらの手続についても付添人は必要的とはされていません。

2　精神保健福祉法との関係

(1)　入院先の病院の違い

　精神保健福祉法上にも，措置入院（同法29条），医療保護入院（同法33条），緊急措置入院（同法29条の2），応急入院（同法33条の7）等の強制入院の手続が定められていますが（→Q16），医療観察法の指定入院医療機関よりももっと多くの病院が受け入れ先になっています（平成28年1月時点で1063施設）。また精神保健福祉法による強制入院の退院請求や処遇改善請求については，都道府県知事又は政令指定都市市長に対して行うことになっており（同法38条の4），知事等は，精神医療審査会において審査を行うため，比較的迅速に判断されます。

(2)　強制的通院制度の創設

　精神保健福祉法には，通院を強制する制度はありませんが，医療観察法の場合には上記のように「この法律による入院によらない医療」を受けるよう，裁判所が命じる制度があります。またこのような強制的な通院を受けている

123

第2章　障害者に必要な医療の知識

間，保護観察所による精神保健観察が行われ，通院の拒否や怠薬により，継続的に医療を受けられない場合に，保護観察所の所長が，裁判所に再入院の申立てを行わないといけないとの規定があります。

⑶　**医療観察法による通院治療中でも，精神保健福祉法による医療や福祉は併用される**

　もっとも，医療観察法による通院が行われている間は，医療又は福祉について，精神保健福祉法との併存が認められています（医観法115条）。特に福祉に関しては，通常の訪問介護や，相談支援事業所，地域活動支援センター，就労支援事業所等の福祉サービスを活用しながら社会復帰を支援することができます。また，症状が悪化した場合に，常に再入院の申立てを行わなければならないというのも窮屈なため，精神保健福祉法による措置入院や医療保護入院，任意入院によって身近な病院に短期の入院をし，速やかな回復を図ることも行われています。

3　医療観察法の問題点

　もともと医療観察法に関しては，保安処分的な立法趣旨が強いといわれ，触法の精神障害者を強制的に隔離しようとするものではないかという批判がありました。例えば医療観察法による入院は原則18か月とする等のガイドラインが出されたりしていますが，必ずしもこれが守られているわけではなく，遠方の指定入院医療機関に措置されてしまうなど，地域から長期間隔離されるという弊害は否めません。確かに，医療観察病棟は非常に手厚い処遇ですし，全額国費で賄われ，費用がかからないところも魅力ですが，社会復帰調整官がいつまでも関わってくれるわけではなく，隔離している間にできることにも限界があるのです。したがって触法の精神障害者への処遇も，できるだけ，同じ地域内の精神保健福祉サービスを活用しながら，医療や福祉の支援体制を構築できるよう，医療観察法の指定の医療機関を身近に設置し，格差を感じさせないような人や予算の配分を考えていくべきでしょう。

| 第3章 |

障害者が働くことへの支援

19 障害者が働き始めるときの支援の仕組み

Q 　私の息子には軽度の知的障害があり，一旦一般企業に就職したのですが，どうしても仕事が難しくて付いて行けないと毎日愚痴をこぼしています。仕事を辞めなくて済むように何か支援を受けられる方法はありますか。また障害者がどの職業に適性があるかをどう判断するのか，また働くための技術をどこでどのように身に付けたらいいのか教えてください。

A 　障害者職業センターや障害者就業・生活支援センターなど，障害者が仕事を続けていく上で相談支援を受け付けてくれる機関があります。適性を評価してくれる機関として地域障害者職業センターがあり，生活の問題を抱えて職場定着が難しい場合は障害者就業・生活支援センターに支援を求めることも考えられます。なお，一般就労以外では就労継続支援があり，就労のためのスキルを学ぶ場としては障害者職業能力開発校があります。

[解　説]

1　就労支援の仕組み

　障害者の就労支援は，障害者雇用促進法をはじめとする障害者雇用施策からの支援と，障害者総合支援法による，より福祉的な立場からの支援があります。これらは労働行政と厚生行政の縦割りによるもので，障害者雇用促進

第3章　障害者が働くことへの支援

《障害者の就労支援》

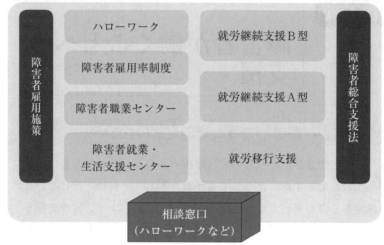

出典：筆者作成

法と障害者総合支援法によるもので似通った支援がなされていますが，障害者雇用促進法は一般就労に関わるもの，障害者総合支援法は福祉的就労に関わるサービスを主に担当していると整理できます。

　就労支援の仕組みは上記の図のようになっています。ハローワークを窓口に様々な機関につなげられることもありますし，もちろん直接該当の機関に相談をすることもできます。障害者雇用促進法をはじめとする障害者雇用施策では，障害者雇用率制度や障害特性を踏まえた就労への支援を行う職業リハビリテーションなどが行われています。職業リハビリテーションではハローワークによる職業相談や斡旋，職場定着指導などが行われています。

　障害者総合支援法では，主に特別支援学校を卒業した障害者を対象に一般就労に向けたトレーニングを行う就労移行支援，一般就労が困難な場合に就労する場を提供する就労継続支援（A型，B型）があります。障害者雇用施策と障害者総合支援法によって色々な種類の施策が整備されているため，これらを上手く使い分けて支援に活用していくことが求められます。

2　障害者雇用施策による支援

(1)　職業リハビリテーション

　職業リハビリテーションでは主にハローワークを窓口に障害者の就労に向けた職業指導や職業紹介，アフターフォロー，関係機関との連絡調整などが取り組まれています。全体を整理すると下表のようになります。

　就労を目指す障害者がどのような職種に向いているのか，どんな仕事があるのかを知りたい場合にはハローワークや障害者職業センターで相談を受け付けてもらうことができます。ハローワークでは事業主に委託費や訓練手当を支給しながら6か月の訓練期間を経て雇用される職場適応訓練や，雇用を前提としない職場実習となる短期職場適応訓練を行っています。ハローワークでは職業斡旋を受けることができるのが特徴で，相談を通して本人に適した企業を紹介してもらえます。

　障害者職業センターは障害者の雇用に関する職業評価や指導，事業主への助言，雇用情報の収集，提供，あるいは調査研究といった幅広い事業を行っており，障害者職業総合センター（全国で1か所）と広域障害者職業センター

公共職業安定所（ハローワーク）	障害者への職業指導や斡旋，就職後のフォロー，事業主への助言，または必要に応じて地域障害者職業センターや障害者就業・生活支援センターなどへの紹介など。
障害者職業センター	①障害者職業総合センター，②広域障害者職業センター，③地域障害者職業センターがあり，地域障害者職業センターでは障害者職業カウンセラーを配置して相談支援を行っている。また，就労先に職場適応援助者（ジョブコーチ）を派遣して援助を行っている。
障害者就業・生活支援センター	身近な地域で障害者に就労への相談支援を行っている。就業支援ワーカーと生活支援ワーカーが配置され，働くことと生活することの一体的な支援を行っている。全国に332か所設置され，都道府県知事が指定した法人が運営している。
障害者雇用支援センター	障害者への職業準備訓練，就職後のフォロー，事業主への助言，障害者の通勤の同行，情報の収集と提供，研修を行っている。都道府県知事が指定した法人が運営している。

出典：筆者作成

第3章　障害者が働くことへの支援

（全国で2か所），そして都道府県単位で設置されている地域障害者職業センターがあります。

　地域障害者職業センターでは障害者職業カウンセラーと呼ばれる専門員を配置して相談支援を行っており，他機関では対応が難しいより重点的な支援が必要な障害者などに個別的な計画の作成を通して職業評価や事業主への助言，就労先への職場適応援助者の派遣などを行っています。職場適応援助者はジョブコーチとも呼ばれているもので，就労先に専門員を派遣して障害者が働くための環境条件を事業主側と直接介入して調整してくれます。標準利用期間は2～4か月とされ，最長8か月とされています。事業主への支援も行っており，例えば障害の特性に合った配置や労務管理，新規雇用や職場復帰などが行われています。また，必要に応じて障害者就業・生活支援センターへの助言や支援の引継ぎもしています。

　障害者就業・生活支援センターはより身近な地域で障害者の就労に向けた相談支援をしている機関で，都道府県の保健福祉圏域ごとでの設置が目指されており，2017年現在，全国に332か所設置されています。都道府県知事が指定した法人が運営し，就業支援ワーカーと生活支援ワーカーが配置され，生活面と就労面を一体的に支援しているのが特徴でもあります。

　この一体的な支援を行う目的は，安定した就労を実現するには生活面にも目を向けた支援が必要となるためであり，就労に向けた準備や就労を続けていくための継続的なサポートも提供しています。直接企業などへのあっせんは行っていませんが，職業評価を通してどのような仕事に向いているかを本人と考えたり，実際に企業で体験実習を行ったり，就労後は定着できるようなフォローを行ったりしています。労働行政と厚生行政とのちょうど中間に位置する性格を持ち，もともとは厚生省と労働省を統合して厚生労働省が発足した象徴として登場した経緯を踏まえると，より役割や機能が分かりやすくなります。

　このような支援は一般的には職業評価，就職活動，定着支援といった段階に分けられており，それぞれの段階ごとに主に次頁の図のような機関が就労に向けた支援を行っています。

128

19　障害者が働き始めるときの支援の仕組み

《障害者の就労支援》

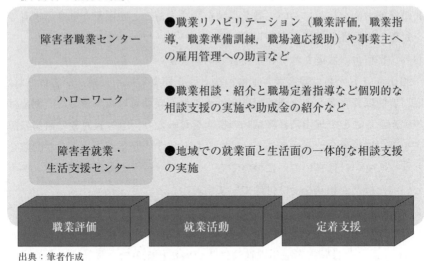

出典：筆者作成

　就職活動の部分では，3か月間（精神障害者は最長12か月）の短期間試用雇用と月額最大4万円が事業主に支給される障害者試行雇用（トライアル雇用）の制度や，障害者など就職が難しい人を雇用した事業主に対して賃金の一部を助成する特定求職者雇用開発助成金などがあります。定着支援では障害者が職場で抱える課題に対して直接介入して調整を行うジョブコーチの派遣を行い，障害者就業・生活支援センターでは就業に加えそれに必要な生活面へのサポートを行っています。

　特に，障害者就業・生活支援センターの下には，設問の方のように一旦就職はできたが業務がうまくできず，職場に定着できないという悩みを抱えて相談を受けるケースや，大学まで行くが，就職に向けて様々な課題を実感して相談につながってくることもあります。例えば昼夜逆転など生活のところでリズムを崩しており，それが就労への大きなハードルになっていることがあり，生活面での規則正しい生活になるよう支援しながら，就労に向けたマナーの習得やルールの遵守，仕事に取り組む姿勢などを身に付けるなど，生活面と就労面の一体的な支援が行われています。

第3章　障害者が働くことへの支援

　なお，障害者職業能力開発校が全国に 19 か所設置されており，一般の公共職業能力開発施設において職業訓練を受講することが困難な重度障害者等を対象とした職業訓練を実施しています。ハローワークなどが窓口となっており，寄宿舎が設置されている場合もあります。

　2016 年 4 月からは障害者差別解消法と改正障害者雇用促進法が施行され，雇用者側は障害者への合理的配慮を行うことが義務付けられました。例えば障害があることを理由に昇級試験の機会を奪ったり，全社員対象の研修に障害を理由に免除したりすることは差別となります。企業がこのような配慮をどうやっていけば良いのかについても，ハローワークや障害者職業センターといった機関が相談を受け付けています。

(2)　障害者雇用率制度

　障害者の就労を支える基本的な制度として障害者雇用率制度があります（→Q 20）。これは障害者雇用促進法に基づいた仕組みで，事業主に従業員の中で一定割合の障害者を雇うことを義務付けたものです。例えば 1000 人の従業員を雇用している企業があった場合，そのうち 20 人以上は障害者を雇うことが義務付けられています。その割合は一般企業や公的機関などで異なり，次のようになっています（厚生労働省「平成 28 年障害者雇用状況の集計結果」参照）。

	法定雇用率	実雇用率 （平成 28 年）
一般企業	2.0%	1.92%
国や自治体	2.3%	（国）2.45%
		（都道府県）2.61%
		（市町村）2.43%
教育委員会	2.2%	2.18%
独立行政法人など	2.3%	2.36%

　法定雇用率は身体障害者と知的障害者の数と，一般の雇用者数との割合を基に定められています（障害者雇用促進法 43 条 2 項）。つまり，法定雇用率の設

130

定には精神障害者の存在が除外されています。しかし障害者雇用促進法の改正で精神障害者も法定雇用率の設定に含まれることが決まっており（平成30年4月1日施行），今後は法定雇用率がさらに引き上げられていく見込みです。ただし，現在でも精神障害者保健福祉手帳を所持した精神障害者を雇用した場合は実雇用率にカウントすることはできます。また，発達障害者や難病者の場合は発達障害者・難治性疾患患者雇用開発助成金による助成があります。

　カウントの仕方は障害の種類や程度，週所定労働時間数によって異なり，重度の身体障害者や知的障害者は2人分のカウントになったり，週の所定労働時間が20 ～ 30時間未満の場合は半人分としてカウントされたりします。また，特例子会社制度があり，一定の要件を満たすと，会社としては別でも親会社を含む系列企業グループ全体で実雇用率の算定ができる仕組みがあります。

　法定雇用率が達成できていない場合，障害者雇用納付金の納入が求められます。障害者雇用納付金の対象となるのは常用労働者100人を越える規模の企業で，不足1人当たり月5万円が徴収されます。反対に，達成している企業には超過1人当たり月2万7000円の雇用調整金（中小企業100人以下の場合は月2万1000円の報奨金）が支給されます。ハローワークは雇用率達成のための計画の作成と適性実施勧告といった指導を行うとされており（障害者雇用促進法43条1項，6項），また計画が十分に実施されず，勧告にも従わなかった場合は企業名が公表されます（同法47条）。

　なお，厚生労働省は実雇用率が年々増加しているとしていますが，実際にはダブルカウント方式の採用などで，その分を差し引くと，むしろ1975年よりも雇用率は低下しているとの指摘もあります。法定雇用率の設定は諸外国（例えばドイツでは5％，フランスでは6％）と比べてもかなり低く設定されており，実雇用率も諸外国に比べかなり低い水準にあります（先進国の障害者就労支援については，松井亮輔・岩田克彦編著『障害者の福祉的就労の現状と展望──働く権利と機会の拡大に向けて』（中央法規出版・2011年）が詳しい）。障害者の就労支援は国家予算が厳しく制限され，国際的には非常に遅れた対応となっています。典型的なのが，日本には通常の労働市場における一般就労か，障害福祉サー

第3章　障害者が働くことへの支援

ビスの中での就労となる福祉的就労しかなく，労働者としての身分保障が担保され，支援を受けながら仕事に従事する保護雇用制度はまだ存在すらしていない状況です（詳しくは伊藤修毅『障害者の就労と福祉的支援　日本における保護雇用のあり方と可能性』（かもがわ出版・2013年））。

　なお，保護雇用に近い形態を挙げるとすれば，障害者総合支援法による就労継続支援A型があります。このような福祉的な就労支援の仕組みはどうなっているのかを次に解説します。

3　障害者総合支援法による支援

　障害者総合支援法では就労移行支援，就労継続支援A型，就労継続支援B型などがあります。これらは障害支援区分を必要とせず，支給決定前でも2か月の暫定支給決定を受けることが可能となっています。

　就労移行支援は，一般就労が見込まれる障害者に，一般就労に必要なトレーニングなどを提供するサービスで，2年間の標準利用期間が設定されています。主に特別支援学校卒業者が通っており，挨拶やマナー，コミュニケーションの仕方，作業スキルの習得のための支援や職場実習などが行われ，就労後の職場定着に必要なフォローも行っています。

　就労継続支援は，一般就労が困難な障害者に対する就労の場を提供するサービスで，A型とB型に分けられています。

　A型は雇用契約を結んで就労が可能と見込まれる障害者で，就労移行支援を利用したが一般就労に結び付かなかった場合や，過去に一般就労していた人，あるいは特別支援学校を卒業したが一般就労に結び付かなかった人などで，65歳未満の人を対象にしています。原則的に雇用契約を結ぶため最低賃金などの労働法規が適用されます。また，上述した障害者雇用納付金の報奨金などの対象にもなります。仕事の内容は様々で，例えばカフェや食堂の営業，クッキーの製作と販売，クリーニングを営んでいるところなどもあります。

　B型は雇用契約を結んで就労することが困難な障害者で，過去に一般就労の経験があっても年齢や体力的に一般就労が難しい人や，就労移行支援を利

132

用した結果，Ｂ型が適当と判断された人，あるいは50歳に達していたり障害基礎年金１級を受給していたりする人が対象となります。現場ではクリーニングや簡単な電子部品の組立て作業，陶芸商品の作成，惣菜の生産や販売など多種多様な仕事に取り組む姿があり，Ａ型に比べてゆったりとした雰囲気があります。就労の機会を提供することを目的にしていますが，実際には障害者の居場所や社会参加としての役割など，利用者の状況に応じて幅広い意味合いを持たせて運営している事業所もあります。そのため，どの程度工賃が意識されているかは事業所によって差があります。ただし，事業の認可条件としては工賃が月3000円を上回ることとされています（障害者総合支援法に基づく障害者支援施設の設備及び運営に関する基準24条２項）。

　なお，厚生労働省「平成27年度工賃（賃金）の実績について」によれば，月額の平均工賃は2015年現在でＡ型は６万7795円，Ｂ型は１万5033円で，時給に換算するとそれぞれ769円，193円とされています。例えばこれに障害基礎年金１級を足すとＡ型では約15万円となりますが，Ｂ型の場合は10万円程度にとどまり，Ｂ型では生活保護制度が定める最低生活費を大幅に下回ってしまう所得水準になります。現在，厚生労働省は工賃引上げに向けて都道府県や事業所に工賃向上計画を策定させて進めていますが，そのための予算的裏付けがほとんどないため，結局は個々の事業所の努力に委ねられてしまっています。事業所としての売上げを重視しすぎると，今度は「戦力」として使える利用者とそうでない利用者との選別や分断が起こらないか，あるいは利用者にとって居場所や社会参加を支えるといった福祉的支援の側面がそぎ落とされてしまわないか危惧されます。福祉的支援を忘れた就労継続支援（Ａ型・Ｂ型）は，もはや福祉の事業所とはいえないでしょう。

　また，障害福祉サービスは自己負担が課せられます。低所得者には軽減策がありますが，就労継続支援Ｂ型では利用者によっては工賃よりも自己負担の方が高くなることもあり，働いてお金を支払う仕組みに多くの疑問の声が上がっています。

　厚生労働省によれば障害者は高い離職率にあることが報告されており，設問で述べられていたようなケースが頻発しています。一般就労を前提にする

第3章　障害者が働くことへの支援

のではなく，まずは生活面での課題や仕事上のトラブルについて整理し，好きな仕事や向いている仕事を探していくために寄り添ってくれる人を，様々な社会資源の中から探していくことが重要と思われます。

20　一般就労の場合に役立つ障害者雇用率や補助金の知識

Q　私は，高等養護学校の進路指導担当の教員になったばかりなのですが，生徒を一般企業に就職させる際に，知っておいた方がいい法律の仕組みや，企業が得られる補助金の制度があれば，教えてください。

A　障害者雇用促進法は，事業主に対して，その雇用する労働者に占める障害者の割合が法定雇用率（障害者雇用率）以上になるよう義務付けています。法定雇用率を達成できない企業からは障害者雇用納付金を徴収し，逆に法定雇用率を達成できた企業には，障害者雇用調整金が支払われます。また，法定雇用率を無理なく達成できるように，障害者の雇入れ，設備投資，職業能力開発等に取り組んだ場合に，国から助成金が支払われる制度など，事業主が，より障害者を雇用しやすい仕組みを整えています。

（解 説）

1　法定雇用率（障害者雇用促進法 43 条 1 項，71 条）

(1)　制度の趣旨

障害者がごく普通に地域で暮らし，地域の中で共に生活できる社会を実現するために，障害者も社会の一員として「働く」ということがとても重要です。その能力と適性に応じ，自己実現ができる職業に就くということは，障害者の精神的な自立や経済的な自立にもつながっていきます。しかし障害が

あるゆえの様々なハンディキャップもありますので，国は「障害者雇用促進法」という法律を定め，企業に，障害者の雇用義務を課し，その雇用する常用の労働者数の一定割合以上の障害者雇用を実現することを義務付けています。これを法定雇用率といいます。

　法定雇用率に基づく雇用義務を履行しない事業主は，雇入れ計画作成命令などの行政指導を受けるとともに，その後も改善されない場合には，企業名が公表されます。

(2)　障害者雇用率

　全ての事業主は，雇用する常用の労働者に占める障害者の割合が一定率（法定雇用率）以上になるように，身体障害者や知的障害者を雇用する義務があります（精神障害者については，現在は雇用義務はありませんが，雇用した場合は身体障害者・知的障害者を雇用したものとみなされます）。この障害者雇用率は，事業所全体の常用の労働者数を基に計算され，複数の支店や営業所があっても，各事業場単位ではありません。また，常用の労働者とは，雇用契約の形式のいかんを問わず，期間の定めなく雇用されている者（採用時から1年を超えて雇用されている者，あるいは1年を超えて引き続き雇用されると見込まれる者を含みます）をいい，所定労働時間が週20時間以上30時間未満の短時間労働者は0.5人としてカウントします。

　このように，法定雇用率は，企業単位で計算していくのが原則ですが，事業主が子会社を設立したときに，障害者雇用のための様々な環境を整備するなど，一定の要件を満たし，厚生労働大臣が認可した場合（親会社の管轄のハローワークが窓口です），その子会社に雇用されている労働者を親会社に雇用されているものとみなせる制度（特例子会社制度）もあります。つまりみなし認可を受けた子会社は，障害者雇用に関しては，親会社の一事業所とみなされ，親会社の障害者雇用率に算定されます。

　法定雇用率は5年ごとに改訂されますが，平成25年4月から平成30年3月までの障害者雇用率は，民間企業では2.0%と定められています（→Q 19の2(2)）。法定雇用率をかけたときに，1人未満の端数があれば切捨てになりますので，法定雇用率を2.0%とすると，常用の労働者が50人未満であれ

第 3 章　障害者が働くことへの支援

ば，障害者の雇用義務が生じません。

(3)　ダブルカウント

　雇用する障害者の人数の算定においては，重度の身体障害者や重度の知的障害者は，ダブルカウントといって，1 人雇用すると，2 人雇用したものとみなして計算されます（障害者雇用促進法 43 条 4 項）。また身体障害者や知的障害者を週 20 ～ 30 時間未満の短時間労働者として雇用したときは，1 人雇用したときに，0.5 人雇用したものと計算されますが，重度の障害をもっている場合は，1 人で 1 人雇用したものと見なされます。

「重度」かどうかについてはおおむね下記のように判定されます。

　なお精神障害者については，このダブルカウントの制度はありません。

| 重度の身体障害者 | 1 級又は 2 級の障害を有する者及び 3 級の障害を 2 つ以上重複して有する者 |
| 重度の知的障害者 | 知的障害者判定機関により知的障害者の程度が重いと判定された者 |

(3)　除外率制度

　例えば一定の危険性があるなど，一般的に障害者の就業が困難であると認められる職種を，かなりの割合が占める業種（除外率設定業種）については，法定雇用率をかける前に，常用労働者数から一定割合を控除するという除外率制度があります。実は除外率制度自体は，平成 16 年 4 月に廃止されたのですが，経過措置として，業種ごとに除外率を設定し，廃止の方向で段階的に除外率を引き下げていくことになっています。しかし平成 22 年 7 月 1 日に引下げが行われましたが，水運業 10 ％，建設業 20 ％，林業 35 ％，石炭・亜炭鉱業の 50 ％，小学校の 55 ％，幼稚園の 60 ％など，まだ広く残っています。

(4)　今後の法改正の方向

　障害者雇用促進法では，もともと身体障害者と知的障害者の雇用義務だけが定められており，精神障害者のみなし規定が置かれたのは平成 18 年 4 月からで，まだ 10 年ほどしか経っていません。

20　一般就労の場合に役立つ障害者雇用率や補助金の知識

　厚生労働省が発表した「平成28年の障害者雇用状況の集計結果」によれば，法定雇用率を達成した企業の割合は48.8％，実雇用率も1.92％と過去最高を記録しました。民間企業における雇用障害者数は47万4370人で，うち身体障害者が32.7万人（68.9％），知的障害者が10.4万人（21.9％），精神障害者が4.2万人（8.8％）でした。しかし一方で，日本の障害者人口は約6％，1000万人近くといわれていますので，働く障害者の割合はまだまだ少なく，特に長年，雇用義務から取り残されてきた精神障害者において，まだまだ雇用は進んでいない現状であるといえます。

　そこで，平成25年6月に成立した改正障害者雇用促進法では，平成30年4月から，全体の法定雇用率の算定基礎の対象に，新たに精神障害者を追加することになりました。これによって，障害者の法定雇用率が大幅に上がり，平成30年4月からは2.2％に引き上げられ平成32年度末までには2.3％となるとされています。ただし，全体の法定雇用率の算定基礎に，精神障害者の数を入れることが定められただけで，個別の企業に精神障害者を雇用する義務が課せられたわけではないことに，注意する必要があります。

2　障害者雇用納付金・障害者雇用調整金

(1)　障害者雇用納付金（障害者雇用促進法53条，54条）

　障害者雇用に当たっては，作業施設や設備の改善，特別の雇用管理等が必要となるため，法定雇用率は企業に一定の経済的負担を課すものです。しかし，法定雇用率に従わず，障害者の雇用義務を守らない企業に全く負担がないと，法定雇用率を守っている企業との間で経済的負担のアンバランスが生じます。そこで，身体障害者又は知的障害者（精神障害者を含みます）の雇用について，法定雇用率が未達成であった場合，翌年度の初日から45日以内に，高齢・障害・求職者雇用支援機構に申告して，不足人数1人当たり月額5万円の障害者雇用納付金を納めなければならないことになっています。

　なお，障害者雇用納付金の対象企業は，常時雇用している労働者数が200人を超えている企業でしたが，平成27年4月から（申告手続は平成28年4月から），100人を超え200人以下の中小企業事業主にも納付金制度の適用が拡大

137

第 3 章　障害者が働くことへの支援

されています（ただし平成 32 年 3 月までは月 4 万円に軽減措置がとられています）。

⑵　障害者雇用調整金（障害者雇用促進法 50 条，72 条）

　障害者雇用調整金は，障害者雇用納付金とは逆に，法定雇用率を達成した企業への支援策として作られ，障害者の雇用の促進，障害者の継続的雇用のために活用されています。

　身体障害者又は知的障害者（精神障害者を含みます）の雇用について，法定雇用率を超えて雇用した企業は，翌年度の初日から 45 日以内に，高齢・障害・求職者雇用支援機構に申告して，1 人当たり月額 2 万 7000 円の障害者雇用調整金の支給を受けることができます。なお，障害者雇用納付金と同じく，障害者雇用調整金の対象企業も，平成 27 年 4 月から（申告手続は平成 28 年 4 月から），100 人を超え 200 人以下の中小企業事業主に適用が拡大されています。

　また，労働者が 100 人以下の中小企業にも，超過 1 人につき月額 2 万 1000 円の報奨金が支給される制度があります。

　さらに在宅で働いている障害者に対し，一定の条件で仕事を発注して業務単価を支払った場合にも，在宅就業障害者特例調整金や，在宅就業障害者特例報奨金があり，金銭給付を受けることができます。障害者の就労継続支援事業所などが在宅就業支援団体として登録し，仕事を下請した場合にも制度の適用があります。

3　障害者雇用に関して知っておくべき助成金

　事業主が，障害者雇用を受け入れやすいように，障害者を雇い入れたとき，設備を整備したとき，職業能力を開発したときなどに，事業主に対し各種の助成金が用意されています。以下に平成 29 年 4 月時点で，代表的な助成金を挙げておきます。

　なお，雇用関係の助成金を申請する際には，まず，「雇用保険適用事業所の事業主であること」「支給のための審査に協力すること」「申請期間内に申請を行うこと」等の基本的な要件があります。また，過去に助成金を不正受給をしていたり，労働保険料を滞納していたり，暴力団との関係があるなど

《障害者雇用納付金・障害者雇用調整金制度の概要》

納付金の徴収
1人当たり月額50,000円（注）

常時雇用する労働者数が100人を超える事業主は、

●納付金の申告が必要
※法定雇用率（2.0%）を達成している場合も申告が必要です。

●雇用障害者数が法定雇用障害者数を下回っている場合は、申告とともに納付金の納付が必要

独立行政法人
高齢・障害・求職者
雇用支援機構

調整金の支給
1人当たり月額27,000円

常時雇用する労働者数が100人を超え、雇用障害者数が法定雇用障害者数を超えている事業主に対し、申請に基づき支給

報奨金の支給
1人当たり月額21,000円

常時雇用する労働者数が100人以下で、雇用障害者数が一定数を超えている事業主に対し、申請に基づき支給

在宅就業障害者特例調整金の支給

在宅就業障害者等に仕事を発注した納付金申告対象事業主に対し、支払い総額に応じた額を、申請に基づき支給

在宅就業障害者特例報奨金の支給

在宅就業障害者等に仕事を発注した報奨金支給申請対象事業主に対し、支払い総額に応じた額を、申請に基づき支給

各種助成金の支給

障害者を雇い入れたり、雇用を継続するために職場環境の整備を行う事業主に対し、申請に基づき費用の一部を助成

法定雇用障害者数を下回っている事業主
　納付金
　法定雇用障害者数
　雇用している身体障害者、知的障害者、精神障害者の数

法定雇用障害者数を超えている事業主
　調整金

（注）
○常時雇用する労働者数が200人を超え300人以下の事業主は、平成22年7月1日から平成27年6月30日まで
○常時雇用する労働者数が100人を超え200人以下の事業主は、平成27年4月1日から平成32年3月31日まで
納付金の額が1人当たり月額「5万円」から「4万円」に減額されます。

出典：独立行政法人　高齢・障害・求職者雇用支援機構リーフレット
(http://www.jeed.or.jp/disability/koyounoufu/koyounoufu_seido.html)

第3章　障害者が働くことへの支援

の企業の場合には，助成金の受給ができないことがありますので注意が必要
です。

① 特定求職者雇用開発助成金（特定就職困難者コース）

　　高年齢者や障害者，母子家庭の母等の就職困難者をハローワーク等の
紹介により，継続して雇用する労働者（雇用保険の一般被保険者）として雇
い入れる事業主に対して助成されます。

　　なお平成28年4月以降の雇入れから次のトライアル雇用の奨励金を
併用できることになりました。

　　平成27年5月1日以降の雇入れについての助成額は，対象労働者の
類型と企業規模に応じて，1人当たり下記の表の支給額のとおりです。

《特定求職者雇用開発助成金（特定就職困難者コース）》

対象労働者		支給額	助成対象期間	支給対象期ごとの支給額
短時間労働者以外の者	［1］高年齢者（60歳以上65歳未満），母子家庭の母等	60万円（50万円）	1年（1年）	30万円×2期（25万円×2期）
	［2］重度障害者等を除く身体・知的障害者	120万円（50万円）	2年（1年）	30万円×4期（25万円×2期）
	［3］重度障害者等（※3）	240万円（100万円）	3年（1年6か月）	40万円×6期（33万円※×3期）※第3期の支給額は34万円
短時間労働者（※4）	［4］高年齢者（60歳以上65歳未満），母子家庭の母等	40万円（30万円）	1年（1年）	20万円×2期（15万円×2期）
	［5］重度障害者等を含む身体・知的・精神障害者	80万円（30万円）	2年（1年）	20万円×4期（15万円×2期）

※（ ）内は中小企業事業主以外に対する支給額および助成対象期間です。

※3 「重度障害者等」とは，重度の身体・知的障害者，45歳以上の身体・知的障害者及び精神障害者をいいます。

※4 「短時間労働者」とは，一週間の所定労働時間が，20時間以上30時間未満である者をいいます。

出典：厚生労働省ホームページ

　　（http://www.mhlw.go.jp/stf/seisakunitsuite/bunya/koyou_roudou/koyou/kyufukin/tokutei_konnan.html）

② トライアル雇用助成金（障害者トライアルコース）

　下記の障害者をハローワーク等の紹介により試行的に３か月間雇い入れた場合，「障害者トライアル雇用奨励金」を助成する制度です。

ⅰ　紹介日において就労の経験のない職業に就くことを希望する者

ⅱ　紹介日前２年以内に，離職が２回以上又は転職が２回以上ある者

ⅲ　紹介日前において離職している期間が６か月を超えている者

ⅳ　重度身体障害者，重度知的障害者，精神障害者

　助成額については，対象者１人当たり，最長３か月間，月額最大４万円，精神障害者を初めて雇用する場合は月額最大８万円です。

　なお，精神障害者や発達障害者で，１週間に20時間以上の就業時間での勤務が難しい人を雇用する場合に，短時間（10〜20時間）の試行雇用から開始し，障害者の職場への適応状況や体調などに応じてトライアル雇用期間中に20時間以上の就労を目指す「障害者短時間トライアルコース」制度もあります。奨励金の支給額は，１人当たり，月額最大２万円（最長12か月間）です。

③ 特定求職者雇用開発助成金（発達障害者・難治性疾患患者雇用開発コース）

　発達障害者又は難治性疾患患者をハローワークの紹介により雇い入れ，継続して雇用する労働者として新たに雇い入れた事業主に１年間で50万円（中小企業の場合２年間で120万円）を支給します。また短時間労働者として雇い入れた場合，１年間で30万円（中小企業の場合２年間で80万円）を支給します（次頁の表を参照）。

第3章　障害者が働くことへの支援

対象労働者	企業規模	支給額	助成対象期間	支給対象期ごとの支給額
短時間労働者以外の者	中小企業	120万円	2年間	第1期　30万円 第2期　30万円 第3期　30万円 第4期　30万円
	中小企業以外	50万円	1年間	第1期　25万円 第2期　25万円
短時間労働者	中小企業	80万円	2年間	第1期　20万円 第2期　20万円 第3期　20万円 第4期　20万円
	中小企業以外	30万円	1年間	第1期　15万円 第2期　15万円

出典：厚生労働省ホームページ
　　　（http://www.mhlw.go.jp/stf/seisakunitsuite/bunya/koyou_roudou/koyou/kyufukin/hattatsu_nanchi.html）

④　障害者初回雇用奨励金（ファースト・ステップ奨励金）

　　障害者の雇用経験のない中小企業（障害者の雇用義務制度の対象となる労働者数50～300人の中小企業）において，初めて障害者を雇用し3か月以内に法定雇用率を達成した場合に，120万円を一時金で支給します。

⑤　障害者職場定着支援奨励金

　　障害者の職場定着を図るため，ハローワーク等の紹介で障害者（対象労働者）を雇入れした日から6か月以内に，一定の資格のある職場支援員を雇用・業務委託・委嘱のいずれかの契約により配置し，対象労働者の業務の遂行に関する援助・指導の業務を担当させることとした事業主に対して，その職場支援員を雇用する分の負担を補うために，奨励金を支給するものです。対象労働者の雇入れ，又は職場支援員の配置のいずれか遅い日から，3か月以内に，事業所を管轄する都道府県労働局又はハローワークに申請します。

　　支給額は，対象労働者数に応じて，6か月ごとに最大2年間（対象労働者が精神障害者の場合は最大3年間），次のとおり支給されます。

20　一般就労の場合に役立つ障害者雇用率や補助金の知識

対象労働者	企業規模	支給額
短時間労働者以外の者	中小企業	対象者労働者1人あたり　月額4万円
	大企業	対象者労働者1人あたり　月額3万円
短時間労働者	中小企業	対象者労働者1人あたり　月額2万円
	大企業	対象者労働者1人あたり　月額1万5千円

出典：厚生労働省ホームページ
　　（http://www.mhlw.go.jp/stf/seisakunitsuite/bunya/koyou_roudou/koyou/kyufukin/chiteki_
　　seishin.html）

⑥　企業在籍型職場適応援助促進助成金

　　自社において雇用する障害者に対して，職場適応のために，障害者職業センターが作成又は承認する支援計画において必要と認められた支援を，企業在籍型職場適応援助者（ジョブコーチ）を配置して，行わせる事業主に対して助成するものであり，障害者の職場適応・定着の促進を図ることを目的としています。

対象労働者	企業規模	支給額
短時間労働者以外の者	中小企業	対象者労働者1人あたり　月額8万円
	大企業	対象者労働者1人あたり　月額6万円
短時間労働者	中小企業	対象者労働者1人あたり　月額4万円
	大企業	対象者労働者1人あたり　月額3万円

※訪問型職場適応援助者による支援の場合は，支援時間に応じて，日額単価が定められています。
出典：厚生労働省ホームページ
　　（http://www.mhlw.go.jp/stf/seisakunitsuite/bunya/0000086196.html）

⑦　職場適応訓練費

　　職場適応訓練制度は，障害者に限らず，ハローワークが紹介した求職者につき実際の職場で作業に就いて訓練を行うことにより，作業環境に適応することを容易にさせる目的で実施するものです。訓練終了後は，その訓練を行った事業所に雇用してもらうことを期待して実施しています。訓練を行った事業主に訓練費が支給されます。

　　訓練期間は通常6か月（重度の障害者等は1年）以内，短期の場合は，

143

第3章　障害者が働くことへの支援

《障害があることのカミングアウトについて》

　初めて障害のある人を社員として迎え入れることになったときに，障害の特性や，どのようなことについて周りが配慮すべきなのか，どこまで一緒に働く社員に情報提供していいかは悩むところだと思います。

　しかし，長く勤めてもらうことを考えたときには，最初から障害の特性，そのことによって配慮が必要なこと，コミュニケーションの仕方などを，周囲の社員に伝えておくのが原則です。

　特に，精神障害や発達障害は，見た目では分かりにくいため，何も知らされていないと，周囲から「なぜ彼だけ特別扱いなのか」等の誤解や不満がたまり，職場での人間関係が悪化しかねません。

　しかし他方で，一般就労する障害者本人も，障害の特性をオープンにすることに抵抗感がある人がいます。

　そのため，障害者本人にも，最初の面接の時に，周りの社員に情報提供することについての本人の気持ちを確認し，どこまでの情報を開示するかについて，納得して入社してもらうことが大切です。

　　2週間（重度の障害者は4週間）以内であり，1人当たり月額2万4000円（重度の障害者2万5000円），短期の職場適応訓練は，日額960円（重度の障害者1000円）が事業主に支給されます。なお，訓練生には職業訓練を受けたものとして雇用保険の失業給付が支給されます。

21　障害者が離職・再就職するときの支援の仕組み

Q　私は障害者就業生活支援センターの相談員として勤務しはじめたばかりなのですが，一般企業に就職して1年半ほど経つ利用者の方から，経営不振を理由に突然事業所が閉鎖されることになり，彼も解雇されることになったという相談を受けました。こんな場合に，再就職できるまでの間，雇用保険からどんな支援の制度があるのでしょうか。

21 障害者が離職・再就職するときの支援の仕組み

A 　一般企業に就職し，雇用保険の被保険者となっていれば，雇用保険から様々な給付を受け，再雇用に向けての支援を受けることができます。原則として，失業時に基本手当を受給するには，過去2年間に被保険者期間が通算して12か月以上必要ですが，解雇や倒産の場合には，過去1年間に通算して6か月の被保険者期間があれば足ります。また障害者等の就職困難者に対しては，さらに基本手当の受給日数が長くなるなど，手厚く支援されます。

[解　説]

1 雇用保険制度とは

　雇用保険は，政府が管掌する公的保険制度であり，労働者が失業した場合や，雇用の継続が困難な事由が発生した場合に，必要な金銭等の給付を行ったり，就職活動や機能訓練を支援したりすることで，労働者の生活と雇用の安定を図ることを目的とした制度です。実際に雇用保険に関する事務を取り扱っているのは，各事業所の所在地を管轄する都道府県労働局と公共職業安定所（ハローワーク）です。雇用保険では，労災保険と同じく，ごく小規模の農林水産業（常時5人未満の労働者を雇用する個人事業の農林，畜産，養蚕，水産の事業）を除き，原則としてパートやアルバイトなど雇用形態を問わず，労働者を1人でも雇用すれば，強制適用事業所になります。強制適用事業所では，障害がある人も，週20時間以上働き，31日以上の雇用見込みである人は，雇用保険に入れなければなりません。

　雇用保険の最も中心的な給付は，失業時に給付される「基本手当」です。これは求職者給付の1つであり，雇用保険の被保険者である労働者が，定年，倒産，契約期間の満了等により離職し，失業した場合に，生活を心配しないで，新しい仕事を探し，1日も早く再就職できるよう，一定期間金銭を給付する制度です。「基本手当」以外にも，公共職業訓練中に給付される「技能習得手当」，「寄宿手当」，疾病又は負傷のために求職活動ができないときの「傷病手当」などもあります。

145

第3章　障害者が働くことへの支援

《雇用保険制度の全体像》

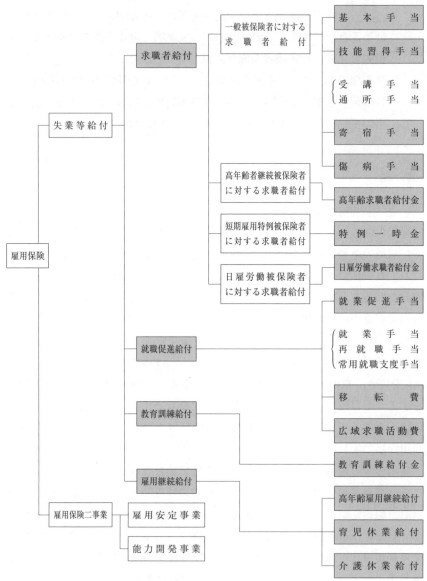

出典：ハローワークインターネットサービス・ホームページ
　　　（https://www.hellowork.go.jp/insurance/insurance_summary.html）

また，求職者給付の他にも，失業者の就職を促進し応援するために，基本手当の支給残日数をある程度残した段階で就職できた場合に支給される「再就職手当」，「就業手当」等の「就職促進給付」，労働者の主体的な能力開発の取組みを支援し，研修等の受講費用の一部を給付する「教育訓練給付」，雇用関係は続いているけれども，高齢者になったり，介護や育児で休まないといけないときなど，所得が下がった分を補填し，雇用の安定した継続を図る「雇用継続給付」等，様々な給付があります。

※派遣労働者の場合

派遣労働者は，派遣会社の社員として採用されている場合（常用型）と，派遣会社に登録し，仕事のあるときだけ派遣先で仕事をする場合（登録型）とがありますが，いずれも「1週間の所定労働時間が20時間以上であること」「31日以上の雇用見込みであること」を満たしていれば，派遣元で雇用保険に加入できます。

なお，平成22年3月の雇用保険法改正で，登録型の場合は，派遣労働者が，同一の派遣元事業主の下での派遣就業を希望しない場合には，派遣元事業主が，派遣先との契約期間が満了するまでに次の派遣就業を指示しない場合には，契約期間満了時に被保険者資格を喪失しますが，派遣労働者が引き続き同一の派遣元事業主の下での派遣就業を希望している場合には，契約期間満了後1か月間は被保険者資格を継続することができることになりました。

2　基本手当の受給期間や受給日数

⑴　基本手当の支給要件

ア　雇用保険の一般被保険者が離職した場合，原則とした場合，次の①及び②のいずれにも当てはまるときは基本手当が支給されます。

第3章　障害者が働くことへの支援

①　ハローワークに来所し，求職の申込みを行い，就職しようとする積極的な
意思があり，いつでも就職できる能力があるにもかかわらず，本人やハロー
ワークの努力によっても，職業に就くことができない「失業の状態」にある
こと。
②　原則として，離職の日以前2年間（算定対象期間）に，被保険者期間が通
算して12か月以上あること。

イ　基本手当を支給されるためには「失業の状態」にあることが必要です。
したがって，病気やけがのため，すぐには就職できないときや，妊娠・
出産・育児のため，すぐには就職できないときには，基本手当を受ける
ことができません。しかし，このような場合は，基本手当の受給期間の
延長の手続を行い，就職可能な状態になったら支給を申請する方法もあ
ります。

ウ　特定受給資格者の取扱い

また②の要件についても，倒産・解雇等により再就職の準備をする時
間的余裕なく離職を余儀なくされた受給資格者（特定受給資格者）につい
ては，特に失業時の支援の必要が高いため，算定対象期間（1年間）に
被保険者期間が通算して6か月以上であれば，基本手当の受給資格を有
するとされています。厳密には，「倒産」「解雇」が明確でなくても，例
えば，下記のような場合等には特定受給資格者として扱ってもらえます
（詳しくはハローワークのホームページ http://hellowork.go.jp/insurance/insurance_
range.html を参照してください）。

ⅰ　事業所の廃止（事業活動停止後再開の見込みのない場合を含む）に伴い離
職した者

ⅱ　事業所の移転により，通勤することが困難となったため離職した者

ⅲ　労働契約の締結に際し明示された労働条件が事実と著しく相違した
ことにより離職した者

ⅳ　賃金（退職手当を除きます）の額の3分の1を超える額が支払期日ま
でに支払われなかった月が引き続き2か月以上となったこと等により

離職した者

v　上司，同僚等からの故意の排斥又は著しい冷遇若しくは嫌がらせを
受けたことによって離職した者及び事業主が職場におけるセクシュア
ルハラスメントの事実を把握していながら，雇用管理上の措置を講じ
なかった者，及び事業主が，職場における妊娠，出産，育児休業，介
護休業等に関する言動により労働者の就業環境が害されている事実を
把握していながら雇用管理上の必要な措置を講じなかったことにより
離職した者

vi　事業所の業務が法令に違反したため離職した者

※特定理由離職者の取扱い

　また特定受給資格者以外の者であっても，期間の定めのある労働契約
が更新されなかったこと，その他やむを得ない理由により離職した者
（特定理由離職者）については当面の間，特定受給資格者と同じ取扱いが
されています。したがって「特定受給資格者に該当しない」という場合
にも，やむを得ない理由で離職した場合は，諦めずにハローワークに相
談してみる必要があります。

(2)　**基本手当の支給金額**

ア　基本手当日額

　雇用保険で受給できる1日当たりの金額を「基本手当日額」といいま
す。この「基本手当日額」は，原則として，離職した日の直前の6か月
に支払われた賃金（賞与等は除きます）の合計を180で割って算出した金
額（これを「賃金日額」といいます）のおよそ50〜80%（60〜64歳について
は45〜80%）となっており，賃金の低い方ほど高い率となっています。

149

第3章　障害者が働くことへの支援

$$賃金日額 = \frac{算定対象期間において被保険者期間として最後の6か月間に支払われた賃金総額}{180日}$$

※基本手当日額は年齢区分ごとにその上限額が定められており，現在は次のとおりです（平成29年8月1日現在）。

30歳未満	6,710円
30歳以上45歳未満	7,455円
45歳以上60歳未満	8,205円
60歳以上65歳未満	7,042円

イ　所定給付日数

　雇用保険で基本手当を受給できる日数のことを所定給付日数といいます。

　所定給付日数は，被保険者として雇用された期間（算定基礎期間）によって区分されます。算定基礎期間が長いほど，所定給付日数は増えます。

　また，所定給付日数は，上記の特定受給資格者であるか，及び離職日（基準日）の年齢で区別されます（特定理由離職者も，当分の間，特定受給資格者と同じ扱いになります）。特定受給資格者及び特定理由離職者は，再就職の準備をする時間的余裕なく離職を余儀なくされた者であり，かつ年齢が上がるほど再就職が難しくなるため，それだけ保護の必要性が高く，所定給付日数も長く認められています。また，障害者など就職困難な事情を抱えた方に対してはより一層の保護が必要なため，所定給付日数がさらに長くなります。

150

《自己都合・定年・契約期間の満了などによる離職者》

被保険者として雇用された期間		
10 年未満	10 年以上 20 年未満	20 年以上
90 日	120 日	150 日

《倒産・解雇（懲戒解雇を除く）などによる離職者》

離職時の年齢	被保険者として雇用された期間				
	1 年未満	1 年以上 5 年未満	5 年以上 10 年未満	10 年以上 20 年未満	20 年以上
30 歳未満	90 日	90 日	120 日	180 日	―
30 歳以上 35 歳未満	90 日	120 日	180 日	210 日	240 日
35 歳以上 45 歳未満	90 日	150 日	180 日	240 日	270 日
45 歳以上 60 歳未満	90 日	180 日	240 日	270 日	330 日
60 歳以上 65 歳未満	90 日	150 日	180 日	210 日	240 日

ウ　待機期間

　基本手当は，受給資格者が，離職後最初に公共職業安定所に求職の申込みをした日以後において，失業している日（疾病又は負傷のため職業に就くことができない日を含みます）が通算して7日間を経過しないともらえません。この期間を「待機期間」といいます。

　自己都合退職や懲戒解雇で退職した場合は，待機期間の満了の翌日から，さらに3か月間，基本手当が支給されません。これを「給付制限」といいます。失業の原因が労働者の意思にある場合には，保護の必要性が高くないと考えられるからです。

　しかし，自己都合退職でも，前述の特定受給資格者や，特定理由離職者に当たるような「正当な理由」があって退職したという場合には，給付制限はかかりません。

第3章　障害者が働くことへの支援

3　障害者は，「就職困難者」として優遇される

　障害者の場合は，「就職困難者」として，上記の一般的な取扱いとは別に，雇用保険の利用の上で優遇されています。

　「就職困難者」とは，①身体障害者，知的障害者，精神障害者等の障害がある者，②保護観察に付された者又はその者の職業斡旋に関し，保護観察所長から公共職業安定所長に連絡のあった者，③社会的事情により就職が著しく阻害されている者等を指し，これらの者は，再就職まで時間がかかるため，次のような優遇を受けます。

　　i　基本手当の受給要件が緩和され，算定対象期間（1年間）に被保険者期間が通算して6か月以上あれば資格を認められる

　　ii　自己都合退職の場合の待機期間（給付制限の3か月）の適用がない

　　iii　所定給付日数が一般よりもかなり長く認められる。例えば45歳未満の場合，被保険者として雇用された期間が1年未満でも150日，1年以上なら300日の長期にわたって，基本手当が受給できる。

《障害者などの就職困難者（離職理由問わず）》

離職時の年齢	被保険者として雇用された期間	
	1年未満	1年以上
45歳未満	150日	300日
45〜65歳未満	150日	360日

　なお，障害者の認定については，原則として手帳の交付を受けていることが要件ですが，統合失調症，躁鬱病（躁病，鬱病を含みます），てんかん等の精神障害者については医師の意見書でも認められる場合があります。

4　基本手当の受給手続

(1)　基本手当は，被保険者が退職したら自動的にもらえるものではなく，まず事業主から「離職票-1」と「離職票-2」をもらい，これをハローワークに持参して求職の申込みをする必要があります。その後，28日ごとにハ

ローワークに行き，求職活動を行っているにもかかわらず仕事をしていない日（失業日）の認定を受け，失業日の日数分の基本手当を受給できることになります。

(2)　離職票とは，基本手当の受給のために必要な書類で，会社を退職した後10日ほどで，会社からもらえる書類です。基本的な個人情報や基本手当の振込先の口座を指定する「離職票－1」と，退職前の賃金や退職理由等を記載する「離職票－2」があります。

　従業員が退職した場合，まず事業主は，離職の翌々日から10日以内に管轄のハローワークに，雇用保険被保険者資格喪失届に，雇用保険被保険者離職証明書，賃金台帳，出勤簿，最近の労働保険料領収書等を添えて提出することになっています（雇保規7条）。離職証明書は，離職証明書事業主控及び離職票（－2）と3枚複写になっており，事業主側で過去の賃金額（原則として退職前12か月，特定受給資格者や特定理由離職者は退職前6か月）や，退職理由等を書き込みます。これを提出したあと，ハローワークから離職票－1，－2が発行され，事業主から退職した本人に渡されることになります。

(3)　事業主は，退職した労働者から希望があれば，必ずこの離職票－1，－2を渡さなければなりません（本来は公共職業安定所長が離職者に交付するものを事業主を通じて行うものだからです（雇保規17条1項・2項））。そのため，会社に請求しても離職票を渡さない場合には，管轄のハローワークに連絡し，離職票を渡すように指導してもらうことが考えられます。それでも事業主が手続を行わない場合は，退職した労働者は，被保険者であったこと又は被保険者でなくなったことの「確認の請求」を行うことができます（雇保法8条）。

(4)　離職票－2は事業主の記載内容が，離職者の権利関係に大きく関わりますので，離職者自身が必ず確認し，確認印を押します。

　特に⑫欄に記入されている給料の金額については，基本手当の計算の基礎になるので，手元の給料明細と違いがないかを必ずチェックします。ボーナスは含まれませんが，税金や社会保険料などを差し引く前の金額で，残業代や交通費も含んでいなければなりません。また未払賃金であっても，離職時点で債権債務が確定しているものであれば，賃金額に入れて記載します。

153

第3章　障害者が働くことへの支援

《離職票−2の記入例》

様式第6号（2）

雇用保険被保険者離職票−2

①被保険者番号	4800-010566-2	フリガナ	コヨウ　タロウ	④離職年月日	年	月	日
					平成 22	3	31
②事業所番号	4801-001186-9	離職者氏名	雇用　太郎				

⑤事業所
名　称　労働市場センター株式会社
所在地　東京都千代田区霞が関1−2−1
電話番号　03-5253-1111

離職者の住所又は居所
〒403-0014
富士吉田市竜ヶ丘2−4−3
電話番号（0555）23−8609

事業主
住所　東京都練馬区上石神井4−8−4
　　　労働市場センター株式会社
氏名　代表取締役　労働　邦一

※
平成22年　4月　1日付で交付した離職票−
（交付番号　987654321　番）に係る賃金支払状況である。

センター　公共職業安定所長　印

離職の日以前の賃金支払状況等

⑧ 被保険者期間算定対象期間		⑨⑧の期間における賃金支払基礎日数	⑩ 賃金支払対象期間	⑪⑩の基礎日数	⑫ 賃金　額			⑬ 備考
④ 一般被保険者等	⑧短期雇用特例被保険者				④	⑧	計	
離職日の翌日 4月1日								
3月1日～離職日	離職月	31日	3月21日～離職日	11日	95,000			
2月1日～2月28日	月	28日	2月21日～3月20日	28日	200,000			
1月1日～1月31日	月	31日	1月21日～2月20日	31日	200,000			
12月1日～12月31日	月	31日	12月21日～1月20日	31日	200,000			
11月1日～11月30日	月	30日	11月21日～12月20日	30日	200,000			
10月1日～10月31日	月	31日	10月21日～11月20日	31日	200,000			
▶ 9月1日～9月30日	月	30日	9月21日～10月20日	30日	200,000			
8月1日～8月31日	月	31日	8月21日～9月20日	31日	200,000			
7月1日～7月31日	月	31日	7月21日～8月20日	31日	200,000			
6月1日～6月30日	月	30日	6月21日～7月20日	30日	200,000			
5月1日～5月31日	月	31日	5月21日～6月20日	31日	200,000			
▶ 4月1日～4月30日	月	30日	4月21日～5月20日	30日	200,000			
月　日～月　日	月		月　日～月　日					

⑭賃金に関する特記事項

※公共職業安定所記載欄

⑮欄の記載　　（有）・無
⑯欄の記載　　（有）・無
　資・聴　　　（有）・無

注意
1. 基本手当は受給資格者が、高年齢求職者給付金は高年齢受給資格者が、特例一時金は特例受給資格者が、それぞれ労働の意思及び能力を有するにもかかわらず職業に就くことができないときに支給されるものであること。
2. 基本手当、高年齢求職者給付金又は特例一時金の支給を受けようとするときは、住所又は居所を管轄する公共職業安定所又は地方運輸局に出頭し、求職の申込みをした上、この離職票−2及び離職票−1（別紙）を提出すること。
3. 基本手当、高年齢求職者給付金又は特例一時金の支給を受けないときでも、後日必要な場合があるから、少なくとも4年間は大切に保管すること。
4. この離職票−2を減失し、又は損傷したときは、交付を受けた公共職業安定所に申し出ること。
※基本手当、高年齢求職者給付金又は特例一時金の受給手続を取られる方は、裏面のⅡ「支給を受けるための手続等」をご覧ください。

出典：佐々木育子編著『Q&A実務家が知っておくべき社会保障　働く人・離婚する人・高齢者のために』（日本加除出版・2014）112〜113頁

21 障害者が離職・再就職するときの支援の仕組み

⑦離職理由欄…離職者の方は、主たる離職理由が該当する理由を1つ選択し、左の離職者記入欄の□の中に〇印を記入の上、下の具体的
事情記載欄に具体的事情を記載してください。

【離職理由は所定給付日数・給付制限の有無に影響を与える場合があり、適正に記載してください。】

事業主記入欄	離職者記入欄	離　　職　　理　　由	※離職区分
		1　事業所の倒産等によるもの	①1 A
□	□	…(1)　倒産手続開始、手形取引停止による離職	
□	□	…(2)　事業所の廃止又は事業活動停止後事業再開の見込みがないため離職	1 B
		2　定年、労働契約期間満了等によるもの	2 A
□	□	…(1)　定年による離職（定年　　歳）	
□	□	…(2)　採用又は定年後の再雇用時等にあらかじめ定められた雇用期限到来による離職	2 B
□	□	…(3)　労働契約期間満了による離職	
		①　一般労働者派遣事業に雇用される派遣労働者のうち常時雇用される労働者以外の者 （1回の契約期間　　箇月、通算契約期間　　箇月、契約更新回数　　回） （契約を更新又は延長することの確約・合意の　有　・　無　（更新又は延長しない旨の明示の　有　・　無　）） 　　　　労働者から契約の更新又は延長 { を希望する旨の申出があった 　　　　　　　　　　　　　　　　　　{ を希望しない旨の申出があった 　　　　　　　　　　　　　　　　　　{ の希望に関する申出はなかった	2 C
			2 D
		a　労働者が適用基準に該当する派遣就業の指示を拒否したことによる場合 b　事業主が適用基準に該当する派遣就業の指示を行わなかったことによる場合（指示した派遣就業が取りやめになったことによる場合を含む。）	2 E
		（aに該当する場合は、更に下記の4のうち、該当する主たる離職理由を更に1つ選択し、〇印を記入してください。該当するものがない場合は下記の5に〇印を記入した上、具体的な理由を記載してください。） 　　　　　　　　　　　　　　　　　　　　　　【契約の更新又は延長の希望の　有　・　無　】	3 A
			3 B
		②　上記①以外の労働者 （1回の契約期間　　箇月、通算契約期間　　箇月、契約更新回数　　回） （契約を更新又は延長することの確約・合意の　有　・　無　（更新又は延長しない旨の明示の　有　・　無　）） （直前の契約更新時に雇止め通知の　有　・　無　） 　　　　労働者から契約の更新又は延長 { を希望する旨の申出があった 　　　　　　　　　　　　　　　　　　{ を希望しない旨の申出があった 　　　　　　　　　　　　　　　　　　{ の希望に関する申出はなかった 　　　　　　　　　　　　　　　　　　　　　【契約の更新又は延長の希望の　有　・　無　】	3 C
			3 D
			4 D
□	□	…(4)　早期退職優遇制度、選択定年制度等により離職	
□	□	…(5)　移籍出向	5 E
		3　事業主からの働きかけによるもの	1 A
◎	◎	…(1)　解雇（重責解雇を除く。）	
□	□	…(2)　重責解雇（労働者の責めに帰すべき重大な理由による解雇）	1 B
		(3)　希望退職の募集又は退職勧奨	
□	□	……①　事業の縮小又は一部休廃止に伴う人員整理を行うためのもの	2 A
□	□	……②　その他（理由を具体的に　　　　　　　　　　　　　　　　　　　　　　　）	
		4　労働者の判断によるもの	2 B
		(1)　職場における事情による離職	
□	□	……①　労働条件に係る重大な問題（賃金低下、賃金遅配、過度な時間外労働、採用条件との相違等）があったと労働者が判断したため	2 C
□	□	……②　就業環境に係る重大な問題（故意の排斥、嫌がらせ等）があったと労働者が判断したため	2 D
□	□	……③　事業所での大規模な人員整理があったことを考慮した離職	
□	□	……④　職種転換等に適応することが困難であったため（教育訓練の　有・無）	2 E
□	□	……⑤　事業所移転により通勤困難となった（なる）ため（旧（新）所在地：　　　　）	
□	□	……⑥　その他（理由を具体的に　　　　　　　　　　　　　　　　　　　　　　　）	3 A
	□	(2)　労働者の個人的な事情による離職（一身上の都合、転職希望等）	
	□	……①　職務に耐えられない体調不良、けが等があったため	3 B
	□	……②　妊娠、出産、育児等のため	
	□	……③　家庭の事情の急変（父母の扶養、親族の介護等）があったため	3 C
	□	……④　配偶者等との別居生活が継続困難となったため	
	□	……⑤　転居等により通勤困難となったため（新住所：　　　　　　　　　　　　）	3 D
	□	……⑥　その他（理由を具体的に　　　　　　　　　　　　　　　　　　　　　　　）	
□	□	…5　その他（1～4のいずれにも該当しない場合） 　　（理由を具体的に　　　　　　　　　　　　　　　　　　　　　　　　　　）	4 D
			5 E

具体的事情記載欄（事業主用）

事業主都合による解雇

具体的事情記載欄（離職者用） 事業主が記載した内容に異議がない場合は「同上」と記載してください。

同上

⑯離職者本人の判断（〇で囲むこと）
事業主が〇を付けた離職理由に異議　　有り・(無し)

⑰　⑦欄の自ら記載した事項に間違いがないことを認めます。

記名押印又は自筆による署名（離職者氏名）　　雇用　太郎　㊞

155

第3章　障害者が働くことへの支援

　また，⑦の退職理由の記載については，実際の退職理由と一致しているか
をチェックします。ここも退職理由によって，失業手当の支給開始時期や支
給期間が変わってくるので注意が必要です。もし実際と異なる理由が書かれ
ていればその旨ハローワークに申し出ましょう。

(5)　基本手当の支給を受けようとする者は，離職後，その者の住所又は居所
を管轄するハローワークに行って，求職の申込みをした上で，離職票-1と
離職票-2を提出します。

　ハローワークでは，受給要件を満たしていることを確認した上で，受給資
格の決定を行います。このときに，離職理由についても判定します。受給資
格の決定後，雇用保険受給者説明会の日時が指定されます。

(6)　雇用保険受給者説明会では，雇用保険の受給について重要な事項の説明
が行われ，「雇用保険受給資格者証」，「失業認定申告書」が渡されるととも
に，第1回目の「失業認定日」が指定されます。失業認定日は，原則として
求職の申込みをした日から28日（4週間）おきに指定されます。初回の失業
認定日までの28日間には，待機期間7日間が含まれています。

(7)　失業認定日には失業の認定（失業状態にあることの確認）が行われます。
「失業認定申告書」に直前の28日間の求職活動の状況等を記入し，「雇用保
険受給資格者証」とともに提出します。短期のアルバイト等をして就職でき
ている日は，失業していない日として認定されます。

　失業の認定は必ず本人出頭で行わなければなりません。失業の認定を受け
ることは基本手当の手続的要件となっており，出頭しない場合は，たとえ現
にその期間に失業していたことが間違いなくとも，基本手当を受給できなく
なります。

　例外として，職業に就くためその他やむを得ない理由のため失業の認定日
に出頭できない場合には職業安定所長に申し出て，失業の認定日を変更する
ことができます（雇保規23条1項1号）。また，疾病・負傷により公共職業安
定所に出頭できなかった者でその期間が継続して15日未満の場合，公共職
業安定所の紹介で求人者と面接する場合，職業訓練受講の場合，天変地変そ
の他やむを得ない事由がある場合（雇保法15条4項）には，後でその理由を

156

記載した証明書を提出することで，失業の認定を受けることができます。

(8)　失業の認定を受けると，失業の認定を受けた日数分の基本手当が，約1週間後に指定の銀行口座に振り込まれます。

(9)　また基本手当の受給のためには，失業の認定を受ける期間（認定対象期間）中に，求職活動を原則として2回以上行ったことが必要です（最初の認定日の場合は1回）。具体的には求人への応募，ハローワークの職業相談や各種講習，職業紹介を受けること等の実質的な求職活動が必要であり，新聞やインターネットなどでの求人情報の閲覧だけでは，この求職活動を行ったとは認められません。

(10)　もし疾病や負傷により，15日以上求職活動を休まなければならない状態になったときは，基本手当の代わりに，傷病手当がもらえます。傷病手当は，基本手当と同額で，傷病手当をもらった日数分は，基本手当を受けたのと同じ扱いになります。手続としては，疾病や負傷が治った後の，最初の認定日までに居住地を管轄する公共職業安定所で，所定の医師の証明書を付けて傷病の認定を受けなければなりません。なお，失業の認定は本人の出頭が必要ですが，傷病手当支給申請書は本人以外の代理人による提出又は郵送でも可能です。また求職活動の停止が30日以上の場合，傷病手当をもらうか，3年を限度に受給期間の延長をするか，どちらかを自由に選ぶことができます。

5　基本手当受給中に再就職した場合

(1)　再就職手当

　再就職できた場合は，失業状態が解消されたことになり，開業準備行為の日や，就職日の前日までで，基本手当の支給は打ち切られます。しかし，1年を超えて雇用されることが見込まれる職業につき，就職日の前日までに，基本手当の支給残日数が所定給付日数の3分の1以上あるときには（他にもいくつか要件があります），就職促進給付として，基本手当の残日数に応じた「再就職手当」が請求できます。

　再就職手当の額は，就職等をする前日までの失業の認定を受けた後の基本

第3章　障害者が働くことへの支援

手当の支給残日数により給付率が異なります（ただし，平成29年8月1日時点で，就職促進給付の基本手当日額の上限額は6070円，60～65歳未満は4914円）。

①　支給日数を所定給付日数の3分の2以上残して早期に再就職した場合
　　基本手当×支給残日数の70%の額

②　3分の1以上残して早期に再就職した場合
　　基本手当×支給残日数の60%の額

　再就職手当の支給を受けようとする受給資格者は，就職するに至った日の翌日から起算して1か月以内に「再就職手当支給申請書」に雇用保険受給資格者票を添えて，居住地を管轄するハローワークに提出します。約1か月から1か月半ほどで支給決定が出て，まとめて支給されます。

⑵　就業手当について

　基本手当受給中にパートやアルバイトとして働いた場合，又は自営業でささやかながら収入が得られたような場合にも，受給資格者が就職日の前日における基本手当の支給残日数が45日以上，かつ，所定給付日数の3分の1以上残している場合にはその期間に応じて就業手当が支給されます。ただし就業手当を受給した日は，基本手当を支給された日とみなされます。

　就業手当の額は，就職した日の日数に応じて，支給対象期間内の就業日数×基本手当日額×30%（ただし，平成29年8月1日時点で，就業手当の日額の上限額は1821円，60～65歳未満は1474円）で計算されます。

　就業手当の支給を受けようとする受給資格者は，原則として失業の認定に併せ，4週間の1回，前回の認定日から今回の認定日までの各日について，「就業手当支給申請書」に，受給資格者証と就業した事実を証明する費用（給与明細書など）を添付して，居住地を管轄するハローワークに提出します。基本手当の給付に併せた形で就業手当も支給されます。

《就業手当・基本手当支給日数90日の場合》

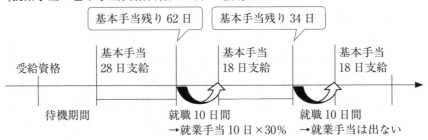

6 雇用保険の被保険者でない場合

　被保険者資格を満たさなかったり，被保険者期間が足りない等の事情で，雇用保険の基本手当を受給できない場合も，ハローワークに申込みをして，「求職者支援制度」を利用し，職業訓練を受け，早期再就職を目指すことができます。職業訓練を受けている期間は，職業訓練受講給付金（月10万円＋通所手当）として，生活費をもらうことができます。

※住宅確保給付金制度

　失業により家賃が払えず，家を追い出されそうというときには，住所地の市町村の生活困窮者支援窓口に相談し，住宅確保給付金を受給することができます（これは離職によって家を失うおそれがあれば利用できるので，雇用保険による基本手当の受給の有無にかかわりません）。これは住宅の確保のため，原則3か月分の家賃（生活保護の住宅扶助基準の上限がある場合が多いのですが，延長及び再延長で計9か月の受給が可能です）を給付するものです。

22　働く障害者がけがや病気になった場合の補償

Q　私は就労継続支援A型の事務所でクリーニングの仕事をしていますが，作業中に転倒して足を骨折してしまいました。私は治療のために休業している期間について，何か補償を受けられま

第3章　障害者が働くことへの支援

すか。また，仕事が休みの日に自宅で転倒して骨折した場合の補償は
どうでしょうか。

A　業務上の傷病により，治療を要した場合や，仕事ができな
くなった場合，障害が残った場合は，労働者災害補償保険に
より給付を受けられます。これに対して，業務外の傷病による場合は，
健康保険の被保険者であれば，健康保険を使って，治療を受けたり，
傷病手当金を受け取れます。この2つの制度は重ねて受給することが
できませんので，業務上災害であれば，健康保険は使えないことに注
意が必要です。

解　説

1　労災保険とは

(1)　労働者災害補償保険（労災保険）は，労働者が，業務上の理由又は通勤
による負傷，疾病，障害，死亡等の事故にあった場合，治療費や休業補償等
を保険給付として支払い，労働者に適正かつ迅速な保護を与えることを目的
とした制度です。

　これは，国（政府）を運営主体とした公的保険であり，労働基準法75条か
ら80条に基づき，事業主（使用者）が労働者に対して負っている労働災害の
補償義務を代わりに行うものです。そこで他の社会保険と違って，国と事業
主の責任によって運営され，保険料も事業主のみが負担しています。

(2)　労災保険は，労働者単位で適用されるものではなく，事業所単位で適用
されます。被保険者という概念はなく，労働者ごとに加入を届け出るという
制度もありません。健康保険や厚生年金保険のように，所定労働時間の長さ
で加入できるか否かが判断される通達もありません。障害のある人も，適用
事業所に雇用されていれば，パート，アルバイトなどの就業形態であっても，
労災保険の保障を受けることができます。

　労災保険では，「労働者を使用する事業」は全て適用事業となります（労

160

災法3条1項)。原則として，1人でも雇用していれば，労働時間とは関わりなく労災保険の強制適用事業所になります。ただし，労働者数が5人未満の農林水産業の個人事業（一定の危険又は有害な作業を主として行わず，事業主が特別加入していない場合等）は任意適用事業所として扱われています。

障害者就労継続支援A型は，雇用契約を前提にしていますので，原則として強制適用事業所となり，労災保険に労働者を加入させなければなりません。また，労災保険を未然に予防するために安全衛生の基準を定める労働安全衛生法の適用も受けます。

2　労災保険の手続

(1)　労働者が，業務上の理由による負傷，疾病等の労災事故にあった場合，被災した労働者から，所轄の労働基準監督署（被災労働者の所属する事業所の所在地を管轄している労働基準監督署）に請求をします。

様々な労災保険給付を労働基準監督署に請求する場合，請求書の中には，事業主の方で労災事故があったことを証明し，記名押印する欄がありますが，事業主には，被災労働者が自ら手続を行えないときはその手続を行えるよう助力する義務があるとともに，保険給付を受けるべき者から保険給付を受けるために必要な証明を求められたときは，速やかに証明をしなければならない義務があります（労災規23条）。また，医師の証明欄は，主治医に記載してもらいます。

もし，事業主が，それにもかかわらず，「労災保険に加入させていない」「今から加入はさせられない」等の理由で，その署名を拒否したとしても，加入させるのは義務ですから，被災労働者の方で，「いつ，会社のだれに対して，証明を求めたが，こういう理由で拒否された」という経緯を上申書に書いて添付すれば，会社の証明の無いままでも，給付請求書を所轄労働基準監督署に提出し，給付を受けることができます。

(2)　事業主は，雇用している全労働者の賃金総額に，労災保険料率をかけた金額を，毎年概算で支払い，年度末に再計算して，確定した労災保険料との過不足を精算しています。被災労働者の分の保険料を納付しないうちに，労

第3章　障害者が働くことへの支援

災事故が起こったときは，最大2年間遡って，労災保険料を計算し直し，こ
れの支払をしなければならないほか，滞納金を支払わなければなりません。

　またもし事業主が，事業を開始し，人を雇用したにもかかわらず，一切何
の労災保険の手続もしていなかった（つまり，「保険関係成立届」を提出していな
かった）場合に，労災事故が起こったときは，故意で提出していなかったと
きは保険給付の全額，重過失で提出していなかったときは，保険給付の40%
相当額を，それぞれ後から徴収金として徴収されることになります（労災法
31条1項）。

3　労災保険による給付の概要

(1)　労災事故の原因・事由による分類

　業務上の事由により発生した負傷，疾病，障害又は死亡のことを「業務災
害」といいます。また，労働者が住所と就業場所との間の往復など，いわゆ
る通勤中に被った負傷，疾病，障害，又は死亡のことを「通勤災害」と呼ん
でいます。

　労災保険では，「業務災害」も「通勤災害」も両方とも保険給付を行いま
すが，前者は労働基準法の災害補償に基づくものであるために，「療養補償
給付」「休業補償給付」「障害補償給付」というように「補償」という文字が
入るのに対し，後者は労働基準法の補償責任に関わりなく政策的観点で給付
されるものであるため，「療養給付」「休業給付」「障害給付」等，「補償」と
いう文字が付かないことで区別されます。

(2)　給付内容による分類

　労災保険で給付される保険給付の種類として次頁のようなものがあります。
一般に労災保険の補償はかなり広く，手厚いものになっています。

　労災保険では，業務上の負傷により治療を受ける場合，健康保険のような
自己負担金はなく，全額，労災保険から療養補償給付が出されますし，また
仕事を休まなければならなかった日も，休業4日目から，休業1日につき給
付基礎日額の60%相当額（＋後述の休業特別支給金20%が上乗せ）の休業補償給
付が支給されますので，健康保険の傷病手当金（標準報酬日額の3分の2）より

22　働く障害者がけがや病気になった場合の補償

保険給付の種類		どういうときにもらえるか	どのくらいもらえるか
療養（補償）給付		労災病院・労災指定病院で業務災害又は通勤災害による傷病で療養を受けるとき	必要な療養の給付（現物支給）
		労災指定病院以外で業務災害又は通勤災害による傷病で療養を受けるとき	療養の費用の支給
休業（補償）給付		業務災害又は通勤災害による傷病の療養のため，労働することができず，賃金を受けられないとき	休業4日目から，休業1日につき給付基礎日額の60％相当額
障害（補償）給付	障害（補償）年金	業務災害又は通勤災害による傷病が治癒（症状固定）した後に，障害等級1級から7級までに該当する重い障害が残ったとき	障害の程度に応じ，給付基礎日額の313日分から131日分を，年金として受給（給付は2か月に1度）
	障害（補償）一時金	業務災害又は通勤災害による傷病が治癒（症状固定）した後に，障害等級8級から14級までに該当する軽い障害が残ったとき	障害の程度に応じ，給付基礎日額の503日分から56日分を，一時金として受給
遺族（補償）年金	遺族（補償）年金	業務災害又は通勤災害により死亡した場合でかつ生計を同じくする配偶者・子，父母，孫，祖父母，兄弟姉妹（妻以外は一定の年齢制限や障害要件あり）がいたとき	遺族の数等に応じ，給付基礎日額の245日分から153日分を年金として受給（給付は2か月に1度）
	遺族（補償）一時金	①　業務災害又は通勤災害により死亡した場合で，遺族（補償）年金を受け取る遺族がいないとき ②　遺族（補償）年金を受けている人が失権していなくなった場合で，既に支給された年金の合計額が給付基礎日額の1,000日分に足りない場合	給付基礎日額の1,000日分を一時金として支給 （②の場合はすでに支給した年金の合計額を差し引く）
葬祭費 葬祭給付		業務災害又は通勤災害により死亡した人の葬祭を行うとき	315,000円に給付基礎日額の30日分を足した額（その額が給付基礎日額の60日分に満たないときは60日分）
傷病（補償）年金		業務災害又は通勤災害による傷病が療養開始後1年6か月を経過した日又は同日後において次のいずれにも該当するとき ①　傷病が治癒していないこと ②　傷病による障害の程度が1級から3級までの重い状態にあること	障害の程度に応じ給付基礎日額の313日分から245日分を年金として受給（給付は2か月に1度）
介護（補償）給付		障害（補償）年金又は傷病（補償）年金受給者のうち，神経・精神の障害及び胸腹部臓器の障害の程度が1級又は2級の重い状態であって，現に介護を受けているとき	①　常時介護の場合　104,290円を上限とした介護実費。家族介護の場合は56,600円 ②　随時介護の場合　52,150円を上限とした介護実費。家族介護の場合は28,300円

※給付基礎日額は原則として労働基準法12条の平均賃金（算定すべき事由の発生した日以前3か月間にその労働者に支払われた賃金の総額をその日数で除した金額）に相当する額

第3章　障害者が働くことへの支援

も有利になります。

(3)　保険給付に対する加算～特別支給金制度

　政府が行う社会復帰等促進事業の1つとして特別支給金制度があり、以上の労災の保険給付に加算して、さらに年金や一時金が支払われます。特別支給金には、「一般の特別支給金」と、ボーナスなどの臨時の賃金をベースに計算される「ボーナス特別支給金」があります。一般の特別支給金は給付基礎日額を基に計算され「～特別支給金」という名称が付くのに対し、ボーナ

保険給付	一般の特別支給金	ボーナス特別支給金
休業（補償）給付	休業特別支給金 休業4日目から、休業1日につき給付基礎日額の20％相応額	なし
障害（補償）年金	障害特別支給金 障害の程度（1～14級）に応じ給付基礎日額の342万円から8万円までの一時金	障害特別年金 障害の程度（1～7級）に応じ算定基礎日額の313日分から131日分の年金
障害（補償）一時金		障害特別一時金 障害の程度（8～14級）に応じ算定基礎日額の503日分から56日分の一時金
遺族（補償）年金	遺族特別支給金 遺族の数にかかわらず一律300万円の一時金	遺族特別年金 遺族の数に応じ算定基礎日額の245日分から153日分の年金
遺族（補償）一時金		遺族特別一時金 算定基礎日額の1,000日分の一時金（ただし途中失権の場合は既に支給された特別年金の合計額を差し引いた額）
傷病（補償）年金	傷病特別一時金 障害の程度（1～3級）により114万円から100万円までの一時金	傷病特別年金 障害の程度（1～3級）により算定基礎日額の313日分から245日分の年金

※算定基礎日額＝事故前1年間のボーナスの合計額を365日で割った額

ス特別支給金はボーナス額から算出される算定基礎日額を基に計算され，「〜特別年金」「〜特別一時金」という名称が付くことで区別されます。

4　障害（補償）給付の等級と併給

(1)　労災事故に遭って，治療を尽くしたけれども，症状固定時に障害が残ってしまった場合，障害（補償）給付が支給されます。これはいずれも，給付基礎日額の何日分という計算で算定されています。1〜7級の重い障害の場合は障害（補償）年金が，8〜14級の軽い障害の場合は，障害（補償）一時金でまとまった額が支給されます。

　給付基礎日額とは，原則として労働基準法の平均賃金に相当する額をいいます。平均賃金とは，原則として，事故が発生した日（賃金締切日が定められているときは，その直前の賃金締切日）の直前3か月間にその労働者に対して支

《障害補償給付及び障害の特別支給金一覧表》

障害等級	障害（補償）給付		障害特別支給金		障害特別年金		障害特別一時金	
第1級	年金	給付基礎日額の 313日分	一時金	342万円	年金	算定基礎日額の 313日分		
第2級	〃	〃　277日分	〃	320万円	〃	〃　277日分		
第3級	〃	〃　245日分	〃	300万円	〃	〃　245日分		
第4級	〃	〃　213日分	〃	264万円	〃	〃　213日分		
第5級	〃	〃　184日分	〃	225万円	〃	〃　184日分		
第6級	〃	〃　156日分	〃	192万円	〃	〃　156日分		
第7級	〃	〃　131日分	〃	159万円	〃	〃　131日分		
第8級	一時金	〃　503日分	〃	65万円			一時金	算定基礎日額の 503日分
第9級	〃	〃　391日分	〃	50万円			〃	〃　391日分
第10級	〃	〃　302日分	〃	39万円			〃	〃　302日分
第11級	〃	〃　223日分	〃	29万円			〃	〃　223日分
第12級	〃	〃　156日分	〃	20万円			〃	〃　156日分
第13級	〃	〃　101日分	〃	14万円			〃	〃　101日分
第14級	〃	〃　56日分	〃	8万円			〃	〃　56日分

出典：厚生労働省ほか『請求（申請）のできる保険給付等』（労災保険）

第3章 障害者が働くことへの支援

払われた金額の総額（ボーナスなど3か月を超える期間ごとに支払われた賃金を除きます）を，その期間の歴日数で割った，1日当たりの賃金額のことです。

⑵ 労災保険から障害補償年金をもらう人の中には，厚生年金や国民年金の障害年金がもらえる場合があります。厚生年金保険の障害厚生年金や国民年金の障害基礎年金は，もともとの傷病が業務上であるか業務外であるかを問わずに支給されますが，労災保険の障害（補償）年金と，厚生年金保険の障害厚生年金等が併給される場合には，併給調整され，障害補償年金の額に年金の種類別に定められた一定率（0.73〜0.88）をかけた額が支給額となります（→Q 27）。

5 業務外傷病の場合〜健康保険からの傷病手当金

⑴ 国民皆保険

業務上の理由以外で，けがをしたり病気になったとき（例えば，風邪をひいた場合など），病院で治療を受けるときに使うのが健康保険です。障害のある人でも，一般の事業所や就労継続支援A型事業所に勤めて，一定時間数以上（従業員500人以下の事業所の場合……週30時間（通常の労働者の4分の3）以上が1つの目安です）働いている場合，原則として，事業所と常用的使用関係にあるものとして，会社の健康保険に加入させ，健康保険証を交付しなければなりません（→Q 11）。

また，健康保険に加入していない場合は，市町村の国民健康保険に加入するか，家族の健康保険の被扶養者として，健康保険証の交付を受け，これを医療機関に提示して，必要な医療を受けることができます。このように全ての人が何らかの医療保険に加入していることを，「国民皆保険」といっています。

⑵ 傷病手当金

会社の健康保険に被保険者として加入できるメリットは，会社を病気やけがで休んだときに，健康保険から傷病手当金が支給されることです。傷病手当金とは，業務外の傷病で欠勤し，給料が支給されない場合に，安心して療養に専念できるように，健康保険の保険者（協会けんぽ・健康保険組合）から賃

166

金の一部に相当する現金が給付される制度です（健保法99条）。同様の制度は共済組合や船員保険にはありますが，市町村の国民健康保険では実施していません。

6　傷病手当金の受給要件

　傷病手当金の支給を受けるには，次の3つの要件を全て満たすことが必要です。

①　業務外の傷病による療養のため労務に服することができないこと

　　業務上の傷病や通勤中の傷病により労務不能になったときは，労災保険から休業補償給付（休業給付）が支給されますので，傷病手当金を二重でもらうことはできません。

　　なお労務不能であるか否かは，必ずしも医学的基準によらず，その被保険者の従事する業務の種別を考え，その本来の業務に従事できるかどうかを標準として社会通念に基づいて保険者が判断します。そのため，他の軽易な労務については従事できたり，本来の労務の代替的性格を持たない家業の副業に従事している場合であっても，被保険者が従事していた労務に就くことができなければ，支給されます（昭和3年12月27日保理3176号）。

②　労務不能の日が継続して3日間あること（待機期間）

　　待機の3日間は連続していなければなりません。期間中に出勤すると一旦リセットされ，そこから3日連続で休業しなければ待機期間は完成しません。

　　他方，この3日間には，土曜日，日曜日，祝日を含んでもいいですし，有給休暇のように給料が支払われていても大丈夫です。

　　一度待機期間が完成すれば，その翌日に出勤しても，リセットされず，その翌日の休業から傷病手当金が支給されます。

　　就業時間内に傷病が発生し，早退した場合は，その日から起算して3日間で待機期間は完成します。

第3章　障害者が働くことへの支援

《待機期間の考え方》

2月1日(木)	2月2日(金)	2月3日(土)	2月4日(日)	2月5日(月)	2月6日(火)
けが	休み	休み	休み	→支給開始	
けが	休み	出勤	休み	休み	待機完成せず
けが	有給	休み	休み	→支給開始	
けが	休み	休み	休み	出勤	休み→支給開始

　　なお，この傷病による労務不能の日は医師による労務不能の意見が必要です。したがって，傷病手当金の受給のためには，医療機関を受診することが必要です。医師は，通常は，診察を開始した日以降からしか，労務不能の意見を書いてくれませんので，早期の受診を心がけましょう。

③　上記②の待機期間経過後，同一の傷病による労務不能により給料の支払がない日があること

　　待期期間経過後，同一の傷病による労務不能により，給料の支払が無い日がないと傷病手当金は受給できません。有給休暇で満額給料が支払われると傷病手当金はもらえないことになります。また，待機期間中は傷病手当金は支給されません。

7　傷病手当金の支給金額

　労務不能1日につき，標準報酬日額（標準報酬月額の30分の1）の3分の2の金額が支給されます（標準報酬月額については79頁を参照してください）。支給日は休業していることが必要ですので，例えば半日勤務などをしていると，支給対象日にはなりません。しかし，欠勤していれば，仮にその間給料が一部支払われた場合でも，1日当たりの額が傷病手当金の1日当たりの支給額より少なければ，その差額が支給されます。

　（計算例）

　　自宅で肺炎となり，6月1日から30日まで30日間，通院（自宅療養）のため，労務不能であった場合。

　　待機期間　　6月1日～3日

　　傷病手当金支給期間　　6月4日～30日

前年度の4月～6月の平均給与が96,000円として「標準報酬月額」は，98,000円

そこから「標準報酬日額」を計算すると（標準報酬月額の30分の1。10円未満は四捨五入），3,260円となる。

次に「傷病手当金日額」（標準報酬日額の3分の2。1円未満は四捨五入）を計算すると，2,173円となる。

そこで，2,173円×27日＝58,671円が支給される。

8　傷病手当金の支給期間

(1)　傷病手当金の支給は，同一の疾病又は負傷及びこれにより発した疾病に関して，支給を始めた日から起算して1年6か月が限度です（健保法99条4項）。例えば1か月有給休暇をとっていたので，傷病手当金を請求するのが1月遅れたとしたら，実際に傷病手当金をもらい始めた日から1年6か月を計算します。

1年6か月が経過した後，同一の疾病又は負傷及びこれにより発した疾病により労務不能になっても，傷病手当金は支給されません。

（例）

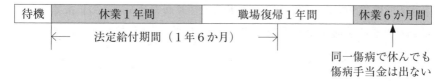

(2)　逆に，1年6か月までの間なら，何度でも労務不能になるたび，傷病手当金の支給を受けることができます。2回目以降の労務不能には，待期期間（労務不能の日が継続して3日間あること）は不要です。

(3)　傷病手当金の時効は，傷病手当金を受給できる日（休業日）ごとに2年です（健保法193条1項）。注意が必要なのは，治療が済んでから2年ではないということです。傷病手当金は支給開始後最大1年6か月間支給されるこ

第3章　障害者が働くことへの支援

ととなっていますが，後から請求しようとすると，時効にかかって1年6か
月分請求できない場合が出てきます。

(4)　自宅でけがをした場合でも，1年6か月経ってもけがが直らず日常生活
に支障があるような障害が残ってしまった場合には，厚生年金保険に加入中
のけがであれば（健康保険に加入していれば同時に厚生年金保険にも加入しています）
障害厚生年金が支給されます。また，国民年金に加入している場合は障害基
礎年金が支給されることになります（詳しくはQ 27）。

23　就職先がブラック企業だった場合の対応

Q　私の息子は，鬱病で精神障害者2級の手帳を持っています。
最近ようやく一般企業に就職できたのですが，休日も満足に
とれず，毎日深夜まで残業があるのに，賃金は定額の20万円で，支
払の遅れもたびたびあります。息子が社長に意見を言うと，「月給20
万円には80時間分の残業代が含まれている」「お前には謙虚さや感
謝の気持ちが足りない」等と怒鳴られるようです。また，息子は仕事
を辞めたくて仕方がないのですが，「辞めたら，作業に穴が開いた分
を損害賠償請求する」等と言って辞めさせてくれません。このままで
はまた息子の鬱病がひどくなりそうで心配です。どうすればいいで
しょうか。

A　労働者には退職の自由があるので，鬱病が悪化する前に退
職することを検討しましょう。書面で退職の意思表示をする
とともに，退職日まで年次有給休暇が取得できないかも検討しましょ
う。使用者には，時間外労働について割増賃金を支払う義務があり，
サービス残業の時間数が莫大であれば，多額の未払賃金を請求できる
可能性もあります。いずれにせよ，労働基準監督署，都道府県の労働
事務所，弁護士会等の専門機関に相談をして対処法を考えるとよいで

23 就職先がブラック企業だった場合の対応

しょう。

[解　説]

1　退職の自由

　憲法22条は労働者の職業選択の自由を保障しており，憲法18条は奴隷的拘束を禁止しています。その帰結として，労働者による一方的な労働契約の解約である辞職は，原則として自由であり，使用者の承諾を必要としません。仮に，就業規則等で使用者の承諾を必要とすると定めていても，そのような定めは無効と解されます。

　期間の定めのない労働契約の場合には，労働者は，いつでも解約の申入れができますが，その場合，原則として退職の意思表示が使用者に到達してから2週間経過後に労働契約が終了します（民法627条1項）。ただし，月給制の場合には，退職の意思表示は，翌月以降についてすることができますが，その際は，当月の前半までに申し出る必要があります（同条2項）。

　一方，期間の定めのある労働契約の場合には，労働者には契約期間中労務を提供する義務があるため，重大な傷病で労務不能な状態になったなど「やむを得ない事由」がある場合にのみ直ちに労働契約の解除ができるものとされています（民法628条）。

　これらの規定は任意規定なので，当事者の合意による修正が可能です（民法91条）。就業規則や労働契約によって，労働者の退職の自由を不当に制限するとはいえない1か月程度前の申出を必要とする定めがなされている場合，かかる定めは有効と解される可能性が高いと考えられます。

　設問の場合，長時間労働と社長のパワハラで，息子さんの鬱病が悪化してしまう前に，会社を辞めることを考えるべきでしょう。怖くて伝えられないときは，内容証明郵便等で退職の意思表示を会社に対して通知することが考えられます。

第3章　障害者が働くことへの支援

2　年次有給休暇制度について

　退職の意思表示から契約終了までの間については，有給休暇の消化を検討しましょう。

　入社から6か月間継続勤務し，全労働日の8割以上出勤した労働者は，事業所の規模にかかわらず，下記の日数の年次有給休暇を取得します。付与日数は勤務年数に応じて加算されます。パートタイム労働者，日雇いやアルバイトであっても，週所定労働日数や週所定労働時間に応じて年次有給休暇は付与されることに注意が必要です（労基法39条）。

《週所定労働日数が5日以上又は週所定労働時間が30時間以上の労働者》

継続勤務年数	0.5	1.5	2.5	3.5	4.5	5.5	6.5 以上
付与日数	10	11	12	14	16	18	20

《週所定労働日数が4日以下又は週所定労働時間が30時間未満の労働者》

	週所定労働日数	1年間の所定労働日数	勤務継続年数						
			0.5	1.5	2.5	3.5	4.5	5.5	6.5 以上
付与日数	4日	169 ～ 216日	7	8	9	10	12	13	15
	3日	121 ～ 168日	5	6	6	8	9	10	11
	2日	73 ～ 120日	3	4	4	5	6	6	7
	1日	48 ～ 72日	1	2	2	2	3	3	3

　以上の検討を踏まえて，年次有給休暇が発生している場合には，退職の意思表示とともに退職日まで有給休暇を最大限取得する旨の通告をするとよいでしょう。

　使用者には時季変更権があり，労働者の指定した時季が事業の正常な運営を妨げる場合に限って，有給休暇取得日を他の時季に変更することができます。「事業の正常な運営を妨げる場合」とは，当該労働者の年休取得日の労働がその者の担当業務を含む相当な単位の業務（課，係の業務など）の運営にとって不可欠であり，かつ，代替要員の確保が困難である場合をいい，かな

り限定的です。しかも，退職が予定されている場合には，使用者は，退職日までの範囲でしか時季変更権を行使できません。

したがって，労働者の仕事内容が代替可能な単純労働である場合や，有給休暇の日数が多い場合には，申出どおりに有給休暇を取得できる可能性が高くなります。

3　使用者からの損害賠償請求について

労働者が退職の意思表示をした場合，設問のように，使用者が「損害賠償請求するぞ」と脅す場合がままあります。しかし，使用者による損害賠償請求は，労働者の落ち度によって実際に損害が発生したことを使用者側が立証できて初めて認められます。設問のようなケースで，息子さんが退職することで，使用者側に現実の損害が発生することはあまり想定できません。なので，退職してしまえば，それ以上に裁判までしてくる可能性は低いと考えられます。

現実の損害の発生が考えられたり，現実の損害の有無にかかわらず，使用者がしつこく損害賠償請求をしてくる可能性がある場合には，逆にこちらから使用者に対して未払賃金請求ができないかについて，以下に述べる観点から検討しましょう。

4　労働時間のルールと割増賃金

労働基準法は，労働時間は原則として1日8時間，1週40時間を超えてはならず（同法32条），休日は原則として週1回以上与えなければならないと定めています（同法35条）。この基準を下回る労働契約は労働者の同意があっても無効となります（同法1条2項，13条）。

使用者は，時間外労働に対しては25％以上，法定休日労働に対しては35％以上，午後10時から午前5時までの深夜労働に対しては25％以上の割増賃金を支払わなければならず，サービス残業は許されません。

賃金が未払の状態で退職した労働者は，年14.6％の遅延損害金も請求できますし，裁判になれば，未払額と同額の付加金（一種の制裁金）も請求でき

第3章　障害者が働くことへの支援

ます。

　賃金債権の消滅時効は2年なので（労基法115条），長時間のサービス残業があった場合，遡って相当な額の未払賃金を請求できることも少なくありません。

5　固定残業代制度について

　「固定残業代（定額残業代）」制度とは，現実の時間外労働の有無や長短にかかわらず，一定時間分の定額の残業代を支給し，それ以外には残業代を支給しない支払方法をいいます。最近，この方法を悪用し，基本賃金を最低賃金ギリギリまで下げて，固定残業代を多額に設定し，見かけの賃金は高く見せながら，労働者に長時間労働を強いる会社が増えています。

　しかし，固定残業代制が有効であると言えるためには，①基本給のうち割増賃金（残業代）に当たる部分が明確に区分されて合意されていること，②労基法所定の計算方法による額がその額を上回るときはその差額を当該賃金の支払時期に支払うことが合意されているか，少なくとも，そうした取扱いが確立していることが必要です（最判昭和63年7月14日労判523号6頁，東京地判平成25年2月28日労判1074号47頁）。また，仮に固定残業制が有効であっても，現実の時間外労働により算出される割増賃金額が，定められている固定残業代の額を超えた場合には，労働者は，当然その差額を請求できます。

　したがって，例えば，「役職手当」「営業手当」「業務手当」等の手当が支給されている場合，使用者から，これらの手当に残業代が含まれているとの主張がなされたとしても，当該手当に残業の対価としての実質があることが立証されなければ，かかる主張は認められません。常日頃，そのような説明が一切なされていなかったり，手当額を超える残業代が発生しているのに，その差額が支払われている実態がない場合などには，「当該手当に残業の対価としての実質がある」とは言えないでしょう。

6　残業代の請求方法

　残業代を請求するには，何月何日に何時から何時まで時間外労働をした，

ということを主張立証しなければなりません。したがって，タイムカード，業務用パソコンの立ち上げ時刻等のログ，業務日報，送受信メール記録，通勤電車の入札記録，日記等の証拠をできる限り集めておく必要があります。これらの記録は，退職してしまうと入手が難しくなるので，在職中に収集しておくことが望ましいでしょう。

　証拠がある程度あれば，労働基準監督署に申告すれば，調査の上使用者に対する支払勧告をしてくれて，残業代が支払われることもあります。また，残業代の金額がそれなりに上るのであれば，弁護士に依頼して，示談交渉や裁判をすることも考えられます。

24　職場内の虐待が疑われる場合の対処法

Q　私は養護学校の進路指導担当をしていますが，最近，卒業生の中で気になる子がいます。彼は知的障害があり，児童養護施設で育っていますが，卒業後も家庭に戻らなかったので，住み込みのできる家具製造工場で働いています。しかし，就職後1年くらいしてから，卒業生の集まりになかなか来なくなり，面会に行ってもなかなか会わせてくれなくなりました。最近やっと連れ出すことができたのですが，給料を支払ってもらえないし，些細なことで怒鳴られたりするというのです。給料について，さりげなく社長に聞いてみると，寮費を天引きして，後は貯金をしてやってると言われました。彼には障害基礎年金もあるはずですが，全く通帳は見たことがないそうです。こういう場合，虐待の疑いありと考えてよいのでしょうか。また誰に相談したらいいのでしょうか。その後，どのような手続が行われるのかも教えてください。

A　職場内において些細なことで怒鳴ったりすることは「心理的虐待」に当たる可能性があります。また，給料全額支払の

第3章　障害者が働くことへの支援

原則からすれば，使用者による強制の積み立ては違法ですし，仮に使用者と労働者との合意があったとしても，労使協定の締結・届出や貯蓄金管理規定の作成・周知，厚生労働省令で定める利率以上の付与など，法律上課されている厳格な要件が満たされていない可能性があります。そして，本人が自分の通帳を確認したことがないこと，住み込みの仕事における使用者と従業員の力関係の差などからすると，使用者の流用が疑われますので，障害者に「経済的虐待」が生じている可能性も十分あります。このように，本件では虐待の存在が疑われますので，あなたは，市町村又は都道府県に通報しなければなりません。そして，通報を受けた市町村・都道府県は，虐待の有無を調査し，虐待が発覚した場合には，労働基準監督署とともに虐待の解消に向けた活動を行うことになります。

解　説

1　使用者による虐待の類型

　障害者虐待防止法は，虐待の一類型として「使用者による障害者虐待」に関する項目を設けるとともに，虐待を防止するための規定を設けています。
　同法は，「使用者による障害者虐待」の類型として，「養護者による虐待」「介護施設従事者による虐待」の場合と同様，①身体的虐待・②性的虐待・③心理的虐待・④ネグレクト・⑤経済的虐待の5つの類型を示しています（障害者虐待防止法2条8項，Q 45，Q 46参照）。このうち，設問のケースでは，③心理的虐待，⑤経済的虐待が疑われる状況といえるかが問題となります。

2　設問のケースにつき，障害者虐待が疑われる状況にあるといえるか

(1)　心理的虐待について

　まず，「使用者による障害者虐待」における③心理的虐待とは，「障害者に対する著しい暴言，著しく拒絶的な対応又は不当な差別的言動その他の障害

者に著しい心理的外傷を与える言動を行うこと」です（障害者虐待防止法2条8項3号）。

この点，本問の障害者（以下「本人」といいます）は，養護学校の進路相談の先生に対し，「些細なことで怒鳴られたりする」と言っています。もちろん，これだけでは具体的な態様は分かりませんが，その使用者の言動の内容，怒鳴る理由及びその頻度等によっては，上記条項の「心理的虐待」に該当する可能性もあるものと思われます。

⑵　経済的虐待について

次に，「使用者による障害者虐待」における⑤経済的虐待とは，「障害者の財産を不当に処分することその他障害者から不当に財産上の利益を得ること」です。

設問のケースにおいて，社長は，「寮費を天引きして，後は貯金をしてやってる」と述べていますが，これらの行為は，給料全額支払の原則について規定する労働基準法18条に違反している可能性があります。すなわち，労働基準法は，労働契約に付随して貯蓄の契約をさせたり，貯蓄金を管理する契約をすることを禁止しています（労基法18条1項：強制貯金の禁止）。また，労働者の委託を受けて貯蓄金を管理する場合にも，過半数組合又は過半数代表者との労使協定の締結・届出，貯蓄金管理規定の作成・周知，厚生労働省令で定める利率以上の利子の付与などの規制を課しています（労基法18条2～4項）。貯蓄金の管理につき，このような厳格な規制が課されているのは，使用者による貯金の強制や管理が，労働者への不当な足止めや使用者による不当利用につながるおそれがあるため，とされています（水町勇一郎『労働法〔第6版〕』（有斐閣・2016年）198～199頁参照）。設問では，社長がこのような厳格な要件の下，本人の貯金をしているか，非常に疑問です。本人が，自分の通帳すら使用者から見せてもらえていないことも併せて考えると，使用者が障害者の貯金を流用している可能性も否定できません。

また，設問のケースは，住み込みで働いているところ，実際に給料を支払ってもらえていないということですが，住み込み先の部屋や提供される食事の内容次第では，過大な寮費を徴収されている可能性もあります。さらに，

第3章　障害者が働くことへの支援

設問のように，障害者が住み込みで働いているような場合には，使用者と従業者の力関係の差や，他では雇ってもらえないのではないかという障害者の不安から，障害者の側から声を上げることができないため，特に経済的な虐待については外からは見えにくいという背景事情もあります。

設問においては，養護学校の進路指導担当の先生は，これらの情報を本人及び社長からの聴き取りにより取得していますが，寮費の天引きや貯金の情報については使用者である社長から確認しており，特に情報の精度が高いと考えられます。そうであるとすれば，設問のケースは，「使用者による経済的虐待」の存在が十分疑われるものといえます。

3　養護学校の進路指導担当が取るべき対応

養護学校の進路指導担当は，障害者虐待防止法22条1項の「使用者による障害者虐待を受けたと思われる障害者を発見した者」に当たりますので，虐待の事実につき，市町村又は都道府県に通報しなければなりません。

この「市町村又は都道府県」とは，市町村等の障害者虐待対応窓口（市町村障害者虐待防止センター），又は都道府県の障害者虐待対応窓口（都道府県障害者権利擁護センター）のことを指します（障害者虐待防止法32条，36条参照）。また，実務上は，都道府県労働局も「相談」という形で障害者虐待の通報を受け付けるようですので，市町村及び都道府県に対する通報を行ったにもかかわらず適切な処理がなされない場合には，都道府県労働局に直接相談するという選択肢も考えられます（日本弁護士連合会高齢者・障害者の権利に関する委員会編『障害者虐待防止法活用ハンドブック』（民事法研究会・2012年）139頁参照）。

4　その後の手続の流れ

市町村や都道府県に対して通報が行われた場合，その後の手続は，次頁の図表のとおりです。

(1)　市町村の対応

市町村に対し通報が行われた場合，市町村は，虐待が行われているとされている事業所の所在地の都道府県に対し，厚生労働省令で定める事項を通知

24 職場内の虐待が疑われる場合の対処法

《相談・通報・届出への対応》

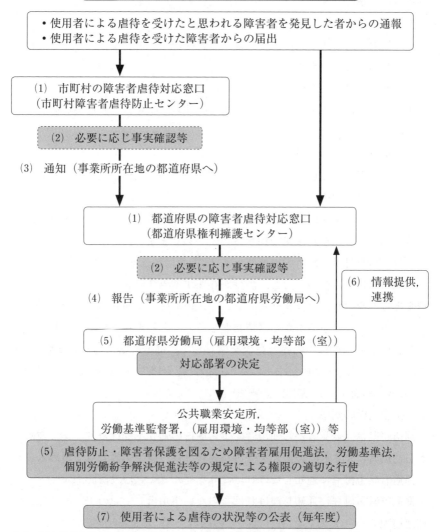

出典：厚生労働省社会・援護局障害保健福祉部障害福祉課地域生活支援推進室「市町村・都道府県における障害者虐待の防止と対応の手引き」(平成29年3月) 107頁

第3章 障害者が働くことへの支援

しなければなりません（障害者虐待防止法23条）。

都道府県に通知しなければならない事項は，次の6点です（障害者虐待防止法施行規則4条）。

① 事業所の名称，所在地，業種及び規模
② 被虐待者の氏名，性別，年齢，障害の種類，障害支援区分，その他の心身の状況及び雇用形態
③ 使用者による虐待の種別，内容及び発生要因
④ 使用者による虐待を行った使用者の氏名，生年月日及び被虐待者との関係
⑤ 市町村が行った対応
⑥ 使用者による虐待が行われた事業所において改善措置が採られている場合にはその内容

市町村がこの都道府県への通知を適切に行うためには，上記に掲げられた虐待に関する事項を正確に把握する必要があります。したがって，上記通報を受けた市町村は，障害者虐待防止法23条の通知義務の当然の前提として，この通報に係る虐待の存否と，虐待が存在する場合の虐待の内容等について調査を行わなければなりません。そして，市町村は，通報の内容を検討した上で，当事者及び事業所から事情聴取を行い，それを踏まえて開催したケース会議により，虐待の内容と存否を検討して，都道府県に通知します（日本弁護士連合会高齢者・障害者の権利に関する委員会編『障害者虐待防止法活用ハンドブック』（民事法研究会・2012年）141頁参照）。

(2) 都道府県の対応

都道府県は，発見者から使用者による虐待の通知を受けたり，又は市町村から使用者による虐待の通知を受けた場合には，厚生労働省令で定める事項を都道府県労働局に通知しなければなりません（障害者虐待防止法24条）。

都道府県労働局に通知しなければならない事項は，上記の①～⑥に加えて都道府県が行った対応があれば，その内容です（障害者虐待防止法施行規則5条）。

そのため，都道府県は，上記6点の項目の報告を行う前提として，市町村

による調査に加え，あるいは市町村と共同して，通報者，障害者本人やその家族，使用者及びその従業員への聴き取りを行い，可能な限りの事実確認を行うことになります。実際，市町村からの通知が単に通報等の事実のみを報告してきたような場合など，市町村が十分な調査を行っていない場合には，都道府県が市町村と連携協力して事実確認などを行う必要があります（以上，日本弁護士連合会高齢者・障害者の権利に関する委員会編『障害者虐待防止法活用ハンドブック』（民事法研究会・2012 年）141 ～ 143 頁参照）。

(3)　労働府県労働局等の対応

都道府県から使用者による虐待の報告を受けた都道府県労働局は，労働基準監督署，公共職業安定所等と共同し，労働基準法，障害者雇用促進法等の規定の権限を適切に行使して対応に当たることとされています（障害者虐待防止法 26 条）。

まず，都道府県労働局は，虐待の事実確認と安全確認を行います。その際，市町村や都道府県による調査において，会社が任意の聴き取りに応じないなどの非協力的な対応をしている場合には，労働基準監督官の権限を背景にした強制的な調査の実施を検討することになります（以上，日本弁護士連合会高齢者・障害者の権利に関する委員会編『障害者虐待防止法活用ハンドブック』（民事法研究会・2012 年）269 頁参照）。

そして，都道府県労働局は，ケース会議を開催し，虐待の事実の確認と緊急性の判断を行います。ケース会議において虐待の事実が確認された場合には，虐待対応の支援計画を立て，実行していくことになります。

労働基準監督署は，障害者に対する暴言の事実や，賃金不払の事実を確認した場合には，使用者に対する指導を行い，その後，指導に基づく改善がなされているかを確認します。その結果，改善がなされない場合には，弁護士の援助の下，被虐待者の救済を得る手続をとることが考えられます。

そのほか，虐待対応の一環として，障害者を他の安全な場所に分離する必要があり，障害福祉サービスの活用，住居の確保，成年後見等の申立て，刑事告訴などの手続が必要になることもあります。その場合，都道府県労働局・労働基準監督署は，関係機関（各権限のある市町村や都道府県の機関，警察署，

第3章　障害者が働くことへの支援

弁護士会等の専門職団体）との間で情報を共有し連携しながら対応することになります。

第4章 障害者支援のために知っておくべき年金の知識

25 国民年金の被保険者と保険料の支払

Q 日本では全ての国民が何かの年金保険に加入していると聞きました。私は鬱病の闘病中で，先月会社を辞めたばかりですが，国民年金に加入して保険料を払わないといけないでしょうか。また，もしお金がなくて保険料が支払えない場合は，どうしたらいいでしょうか。

A 会社で仕事をしていた間，厚生年金に加入していたのであれば，種別変更という手続が必要になります。配偶者の扶養になる場合であれば，配偶者の会社で手続をしてもらいます。その場合，保険料を納付する必要はありません。扶養に入れない場合は，国民年金の保険料を自分で納付する必要があります。

しかし，闘病中で退職したのであれば，収入が無い中での保険料の支払は非常に厳しい状況となります。そのような場合，国民年金保険料免除の特例免除が受けられます。

災害や失業等を理由とした免除（特例免除）は，前年所得が多い場合でも，所得にかかわらず免除が受けられます。ただし，世帯主や配偶者がいる方は，世帯主や配偶者が所得要件を満たしているか，失業等の特例に該当している必要があります。

また，もし障害等級1級又は2級の障害年金の受給ができれば，その時点から国民年金の保険料も法定免除となります（申出により支払うことも可能です）。

183

第4章　障害者支援のために知っておくべき年金の知識

解 説

1　年金の仕組み

(1)　年金制度の対象者

　日本国内に居住する 20 ～ 60 歳の人は，全員国民年金に加入しています。全員が国民年金に加入しており，厚生年金の方はさらに上乗せとして厚生年金にも加入していると考えてください。

　サラリーマンなど，職場で年金に加入している人は，国民年金と厚生年金，どちらの年金にも加入できているということになります。また，それ以外の人は国民年金の年金制度に加入していることになります。

　※公務員の人などが対象の共済年金は，平成 27 年 10 月に厚生年金と一元化されました。

(2)　年金制度の体系

　年金制度は，制度全体を 2 階建ての建物に例えると，大きく分けて 1 階部分の国民年金と 2 階部分の厚生年金に分かれます。

　厚生年金に加入されている方も，1 階部分の国民年金の保険料を払った扱いになっています。

　国民年金からは，基礎年金が支給されます。

　厚生年金からは，報酬額や期間などに応じた年金が基礎年金に上乗せして支給されます。

2　年金の種類（受給の仕方）

　年金には大きく分けて 3 つの給付があります。

	国民年金からの給付	厚生年金からの給付
加齢に対する年金	老齢基礎年金	老齢厚生年金
死亡に対する年金	遺族基礎年金	遺族厚生年金
病気・けがに対する年金	障害基礎年金	障害厚生年金

184

25　国民年金の被保険者と保険料の支払

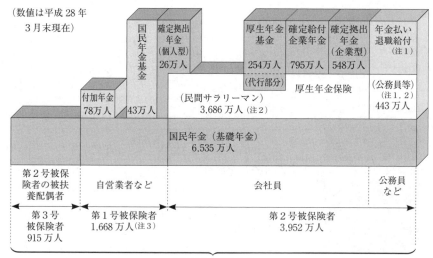

(注1) 被用者年金制度の一元化に伴い，平成27年10月1日から公務員および私学教職員も厚生年金保険に加入。また，共済年金の職域加算部分は廃止され，新たに年金払い退職給付が創設。ただし，平成27年9月30日までの共済年金に加入していた期間分については，平成27年10月以後においても，加入期間に応じた職域加算部分を支給。
(注2) 厚生年金被保険者及び公的年金の被保険者には，65歳以上で老齢または退職を支給事由とする年金給付の受給権を有する者が含まれる。
(注3) 第1号被保険者には，任意加入被保険者を含む。
資料：国民年金（基礎年金）被保険者数および厚生年金被保険者数は，厚生労働省「第72回社会保障審議会年金数理部会　資料」および「第73回社会保障審議会年金数理部会　資料」，付加年金保険料納付被保険者数は，厚生労働省「事業月報　厚生年金保険・国民年金事業状況　平成28年3月」，国民年金基金加入員数は，国民年金基金連合会ホームページ，確定拠出年金（企業型・個人型）加入者数は，厚生労働省「確定拠出年金の施行状況」，厚生年金基金加入員数および確定給付企業年金加入者数は，一般社団法人生命保険協会・一般社団法人信託協会・全国共済農業協同組合連合会「企業年金の受託概況（平成28年3月末現在）」
出典：企業年金連合会ホームページ
　　　（https://www.pfa.or.jp/nenkin/nenkin_tsusan/nenkin_tsuusan01.html）

3　国民年金の被保険者の種類と保険料（年金の加入の仕方）

(1) 第1号被保険者

ア　対象者

　　適用事業所以外に勤務する人，学生，フリーター，無職の人など，第2号，第3号に該当しない日本国内に住んでいる20歳以上60歳未満の

第4章　障害者支援のために知っておくべき年金の知識

現金で毎月納付

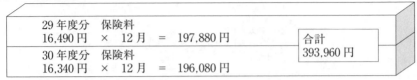

| 29年度分　保険料 16,490円 × 12月 ＝ 197,880円 | 合計 |
| 30年度分　保険料 16,340円 × 12月 ＝ 196,080円 | 393,960円 |

現金で1年度分（29年度）を前納

| 3,510円割引 | 1年度分　保険料 197,880円 － 3,510円 ＝ 194,370円 |

現金で2年度分（29年及び30年度）を前納

| 14,400円割引 | 2年度分　保険料 393,960円 － 14,400円 ＝ 379,560円 |

出典：日本年金機構ホームページ
　　　（http://www.nenkin.go.jp/service/kokunen/hokenryo/20150313-01.html）

人をいいます（国年法7条1項1号）。

イ　保険料の納付方法

　　納付書による納付や口座振替などを利用して自分で納めます（納められないときは，免除や納付猶予の仕組みがあります）。第2号や第3号から第1号になったときには自分で市町村や年金事務所で種別変更手続をしなければなりません。

　　手続をしなかったり，保険料を納付しなかった場合は，保険料未納となり，年金がもらえなくなったり，年金額が減額されます。

　　平成29年度の国民年金第1号被保険者の1か月当たりの保険料は，1万6490円です。

　　また，保険料をまとめて前納したり，当月末に口座振替にすることにより一定の金額が割引されます。

(2)　第2号被保険者

ア　対象者

　　厚生年金保険に加入している人のうち，65歳未満の人及び65歳以上

70 歳未満で老齢基礎年金の受給資格を満たしていない人をいいます（国年法 7 条 1 項 2 号, 厚年法 9 条, 6 条）。ただし, 適用事業所で雇用される条件を満たした 70 歳未満の人は強制加入となりますので, 65 歳以上 70 歳未満で 25 年未満の受給資格期間を満たした人は, 第 2 号被保険者ではありませんが, 厚生年金の被保険者となります。

　　※アルバイトやパートタイマーでも 1 週間の所定労働時間及び 1 か月の所定労働日数が, 同じ事業所で同様の業務に従事している一般社員の 4 分の 3 以上である人は被保険者とされます。

　イ　保険料の納付方法

　　厚生年金保険料は会社と折半です。本人負担分は基本的に給料から天引きされ, 納付義務は事業所が負います。第 2 号被保険者の国民年金保険料は厚生年金全体から基礎年金拠出金として支払われますので, 個別に支払う必要はありません。

(3)　第 3 号被保険者

　ア　対象者

　　第 2 号被保険者の被扶養配偶者で 20 歳以上 60 歳未満の人をいいます

	年齢要件	国内居住要件	該当者
第 1 号 被保険者	20 歳以上 60 歳未満	○	第 2 号被保険者及び第 3 号被保険者以外の者
第 2 号 被保険者	70 歳まで。ただし, 70 歳以上の場合は受給権がない場合のみ高齢任意加入被保険者となることができる。（厚生年金保険法 9 条・14 条, 厚生年金保険法附則 4 条の 3）	×	厚生年金保険の被保険者共済組合の組合員, 又は加入者
第 3 号 被保険者	20 歳以上 60 歳未満	×	第 2 号被保険者の被扶養配偶者

出典：佐々木育子編著『Q&A 実務家が知っておくべき社会保障—働く人・離婚する人・高齢者のために』（日本加除出版・2014 年）188 頁（一部改変）

第4章　障害者支援のために知っておくべき年金の知識

(国年法7条1項3号。ただし，年間収入が130万円以上で健康保険の扶養となれない人は第3号被保険者にはなれません)。

イ　保険料の納付方法

　　国民年金保険料は配偶者が加入する年金制度が一括負担するので個別に納付する必要はありません。

※条件さえ満たせば，男性も妻の扶養に入ることで第3号被保険者となります。

※扶養者が65歳以上になると会社を退職しなくても第2号被保険者ではなくなるので，20歳以上60歳未満の被扶養配偶者は第3号被保険者ではなくなり第1号被保険者となります。したがって，自身で保険料を納付する必要があります。

(4)　国民年金の手続

　20歳以上の日本に住んでいる人は年金加入を義務付けられています。これはいくら本人が加入したくないと思っていても逃れることはできません。

　保険料を払っていない，だから入っていないと思っている人がいますが，それはただ未納として処理されているだけで入っていないということではありません。そして，老齢，障害，遺族それぞれの年金を受給しようと思ったときに保険料を支払っていないことで受給できないことがあります。20歳到達・就職・退職・結婚などの時にはきちんと手続を行いましょう（国年法12条）。

25　国民年金の被保険者と保険料の支払

会社に就職して第2号被保険者になるとき	厚生年金の加入手続は会社が行います。また，第3号被保険者となる配偶者がいる場合も，会社が手続を行います。
会社を退職したとき	14日以内に住所地の市区町村役場で第2号から第1号への種別変更という手続を行います。退職と同時に配偶者の扶養となる場合は配偶者の会社で手続をする必要がありますので配偶者の会社に申し出てください。
離婚したとき・第3号被保険者の配偶者が65歳になったとき（60歳未満）	14日以内に第3号被保険者から第1号被保険者への種別変更手続が必要です。 （離婚したときには年金分割の手続も考えましょう。）

4　保険料の免除制度について

(1)　申請免除

　第1号被保険者の人は，収入の減少や，失業などで保険料を納めることが困難となったときに，保険料の免除や納付猶予を申請することができます。

　これを申請免除といいます。

　保険料免除や納付猶予が認められた期間は，年金の受給資格期間に算入されます。

　ア　保険料免除制度（国年法90条，90条の2）

　　所得が少なく本人・世帯主・配偶者の前年所得（1月から6月までに申請する場合は前々年所得）が一定額以下の場合や失業した場合など，国民年金保険料を納めることが経済的に困難な場合は，本人が申請書を提出し，申請後に承認されると保険料の納付が免除になります。

　　免除される額は，全額，4分の3，半額，4分の1の4種類があります。

　　①　全額免除

　　　前年所得が以下の計算式で計算した金額の範囲内であること

　　　（扶養親族等の数＋1）× 35万円＋22万円

　　②　4分の3免除

189

第4章　障害者支援のために知っておくべき年金の知識

　　　　前年所得が以下の計算式で計算した金額の範囲内であること

　　　　78万円＋扶養親族等控除額＋社会保険料控除額等

　　③　半額免除

　　　　前年所得が以下の計算式で計算した金額の範囲内であること

　　　　118万円＋扶養親族等控除額＋社会保険料控除額等

　　④　4分の1免除

　　　　前年所得が以下の計算式で計算した金額の範囲内であること

　　　　158万円＋扶養親族等控除額＋社会保険料控除額等

イ　納付猶予

　　20～50歳未満の人で，本人・配偶者の前年所得（1月から6月までに申請する場合は前々年所得）が一定額以下の場合には，本人が申請書を提出し，申請後に承認されると保険料の納付が猶予されます（世帯主は含みません）。これを納付猶予制度といいます。

※平成28年6月までは30歳未満，平成28年7月以降は50歳未満が納付猶予制度の対象となります。

　納付猶予制度

　　　本人・配偶者の前年所得が以下の計算式で計算した金額の範囲内であること（平成28年6月までは30歳未満，平成28年7月以降は50歳未満が納付猶予の対象となります）

　　　（扶養親族等の数＋1）×35万円＋22万円

ウ　学生納付特例制度（国年法90条の3）

　　学生については，申請により在学中の保険料の納付が猶予される「学生納付特例制度」が設けられています。本人の所得が一定以下の学生が対象となります。なお，家族の所得の多寡は問いません（猶予であって免除ではありません）。

（注1）

　　　平成29年度の所得基準（申請者本人のみ）

　　　118万円＋扶養親族等の数×38万円＋社会保険料控除等

25　国民年金の被保険者と保険料の支払

	老齢基礎年金		障害基礎年金 遺族基礎年金 （受給資格期間への算入）
	受給資格期間への算入	年金額への反映	
納付	○	○	○
全額免除	○	○ （※2）	○
一部納付 （※1）	○	○ （※3）	○
納付猶予 学生納付特例	○	×	○
未納	×	×	×

※1　一部納付の承認を受けている期間については，一部納付の保険料を納付していることが必要です。

※2　平成21年4月分以降は，2分の1が国庫負担されます。
　　（21年3月分までは3分の1が国庫負担）

※3　4分の1納付の場合は「5/8」が年金額に反映します。
　　（21年3月分までは1/2）
　　2分の1納付の場合は「6/8」が年金額に反映します。
　　（21年3月分までは2/3）
　　4分の3納付の場合は「7/8」が年金額に反映します。
　　（21年3月分までは5/6）

注）障害基礎年金および遺族基礎年金を受け取るためには一定の受給要件があります。

注）保険料免除・納付猶予（学生の場合は学生納付特例）は10年以内であれば，後から追納して老齢基礎年金の受給額を満額に近づけることが可能です。（追納制度）
　　ただし，保険料免除・納付猶予を受けた期間の翌年度から起算して3年度目以降は，当時の保険料に一定の金額が加算されます。
　　なお，追納した場合のその期間は「納付」期間として取扱います。

出典：日本年金機構ホームページ
　　　（https://www.nenkin.go.jp/service/kokunen/menjo/20150428.html）

（注2）

　　　　学生とは，大学（大学院），短期大学，高等学校，高等専門学校，特別支援学校，専修学校及び各種学校，一部の海外大学の日本分校に在学する方で夜間・定時制課程や通信課程の方も含まれますので，ほとんどの学生が対象となります。

エ　免除を受けた場合

①　全額免除　全ての保険料が免除されます。

②　一部納付　保険料の全額，4分の3免除，半額免除，4分の1免除

第4章　障害者支援のために知っておくべき年金の知識

の4種類があり，免除された保険料は支払わなくてよくなります。

　一部免除の場合，減額された保険料を期限内に納めないと免除は無効となり，未納となります。

③　納付猶予　20歳以上50歳未満の納付猶予，学生納付特例を受けたときは，保険料の納付が猶予されます。

　納付猶予になった期間は老齢基礎年金の年金額には一切反映しません。

(2)　法定免除（国年法89条）

次に該当する第1号被保険者は，届け出れば保険料が免除されます。これを法定免除といいます（厚生年金加入中は免除されません）。

①　障害等級1級・2級の障害基礎年金又は障害厚生年金を受けているとき

②　生活保護の生活扶助を受けているとき

③　国立及び国立以外のハンセン病療養所などで療養しているとき

全額免除を受けた期間の老齢基礎年金額は，国庫負担分だけになり，本来の基礎年金額の2分の1になります（なお，平成21年3月までは，年金額を計算する際の国庫負担は3分の1相当でしたので，受給額も3分の1になります）。

このような不利益をなくすため，法定免除であっても申出により支払うことも可能です。支払った場合は，年金額が減額されることはありません。ただし，支払う申出をした場合，保険料を支払わなければ免除ではなく未納という扱いとなりますので，注意が必要です。

(3)　任意加入

60〜65歳の間に保険料を納付済期間が480か月未満で厚生年金に未加入であれば，国民年金に任意加入して保険料を納付することにより受給できる年金額を増やすことも可能です（最高480か月）。

資格期間が10年に満たない方は，最長70歳まで国民年金に任意加入することで資格期間が増え，年金を受給できるようになります。

※平成28年に成立した改正年金機能強化法により，老齢年金を受給するための受給資格期間が原則25年必要とされていたものが10年に短縮さ

れ，平成 29 年 9 月分（10 月支給）から受給できることになりました。しかし，10 年納めればよいというものではありません。受給できるとはいえ，金額はその期間に応じたものとなります。やはり老後の生活のためにも 40 年の満額に近付けるようにしましょう。

《加入期間による老齢基礎年金・年金額（平成 29 年度)》

加入期間	年金額
10 年の場合	年額 194,825 円
20 年の場合	年額 389,650 円
30 年の場合	年額 584,475 円
40 年の場合	年額 779,300 円

26　厚生年金の被保険者と保険料の支払

Q 　私の娘は，軽度知的障害を抱えながら，障害者枠で従業員が 3 人くらいの小さな株式会社に勤めています。社長は，うちは社会保険に入ってないから，厚生年金や健康保険に入れないと言うのですが，それは仕方ないのでしょうか。私の娘は障害基礎年金の 2 級と認定されていますが，もし厚生年金に加入していれば，高齢者となった時にさらに上乗せで老齢年金をもらうこともできるのでしょうか。

A 　設問の場合，娘さんの障害は軽度知的障害となっています。知的障害の場合の初診日は生まれた日となっており，障害年金は，障害基礎年金での受給となっています。しかし，老齢年金を受給できるようになった時に障害年金をもらっていたとしても，老齢厚生年金を上乗せで受給することができますし，他の病気やけがにより新たに障害年金を受給する場合には，初診日が厚生年金加入期間中で

193

あれば障害厚生年金として請求できます。このようなことを考えた場合，できれば厚生年金には加入する方がメリットは大きいかと思われます（ただし，厚生年金に加入することで現在の知的障害が改善したとみなされた場合，障害年金が停止されることもありますので，更新時は慎重に対応する必要があります）。

　株式会社などの法人は社会保険に加入しなければいけない適用事業所（強制適用事業所）となっています。それはたとえ従業員が3人しかいなくても同じです。今回の場合，会社は娘さんの労働時間や出勤日数が所定の時間を超えていれば社会保険に加入させなければなりません。ただし，これは通常2年分しか遡って加入することはできません。また，その2年分の厚生年金保険料を会社も本人も納付しなければならなくなります。

　なお，加入したからといって現在受給している障害基礎年金が障害厚生年金となるわけではありません。

　しかし，厚生年金に加入することは老後の年金だけではなく，遺族年金，障害年金においても非常に有利になります。また健康保険に加入することで，一時的に働けなくなった時には傷病手当金ももらうことができるのです。目の前の保険料のことだけではなく，加入することで多くの補償，メリットがあるのです。

解　説

1　厚生年金の適用事業所とは

　厚生年金保険は事業所単位での加入となります（厚生年金保険法6条）。

　厚生年金保険の強制適用事業所となるのは，株式会社などの法人の事業所（事業主のみの場合を含みます）です。また，従業員が常時5人以上いる個人の事業所についても，農林漁業，サービス業などの場合を除いて厚生年金保険の適用事業所となります。他にも条件を満たせば，厚生労働大臣の認可を受けることにより，任意適用事業所となることもできます。

2 被保険者とは

(1) 原則として，民間会社員や公務員など厚生年金の適用事業所に雇用される 70 歳未満の人をいいます。

（被保険者とされない人）

　厚生年金保険の被保険者とされない人は，下の表のとおりですが，一定期間を超え雇用される場合は，「常時使用される」ものとみなされ，被保険者となります。

(2) 事業所と常用的使用関係にあり，一定時間以上就労する場合は被保険者となります。常用的使用関係にあるかどうかは，労働日数，労働時間，就労形態，勤務内容等から総合的に判断されます。

　労働時間と労働日数がそれぞれ正社員の 4 分の 3 以上であるときは，原則として被保険者とされます（平成 28 年 5 月 13 日保発 0513 第 2 号）。

　しかし，4 分の 3 に満たない場合であっても，一律に被保険者に該当しないとするものではありません。就労形態，勤務内容によっては被保険者と扱うことが適当とされる場合には，被保険者となります（本書 73 頁以下参照）。

　これらの基準は，パートやアルバイトであっても同じです。

　正社員ではないから社会保険に加入しない，できないということではあり

被保険者とされない人	被保険者となる場合
日々雇い入れられる人	1 か月を超えて引き続き使用されるようになった場合は，その日から被保険者となる。
2 か月以内の期間を定めて使用される人	所定の期間を超えて引き続き使用されるようになった場合は，その日から被保険者となる。
所在地が一定しない事業所に使用される人	いかなる場合も被保険者とならない。
季節的業務（4 か月以内）に使用される人	継続して 4 か月を超える予定で使用される場合は，当初から被保険者となる。
臨時的事業の事業所（6 か月以内）に使用される人	継続して 6 か月を超える予定で使用される場合は，当初から被保険者となる。

出典：日本年金機構ホームページ

（http://www.nenkin.go.jp/service/kounen/jigyosho-hiho/jigyosho/20150518.html）

第4章　障害者支援のために知っておくべき年金の知識

ません。

(3)　保険料の納付

　厚生年金保険料は，労使が折半して保険料を負担し，納付義務は事業主が負います。

　厚生年金保険の保険料は，毎月の給与（標準報酬月額）と賞与（標準賞与額）に共通の保険料率を掛けて計算されます。

　保険料率は，毎年9月に引き上げられ，平成29年9月からは固定される予定です。

　平成29年9月からの保険料率は18.3%（労使それぞれ9.15%）となります。

3　遡って加入する場合

　本来は，被保険者資格があるのに事業主が資格取得手続をしていなかった場合，2年間遡って厚生年金に加入することを求めることができます。ただし，これは実務上，必ず加入となるわけではなく，また，2年より前の厚生年金期間は時効により保険料を納付することができません（厚年法75条）。2年以上遡った期間は未納期間となります。そのため，実務上ほとんど行われておりません。

　ただし，適用事業所において厚生年金の保険料を天引きされていたにもかかわらず，事業主が加入の届けをしていなかったために厚生年金未加入となっていた場合は少し扱いが異なります。

　平成19年12月に施行された厚生年金特例法により，被保険者から厚生年金保険料を源泉控除（天引き）されていたにもかかわらず，事業主が年金事務所に対して，保険料納付も被保険者の資格関係等の届出も行っていたことが明らかでない事案について，年金の保険給付の対象とするための年金記録訂正を行い，また，事業主は時効（2年間）消滅後であっても，納付すべきであった保険料（以下「特例納付保険料」といいます）を任意で納付することができることとし，日本年金機構がその納付を勧奨することとなりました。

　これにより，2年以上前の年金記録の訂正請求手続ができるようになりました。この請求は，年金事務所で行うことができます。その結果，その事実

が認められれば，2年より前でも厚生年金の加入期間となり，記録や年金額に反映されます。

4　1人1年金の原則
(1)　1人1年金の原則とは
　年金は1人につき1年金が原則です。例えば，障害のある妻が，65歳を超えて夫に先立たれた場合，支給要件を満たせば障害年金，老齢年金，遺族年金の3つをもらうことになり，公平性を欠くからです。

　このように支給事由が異なる年金を受けられるようになった時には，いずれか1つの年金を選択することになります（国年法20条。老齢基礎年金と老齢厚生年金，障害基礎年金と障害厚生年金，遺族基礎年金と遺族厚生年金は，それぞれ支給事由が同じことから1つの年金としてみなされます）。

　ただし，以下の場合は例外が認められています（障害基礎年金は，障害等級が2級であっても老齢基礎年金の満額受給と同じ額なのでより有利な選択ができるようになっています）。

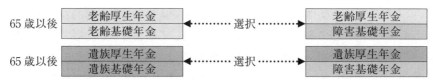

出典：日本年金機構「障害基礎年金または遺族基礎年金を受けられる方へ」（平成27年10月）
　　　（https://www.nenkin.go.jp/service/jukyu/kyotsu/shikyu-chosei/20140421-02.files/0000003528.pdf）

(2)　年金の選択をするときは
　2つ以上の年金をもらえるようになった時には，年金受給選択申出書を提出してどの年金をもらうのかを指定します。

　年金だけで比べた場合，一番有利（高額）な年金を自動的に受給できるようにすることは可能です（有利選択）。しかし，税金や給与，雇用保険や労災などの関係を勘案した場合には，結果が変わることもありますので，十分に検討するようにしたいものです。

第4章　障害者支援のために知っておくべき年金の知識

27　障害厚生年金，障害基礎年金の受給要件と手続

$\boxed{\textbf{Q}}$　私の夫は交通事故に遭って頭部打撲し，脳挫傷の重症を負ったのですが，外傷は回復したものの，忘れっぽくなったり，怒りっぽくなったりして，仕事も休みがちになっています。医師からは，高次脳機能障害の疑いがあると言われました。仕事も簡単な作業しかできなくなり，収入も下がってしまったので，障害年金を請求したいのですが，どんな年金が請求できるのか，また詳しい手続を教えてください。

$\boxed{\textbf{A}}$　交通事故で病院に搬送された時に加入していた年金の種類によって障害基礎年金，障害厚生年金のどちらで請求になるかが決まります。もし厚生年金加入中であれば障害厚生年金（2級以上であれば障害基礎年金も併給），それ以外であれば障害基礎年金での請求となります。ただし，障害年金は，障害があっても必ず障害年金がもらえるわけではありません。初診日の証明や一定期間保険料未納がないという条件もクリアしなければなりませんので，確認が必要です。

　また，この事故が会社の業務に起因して起こっていたり，又は通勤途中であれば，労働者災害補償保険法（労災）が適用されます。労災から障害（補償）年金をもらえることになった場合も障害基礎年金と障害厚生年金を併給できます。

解 説

1　障害年金の種類

　障害年金には，1階部分である国民年金から支給される障害基礎年金（1級〜2級），2階部分である厚生年金から支給される障害厚生年金（1級〜3級）があります。

　初診日にどの制度に加入していたかにより，請求できる障害年金の種類が

198

変わります。

　※初診日が 20 歳の誕生日の前日より前で厚生年金未加入中であれば，20 歳前障害の障害基礎年金となり，少し条件が変わります（20 歳前の障害基礎年金→Q 30）。

　※以前は障害共済年金もありましたが，平成 27 年 10 月より被用者年金一元化に伴い，障害共済年金は，障害厚生年金に統一されました。

《障害年金の種類》

障害年金 ━→ 障害基礎年金 ━→ 初診日が厚生年金加入期間以外→障害基礎年金

　　　　　　　　　　　　　　　初診日が 20 歳前で，かつ厚生年金未加入
　　　　　　　　　　　　　　　　━━━→ 20 歳前障害基礎年金

　　　　　　　　　　　初診日が厚生年金加入中→障害厚生年金

　※障害等級 1 級・2 級の障害厚生年金を受給する場合は，障害厚生年金と同時に障害基礎年金も受給できます（ただし，障害等級 3 級の障害厚生年金の場合は，障害基礎年金はなく，障害厚生年金のみの受給となり，さらに配偶者・子の加算もありません）。

　障害厚生年金も障害基礎年金も，いずれも 1 級の金額は 2 級の 1.25 倍です。配偶者及び子の加算については定額となります。

第4章　障害者支援のために知っておくべき年金の知識

	名称	金額	加算される年金	年齢制限
配偶者	加給年金額	224,300 円	障害厚生年金	65 歳未満であること（大正 15 年 4 月 1 日以前に生まれた配偶者には年齢制限はありません）
子2人まで	加算額	1 人につき224,300 円	障害基礎年金	• 18 歳になった後の最初の 3 月 31 日までの子 • 20 歳未満で障害等級 1級・2 級の障害の状態にある子
子3人目から		1 人につき74,800 円		

＊配偶者が，老齢厚生年金，退職共済年金（加入期間 20 年以上または中高齢の資格期間
　の短縮特例に限る）または障害年金を受け取る間は，「配偶者加給年金額」は止まりま
　す。
出典：『障害年金ガイド平成 29 年度版』（日本年金機構）6 頁

　障害基礎年金を受給する場合は子の加算があります。
　障害等級1級・2級の障害厚生年金を受給する場合は，配偶者の加算があ
ります（配偶者，子共に年収 850 万円未満又は所得 655.5 万円未満の方が対象）。
　加算は，障害等級1級・2級の障害基礎年金又は障害厚生年金を受け取る
ことができる人に，その人が生計を維持している加算対象者がいる場合に受
け取ることができます。

《障害基礎年金》

1級　| 障害基礎年金 |　　　　　| 子の加算 |

2級　| 障害基礎年金 |　　　　　| 子の加算 |

27 障害厚生年金，障害基礎年金の受給要件と手続

《障害厚生年金》

| 1級 | 障害基礎年金 | 障害厚生年金 | 子の加算 | 配偶者加算 |

| 2級 | 障害基礎年金 | 障害厚生年金 | 子の加算 | 配偶者加算 |

| 3級 | 障害厚生年金 |

手当金　障害手当金　（一時金。年金ではありません）

※障害手当金とは

障害等級3級よりも軽い程度の障害が残った場合に支給される一時金。初診日（厚生年金加入中のみ）から5年以内に治癒（症状固定）し，その治った日から5年以内に請求した場合のみ支給されます。金額は報酬比例の年金額の2年分となります（障害手当金が出ない場合もあります）。

2　障害年金の受給要件

(1) 初診日要件

ア　初診日とは

障害の原因になった病気又はけがのために初めて医師又は歯科医師の診察を受けた日のことを初診日といいます。この初診日は，たとえ病名が確定していなかったり，誤診であったとしても，初めて診察を受けた日です。

初診日に加入していた制度（国民年金又は厚生年金）により障害基礎年金か障害厚生年金になるかが決定されます。そのため，自分で申告するだけではなく，基本的に医療機関で受診状況等証明書という書類を記載してもらい，初診日を証明してもらう必要があります。

イ　初診日の証明方法

障害年金においては，初診日は非常に重要な役割を持ちます。そのため初診日の証明を原則医師にしてもらわなければなりません。しかし，

201

第4章　障害者支援のために知っておくべき年金の知識

この初診日がカルテの保存期限を過ぎて廃棄されていたり，病院が廃院になっているために医師の証明がもらえず，障害年金の請求ができないという人がいます。そのような場合は，病院の領収証など，証拠書類をそろえて初診日を証明します（Q 29 参照）。しかしながら，これはなかなか認められないことから，早めに専門家に相談するなどして，対応を考えなければなりません。

(2) 保険料納付要件

初診日の前日までに保険料を一定以上払っていないと，障害年金の請求はできません。

　ア　必要な保険料納付期間（国年法 30 条 1 項，厚年法 47 条 1 項）

　　①　3分の2要件

　　　　初診日の前日において，初診日の属する月の前々月までの被保険者期間に係る保険料納付済み期間と保険料免除期間を合算した期間が被保険者期間の3分の2以上であること

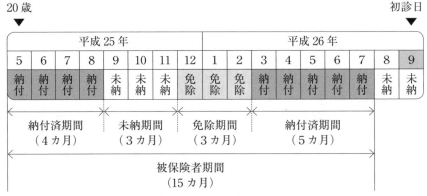

出典：『障害年金ガイド平成 29 年度版』（日本年金機構）3 頁

　　②　直近1年要件

　　　　初診日の前日において初診日の属する月の前々月までの1年間に保険料納付済期間及び保険料免除期間以外の被保険者期間がないこと

(初診日が平成 38 年 4 月 1 日前かつ 65 歳未満）※

※平成 3 年 5 月 1 日前に初診日がある場合は，「初診日の属する月の前々月は「初診日の属する月前の直近の基準月の前月」と読み替えます。

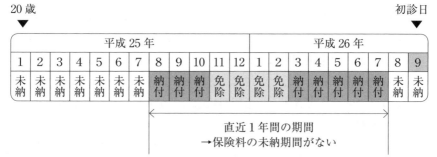

出典：『障害年金ガイド平成 29 年度版』（日本年金機構）3 頁

　　障害年金を請求するためには①の3分の2要件又は②の直近1年要件のどちらかを満たしている必要があります。

　　厚生年金加入中，又は第3号被保険者（→Q 25）期間であれば，自分で保険料納付の手続をとらなくてもよいので，あまり問題はありませんが，国民年金第1号被保険者期間であれば，自分で保険料を支払うか，免除を受けている必要があります。国民年金保険料を一定期間支払っていなかったり，免除も受けていないと，どれだけ障害の状態がひどくても障害年金の申請自体できない場合があります。

　　※昭和61年3月31日以前に初診日又は発病日がある場合は，旧法の適用となり取扱いが異なりますので注意が必要です。

イ　障害厚生年金の場合，初診日が65歳以降にあることがあります。その場合は，保険料納付要件の直近1年要件は使えません。3分の2要件のみとなります。

　　また，障害基礎年金を請求できるのは原則，初診日において被保険者であること，又は被保険者であったもので60歳以上65歳未満であるこ

第4章　障害者支援のために知っておくべき年金の知識

《保険料の「未納」はいざというときに困ることになります》

国民年金第1号被保険者で、「歳をとったときにどうせ年金なんてもらえないから国民年金の保険料は払わない」という人をみかけます。「事故や病気で障害者になったらどうするの？」と聞くと、「そうなった時に払う」とおっしゃいます。でも障害年金は民間の保険と同じように、後払いを認めていません。初診日より後に保険料を納付しても障害年金の請求はできません（老齢年金の金額には反映されます）。また、同じように遺族年金も後払いは認められていません。

　障害の状態がいくらひどくても、保険料納付要件が満たせないために請求することすらできず、生活困窮状態の人が非常にたくさんいます。また、高齢になった人から「どうせもらえないと思っていたから保険料を払っていなかった。歳をとって仕事もできない。今後どうして生活していけばよいのか」というご相談もあります。

　元気な時には、障害を持った場合のことや、高齢になった時のことを考えるのは難しいものですが、このような事態を避けるためにも、保険料の納付や、どうしても支払えないときには免除の申請を真剣に考えてほしいと思います。

ととなります。

(3)　障害状態要件（障害認定日要件）

ア　障害等級の認定に当たっては、初診日から1年6か月又はそれ以前に治った日を障害認定日とし、障害認定日の状態を等級判断します（認定日請求）。

イ　また、障害認定日に障害の状態が軽く、障害等級に当てはまらない場合は、その後障害の状態が悪化したときに、請求により障害の等級判断を行います（事後重症請求。65歳未満）（国年法30条の2、厚年法47条の2）。

　障害等級の判断は、国年法施行令別表、厚生年金保険法施行令別表第1・第2による障害状態等級表（205～207頁）のほかに、「国民年金・

204

27 障害厚生年金，障害基礎年金の受給要件と手続

《施行令別表等》

(1) 国民年金法施行令別表

（障害等級）

第4条の6　法第30条第2項に規定する障害等級の各級の障害の状態は，別表に定めるとおりとする。

別表（第4条の6関係）

障害の程度		障　害　の　状　態
1 級	1	両眼の視力の和が0.04以下のもの
	2	両耳の聴力レベルが100デシベル以上のもの
	3	両上肢の機能に著しい障害を有するもの
	4	両上肢のすべての指を欠くもの
	5	両上肢のすべての指の機能に著しい障害を有するもの
	6	両下肢の機能に著しい障害を有するもの
	7	両下肢を足関節以上で欠くもの
	8	体幹の機能に座っていることができない程度又は立ちあがることができない程度の障害を有するもの
	9	前各号に掲げるもののほか，身体の機能の障害又は長期にわたる安静を必要とする病状が前各号と同程度以上と認められる状態であって，日常生活の用を弁ずることを不能ならしめる程度のもの
	10	精神の障害であって，前各号と同程度以上と認められる程度のもの
	11	身体の機能の障害若しくは病状又は精神の障害が重複する場合であって，その状態が前各号と同程度以上と認められる程度のもの
2 級	1	両眼の視力の和が0.05以上0.08以下のもの
	2	両耳の聴力レベルが90デシベル以上のもの
	3	平衡機能に著しい障害を有するもの
	4	そしゃくの機能を欠くもの
	5	音声又は言語機能に著しい障害を有するもの
	6	両上肢のおや指及びひとさし指又は中指を欠くもの
	7	両上肢のおや指及びひとさし指又は中指の機能に著しい障害を有するもの
	8	一上肢の機能に著しい障害を有するもの
	9	一上肢のすべての指を欠くもの
	10	一上肢のすべての指の機能に著しい障害を有するもの
	11	両下肢のすべての指を欠くもの
	12	一下肢の機能に著しい障害を有するもの
	13	一下肢の足関節以上で欠くもの
	14	体幹の機能に歩くことができない程度の障害を有するもの
	15	前各号に掲げるもののほか，身体の機能の障害又は長期にわたる安静を必要とする病状が前各号と同程度以上と認められる状態であって，日常生活が著しい制限を受けるか，又は日常生活に著しい制限を加えることを必要とする程度のもの
	16	精神の障害であって，前各号と同程度以上と認められる程度のもの
	17	身体の機能の障害若しくは病状又は精神の障害が重複する場合であって，その状態が前各号と同程度以上と認められる程度のもの

備考　視力の測定は，万国式試視力表によるものとし，屈折異常があるものについては，矯正視力によって測定する。

第4章　障害者支援のために知っておくべき年金の知識

(2)　厚生年金保険法施行令別表第1
(障害等級)
第3条の8　法第47条第2項に規定する障害等級の各級の障害の状態は，1級及び2級について
　　はそれぞれ国民年金法施行令（昭和34年政令第184号）別表に定める1級及び2級の障害の状
　　態とし，3級については別表第1に定めるとおりとする。
別表第1　（第3条の8関係）

障害の程度		障　害　の　状　態
3 級	1	両眼の視力が0.1以下に減じたもの
	2	両耳の聴力が，40センチメートル以上では通常の話声を解することができない程度に減じたもの
	3	そしゃく又は言語の機能に相当程度の障害を残すもの
	4	脊柱の機能に著しい障害を残すもの
	5	一上肢の3大関節のうち，2関節の用を廃したもの
	6	一下肢の3大関節のうち，2関節の用を廃したもの
	7	長管状骨に偽関節を残し，運動機能に著しい障害を残すもの
	8	一上肢のおや指及びひとさし指を失ったもの又はおや指若しくはひとさし指を併せ一上肢の3指以上を失ったもの
	9	おや指及びひとさし指を併せ一上肢の4指の用を廃したもの
	10	一下肢をリスフラン関節以上で失ったもの
	11	両下肢の10趾の用を廃したもの
	12	前各号に掲げるもののほか，身体の機能に，労働が著しい制限を受けるか，又は労働に著しい制限を加えることを必要とする程度の障害を残すもの
	13	精神又は神経系統に，労働が著しい制限を受けるか，又は労働に著しい制限を加えることを必要とする程度の障害を残すもの
	14	傷病が治らないで，身体の機能又は精神若しくは神経系統に，労働が制限を受けるか，又は労働に制限を加えることを必要とする程度の障害を有するものであって，厚生労働大臣が定めるもの

備考
1　視力の測定は，万国式試視力表によるものとし，屈折異常があるものについては，矯正視力に
　　よって測定する。
2　指を失ったものとは，おや指は指節間関節，その他の指は近位指節間関節以上を失ったものを
　　いう。
3　指の用を廃したものとは，指の末節の半分以上を失い，又は中手指節関節若しくは近位指節間
　　関節（おや指にあっては指節間関節）に著しい運動障害を残すものをいう。
4　趾の用を廃したものとは，第1趾は末節の半分以上，その他の趾は遠位趾節間関節以上を失っ
　　たもの又は中足趾節関節若しくは近位趾節間関節（第1趾にあっては趾節間関節）に著しい運
　　動障害を残すものをいう。

(3) 厚生年金保険法施行令別表第2〔障害手当金〕

(法第55条第1項に規定する政令で定める程度の障害の状態)

第3条の9　法第55条第1項に規定する政令で定める程度の障害の状態は，別表第2に定めるとおりとする。

別表第2（第3条の9関係）

障害の程度		障　害　の　状　態
障害手当金	1	両眼の視力が0.6以下に減じたもの
	2	1眼の視力が0.1以下に減じたもの
	3	両眼のまぶたに著しい欠損を残すもの
	4	両眼による視野が2分の1以上欠損したもの又は両眼の視野が10度以内のもの
	5	両眼の調節機能及び輻輳機能に著しい障害を残すもの
	6	1耳の聴力が，耳殻に接しなければ大声による話を解することができない程度に減じたもの
	7	そしゃく又は言語の機能に障害を残すもの
	8	鼻を欠損し，その機能に著しい障害を残すもの
	9	脊柱の機能に障害を残すもの
	10	一上肢の3大関節のうち，1関節に著しい機能障害を残すもの
	11	一下肢の3大関節のうち，1関節に著しい機能障害を残すもの
	12	一下肢を3センチメートル以上短縮したもの
	13	長管状骨に著しい転位変形を残すもの
	14	一上肢の2指以上を失ったもの
	15	一上肢のひとさし指を失ったもの
	16	一上肢の3指以上の用を廃したもの
	17	ひとさし指を併せ一上肢の2指の用を廃したもの
	18	一上肢のおや指の用を廃したもの
	19	一下肢の第1趾又は他の4趾以上を失ったもの
	20	一下肢の5趾の用を廃したもの
	21	前各号に掲げるもののほか，身体の機能に，労働が制限を受けるか，又は労働に制限を加えることを必要とする程度の障害を残すもの
	22	精神又は神経系統に，労働が制限を受けるか，又は労働に制限を加えることを必要とする程度の障害を残すもの

備考

1　視力の測定は，万国式試視力表によるものとし，屈折異常があるものについては，矯正視力によって測定する。

2　指を失ったものとは，おや指は指節間関節，その他の指は近位指節間関節以上を失ったものをいう。

3　指の用を廃したものとは，指の末節の半分以上を失い，又は中手指節関節若しくは近位指節間関節（おや指にあっては指節間関節）に著しい運動障害を残すものをいう。

4　趾を失ったものとは，その全部を失ったものをいう。

5　趾の用を廃したものとは，第1趾を末節の半分以上，その他の趾は遠位趾節間関節以上を失ったもの又は中足趾節関節若しくは近位趾節間関節（第1趾にあっては趾節間関節）に著しい運動障害を残すものをいう。

第4章　障害者支援のために知っておくべき年金の知識

厚生年金保険　障害認定基準」(http://www.nenkin.go.jp/service/jukyu/
shougainenkin/ninteikijun/20140604/html) を用いて行われます。

　また，平成28年9月より「国民年金・厚生年金保険　精神の障害に
係る等級判定ガイドライン」が策定されました。これにより，精神の障
害は，認定基準と，等級判定ガイドラインにより等級判断されることに
なりました。

参考資料：「国民年金・厚生年金保険　精神の障害に係る等級判定ガイドライン」
（http://www.mhlw.go.jp/stf/houdou/0000130041.html）

ウ　障害の程度の目安

①　1級……他人の介助を受けなければほとんど自分の用を足せない程
度のもの。

　　例えば，身のまわりのことはかろうじてできるが，それ以上の活動
はできないもの。すなわち，病院内の生活の場合は，活動の範囲がお
おむねベッド周辺に限られるものであり，家庭内の生活の場合は，活
動の範囲がおおむね就床室内に限られる程度のもの。

②　2級……必ずしも他人の助けを借りる必要はないが，日常生活は極
めて困難で，労働により収入を得ることができない程度のもの。

　　例えば，家庭内の極めて温和な活動はできるが，それ以上の活動は
できないもの。すなわち，病院内の生活の場合は，活動の範囲がおお
むね病棟内に限られるものであり，家庭内の生活の場合は，活動の範
囲がおおむね家屋内に限られる程度のもの。

③　3級……労働に著しい制限を受けるか又は労働に著しい制限を加え
ることを必要とする程度のもの。

④　障害手当金……初診日から5年以内に傷病が治った（症状固定した）
ものであって，労働が制限を受けるか又は労働に制限を加えることを
必要とする程度のもの。

※3級・障害手当金は厚生年金のみ。

(4)　請求の方法

認定日請求と事後重症請求（必要な診断書の時期と枚数）については222頁を

参照してください。

3　被保険者記録の照会方法と記録の読み方

　保険料納付要件を満たしているかどうかなどは，年金機構や市役所などで加入歴確認が必要となります。被保険者記録に記載されている記号にはそれぞれ意味があります。詳しくは210頁の納付記録コードを参照してください。被保険者記録を見て，3分の2要件か直近1年要件を満たしているのかを確実に確認しなければなりません。

　その時によく見落としがちなのが，初診日の前日において納付要件を満たしているのかどうかということです。厚生年金加入中や第3号被保険者期間であれば基本的には問題ありませんが，第1号被保険者期間であれば，いつ保険料を納付したのか，又はいつ免除の申請をしたのかが非常に重要な意味を持ちます。もし，初診日以降に初診日の前々月以前の分の保険料を納付し，または免除の申請をしていた場合，障害年金では未納と同じ扱いとなりますので，確認が必要です。第1号被保険者の期間については保険料をいつ納付したのか，免除の申請はいつしたのかまで，きちんと確認するようにしましょう（支援者・家族等，本人以外の代理人が年金事務所などで確認する場合は，本人が記名・押印した委任状が必要です）。

4　障害の程度と年金診断書

(1)　障害年金の診断書は，8種類あり，年金機構や役所で取得することができます。障害の状態に応じた診断書を選び，医師に作成を依頼します。どこに症状があるかによってどの診断書が一番病状を正確に反映できるのかを考え，選択します。

　診断書に記載されている内容を障害認定基準に当てはめて，おおよその障害等級を予測することができますが，これは確実なものではありません。就労状況や，入院，病歴，同居人の有無等，個々に認定されます。

(2)　また，診断書には日常生活の状況を記載する欄があります。普段の日常生活の状態を正確に反映した診断書を作成してもらえるよう，普段から医師

第4章　障害者支援のために知っておくべき年金の知識

《納付記録コード》

コード	内　　　容	コード	内　　　容
A	定額保険料	サ	学生納付特例
B	定額保険料＋付加保険料	シ	学生納付特例追納
C	定額保険料＋付加分未納	ス	学生納付特例追納＋追納加算保険料
G	定額保険料（前納）＋付加保険料	セ	納付猶予
H	中国残留邦人等の特例措置にかかる追納保険料	ソ	納付猶予追納
		タ	納付猶予追納＋追納加算保険料
K	特例納付（昭和48年改正法附則第18条）	チ	4分の3免除期間にかかる未納
L	中国残留邦人等の特例措置にかかる免除	ツ	4分の3免除期間にかかる納付
M	特例納付（昭和53年改正法附則第4条）	テ	4分の3免除期間にかかる前納
P	定額保険料（前納）	ト	4分の3免除期間にかかる充当
Q	定額保険料（前納）＋付加保険料（前納）	ナ	4分の1免除期間納付済にかかる追納
T	追納保険料	ニ	4分の1免除期間納済にかかる追納＋追納加算保険料
U	追納加算保険料		
V	定額保険料（充当）	ヌ	4分の1免除期間前納済にかかる追納
W	定額保険料（充当）＋付加保険料（充当）	ネ	4分の1免除期間前納済にかかる追納＋追納加算保険料
R	みなし免除		
X	定額＋付加分未納	ノ	4分の1免除期間充当済にかかる追納
Y	法定免除	ハ	4分の1免除期間充当済にかかる追納＋追納加算保険料
Z	申請免除（全額）		
＋	第3号納付（第3号被保険者期間のうち保険料納付済期間に算入する月）	ヒ	4分の1免除期間にかかる未納
		フ	4分の1免除期間にかかる納付
－	第3号未納（第3号被保険者期間のうち保険料納付済期間に算入しない月）	ヘ	4分の1免除期間にかかる前納
		ホ	4分の1免除期間にかかる充当
＄	第3号特例納付	マ	4分の3免除期間納付済にかかる追納
／	無資格（他制度加入期間等）	ミ	4分の3免除期間納付済にかかる追納＋追納加算保険料
＊	未納		
＃	納付記録未切替	ム	4分の3免除期間前納済にかかる追納
ア	半額未納	メ	4分の3免除期間前納済にかかる追納＋追納加算保険料
イ	半額納付		
ウ	半額前納	モ	4分の3免除期間充当済にかかる追納
エ	半額分充当	ヤ	4分の3免除期間充当済にかかる追納＋追納加算保険料
オ	半額納付済の追納		
カ	半額納付済の追納＋追納加算保険料		
キ	半額前納済の追納		
ク	半額前納済の追納＋追納加算保険料		
ケ	半額充当済の追納	￥	コンビニ納付（納付速報）／照会区分03のみ。納付後翌営業日から20日程度表示。
コ	半額充当済の追納＋追納加算保険料		

210

とよく話をするようにしてください。ただし，医師は自分の責任において診断書を作成しています。患者からこのように記載してということを強要することはできません。

とはいえ，あまりに本当の日常生活とかけ離れた診断書では，意味がありません。医師と話がしにくい場合には医療ソーシャルワーカーに相談するようにしてみましょう。担当医を替えてもらう，転院を考えることもできますが，できるだけそのようなことが無いよう，普段から自分の状態を具体的な例を出しながら医師に伝えておくことが大切です。

(参考) 診断書ダウンロードページ

(http://www.nenkin.go.jp/service/jukyu/todoke/shougai/index.html)

5　受給金額 (平成 29 年度価格)

(1)　障害基礎年金の年金額

【1級】　779,300 円 × 1.25 ＋子の加算

【2級】　779,300 円 ＋子の加算

(2)　子の加算

第1子・第2子　各　224,300 円

第3子以降　　　各　74,800 円

子とは次の者に限ります (国年法 33 条の 2)。

①　18 歳到達年度の末日 (3 月 31 日) を経過していない子

②　20 歳未満で障害等級 1 級又は 2 級の障害のある子

(3)　障害厚生年金の年金額

【1級】

(報酬比例の年金額) × 1.25 ＋〔配偶者の加給年金額 (224,300 円)〕

【2級】

(報酬比例の年金額) ＋〔配偶者の加給年金額 (224,300 円)〕

【3級】

(報酬比例の年金額) ※最低保障額　584,500 円

【障害手当金】 (一時金)

第4章　障害者支援のために知っておくべき年金の知識

（報酬比例の年金額）× 2　※最低保障額　1,169,000 円

※報酬比例の年金額とは：① + ②

①　平成 15 年 3 月 31 日までの期間

平均標準報酬月額× 7.125 ／ 1000 ×平成 15 年 3 月までの加入期間の月数

②　平成 15 年 4 月 1 日以降の期間

平均標準報酬額× 5.481 ／ 1000 ×平成 15 年 4 月以降の加入期間の月数

※被保険者期間の月数が全体で 300 月未満の場合は，300 月とみなして計算します。

※障害等級 1 級の障害厚生年金には，原則，障害等級 1 級の障害基礎年金が，障害等級 2 級の障害厚生年金には障害等級 2 級の障害基礎年金が併給されます（201 頁の《障害厚生年金》の図を参照）。

6　受給までの詳しい手続

(1)　障害年金を申請する場合，一般的な流れは下記のとおりです。

○被保険者記録の確認（保険料納付要件を確認）

初診日がいつなのかを病院に確認しておくとよいでしょう。

○受診状況等証明書の取得

初診の病院で取得します。

○診断書の取得（障害認定日から 3 か月以内の診断書又は現在の状態の診断書）

必要な枚数は請求方法や現症日，請求日により異なります。一般的には 1 〜 2 枚です。

○病歴・就労状況等申立書の作成

自身で作成します。発病の時期からどのように病状が進んでいったのか，その時の就労状況はどうであったのか，現在の生活状況などを記載します。

○住民票などの添付書類の準備

配偶者や子の有無などにより，必要な書類が違うので確認が必要です。

通帳や認印の他，戸籍謄本，住民票などは障害認定日以降に発行された過去6か月以内に発行されたもの（事後重症請求の場合は，過去1か月以内に発行されたもの）である必要があるため，有効期限に注意が必要です。

配偶者や子など，加算の対象者がいない場合は，住民票をマイナンバーで代用することも可能です。

○裁定請求書一式を提出

役所又は年金事務所にて提出となります。本人が提出できない場合は，委任状を添付し，また，書類の不備があれば訂正や追加提出します。提出する書類はコピーを取っておきましょう。

請求書の申請は予約が必要な場合があります。書類がそろったら提出する予定の年金事務所や役所に問い合わせてみてください。

○年金証書又は不支給決定通知書が届く

多くの場合，提出してから，おおよそ3か月半ほどで何かしらの決定通知が届きます。しかし，書類に不備があったり，病院への照会などがあった時などにはもう少し時間がかかることがあります。

(2) 決定内容に不服がある場合は審査請求へ

不支給となったり，決定された等級等，処分内容に不服がある場合は，処分があったことを知った日の翌日から起算して3か月以内に社会保険審査官に対し，審査請求をすることができます。さらにその内容に不服がある場合には再審査請求，行政事件訴訟をすることができます（詳細はQ 37を参照）。

7　障害の原因が労災だった場合の労災の給付の概要と，併給調整

(1) 労災給付の概要

業務上，又は通勤の際の病気やけがに対しては，労働者災害補償保険からの保険給付となります（療養補償給付，休業補償給付，障害補償給付，遺族補償給付，葬祭料，傷病補償年金及び介護補償給付等。以下，「労災」といいます）。

これらは労働者災害補償保険法1条に規定されているように「業務上の事由又は通勤による労働者の負傷，疾病，障害，死亡等に対して迅速かつ公正

第4章　障害者支援のために知っておくべき年金の知識

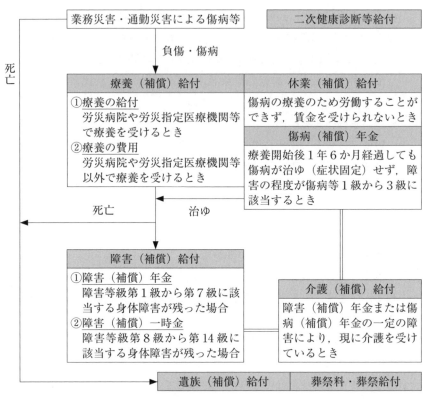

出典：高橋裕典『3訂版　はじめて手続きする人にもよくわかる障害年金の知識と請求手続ハンドブック』（日本法令・2016）226頁

な保護をするため，必要な保険給付を行い，あわせて，業務上の事由又は通勤により負傷し，又は疾病にかかった労働者の社会復帰の促進，当該労働者及びその遺族の援護，労働者の安全及び衛生の確保等を図り，もつて労働者の福祉の増進に寄与すること」が目的です。

(2) **障害年金と労災との併給調整**

障害の原因が労災であった場合，労災からの給付と障害年金を同時に受給できる場合があります。このような場合は，原則として障害年金が全額支給され，労災は一部減額されます。ただし，20歳前の障害基礎年金・障害手

当金の場合は取扱いが異なりますので注意が必要です。

《労災年金と厚生年金等の調整率》

労災年金		障害補償年金 障害年金	遺族補償年金 遺族年金
社会保険の種類	併給される年金給付		
厚生年金及び国民年金	障害厚生年金及び障害基礎年金	0.73	—
	遺族厚生年金及び遺族基礎年金	—	0.80
厚生年金	障害厚生年金	0.83	—
	遺族厚生年金	—	0.84
国民年金	障害基礎年金	0.88	—
	遺族基礎年金	—	0.88

出典：厚生労働省ホームページ
（http://www.mhlw.go.jp/bunya/roudoukijun/faq_kijyungyosei46.html）

28　障害厚生年金と傷病手当金の関係

Q 私の父（63歳）は会社員であった1年前に脳梗塞で倒れ，緊急入院となりました。半年ほどで退院し，今は自宅に戻っていますが，右半身の麻痺がかなり残っており，仕事には行けないため，退職になりました。現在は健康保険から傷病手当金をもらいながら何とか生活していますが，それもしばらくしたらもらえなくなると聞きました。父は障害年金をもらうことができるでしょうか。

A 障害年金の要件さえ満たせば障害年金を受給できます。お父さんは会社員時代に初診日があるので，障害厚生年金（障害等級が1級，2級であれば障害基礎年金も受給）の請求ができます。しかも脳梗塞で手足に麻痺が残っている状態で症状固定されているのであれば，認定日の特例として，1年6か月を待たずに請求できます。

傷病手当金は支給開始の日から1年6か月間受給できますが，それ以降の収入を確保するため障害年金申請の準備を進める必要がありま

第4章　障害者支援のために知っておくべき年金の知識

す。障害年金の受給決定は申請から数か月かかるので，申請が遅れると傷病手当金から障害年金の受給の間に収入が途切れるかもしれないことにも注意が必要です。

解　説

1　傷病手当金の概要

傷病手当金は健康保険から給付されるもので，業務外での病気やけがで療養中のときの所得保障です（国民健康保険には傷病手当はありません）。

(1)　傷病手当金の受給要件

以下の条件を全て満たすときに，「傷病手当金」を受給することができます。

① 業務外の病気やけがで療養中であること。療養のため労務不能であること（業務上であれば労災での保障となります）。

② 連続した3日間を含み，4日以上仕事を休んでいること（4日目から1

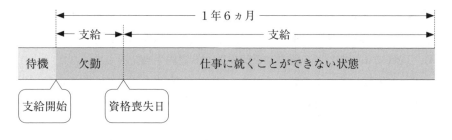

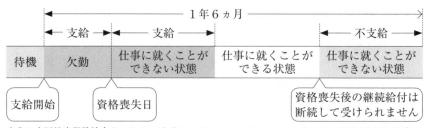

出典：全国健康保険協会ホームページ（https://www.kyoukaikenpo.or.jp/g3/cat310/sb3040/r139）

年6か月の間に労務に服することができない期間が支給対象です)。

③　給与の支払がないこと。ただし，給与が傷病手当より少ない場合は，傷病手当金から給与支給分を減額して支給されます。

傷病者手当金の支給金額は平成28年4月より支給開始の過去1年分の標準報酬の平均額の3分の2に相当する金額となります。

(2)　退職後に「傷病手当金」を受給する場合

退職日までに1年以上継続した被保険者期間があれば，退職後でも受給できます。しかし，退職日に出勤したり，退職後に1度でも労働をすると，その後いくら体調が悪化して労働ができなくなっても受給の資格がなくなりますので注意が必要です（退職前であればその後再び労務不能となったときに請求できます）。

2　傷病手当金と障害年金の併給調整

(1)　支給事由が同じ障害厚生年金と傷病手当金は同時に受け取ることができません。ただし，支給事由が異なる場合は併給することができます。例えば脳梗塞で傷病手当金を受給中に人工透析になり，透析を理由に障害厚生年金を受給する場合，障害厚生年金と傷病手当金は併給されます。

しかし，脳梗塞で傷病手当金を受給中に同じ脳梗塞により障害厚生年金を受給する場合は，傷病手当金と障害年金は併給できずに支給調整されます（障害基礎年金のみの場合は支給調整されません）。

傷病手当金の日額と障害厚生年金の額を360で割った額（1円未満切り捨て）とを比較して，傷病手当金の方が多ければその差額が傷病手当金として支給されます。また，障害厚生年金の金額の方が多ければ傷病手当金は支給されません。

(2)　雇用保険の基本手当（失業保険）は障害年金と併給可能

傷病手当金は労働ができない期間の所得保障ですが，雇用保険の基本手当は症状が落ち着いて，労働が可能となったときに仕事を探すことができるときの所得保障です。

傷病手当金が切れる前に労働可能となった時点で傷病手当金は受給できな

第4章　障害者支援のために知っておくべき年金の知識

（例）傷病手当金日額 6,000 円，障害厚生年金額 180 万円

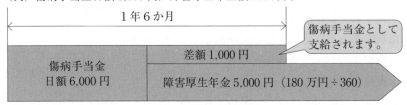

(注) 同一の傷病により，障害厚生年金と，障害基礎年金の両方を受給することができるときは，その合算額

（例）傷病手当金日額 4,000 円，老齢厚生年金額 180 万円

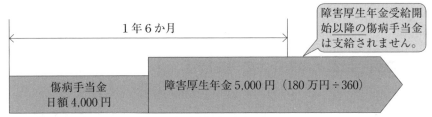

(注) 同一の傷病により，障害厚生年金と，障害基礎年金の両方を受給することができるときは，その合算額

出典：全国健康保険協会ホームページ
（http://www.kyoukaikenpo.or.jp/~/media/Files/ehime/public/kyuhu/syobyoteatetonenkin.pdf）

くなり，現在の身体の状態でもできる仕事を探しながら雇用保険の失業給付の受給を申請することができます（雇保法10条）。

ただし失業給付の受給可能期間は基本的に退職後1年以内となっています（雇保法20条1項1号）。

そのため，病気やけがなどの理由ですぐに請求できないときには，雇用保険の基本手当の受給期間延長の手続をしておかなければ，受給できなくなることがあります。この受給期間延長の手続は退職後30日後から1か月以内という短い期間しか申請できませんので，申請される場合は退職後，ハローワークで必要書類などの確認をした上で，申請期間になった時点で早めに手

続をしてください。

3　障害認定日の特例

⑴　障害年金は基本的に初診日から1年6か月後を障害認定日としてそのときの障害の状態を基準に受給の可否を判断します。

　しかし，一部の病気やけがについては障害認定日を初めて医師の診察を受けた日から1年6か月より前に障害認定日とすることができます。これを障害認定日の特例といいます。

　障害認定日の特例は以下のようなものがあります。

①　人工透析療法を行っている場合は，透析を初めて受けた日から起算して3か月を経過した日

②　人工骨頭又は人工関節を挿入置換した場合は，挿入置換した日

③　心臓ペースメーカー，植え込み型除細動器（ICD）又は人工弁を装着した場合は，装着した日

④　人工肛門の造設，尿路変更術を施術した場合は，造設又は手術を施した日から起算して6か月を経過した日

⑤　新膀胱を造設した場合は，造設した日

⑥　切断又は離断による肢体の障害は，原則として切断又は離断した日
（障害手当金又は旧法（昭和61年法律第21号施行前の国民年金法及び厚生年金保険法）の場合は，創面が治癒した日）

⑦　喉頭全摘出の場合は，全摘出した日

⑧　在宅酸素療法を行っている場合は，在宅酸素療法を開始した日

⑨　脳血管障害は初診日から6か月以上経過した日に症状固定が認められるときはその日

⑵　これらは，あくまで初診日から1年6か月より前にこの状態になった日に特例として障害認定日とすることができるということです。

　1年6か月より後に，このような状態になった時には，通常どおり，初診日から1年6か月後が障害認定日となります。その後症状が悪化してこれらの状態になった場合は事後重症（国年法30条の2，厚年法47条の2）として請

219

第 4 章　障害者支援のために知っておくべき年金の知識

求することになります。

　※例　初診日から 1 年 6 か月経過後に人工透析治療を開始された人の場合，
　　　　3 か月待つ必要はなく，事後重症請求としてすぐに請求できます。

29　初診日や障害認定日の診断書が取れない場合の対応

Q　　私の娘は遠方の大学に 1 人暮らしをして通学していましたが，卒業間際になって様子がおかしくなり，最後の審判の日が近い等と教授に訴えたりして，結局，留年してしまいました。何年か留年しながら卒業論文を書こうとがんばっていましたが，結局退学となりました。25 歳の時に実家に連れて帰り，精神科病院に連れて行ったところ，統合失調症との診断を受けました。症状が出始めた頃に，しばらく心療内科に連れて行ってましたが，いまは廃業してしまって，初診日の証明や認定日の診断書が取れませんし，障害認定日である 1 年 6 か月後の診断書も取れない状態です。できれば障害年金の請求をしたいのですが，できるでしょうか。

A　　医師による初診の証明（受診状況等診断書）や診断書が取れない場合，初診日の参考となる資料を用意します。この方の場合，最初の病院での初診日の証明は取れなくても，その他の方法で初診日の証明をできないか考えることになります。その上で初診日の前日において，保険料納付要件を満たせば事後重症として請求することが可能です。しかし，初診日から 1 年 6 か月の認定日（以降 3 か月以内）の診断書が取れない場合，基本的に事後重症請求となります。

220

29　初診日や障害認定日の診断書が取れない場合の対応

解　説

1　初診日とは

　初診日とは，障害の原因となった症状で初めて医師又は歯科医師にかかった日のことです（国民年金法 30 条，厚生年金保険法 47 条）。

　これは診断名が確定していなくても，誤診であっても，初めて医師にかかった日が初診日となります。障害年金請求では，この日付を使用して，どの制度に加入していたか，そしてその日の前日までに保険料をどれだけ支払っていたかを確認しますので，初診日の日付は，受給権の有無や適用される制度を左右する大変重要な日付ということになります。

　非常に重要な日付であるがゆえに，初診日を特定するのに必要な証拠が足りていない場合は，書類不備として年金機構の認定部署から戻ってきてしまったり，初診日か確認できないとして却下処分されることもあります。障害年金において，初診日は非常に重要な意味を持つのです。

2　初診日の証明が取得できない場合の対応

　病院のカルテの保存義務は 5 年ですので，受診から 5 年以上経ったときや，廃院の場合，医師から初診日の証明が取れない場合があります。病院側からすればカルテがない以上，証明はできないということになりますが，例えば，受診受付簿に名前が残っていることがあります。この場合，カルテにはないが，受付簿に残っていた，ということだけでも証明してもらえると有力な証拠となり得ます。

　また，病院にカルテが残っていない場合，第三者証明ができないか検討します。この証明は，3 親等の親族以外の者が，どの時期に，どの医療機関にかかっていたかを証明するものです。例えば，「小学生のときに心臓が悪く体育を見学していた。その後入院して学校を休んでいたので，みんなでお見舞いに行った。」というような形でもかまいません。第三者の方が覚えている限りのことを記載していただき，確かに当時，受診していたということを証明してもらいます。

221

第4章　障害者支援のために知っておくべき年金の知識

これは複数，最低2名以上とされていますので注意が必要です。

また，以前は第三者証明は20歳前の障害年金にしか適用されていませんでした。そのため，20歳以降に初診日がある場合，第三者証明などが認められておらず，初診日が確認できずに不支給となっていたことが多々あると思われます。しかし，平成27年10月から初診日の証明の取扱いが変更されました（平成27年9月28日年管管0928第6号）ので，以前不支給であった人も，第三者証明が取れれば支給される可能性が出てきました。前に請求したけれど不支給だった，という人は一度調べてみる価値があるかもしれません。

ただし，民法上の3親等以内の親族は第三者になれません。

設問の場合，初診日の証明や認定日の診断書が取得できないので，大学時代の友人や先生に証明をしてもらうようお願いしてみましょう。また，健康保険のレセプト開示を請求することで，受診していたことの証明になることがあります。他にも，最初の病院の領収書やお薬手帳，薬局の記録等々，思わぬところから初診日が証明できることもあります。カルテがない場合の初診日の証明は非常に大変ですが，諦めずに証拠を探し続けることが大切です。

3　認定日請求と事後重症請求

障害年金は，大きく分けて2つの請求の方法があります。

(1)　認定日請求

ア　認定日とは，基本的に初診日から1年6か月後です（特例あり。219頁参照）。この日の障害の状態で請求することを認定日請求といいます。認定日請求は，認定日から3か月以内の診断書を添付して請求します。このときに受診をしてなかったり，カルテがないなどの理由で診断書を取得できない場合は，基本的に認定日の請求ができません。そのような時には事後重症請求をせざるを得ず，障害年金請求日の翌月分からしか年金を受給することができません。

※認定日については，病気，けがによっては1年6か月より前に認定日があることもあります。詳しくは，Q28をご参照ください。

※知的障害の場合，初診日は産まれた日，認定日は20歳に達した日（20

222

歳誕生日の前日）となっています。詳しくは，Ｑ30 をご参照ください。

　イ　必要な診断書の種類

　　障害認定日から３か月以内の現症のものです。

　　ただし，20 歳前障害の場合，20 歳に達した日の前３か月以内の診断
　書でもかまいません（障害認定日と年金請求日が１年以上離れている場合は，直
　近の診断書（年金請求日前３か月以内の現症のもの）も併せて必要となります）。

(2)　事後重症請求

　事後重症請求とは，認定日より後の障害の状態をもって請求する方法です。

　認定日は障害の状態が軽かったが，後から障害の状態がひどくなった場合
や，認定日の診断書が取得できないなど，理由は様々です。事後重症は請求
した月の翌月からの支給となります。つまり，請求が１か月遅れると１か月
分受給も遅れるのです。障害の状態がひどくなったのであれば，できるだけ
早く請求する必要があります。

(3)　遡及請求

　認定日より後に，認定日からの受給と事後重症請求を同時にすることを遡
及請求といいます。

　ただし，認定日請求が認められてもいくらでも遡れるわけではありません。
時効（国年法 102 条，厚年法 92 条）の関係で５年分しか遡及できないことに
なっています。例えば，８年前の認定日当時の診断書を提出しても，３年分
は時効により権利が消滅し受給することはできません。５年分のみ支給とい
うことが起こり得るのです。

　遡及請求をしても全てが認定されるとは限りません。認定日３級，事後重
症２級など，等級が違うこともありますし，認定日は不支給，事後重症２級
ということもあり得ます。

　設問の場合，認定日の診断書が取れないのであれば，残念ながら認定日請
求も遡及請求もできません。できるだけ早い時期に事後重症請求をするよう
にしたいものです。

　　※診断名が知的障害であれば認定日の診断書がなくても遡及できる場合が
　　あります（→Ｑ48）。

第4章　障害者支援のために知っておくべき年金の知識

《認定日請求（認定されれば認定日の翌月から支給）》
20歳前認定日請求

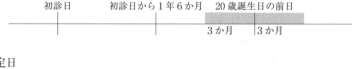

20歳後に認定日

事後重症請求（認定されれば請求日の翌月から支給）

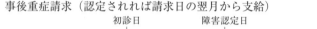

認定日から1年以上

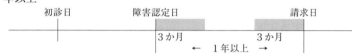

※初診日の病院と診断書記載の病院が違う場合，初診日の証明（受診状況等証明書）が必要です（知的障害の場合は不要）。

30　保険料納付要件を満たさない場合の対応

Q 私は民生委員をしていますが，近所にひきこもりの30代の男性がいて，彼の親から経済的にしんどいという相談を受けています。彼は，10代の頃から不登校で，なかなか働こうとせず，生活の全てを親が支えています。親御さんも生活が苦しくて，なかなか病院にも連れて行けず，国民年金の保険料も20歳からずっと支払わずにほったらかしになっているようです。私が会ってみたところ，なんとなく知的障害を抱えているように感じられますし，今後の生活費のことを考えると障害年金を申請した方がいいと思うのですが，今から障害年金を請求することはできるのでしょうか。また遡って年金

30 保険料納付要件を満たさない場合の対応

を請求することは可能ですか。

 知的障害がある場合，初診日は産まれた日，認定日は20歳に達した日とされていますので，国民年金の保険料を支払っていなくても，20歳前の障害ということで障害年金の請求は可能です。また，知的障害の場合，現在の診断書等で20歳当時の障害の状態が確認できるのであれば，20歳当時から遡って請求することが可能です。しかし，この方は30歳代ということですので，もし20歳当時からの受給が認められたとしても，5年分しか遡ることができません。また，診断書がない中での遡及請求は非常に難しいため，事後重症としてしか認められない可能性が高いかと思われます。

　また，診察の結果，知的障害ではなく，発達障害や鬱病，その他の病気が原因であった場合は，保険料納付要件及び初診日要件が問われることになり，障害認定日も初診日から1年6か月後となります。この場合は，初診日の前日において保険料納付要件を満たしている必要があります。

解 説

1 国民年金保険料の滞納と保険料納付要件

　自営業や学生など国民年金第1号被保険者（→Q 25）の方は，国民年金保険料を自身で納付（又は免除若しくは猶予）しなければなりません（国年法88条。設問の息子さんも第1号被保険者ではないかと思われます）。

　第1号被保険者であるときに保険料を納めなければならないのに，免除申請もせずに納めていなかった（又は，免除申請していても却下又は一部しか認められず，保険料を納付していなかった）期間を，保険料未納期間といいます。

　この未納期間があると，障害年金の保険料納付要件（→Q 27）を満たさなくなる可能性があります。もし満たしていなかった場合，どれだけ障害の状態が重くても，障害年金を受給できません。

225

第4章　障害者支援のために知っておくべき年金の知識

ただし，国内に住所を有していない場合など，保険料を納付する義務がない場合は合算対象期間となり，未納とは取扱いが異なります。

2　20歳前障害の場合の保険料納付要件

障害の原因になった病気やけがにより初めて受診した日（初診日）が20歳に達する日（20歳誕生日の前日）より前である場合は，そもそも保険料を納付する義務がありません。そのため保険料納付要件は問われません。初診日の証明と障害の状態でのみ受給の可否が判断されることになります（ただし，20歳より前に初診日があるという証明が必要となります）。

20歳になるより前に初診日がある方は，20歳前障害による請求になります（国年法30条の4）。

※20歳前でも，初診日に厚生年金に加入していた場合は，障害厚生年金での請求となります。

3　初診日に保険料納付要件を満たしていない場合

(1)　判明した初診日は，本当にその日が初診日か慎重に検討します。特に初診日が20歳前であれば，保険料納付要件が問われませんので，納付要件を満たせない時には，20歳前に受診がないか，相当因果関係や社会的治癒がないか等（228，230頁）もう一度検討します。

(2)　先天性の知的障害の場合は，産まれた日が初診日となりますので，初診日を証明する必要もありません。しかし，発達障害は通常の障害と同じく，初診日の証明や納付要件が必要となりますので，混同しないよう注意が必要です。また，先天性であっても初診日の証明や納付要件を満たす必要がある場合もありますので，これも注意が必要です（先天性股関節脱臼など）。

4　20 歳前障害の場合の遡及適用の可否

　知的障害は 20 歳に達した日（20 歳誕生日の前日）が障害認定日となります。しかし，知的障害の場合，多くは治療する必要がないため病院にかかっていないことが多く，20 歳当時，病院にかかっていなかったため，当時の診断書が取得できないことが多く見受けられます。当時の診断書がなくても知的障害の現症状や手帳取得時の診断書などで障害認定日の状態等が明らかに判断できる場合には，障害認定日（20 歳到達日）まで遡って認定できることがあります。しかし，これはあくまで，当時の状態が明らかに確認できる場合となっており，知的障害だから必ず遡及できるというものではありません。

31　傷病の同一性の問題

Q　私は，大学時代に，健康診断で尿検査を受けた際にたんぱく尿であることを指摘され，病院で精密検査を受けるように指示されました。しかし，その時は自覚症状も無かったのでその指示には従いませんでした。その後働き始めてから 10 年くらいして，全身に倦怠感があり，むくみもひどく，朝起きるのもしんどくなってしまったので病院に行くと，ネフローゼ症候群という診断でした。それでも治療せずに放置していたところ，さらに症状が進行し，吐き気や頭痛，尿量の減少などがあり，仕事を辞めてからまた医者に行ったところ，末期の慢性腎不全になっているので，透析が必要だと言われました。最初にたんぱく尿を指摘されたときが初診日だとすると，その時には国民年金保険料を支払っていなかったのですが，それでも障害年金は申請できるのでしょうか。また症状が出始めたのはまだ会社に勤めていた頃なので，私は障害厚生年金を請求できるでしょうか。

　腎臓の病気になった人の中には，学生時代など若い頃から健康診断などで尿たんぱくを指摘されていた方がいます。以

227

第4章　障害者支援のために知っておくべき年金の知識

　前は，そのような若い頃の健康診断の日が初診日とされており，あまりに昔のことであったがために初診日の証明ができず不支給，又は申請すらできないことがよくありました。しかし平成27年10月から初診日の取扱いが変更され，基本的に健康診断の日を初診日とはしないこととなりました（平成27年9月28日年管管0928第6号　第3の3「健診日の取扱いについて」）。そのため，現在では設問のような場合，働き始めて10年後の倦怠感のため病院を受診した日が初診日となります。その日が社会保険加入中で，保険料納付要件を満たしていれば障害厚生年金として請求することが可能です。

　また，以前このような初診日が証明できないといった問題で受給できなかった人も，その後体調の悪化で初めて受診した日を初診日として障害年金を受給できるようになる可能性があります。

解　説

1　傷病の同一性，相当因果関係

(1)　初診日を特定する際に用いられる考え方になります。

「前の疾病又は負傷がなかったならば後の疾病が起こらなかったであろう関係」を「相当因果関係」といいます。そして，相当因果関係が認められる前後の傷病は，基本的に同一の傷病として取り扱います。

　この考え方は初診日の特定をするために大変重要となります。

　例えば，糖尿病になって相当期間が経過した後，糖尿病性腎症となることがあります。そのような場合，腎臓の不調で初めて病院にかかった日が初診日となるわけではありません。あくまで，糖尿病が原因で腎症となったわけですから，糖尿病の初診日を糖尿病性の初診日として取り扱うことになります。

(2)　相当因果関係の例示

　具体例として，以下のものが挙げられます。

　ア　「相当因果関係あり」

228

○糖尿病と糖尿病性網膜症又は糖尿病性腎症，糖尿病性神経障害，糖尿病性動脈閉塞症等は，相当因果関係ありとして取り扱う。

○糸球体腎炎（ネフローゼ含む），多発性のう胞腎，腎盂腎炎に罹患し，その後慢性腎不全を生じたものは，両者の期間が長いものであっても，相当因果関係ありとして取り扱う。

○肝炎と肝硬変は，相当因果関係ありとして取り扱う。

○結核の化学療法による副作用として聴力障害を生じた場合は，相当因果関係ありとして取り扱う。

○手術等による輸血により肝炎を併発した場合は，相当因果関係ありとして取り扱う。

○ステロイドの投薬による副作用で大腿骨頭壊死が生じた場合は，相当因果関係ありとして取り扱う。

○事故又は脳血管疾患による精神障害がある場合は，相当因果関係ありとして取り扱う。

○肺疾患に罹患し手術を行い，その後，呼吸不全を生じたものは，肺手術と呼吸不全発生までの期間が長いものであっても，相当因果関係ありとして取り扱う。

○転移性悪性新生物（ガン）は，原発とされるものと組織上一致するか否かで判断し，転移であることを確認できたものは，相当因果関係ありとして取り扱う。

　　例：胃がんの人に，新たに腎臓がんが見つかり人工膀胱になった場合，人工膀胱を理由として障害年金の申請をする場合は，転移があれば，胃がんの初診日，なければ腎臓がんの初診日を初診日として，初診日要件，保険料納付要件を考えます。

イ　「相当因果関係なし」

（医学的所見上，因果関係があったとしても，社会保険としては相当因果関係なしとして取り扱われるもの）

○高血圧と脳内出血又は脳梗塞は，相当因果関係なしとして取り扱う。

○糖尿病と脳内出血又は脳梗塞は，相当因果関係なしとして取り扱う。

第4章　障害者支援のために知っておくべき年金の知識

　　○近視と黄斑部変性，網膜剥離又は視神経萎縮は，相当因果関係なしと
　　　して取り扱う。
(3)　設問の場合，ネフローゼ症候群から慢性腎不全となり，透析になったと
いうことですから，これは相当因果関係があるとされています。ネフローゼ
や糖尿病など，長い期間かけて悪化することが多い病気は，初診日が数年，
場合によっては何十年も前になってしまい，初診日の証明が非常に難しくな
ることがあり，注意が必要です。

2　社会的治癒

(1)　設問の場合，健康診断の日だけで，その後病院を受診していないので，
10年後の初めての病院受診日が初診日となります。しかし，もし健康診断
を受けた当時，病院で受診していればその日が初診日となっていました。
　　ただし，その後，治療がなく，社会生活を問題なく一定期間過ごしていれ
ば，社会的治癒を申し立てることができ，その後の体調悪化して受診した日
を初診日として障害年金を請求することが可能です。これは，医学的治癒と
は根本的に考え方が異なります。症状がないので病院に通院していなかった
人が，カルテ破棄などの理由で初診日の証明ができず，不支給となることを
救済することを目的として導入された考え方です。
　　※「いわゆる社会的治癒の法理は，傷病が外見上治癒したと見える期間が
　　　相当の長さにわたり継続した場合に，被保険者のその事実に対する信頼
　　　を保護して救済を与える趣旨のもとに考案されたものであって，保険者
　　　が被保険者の受給権を否定するための根拠として援用することはその趣
　　　旨に反し，許されないところというべきである」（『社会保険審査会裁決集
　　　―国民年金関係　平成18年版』（厚生労働省保険局総務課社会保険審査調整室・
　　　2006年）45頁）。
(2)　社会的治癒が認められた時には，医学的には治癒していないとされる場
合でも，過去の傷病と，新しく発生した傷病は別傷病として取り扱われるこ
とになります。そのため，再び受診した日の保険料納付要件や，初診日要件
なども問われることとなるので注意が必要です。

(3) 社会的治癒における一定期間とは

　実は何年，とは明確に規定されているわけではありません。もちろん複数年単位での無症状の期間が必要ですが，これは法律として規定されているものではないため，治癒した期間がどの程度を指すものであるのかは，明確には規定されていません。病状や就労状況など含め個別に判断されており，おおむね5年以上，傷病によっては10年以上の治癒期間が求められていることもあるようです。

3　初診日の検討

　病気の状況により，相当因果関係，社会的治癒などの考え方を勘案した上で，初診日がいつなのかを検討しなければなりません。初診日と考えられる日では保険料納付要件を満たしていない場合や，初診日を証明できない場合でも，これらの考え方を含めて検討した結果，請求が可能となることもありますし，逆のことも考えられます。制度が違う場合（国民年金・厚生年金）には給付される金額が変わったりすることも考えられます。相当因果関係の有無などは医師に確認が必要となる場合もあります。このように初診日は慎重に検討しなければなりません。

4　特別障害給付金

(1)　Q 27でも触れたように，障害年金において初診日はとても重要な意味を持ちます。

　しかし，年金の歴史を紐解くと，平成3年3月31日以前の学生は，国民年金任意加入でよいという時期があります。その時期に初診日がある場合，任意であるにもかかわらず，保険料を納付していなかったという理由で保険料納付要件が満たせず，障害年金が支給されないということがありました。これはあまりにも酷な状態といえます。

　このような状況の中，学生無年金障害者が2001年，全国9か所の地方裁判所で提訴し，東京では原告1人当たり500万円の国家賠償が第1審（東京地判平成16年3月24日判タ1148号94頁）では認められました（ただし，その後の

第 4 章　障害者支援のために知っておくべき年金の知識

控訴審・上告審では請求が棄却されています）。

このような国民年金制度の発展過程において生じた特別な事情に鑑み，福祉的措置として平成 17 年 4 月 1 日より「特別障害給付金制度」が施行されました（平成 16 年法律第 166 号「特定障害者に対する特別障害給付金に関する法律」）。

(2)　特別障害給付金の支給の対象者

①　平成 3 年 3 月以前に国民年金任意加入対象であった学生

②　昭和 61 年 3 月以前に国民年金任意加入対象であった被用者等の配偶者

上記任意加入していなかった期間に初診日があり，65 歳に達する日の前日までに障害等級 1 級，2 級の状態に該当し，請求することが要件となります。

※ 20 歳前障害の障害基礎年金と同様に所得制限を受けます。

例：受給権者本人の所得が扶養親族 0 人の場合

462 万 1000 円以上　→　全額支給停止

360 万 4000 円以上　→　半額支給停止

基本的に扶養親族が 1 人増えるごとに 38 万円増えます。

※遡及はできず，請求月の翌月分から支給されます。

(3)　金額

①　障害基礎年金 1 級相当に該当する人：平成 28 年度基本月額 5 万 1450 円（2 級の 1.25 倍）

②　障害基礎年金 2 級相当に該当する人：平成 28 年度基本月額 4 万 1160 円

《合算対象期間（カラ期間）ってなに？》

　老齢年金を受給するためには，原則として保険料納付済期間と免除期間が合算して 25 年以上（平成 29 年 9 月分からは 10 年以上）なければ受給権がありません（国年法 26 条，厚年法 42 条）が，この期間を満たせない時は，以下に記載した条件を満たしている期間を受給資格期間として反映します（この期間は老齢年金の資格期間を見るものとしてはカウントしますが，年金額には反映されません）。

232

31　傷病の同一性の問題

　障害年金においては，合算対象期間は保険料納付要件の3分の2要件をみるときには，分母からも分子からも除かれます。

　直近1年要件をみるときは未納期間ではない期間となります。

　初診日以前に合算対象期間があるときには，保険料納付要件の計算が変わってきます。納付要件を満たさないと思っていたが，実は満たしていたということも考えられるため，注意が必要です。

　主な合算対象期間は次の期間です。

　※は20歳以上60歳未満の期間に限ります。

〈昭和61年4月1日以後の期間〉

①　日本人であって海外に居住していた期間のうち国民年金に任意加入しなかった期間※

②　平成3年3月までの学生（夜間制，通信制を除き，年金法上に規定された各種学校を含む）であって国民年金に任意加入しなかった期間※

③　第2号被保険者としての被保険者期間のうち20歳未満の期間又は60歳以上の期間

④　任意加入したが保険料が未納となっている期間（全て20歳以上60歳未満の期間が対象）

〈昭和36年4月1日から昭和61年3月31日までの期間〉

⑤　厚生年金保険，船員保険及び共済組合の加入者の配偶者で国民年金に任意加入しなかった期間※

⑥　被用者年金制度等から支給される老齢（退職）年金受給権者とその配偶者，老齢（退職）年金の受給資格期間を満たした人とその配偶者，障害年金受給権者とその配偶者，遺族年金受給権者で国民年金に任意加入しなかった期間※

⑦　学生（夜間制，通信制，各種学校を除く）であって国民年金に任意加入しなかった期間※

⑧　昭和36年4月以降の国会議員であった期間※

⑨　昭和37年12月以降の地方議員であった期間※

⑩　日本国籍を取得した方，又は，永住の許可がされた方の取得・許可前の期間であって昭和56年12月までの在日期間※

⑪　日本人であって海外に居住していた期間※

⑫　厚生年金保険・船員保険の脱退手当金を受けた期間（昭和61年4月から65歳に達する日の前月までの間に保険料納付済期間（免除期間を含む）がある人に限る）

⑬　国民年金の任意脱退の承認を受けて，国民年金の被保険者にならなかった期間※

⑭　厚生年金保険，船員保険の被保険者及び共済組合の組合員期間のうち，20歳未満の期間又は60歳以上の期間

⑮　任意加入したが保険料が未納となっている期間（全て20歳以上60歳未満

233

第4章　障害者支援のために知っておくべき年金の知識

の期間が対象）

〈昭和 36 年 3 月 31 日以前の期間〉

⑯　厚生年金保険・船員保険の被保険者期間（昭和 36 年 4 月以後に公的年金
　加入期間がある場合に限る）

⑰　共済組合の組合員期間（昭和 36 年 4 月以後に引き続いている場合に限る）

32　障害の程度が重くなった場合の併合認定

Q　　　私の息子は，もともと軽度の知的障害があり，障害等級2
　　　　級の障害基礎年金を受け取っていました。その後，障害者枠
で清掃会社に雇用されて厚生年金に加入しながら働いていましたが，
糖尿病が悪化し，視力が下がって矯正視力が右 0.02，左 0.04 まで
落ちてしまいました。そこで，障害厚生年金の請求をしようと思うの
ですが，この場合，何級の年金をもらうことができるでしょうか。

A　　　知的障害で障害基礎年金における障害等級2級の方に新た
　　　　に目の障害が発生した時には，2つの障害を合わせてどれく
らいの障害の状態になったのかをみます。設問のような知的障害と糖
尿病性網膜症のような場合には，併合認定という手法が用いられ，併
合1級となる可能性があります。糖尿病の初診日が厚生年金加入中で
あれば，障害基礎年金2級と障害厚生年金2級の併合となり，障害厚
生年金1級となる可能性があります。

　なお，申請する際には糖尿病の初診日の証明，及び納付要件が満た
されているのか，認定日が到来しているのかという確認も必要となり
ます。

32　障害の程度が重くなった場合の併合認定

解　説

1　障害年金の併合認定

　前発障害と後発障害，それぞれに障害年金の要件を満たす必要があります。

　そのため，この例では，前発障害の知的障害は問題がないものの，後発障害の糖尿病の初診日証明，そしてその時の保険料納付要件が満たされているのかを確認しなければなりません。

　それらが満たされた上で，障害の状態を障害認定基準の併合判定表に当てはめ，上位等級になるかどうかが判断されます。

　※２つ以上の障害があるときには，①併合認定のほかにも，②総合認定（総合的に認定されるもの），③差引認定（前発障害と同一部位に後発障害が生じた場合，後発障害から前発障害の程度を差し引き認定される認定方法）の３種類があります。

2　額改定請求・支給停止解除

(1)　障害年金を受給している人が，同一傷病により症状がひどくなった場合，上位の等級に変更してほしいという請求を額改定請求といいます（国年法 34 条，厚年法 52 条）。これは，遡って請求することはできず，請求した日の翌月分から受給額が変更されます。

　額改定請求は，請求できる時期が決まっています。請求できる時期は，受給権取得日又は厚生労働大臣の診査日から起算して１年以上経過した日後でなければ行うことができません。ただし，有期固定による診断書提出月に提出した診断書で等級が変更されなかった場合は，新たに処分決定がされていないものとして当該１年制限は適用されず，いつでも額改定請求をすることが可能です。

(2)　障害の状態が軽減し，一度障害年金の支給を停止された人が，再び障害の状態が増進した時に再度支給を受けたいという場合は，診断書と支給停止事由消滅届（国年規 35 条）を提出し，再度の支給を申請します。これは，障害年金を失権するまでの間，いつでも請求することができます。また，悪化

第4章　障害者支援のために知っておくべき年金の知識

《併合判定参考表》

障害の程度	番号	区分	障害の状態
1級	1号	1	両眼が失明したもの
		2	両耳の平均純音聴力レベル値が100デシベル以上のもの
		3	両上肢を肘関節以上で欠くもの
		4	両上肢の用を全く廃したもの
		5	両下肢を膝関節以上で欠くもの
		6	両下肢の用を全く廃したもの
		7	体幹の機能に座っていることができない程度又は立ち上がることができない程度の障害を有するもの
		8	身体の機能の障害又は長期にわたる安静を必要とする病状が日常生活の用を弁ずることを不能ならしめる程度のもの
		9	精神の障害で日常生活の用を弁ずることを不能ならしめる程度のもの
		10	両眼の視力の和が0.04以下のもの
		11	両上肢のすべての指を基部から欠き，有効長が0のもの
		12	両上肢のすべての指の用を全く廃したもの
		13	両下肢を足関節以上で欠くもの
2級	2号	1	両眼の視力の和が0.05以上0.08以下のもの
		2	平衡機能に著しい障害を有するもの
		3	そしゃくの機能を欠くもの
		4	音声又は言語の機能に著しい障害を有するもの
		5	両上肢のすべての指を近位指節間関節（おや指にあっては指節間関節）以上で欠くもの
		6	体幹の機能に歩くことができない程度の障害を有するもの
	3号	1	両耳の平均純音聴力レベル値が90デシベル以上のもの
		2	両耳の平均純音聴力レベル値が80デシベル以上で，かつ，最良語音明瞭度が30％以下のもの
		3	両上肢のすべての指の用を廃したもの
		4	両上肢のおや指及びひとさし指又は中指を基部から欠き，有効長が0のもの
		5	両上肢のおや指及びひとさし指又は中指の用を全く廃したもの

32 障害の程度が重くなった場合の併合認定

		6	両下肢をリスフラン関節以上で欠くもの
2級	4号	1	一上肢のすべての指を基部から欠き，有効長が0のもの
		2	一上肢の用を全く廃したもの
		3	一上肢のすべての指の用を全く廃したもの
		4	両下肢の10趾を中足趾節関節以上で欠くもの
		5	一下肢の用を全く廃したもの
		6	一下肢を足関節以上で欠くもの
		7	身体の機能の障害又は長期にわたる安静を必要とする病状が，日常生活が著しい制限を受けるか，又は日常生活に著しい制限を加えることを必要とする程度のもの
		8	精神の障害で日常生活が著しい制限を受けるか，又は日常生活に著しい制限を加えることを必要とする程度のもの
3級	5号	1	両眼の視力がそれぞれ0.06以下のもの
		2	一眼の視力が0.02以下に減じ，かつ，他眼の視力が0.1以下に減じたもの
		3	両耳の平均純音聴力レベル値が80デシベル以上のもの
		4	両耳の平均純音聴力レベル値が50デシベル以上80デシベル未満で，かつ，最良語音明瞭度が30%以下のもの
	6号	1	両眼の視力が0.1以下に減じたもの
		2	そしゃく又は言語の機能に相当程度の障害を残すもの
		3	脊柱の機能に著しい障害を残すもの
		4	一上肢の3大関節のうち，2関節の用を廃したもの
		5	一下肢の3大関節のうち，2関節の用を廃したもの
		6	両上肢のおや指を基部から欠き，有効長が0のもの
		7	一上肢の5指又はおや指及びひとさし指を併せ一上肢の4指を近位指節間関節（おや指にあっては指節間関節）以上で欠くもの
		8	一上肢のすべての指の用を廃したもの
		9	一上肢のおや指及びひとさし指を基部から欠き，有効長が0のもの
	7号	1	両耳の平均純音聴力レベル値が70デシベル以上のもの
		2	両耳の平均純音聴力レベル値が50デシベル以上で，かつ，最良語音明瞭度が50%以下のもの
		3	長管状骨に偽関節を残し，運動機能に著しい障害を残すもの

237

第4章　障害者支援のために知っておくべき年金の知識

3級	7号	4	一上肢のおや指及びひとさし指を近位指節間関節（おや指にあっては指節間関節）以上で欠くもの，又はおや指若しくはひとさし指を併せ一上肢の3指を近位指節間関節（おや指にあっては指節間関節）以上で欠くもの
		5	おや指及びひとさし指を併せ一上肢の4指の用を廃したもの
		6	一下肢をリスフラン関節以上で欠くもの
		7	両下肢の10趾の用を廃したもの
		8	身体の機能に労働が著しい制限を受けるか，又は労働に著しい制限を加えることを必要とする程度の障害を残すもの
		9	精神又は神経系統に労働が著しい制限を受けるか，又は労働に著しい制限を加えることを必要とする程度の障害を残すもの
3級（治らないもの）	障害手当金（治ったもの）		
		8号 1	一眼の視力が0.02以下に減じたもの
		2	脊柱の機能に障害を残すもの
		3	一上肢の3大関節のうち，1関節の用を廃したもの
		4	一下肢の3大関節のうち，1関節の用を廃したもの
		5	一下肢が5センチメートル以上短縮したもの
		6	一上肢に偽関節を残すもの
		7	一下肢に偽関節を残すもの
		8	一上肢のおや指を指節間関節で欠き，かつ，ひとさし指以外の1指を近位指節間関節以上で欠くもの
		9	一上肢のおや指及びひとさし指の用を廃したもの
		10	おや指又はひとさし指を併せ一上肢の3指以上の用を廃したもの
		11	一下肢の5趾を中足趾節関節以上で欠くもの
		12	精神又は神経系統に労働が制限を受けるか，又は労働に制限を加えることを必要とする程度の障害を残すもの
		9号 1	両眼の視力が0.6以下に減じたもの
		2	一眼の視力が0.06以下に減じたもの
		3	両眼のまぶたに著しい欠損を残すもの
		4	両眼による視野が2分の1以上欠損したもの又は両眼の視野が10度以内のもの
		5	一耳の平均純音聴力レベル値が90デシベル以上のもの
		6	そしゃく及び言語の機能に障害を残すもの
		7	鼻を欠損し，その機能に著しい障害を残すもの

32 障害の程度が重くなった場合の併合認定

3級（治らないもの）	障害手当金（治ったもの）	9号	8	一上肢のおや指を指節間関節以上で欠くもの
			9	一上肢のおや指の用を全く廃したもの
			10	ひとさし指を併せ一上肢の2指を近位指節間関節以上で欠くもの
			11	おや指及びひとさし指以外の一上肢の3指を近位指節間関節以上で欠くもの
			12	一上肢のおや指を併せ2指の用を廃したもの
			13	一下肢の第1趾を併せ2以上の趾を中足趾節関節以上で欠くもの
			14	一下肢の5趾の用を廃したもの
		10号	1	一眼の視力が0.1以下に減じたもの
			2	両眼の調整機能及び輻輳機能に著しい障害を残すもの
			3	一耳の平均純音聴力レベル値が80デシベル以上のもの
			4	そしゃく又は言語の機能に障害を残すもの
			5	一上肢の3大関節のうち，1関節に著しい機能障害を残すもの
			6	一下肢の3大関節のうち，1関節に著しい機能障害を残すもの
			7	一下肢を3センチメートル以上短縮したもの
			8	長管状骨に著しい転位変形を残すもの
			9	一上肢のひとさし指を近位指節間関節以上で欠くもの
			10	おや指及びひとさし指以外の一上肢の2指を近位指節間関節以上で欠くもの
			11	一上肢のおや指の用を廃したもの
			12	ひとさし指を併せ一上肢の2指の用を廃したもの
			13	おや指及びひとさし指以外の一上肢の3指の用を廃したもの
			14	一下肢の第1趾又は他の4趾を中足趾節関節以上で欠くもの
			15	身体の機能に労働が制限を受けるか，又は労働に制限を加えることを必要とする程度の障害を残すもの
		11号	1	両眼の調節機能又は運動機能に著しい障害を残すもの
			2	両眼のまぶたに著しい運動障害を残すもの
			3	一眼のまぶたに著しい欠損を残すもの
			4	一耳の平均純音聴力レベル値が70デシベル以上のもの
			5	一上肢のなか指又はくすり指を近位指節間関節以上で欠くもの
			6	一上肢のひとさし指の用を廃したもの
			7	おや指及びひとさし指以外の一上肢の2指の用を廃したもの
			8	第1趾を併せ一下肢の2趾以上の用を廃したもの

第4章　障害者支援のために知っておくべき年金の知識

12号	1	一眼の調節機能に著しい障害を残すもの
	2	一眼のまぶたに著しい運動障害を残すもの
	3	一上肢の3大関節のうち，1関節に機能障害を残すもの
	4	一下肢の3大関節のうち，1関節に機能障害を残すもの
	5	長管状骨に奇形を残すもの
	6	一上肢のなか指又はくすり指の用を廃したもの
	7	一下肢の第1趾又は他の4趾の用を廃したもの
	8	一下肢の第2趾を中足趾節関節以上で欠くもの
	9	第2趾を併せ一下肢の2趾を中足趾節関節以上で欠くもの
	10	一下肢の第3趾以下の3趾を中足趾節関節以上で欠くもの
	11	局部に頑固な神経症状を残すもの
13号	1	一眼の視力が0.6以下に減じたもの
	2	一眼の半盲症，視野狭窄又は視野変状を残すもの
	3	両眼のまぶたの一部に欠損を残すもの
	4	一上肢の小指を近位指節間関節以上で欠くもの
	5	一上肢のおや指の指骨の一部を欠くもの
	6	一上肢のひとさし指の指骨の一部を欠くもの
	7	一上肢のひとさし指の遠位指節間関節の屈伸が不能になったもの
	8	一下肢を1センチメートル以上短縮したもの
	9	一下肢の第3趾以下の1又は2趾を中足趾節関節以上で欠くもの
	10	一下肢の第2趾の用を廃したもの
	11	第2趾を併せ一下肢の2趾の用を廃したもの
	12	一下肢の第3趾以下の3趾の用を廃したもの

出典：「別表1　併合判定参考表」『国民年金・厚生年金保険障害認定基準』104～108頁
　　　（http://www.nenkin.go.jp/service/jukyu/shougainenkin/ninteikijun/20140604.html）

32　障害の程度が重くなった場合の併合認定

《併合（加重）認定表》

		2 級			3 級			障害手当金					
		2号	3号	4号	5号	6号	7号	8号	9号	10号	11号	12号	13号
2級	2号	1	1	1	1	2	2	2	2	2	2	2	2
	3号	1	1	1	1	2	2	2	2	2	2	2	2
	4号	1	1	1	1	2	2	4	4	4	4	4	4
3級	5号	1	1	1	3	4	4	5	5	5	5	5	5
	6号	2	2	2	4	4	4	6	6	6	6	6	6
	7号	2	2	2	4	4	6	7	7	7	7	7	7
障害手当金	8号	2	2	4	5	6	7	7	7	7	8	8	8
	9号	2	2	4	5	6	7	7	7	8	9	9	9
	10号	2	2	4	5	6	7	7	8	9	10	10	10
	11号	2	2	4	5	6	7	8	9	10	10	10	10
	12号	2	2	4	5	6	7	8	9	10	10	11	12
	13号	2	2	4	5	6	7	8	9	10	10	12	12

注1　表頭及び表側の2号から13号までの数字は，併合判定参考表（別表1）の各番号を示す。

注2　表中の数字（1号から12号まで）は，併合番号を示し，障害の程度は，次の表のとおりである。

注3　次に掲げる障害をそれぞれ併合した場合及び障害と併合判定参考表の5号ないし7号の障害と併合した場合は，併合認定表の結果にかかわらず，次表の併合番号4号に該当するものとみなす。
　①　両上肢のおや指の用を全く廃したもの
　②　一上肢のおや指及び中指を基部から欠き，有効長が0のもの
　③　一上肢のおや指及びひとさし指又は中指の用を全く廃したもの

併合番号	障 害 の 程 度
1　　号	国 年 令 別 表 1 級
2　　号	国 年 令 別 表 2 級
3　　号	
4　　号	
5　　号	厚 年 令 別 表 第 1　　3 級
6　　号	
7　　号	
8　　号	厚 年 令 別 表 第 2 障 害 手 当 金
9　　号	
10　　号	
11　　号	厚 年 令 別 表 不 該 当
12　　号	

出典：「別表2　併合（加重）認定表」『国民年金・厚生年金保険障害認定基準』109頁
（http://www.nenkin.go.jp/service/jukyu/shougainenkin/ninteikijun/20140604.html）

241

第4章　障害者支援のために知っておくべき年金の知識

した時期の診断書が取得できるのであれば，遡って請求することができます。

これらの診断書の有効期限は1か月となっておりますので，診断書を受け取ったらすぐに手続を行って下さい。

33　初診日が厚生年金保険の被保険者であったときの遺族厚生年金の支給

Q 　私の夫は，会社に勤めているときに胃がんとなり，全摘出の手術を受けました。その後抗がん剤の治療を受けたのですが，完治しないままに1年間の傷病休暇の期限が切れたため，そのまま退職しました。私も懸命に闘病生活を支えたのですが，結局リンパ節や肝臓に転移し，2年後に亡くなりました。亡くなったときは国民年金しか加入していなかったのですが，私は遺族基礎年金しか受給できないのでしょうか。

A 　亡くなったときに国民年金の加入期間である場合，受給できる年金は遺族基礎年金しかないと思われていることがあります。しかし，初診日が厚生年金期間中にある傷病が原因で初診日から5年以内に亡くなった場合は，遺族厚生年金を請求できます。設問の場合，厚生年金期間中に初診日があるがんが原因で初診日から5年以内に亡くなっていますので，納付要件を満たせば遺族厚生年金を受給する権利があると思われます。遺族基礎年金と遺族厚生年金とでは，遺族厚生年金の方が受給期間，受給金額等が有利ですので，遺族厚生年金を受給できる場合は，できるだけ遺族厚生年金の請求をするようにしたいものです。

242

33　初診日が厚生年金保険の被保険者であったときの遺族厚生年金の支給

> [!NOTE]
> 解　説

1　遺族基礎年金の受給要件

遺族基礎年金額（平成 29 年度価格）

779,300 円＋子の加算

子の加算　第 1 子・第 2 子　各　224,300 円

　　　　　第 3 子以降　　　各　 74,800 円

例 1　受給権者が妻と子 1 人

妻　779,300 円＋子　224,300 円＝ 1,003,600 円

例 2　受給権者が子 2 人

子　779,300 円＋子　224,300 円＝ 1,003,600 円

国民年金（遺族基礎年金）		
支給要件	★	被保険者または老齢基礎年金の資格期間を満たした者が死亡したとき。（ただし，死亡した者について，保険料納付済期間（保険料免除期間を含む。）が加入期間の 3 分の 2 以上あること。）
	※	ただし平成 38 年 4 月 1 日前の場合は死亡日に 65 歳未満であれば，死亡日の属する月の前々月までの 1 年間の保険料を納付しなければならない期間のうちに，保険料の滞納がなければ受けられます。
対象者	★死亡した者によって生計を維持されていた， (1)　子のある配偶者　(2)　子 子とは次の者に限ります • 18 歳到達年度の末日（3 月 31 日）を経過していない子 • 20 歳未満で障害年金の障害等級 1 級または 2 級の子	

出典：日本年金機構ホームページ

　（https://www.nenkin.go.jp/service/jukyu/izokunenkin/jukyu-yoken/20150401-04.html）

第4章　障害者支援のために知っておくべき年金の知識

2　遺族厚生年金の受給要件

　設問の場合は，下記の支給要件の①（初診日から5年以内の死亡）なので，遺族厚生年金の受給となります。また，支給要件の③（障害等級1級・2級の障害厚生年金の受給権者が亡くなった場合）も遺族厚生年金が受給できます。

　※支給要件①，②，③のどれに当てはまるかにより，遺族厚生年金の計算方法が変わります。

厚生年金保険（遺族厚生年金）	
支給要件（右のいずれかの要件を満たした場合）	①被保険者が死亡したとき，または被保険者期間中の傷病がもとで初診の日から5年以内に死亡したとき。（ただし，遺族基礎年金と同様，死亡した者について，保険料納付済期間（保険料免除期間を含む。）が国民年金加入期間の3分の2以上あること。）※ただし平成38年4月1日前の場合は死亡日に65歳未満であれば，死亡日の属する月の前々月までの1年間の保険料を納付しなければならない期間のうちに，保険料の滞納がなければ受けられます。②老齢厚生年金の資格期間を満たした者が死亡したとき。③1級・2級の障害厚生（共済）年金を受けられる者が死亡したとき。
対象者	死亡した者によって生計を維持されていた， ・妻 ・子，孫（18歳到達年度の年度末を経過していない者または20歳未満で障害年金の障害等級1・2級の者） ・55歳以上の夫，父母，祖父母（支給開始は60歳から。ただし，夫は遺族基礎年金を受給中の場合に限り，遺族厚生年金も合わせて受給できる。） ※子のある配偶者，子（子とは18歳到達年度の年度末を経過していない者または20歳未満で障害年金の障害等級1・2級の障害者に限ります）は，遺族基礎年金も併せて受けられます。

出典：日本年金機構ホームページ（一部改変）
　　　（https://www.nenkin.go.jp/service/jukyu/izokunenkin/jukyu-yoken/20150424.html）

33　初診日が厚生年金保険の被保険者であったときの遺族厚生年金の支給

《遺族厚生年金額》

①　遺族厚生年金　支給要件①又は③の場合：（A＋B）×3／4

　　A→平均標準報酬月額×7.125／1000×平成15年3月以前の月数

　　B→平均標準報酬額　　×5.481／1000×平成15年4月以後の月数

　　※被保険者期間の月数が300月未満の場合300月として計算します。

②　遺族厚生年金　支給要件②の場合：（A＋B）×3／4

　　A→平均標準報酬月額×7.125／1000×平成15年3月以前の月数

　　B→平均標準報酬額　　×5.481／1000×平成15年4月以後の月数

　　※死亡した方の生年月日に応じて給付乗率の読み替えが行われます。

　　※18歳未満又は障害のある20歳未満の子どもがいる配偶者は，遺族厚生
　　　年金と遺族基礎年金を受給できますが，子どもがいない配偶者は遺族厚
　　　生年金しか受給できません。

　　　　また，子のない妻が夫の死亡時，30歳未満である場合は遺族厚生年
　　　金は，5年間の有期給付となります。

3　中高齢寡婦加算

(1)　中高齢寡婦加算とは

　遺族厚生年金を受給できる妻のうち子どものいない妻には，遺族基礎年金
は支給されません。子がいてもその子が18歳の誕生日の属する年度末（又
は障害のある子が20歳）に達すれば失権し，遺族厚生年金のみの受給となるた
め生活が安定しなくなります。そのようなことを防ぐため，下記の要件を満
たした場合，夫が死亡したときに40歳以上で子のない妻，又は子が失権し
た時に40歳以上となる妻が受ける遺族厚生年金には，妻が65歳になるまで
の間，中高齢の寡婦加算（定額）が加算されます（遺族基礎年金を受けている間
は支給されません）。

(2)　中高齢寡婦加算の年金額

　58万4500円（年額（平成29年度））

　支給要件②の場合　夫の厚生年金の被保険者期間が20年以上必要となり
ます。

第4章 障害者支援のために知っておくべき年金の知識

《遺族の優先順位と受け取る遺族年金の種類の例》

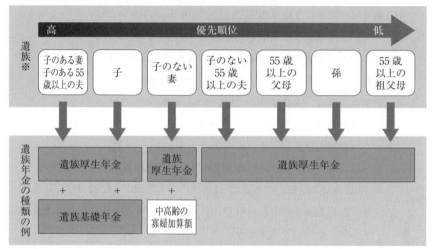

出典:『遺族年金ガイド平成29年度版』(日本年金機構) 4頁

例:納付要件を満たす場合(平成24年7月20日に20歳到達)

年度＼月	4	5	6	7	8	9	10	11	12	1	2	3
H24				納	納	納	納	未	納	納	納	納
H25	未	未	納	免	免	免	免	免	免	免	免	免
H26	免	免	免	未	未	納	納	未	未	未	未	納
H27	納	納	納	納	納	納	死亡日					

※死亡日の属する月の前々月までの被保険者期間が39ヵ月、免除+納付済が30ヵ月であり、要件を満たす。

例1:死亡日が平成3年5月1日以後の場合

平成26年									平成27年								
5	6	7	8	9	10	11	12	1	2	3	4	5	6	7	8	9
未	未	未	納	納	納	免	免	免	免	納	納	納	納	納	納	未

　　　　　　　　直近1年間に未納期間がない　　　　　　　▲死亡日

※死亡日の属する月の前々月までの1年間に未納がないため、要件を満たします。
出典:「【遺族基礎年金】お手続きガイド」(厚生労働省) 11〜12頁

34　老齢基礎年金の繰上げ支給と障害年金

Q 　私の母は 64 歳の時にメニエール病と診断され，めまいが ひどくて仕事ができなくなりました。母は現在特別支給の老 齢厚生年金をもらっていますが，給付額が少なくて生活が苦しいので， 老齢基礎年金の繰上げ支給を受けたいと思っているようです。このよ うに老齢基礎年金を繰上げ支給してもらっても，障害基礎年金は請求 できるのでしょうか。

A 　老齢基礎年金の繰上げ支給を受け取ると，事後重症の障害 基礎年金の請求はできなくなります。設問の場合も同様で， 繰上げ請求をした場合には，事後重症による障害年金の請求はできな くなります。またその他にも繰上げ請求をすることによる不利益が 色々あります。

　障害年金を受給できる可能性があるのであれば繰上げ請求される前 に障害年金の請求を優先することをお勧めします。また，特別支給の 老齢厚生年金を受給しているのであれば，障害の状態次第では障害者 特例の受給をすることもできます。

　一度繰上げをしてしまうと取り消すことはできません。手続をする 前に，繰上げをした場合・障害者特例を受けた場合・障害年金を受け た場合・何もしない場合，４つそれぞれの金額やメリット，デメリッ トを含めて検討してみてください（国年法附則９条の２）。

　※繰上げ請求をしても全ての障害年金の請求ができなくなるわけで はありません（後記１⑶参照）。

247

第4章　障害者支援のために知っておくべき年金の知識

解　説

1　老齢基礎年金の繰上げ支給を受けた場合と障害年金

(1)　老齢基礎年金は，原則として65歳から受け取ることができますが，希望すれば60歳から65歳になるまでの間でも繰り上げて受給することができます（国年法附則9条の2）。しかし，繰上げの請求をした場合，年金額が減額される以外にも多くの不利益があります。生活費が足りないからとすぐに繰上げ請求せず，メリット，デメリットをよく考えてから判断してください。

(2)　繰上げをすると主に以下のような不利益があります（一部繰上げか全部繰

○　一生減額された年金を受けることになります。65歳以降も一度減額された金額は戻りません。ただし，振替加算の加算対象者は，65歳からでなければ振替加算が加算されないことから，65歳になると振替加算額分は増額されます。

○　繰上げ請求した後に裁定の取消しはできません。

○　寡婦年金の受給権者が老齢基礎年金を繰上げ請求すると寡婦年金は失権します。また，老齢基礎年金を繰上げ受給している人は，寡婦年金の請求はできません。

○　受給権発生後に初診日があるときは，障害基礎年金が受けられません。また，繰り上げ支給を請求する前の病気やけがで障害がある場合でも，障害基礎年金を請求できない場合があります。

○　65歳前に遺族年金の受給権が発生した場合は，老齢基礎年金と遺族年金のどちらかを選択することになります。多くの場合は，遺族年金を選んだ方が有利であるため，65歳まで減額した老齢基礎年金が支給停止になり，停止解除後も減額支給のままでデメリットは大きくなります。

○　受給権者は，国民年金の任意加入被保険者になれません。

参照：日本年金機構ホームページ

（http://www.nenkin.go.jp/service/jukyu/roureinenkin/kuriage-kurisage/20140421-03.html）

34　老齢基礎年金の繰上げ支給と障害年金

上げかによって多少違います）。

　※寡婦年金とは，国民年金の第1号被保険者として保険料を納めた期間
　　（免除期間を含みます）が25年以上ある夫が亡くなったときに，10年以上
　　継続して婚姻関係にあり，夫によって生計を維持されていた妻が受ける
　　ことができる年金です。

《繰上げ減額率早見表》

請求時の年齢	0カ月	1カ月	2カ月	3カ月	4カ月	5カ月	6カ月	7カ月	8カ月	9カ月	10カ月	11カ月
60歳	30.0	29.5	29.0	28.5	28.0	27.5	27.0	26.5	26.0	25.5	25.0	24.5
61歳	24.0	23.5	23.0	22.5	22.0	21.5	21.0	20.5	20.0	19.5	19.0	18.5
62歳	18.0	17.5	17.0	16.5	16.0	15.5	15.0	14.5	14.0	13.5	13.0	12.5
63歳	12.0	11.5	11.0	10.5	10.0	9.5	9.0	8.5	8.0	7.5	7.0	6.5
64歳	6.0	5.5	5.0	4.5	4.0	3.5	3.0	2.5	2.0	1.5	1.0	0.5

出典：日本年金機構ホームページ
　　　（http://www.nenkin.go.jp/service/jukyu/roureinenkin/kuriage-kurisage/20150313.html）

(3)　注意点

　老齢基礎年金の繰上げ請求をすると障害年金が全く請求できなくなるといわれることがありますが，繰上げ請求をした後でも障害年金を請求できる場合があります。ただし，これは初診日や認定日，繰上げ請求した日がいつであるか，またその時の被保険者種別が何であったのか，などを検討し，請求の可否を判断する必要があります。

　　例　繰上げ請求日前に障害認定日があり，認定日請求することができる場
　　　合は請求できます（繰上げ請求した時点で65歳に達したとみなされるため，事
　　　後重症請求をすることはできません）。

2　障害年金はいつまで請求可能か

(1)　障害年金は原則として初診日が65歳の誕生日の2日前までになければ請求できません。

249

第4章　障害者支援のために知っておくべき年金の知識

　また，65歳を過ぎると事後重症の障害年金の請求はできなくなり，認定日請求のみ請求可能となります。繰上げの請求をした人は，65歳に到達したとみなされ，上記と同様の扱いとなります。

⑵　65歳到達日（誕生日の前日）以降の初診日で請求が可能となるもの（例外）

　　初診日において厚生年金加入中であった場合

　　　→この場合，障害等級が１級又は２級となっても障害厚生年金だけの支給となり，障害基礎年金は支給されません。

3　障害者特例とは

⑴　障害者特例とは，以下の全ての条件を満たす場合に，本来であれば報酬比例部分のみが受給開始となるところ，請求することで定額部分も加算されて支給される制度です（厚年法附則９条の２）。

　　※厚生年金に44年以上加入した方も，前記のように報酬比例部分に定額部分が加算されて受給することができる場合があります（長期加入者特例。厚年法附則９条の３）。

⑵　**障害者特例を受けるための要件**

　　①　65歳前の報酬比例部分相当の老齢厚生年金の受給権者であること

　　②　厚生年金の被保険者でないこと

　　③　障害状態が障害等級１～３級に相当している状態にある場合

　　　※初診日から１年６か月（症状固定等除きます）経過した後の診断書を提出します。

　　診断書の有効期限は障害年金の場合３か月ですが，障害者特例の診断書有効期限は１か月なので注意が必要です。

⑶　障害者特例は，初診日の加入要件や保険料納付要件は問われませんので，加入要件を満たせず障害年金の請求を諦めた人や不支給であった人でも請求することが可能です。

　また，障害年金受給権者の方でも，場合によっては老齢年金と障害者特例を組み合わせることで，より金額の高い年金を受給ができることもありますので，比較検討してみられてはいかがでしょう。

250

※平成 26 年 4 月以降分については，上記の条件を満たせば遡及して請求
　することができます。
　障害基礎年金や障害厚生年金額がほとんど変わらない場合などは，特に注
意が必要です。例えば，
　障害年金の配偶者の加算は，約 22 万 5000 円／年
　老齢厚生年金の配偶者に加算される加給年金には，特別加算が加算され，
約 39 万 0100 円／年
　このような場合には，障害者特例の方が有利となることがあります。

第4章　障害者支援のために知っておくべき年金の知識

《障害者特例　支給開始年齢早見表》

	60歳	61歳	62歳	63歳	64歳	65歳～
男性：昭和16年4月1日以前 女性：昭和21年4月1日以前	報酬比例部分					老齢厚生年金
	定額部分					老齢基礎年金
男性：昭和16年4月2日～昭和18年4月1日 女性：昭和21年4月2日～昭和23年4月1日	報酬比例部分					老齢厚生年金
	障害者特例	定額部分				老齢基礎年金
男性：昭和18年4月2日～昭和20年4月1日 女性：昭和23年4月2日～昭和25年4月1日	報酬比例部分					老齢厚生年金
	障害者特例		定額部分			老齢基礎年金
男性：昭和20年4月2日～昭和22年4月1日 女性：昭和25年4月2日～昭和27年4月1日	報酬比例部分					老齢厚生年金
	障害者特例			定額部分		老齢基礎年金
男性：昭和22年4月2日～昭和24年4月1日 女性：昭和27年4月2日～昭和29年4月1日	報酬比例部分					老齢厚生年金
	障害者特例				定額部分	老齢基礎年金
男性：昭和24年4月2日～昭和28年4月1日 女性：昭和29年4月2日～昭和33年4月1日	報酬比例部分					老齢厚生年金
	障害者特例					老齢基礎年金
男性：昭和28年4月2日～昭和30年4月1日 女性：昭和33年4月2日～昭和35年4月1日		報酬比例部分				老齢厚生年金
		障害者特例				老齢基礎年金
男性：昭和30年4月2日～昭和32年4月1日 女性：昭和35年4月2日～昭和37年4月1日			報酬比例部分			老齢厚生年金
			障害者特例			老齢基礎年金
男性：昭和32年4月2日～昭和34年4月1日 女性：昭和37年4月2日～昭和39年4月1日				報酬比例部分		老齢厚生年金
				障害者特例		老齢基礎年金
男性：昭和34年4月2日～昭和36年4月1日 女性：昭和39年4月2日～昭和41年4月1日					報酬比例部分	老齢厚生年金
					障害者特例	老齢基礎年金
男性：昭和36年4月2日以降 女性：昭和41年4月2日以降						老齢厚生年金
						老齢基礎年金

出典：一般社団法人障害支援センター「障害年金サポートサービス」ホームページ
　　　（https://nenkin-support.jp/knowledge/word/1562/）

35　児童扶養手当と公的年金

Q　私には夫と子どもが1人います。昔から重度の鬱病を患っており，夫が児童扶養手当を受給していました。平成25年4月から障害等級1級の障害基礎年金を受給することになりました。ところが，年金を受給できることになった途端，これまでもらえていた児童扶養手当が全額支給停止になってしまったのです。子どもを扶養しているのは同じなのに，なぜこのような不利益な取扱いがなされるのでしょうか。

A　以前は児童扶養手当が支給されていた人の配偶者に，障害年金の子加算の受給権が発生した場合，その児童扶養手当は支給停止となり障害年金の子加算を受給することになっていました。そのため，支給停止になったと思われます。

　しかし，法改正により，平成26年12月以降は，年金の加算される金額よりも児童扶養手当の方が高い場合には，まず年金の子加算を受給し，差額分の児童扶養手当が請求月の翌月から受給できることになりました（この差額分は請求しなければ支給されませんので，児童扶養手当が支給停止となっている人は，差額分がないか市町村に確認してください）。

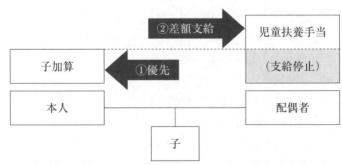

出典：日本年金機構ホームページ
（https://www.nenkin.go.jp/service/jukyu/tokureiho/20141209.html）

第4章　障害者支援のために知っておくべき年金の知識

解　説

1　児童扶養手当とは

離婚によるひとり親家庭などの生活の安定・自立促進に寄与することにより，その家庭において養育されている子どもの福祉増進のために支給される手当です（児童扶養手当法1条）。

(1)　支給対象

以下のいずれかに該当する子ども（18歳に達する日以降最初の3月31日までの者。なお，障害児の場合は20歳未満）を監護する母や父，又は養育者（祖父母など）です（児童扶養手当法4条，児童扶養手当法施行令1条の2，2条）。

①　父母が婚姻を解消した児童

②　父又は母が死亡した児童

③　父又は母が政令で定める程度の障害の状態にある児童

④　父又は母の生死が明らかでない児童

⑤　父又は母から引き続き1年以上遺棄されている児童

⑥　父又は母が裁判所からのDV保護命令を受けた児童

⑦　父又は母が法令により引き続き1年以上拘禁されている児童

⑧　母が婚姻によらないで出産した児童

※③の父母の障害の状態

児童扶養手当法施行令・別表第二（第1条関係）

一　両眼の視力の和が0.04以下のもの

二　両耳の聴力レベルが100デシベル以上のもの

三　両上肢の機能に著しい障害を有するもの

四　両上肢のすべての指を欠くもの

五　両上肢のすべての指の機能に著しい障害を有するもの

六　両下肢の機能に著しい障害を有するもの

七　両下肢を足関節以上で欠くもの

八　体幹の機能に座っていることができない程度又は立ち上がることができない程度の障害を有するもの

九　前各号に掲げるもののほか，身体の機能に，労働することを不能ならしめ，かつ，常時の介護を必要とする程度の障害を有するもの

十　精神に，労働することを不能ならしめ，かつ，常時の監視又は介護を必要とする程度の障害を有するもの

十一　傷病が治らないで，身体の機能又は精神に，労働することを不能ならしめ，かつ，長期にわたる高度の安静と常時の監視又は介護とを必要とする程度の障害を有するものであって，厚生労働大臣が定めるもの

　　（備考）　視力の測定は，万国式試視力表によるものとし，屈折異常があるものについては，矯正視力によって測定する。

(2)　児童扶養手当の金額（月額）

　手当の額は，請求者又は配偶者及び扶養義務者（同居している請求者の父母兄弟姉妹など含みます）の前年の所得（1〜6月の間に請求する場合は前々年の所得）によって決まります。ただし，本人や扶養義務者が所得限度額を超えると支給されなくなります。

① 　児童1人の場合は，月額全部支給額42290円（一部支給額9980円〜42280円）。

② 　児童2人の場合は，9990円を加算（一部支給額5000〜9980円）。

③ 　児童3人目以降は，5990円を加算（一部支給額3000〜5980円）。

　※手当月額は「物価スライド制」の適用により今後改定される場合があります。

《所得制限限度額表》

扶養親族等の数	請求者（本人）		・扶養義務者 ・配偶者 ・孤児等の養育者
	全部支給	一部支給	
0人	190,000円	1,920,000円	2,360,000円
1人	570,000円	2,300,000円	2,740,000円
2人	950,000円	2,680,000円	3,120,000円
3人以上	以下380,000円ずつ加算	以下380,000円ずつ加算	以下380,000円ずつ加算

第4章　障害者支援のために知っておくべき年金の知識

⑶　児童扶養手当と公的年金とが併給できる場合

　平成23年4月に障害年金加算改善法が施行され，両親の一方が児童扶養手当法施行令で定める障害（国民年金法又は厚生年金保険法1級相当）の状態にあることで，配偶者に支給されている児童扶養手当と，障害年金の子加算とで，金額が高い方を選択することが可能になりました。また，平成26年12月に児童扶養手当法が改正され，障害年金や遺族年金，老齢年金等の公的年金（労災年金も含みます）を受給していても，その金額が児童扶養手当の額より低い場合には，差額分の児童扶養手当が支給されることになりました。

　しかし，この法改正では，障害者本人が児童扶養手当の受給権者である場合は，子の加算部分だけでなく，公的年金の受給金額自体と児童扶養手当の受給金額を比較するものであるため，母子家庭や父子家庭の人は，子加算の額ではなく，公的年金受給額と児童扶養手当の受給額を比較するものとなります。その結果，児童扶養手当の最高額よりも障害基礎年金の方が大きいため，やはり多くの場合で児童扶養手当は支給停止になります。これでは，障害とひとり親という二重の障壁がある場合に，経済的な困窮を招くことになるため，今後の法改正が望まれます。

《児童扶養手当と年金と併給できる例》
　　①　子を養育している祖父母等が，低額の老齢年金を受給している場合
　　②　父子家庭で，子が低額の遺族厚生年金のみを受給している場合
　　③　母子家庭で，離婚後に父が死亡し，子が低額の遺族厚生年金のみを受給している場合　など

2 障害年金の加給年金とは

障害手当金	3級	2級	1級	
		配偶者の加算額	配偶者の加算額	厚生年金
障害手当金（一時金）	障害厚生年金3級	障害厚生年金2級	障害厚生年金1級	
		障害基礎年金2級	障害基礎年金1級	国民年金
		子の加算額	子の加算額	

障害の重さ →

出典：佐々木育子編著『Q&A 実務家が知っておくべき社会保障―働く人・離婚する人・高齢者のために』（日本加除出版・2014 年）203 頁

　障害年金の受給権者に生計を維持されている配偶者や子がいる人に，要件を満たせば一定金額が加算されるものです。

　障害厚生年金1級・2級→　配偶者加給年金　子の加算あり

　障害基礎年金1級・2級→　子の加算あり（配偶者加給なし）

　障害厚生年金3級　　　→　配偶者，子　どちらの加算もなし

　平成23年3月までは，障害年金の受給権を取得した時点で，加算される要件を満たした対象者がいる場合に支給されていました。しかし，平成23年4月以降は，受給権を取得した後に加算要件を満たした場合でも届出により新たに加算されることになりました（障害年金加算改善法）。つまり受給権を取得した後に婚姻，出生をした場合などでも加算されることになったのです。

《配偶者の加算が行われる具体例》

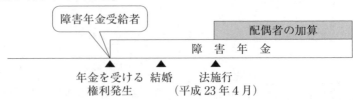

《子の加算が行われる具体例》

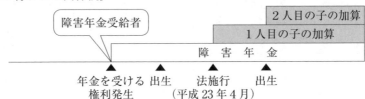

出典：日本年金機構ホームページ「説明用資料」
　　　（http://www.nenkin.go.jp/service/jukyu/tokureiho/20141209.html）

《加給年金額と子の加算額》
1級・2級の障害基礎年金または障害厚生年金を受け取ることができる方に，生計を維持されている下記の対象者がいる場合に受け取ることができます。

	名称	金額	加算される年金	年齢制限
配偶者	加給年金額	224,300円	障害厚生年金	65歳未満であること（大正15年4月1日以前に生まれた配偶者には年齢制限はありません）
子2人まで	加算額	1人につき224,300円	障害基礎年金	・18歳になった後の最初の3月31日までの子 ・20歳未満で障害等級1級・2級の障害の状態にある子
子3人目から		1人につき74,800円		

＊配偶者が，老齢厚生年金，退職共済年金（加入期間20年以上または中高齢の資格期間の短縮特例に限る）または障害年金を受け取る間は，「配偶者加給年金額」は止まります。
出典：『障害年金ガイド平成29年度版』（日本年金機構）6頁

36 障害年金の支給停止の場合とその対応

Q 私は，日常生活自立支援事業の専門員をしていますが，最近相談を聞いている1人暮らしの精神障害者の男性（55歳）が，もともと障害等級2級の障害基礎年金を受け取っていたようですが，現在は通帳に振り込まれている形跡がありません。このように障害年金が止まってしまっているのはなぜなのでしょうか。また再度支給を受けたいときの手続について教えてください。

A 障害年金は有期認定と永久認定があります。有期認定の場合は，決められた時期に診断書を再提出し，再度判定が行われます。診断書の再提出をしなければ，支給停止となります。この男性も診断書を提出していなかったか，提出した結果，状態が軽くなったとみなされて支給停止されたかどちらかだと思われます。このような場合は，再度診断書を提出し，必要な手続をすることで障害の状態が等級に該当していることが確認されれば支給が再開されます。

解 説

1 障害年金状態確認届の未提出と支給停止

(1) 有期認定の場合，決められた時期に再度診断書を提出しなければなりません。その時期は1〜5年の範囲で決定されます。提出する時期は決められた年の誕生月となります（20歳前障害の場合は7月）。

この時に提出する診断書を，「障害状態確認届」といいます。

(2) 障害状態確認届は，提出しなければならない月のおおよそ前月に年金機構から用紙が送られてきます。しかし，これが何の用紙か分からなかったり，住民票を変更せずに転居している場合は，用紙が配達できずに放置されていることがあります。

このような理由により，障害状態確認届を決められた時期に提出しない場

259

第4章　障害者支援のために知っておくべき年金の知識

合，現在の状態が確認できないとして障害年金が支給停止されます。

2　その他の支給停止の原因

　障害状態確認届の提出をしても，これまでより障害の状態が軽くなったと判断された場合，障害年金の支給が減額，又は停止されてしまうことがあります。

　20歳前障害の場合，上記の他にも受給権者の前年の所得が，政令で定める額を超えるとき，障害年金の全部又は2分の1に相当する部分が支給停止となります（国年規36条の3）。

　また，日本国内に住所を有しなくなったときや，刑事施設や少年院等に収容された時にも支給が制限されます（国年法36条の2）。

3　再度受給するための手続

(1)　支給停止により障害年金が支給されなくなったとしても，それは支給停止という状態で，障害年金を受給する権利（受給権）そのものが，即座になくなってしまう（失権する）わけではありません。停止されている状態ですから，また支給するように求めることができます。

　それが「支給停止事由消滅届」です。

　これは裁定請求時と同様，自分から診断書を添えて請求をしなくてはなりません。

(2)　支給停止事由消滅届の提出は，停止されてからの期間の制限がありませんので，支給停止になったのを知って，すぐに手続をすることも可能です。

　また，支給停止後，症状がひどくなった時点の診断書を取得することで，遡って請求することも可能です（時効による制限があるので受給できるのは5年以内です）。

　ただし，以下の場合には，障害年金の受給権が消滅します（国年法35条）。

①　死亡したとき

②　障害等級3級不該当で65歳に達したとき，又は65歳を過ぎて障害等級3級不該当となったときから3年を経過した場合

260

③　障害厚生年金の障害等級３級に該当する障害の状態にない者が65歳に達したとき。ただし，65歳に達したときに障害等級３級に該当しなくなったときから３年を経過していないときは３年を経過したとき

　失権してしまった後は，支給停止解除の申請をできなくなってしまいます。障害の状態や老齢年金の金額などを勘案し，必要があれば早めに支給停止解除の申請を行う必要があります。

37　不服申立手続と年金申請手続に専門家の協力を得る方法

Q　私は，変形性股関節症を患い，人工股関節置換術の手術を受けました。しかし術後の経過が悪く，片足で立ったり，階段の上り下りなどを１人ですることができず，常に杖をついて歩かなければならない状態になりました。ところが，医者の診断書には症状を軽く書かれてしまったらしく，障害等級３級の障害厚生年金しか受給できませんでした。私は自分でいろいろ調べて，障害等級２級の障害年金を受給できると思っていたので，できればこの認定を争いたいのですが，これからどんな手続をとらなければなりませんか。また専門家に相談するのに，誰に相談したらよいのでしょうか。

A　障害年金の等級など，処分に不服がある場合，その処分を知った日の翌日から起算して３か月以内であれば，審査請求をすることができます。この審査請求は口頭又は文書で行うこととされていますが，実際は文書で行うことがほとんどです。この審査請求で思うような処分の変更や容認が行われない場合，審査請求の決定書謄本が送付された日の翌日から起算して２か月以内に再審査請求をすることもできます。ただし，審査請求，再審査請求のどちらも訴えが認められることは非常に少ないのが現状です。ただ不満や生活困窮な

261

第 4 章　障害者支援のために知っておくべき年金の知識

どを訴えるだけで覆ることはほぼ皆無といっていいでしょう。場合によっては，再請求も含めて，検討する必要があります。

　障害年金の審査請求等，不服申立てをするときはもとより，特に請求時の見通しに不安がある場合は，障害年金を請求する段階からできるだけ不支給にならないよう，初めから障害年金に精通した社会保険労務士など専門家に相談されることも検討すべきでしょう。

[解　説]

1　障害年金に関する不服申立ての方法と手続の流れ

(1)　障害年金の等級や，遡及請求が認められなかった場合など，決定された処分に不服がある時には審査請求が認められています（国年法 101 条，厚年法 90 条）。これは処分があったことを知った日の翌日から 3 か月以内（以前は 60 日でしたが，平成 28 年 4 月 1 日に行政不服審査法が改正され 3 か月となりました）に行うこととされており（行服法 18 条），この期間に請求を行わなかった場合には，審査請求をすることができなくなります。用紙は各地方の厚生局に電話すれば送ってくれますし，年金事務所でももらうことができます。法律上，口頭でも審査請求ができるとされていますが，通常は文書で行います。

　また，この 3 か月以内というのも注意が必要です。知った日というのは通知が送られてきて開封した日ではありません。実務上は裁定日の翌日から 3 か月とされています。また，審査請求期限の 3 か月も，書類をそろえて送った日ではなく，厚生局社会保険審査官に到達した日となります。年金事務所で提出することもでき，その場合は提出した日となります。これらのことを考えると，余裕をもって早めに請求するようにしたいものです。

　審査請求後，受付の手続が終了すると受付控えが送付されます（書類の不備があると補正を求められます）。この控えが送付されてから数か月後（地方によりばらつきがあり，半年ほどかかる場合が多いです）に結果が文章で送付されます（処分変更が行われる時などは，電話がかかってくることもあります）。

(2)　審査請求の内容

　審査請求できる範囲は，年金・一時金の裁定，額改定処分，支給停止処分，失権（単なる確認行為にとどまるものを除きます），給付の制限等に関する処分となります。感情的なものや既に一度処分決定されたものについては審査請求を申し立てることはできません（国年法101条，厚年法90条）。

(3)　また，審査請求でも申立てが認められなかった場合は，再審査請求もあります。再審査請求は合議制で行われ，公開審理で意見陳述することもできます（社会保険審査官及び社会保険審査会法39条）。

(4)　裁判所への提訴も，平成28年4月1日行政不服審査法の改正により取扱いが変更されました。再審査請求で棄却又は却下された場合のほか，再審査請求前の，審査請求で棄却又は却下された場合にも，地方裁判所にて行政事件訴訟で争うことができることになりました。その場合は，処分があった日の翌日から起算して6か月以内に提訴する必要があります。

2　専門家に相談する場合どこに相談したらいいのか

　障害年金の請求や審査請求，再審査請求は非常に制度が複雑で，よりよい請求ができるのにしていない人が見られます（遡及請求ができるのにしていない，厚生年金加入中であったのに初診日を間違えて国民年金で請求している，初診日の証明ができず請求できなかった，等）。

　また，設例のように，本来もらえるはずの障害状態であるのに，医師に症状をうまく説明できなくて症状を診断書に反映してもらえず不支給決定を受けていたり，何度も年金事務所に通ううちに疲れて請求自体を諦めてしまった人もいます（病気やけがで大変な時に役所に何度も通うことは本当に大変です）。これから請求しようとする人はもとより，請求をしたがうまくいかなかった，諦めてしまった人も一度専門家の意見を聞いてみられてはいかがでしょうか。より有利な新しい道が開けるかもしれません。

　全国各地には，プロとして障害年金を扱う社会保険労務士がいますが，数はそれほど多くありません。

　社会保険労務士全員が障害年金に精通しているわけではありませんので，

第4章　障害者支援のために知っておくべき年金の知識

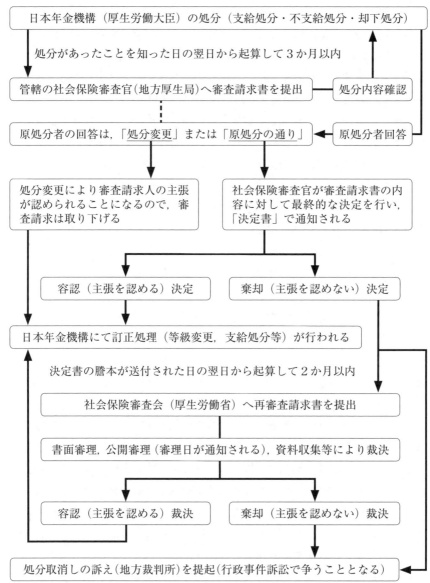

※初診日が厚生2号～4号にあるものは，各共済法による不服申立となります。
出典：高橋裕典『3訂版　はじめて手続きする人にもよくわかる障害年金の知識と請求手続ハンドブック』（日本法令・2016年）239頁

まずは障害年金を得意とする社会保険労務士を探すことが，よりよい請求の第一歩となります。

また，トラブルを防ぐためにも，社会保険労務士と面談するときには，料金や，業務内容を確認し，分からないことはしっかりと確認した上で，書面により契約をすることをお勧めします。

また，病気内容や家族構成，過去の病歴などプライバシーを細かく話すことになりますので，ご自身が信頼できるか等，相性も非常に重要です。インターネットで探すこともできますが，それだけでは本当の評判はわかりません。

支援者・病院関係者・知り合いなどに良い社労士がいないか等，口コミを聞いてみることも1つの方法であると思われます。

障害年金は本当に難解な制度です。それだけに，よりよい請求ができるよう，専門家に相談することをお勧めします。

第5章 障害者支援のために
知っておくべき
生活保護の知識

38　障害者が受けられる生活保護の給付

Q 私は，生まれつき脳性麻痺の障害があり，身体障害者1級の手帳を持っています。いままで親と一緒に暮らしていましたが，親との関係があまりうまくいかないので，1人暮らしをしたいと考えています。私の障害基礎年金1級と特別障害者手当だけでは1人暮らしをするのに十分でないので，生活保護を受けたいと思っていますが，どのような項目で，どの程度の保護費がもらえるでしょうか。

A 生活保護の受給が開始されると，世帯人数や地域に応じて定められた生活扶助費，住宅扶助費（障害の状況等に応じて1.3倍等の特別基準の設定があり得ます），障害者加算（障害の程度に応じて金額が変わります），他人介護料（障害の状況に応じて特別基準の設定があり得ます）等が支給されます。医療費は全額医療扶助で支給されますので，本人の負担はありません。

[解　説]

1　はじめに

　生活保護制度とは，憲法25条が保障する生存権を具体化するために，全ての国民に「健康で文化的な最低限度の生活」を保障し，その自立を助長することを目的とした制度です（生活保護法1条）。

　めぼしい資産がない限り，当該世帯の「最低生活費」よりも当該世帯の現

266

実の収入が低い場合には，原則として，その差額の生活保護費の支給を受けることができます。

　当該世帯の「最低生活費」は，居住している地域（1級地の1から3級地の2まで6つの級地に分かれています）と世帯構成（世帯人数，各人の年齢，障害の有無などの属性）によって細かく決められている，生活扶助費，住宅扶助費，障害者加算，ひとり親加算などを積み上げ（ただし，障害者加算とひとり親加算は，原則として重複調整され，どちらか高い方だけになります），さらに医療費自己負担分等も考慮して計算をしていきます。

　設問の場合，親と同居したままでは親の資産・収入も合わせて生活保護の要否が判定されることとなってしまいますが，何らかの方法で1人暮らしのアパートを確保できれば，最低生活費から障害基礎年金と特別障害者手当の金額を差し引いた生活保護費を受け取ることができます。また，生活保護を受けられれば，医療については，無償で医療扶助の現物給付（サービスの直接給付）を受けることができますし，場合によっては，他人介護料等も受けることができます。具体的に見ていきましょう。

2　最低生活費の算定

(1)　生活扶助費

　生活扶助費には，個人単位の消費に対応する「1類」と光熱費などの世帯単位の消費に対応する「2類」があり，それぞれ地域と世帯構成に応じて次頁以下のように決められています。なお，これらの金額は，毎年見直されて少しずつ変動することがあります。

(2)　住宅扶助費と特別基準の設定

　住宅扶助費も地域と世帯人数に応じて細かく決められています（274頁以下参照）。

　以上が，一般的な住宅扶助費の限度額の基準ですが，「世帯員の状況，当該地域の住宅事情によりやむを得ないと認められる」場合には，単身世帯は1.3倍（2人世帯は1.4倍，3人世帯は1.5倍，4人世帯は1.6倍……）の特別基準を設定してもらうことができます（局長通知第7の4(1)オ）。身体障害で車いす利

第5章　障害者支援のために知っておくべき生活保護の知識

《生活扶助費の基準：1級地―1》

居宅（第1類）				
年齢区分	基準額	年齢区分	基準額	
0 歳～ 2 歳	26,660 円	20 歳～ 40 歳	38,430 円	
3 歳～ 5 歳	29,970	41 歳～ 59 歳	39,360	
6 歳～ 11 歳	34,390	60 歳～ 69 歳	38,990	
12 歳～ 19 歳	39,170	70 歳以上	33,830	

居宅（第2類）					
基準額及び加算額		世帯人員別			
		1 人	2 人	3 人	4 人	5 人
基準額		40,800	50,180	59,170	61,620	65,690
地区別冬季加算額	I 区（10 月から 4 月まで）	12,540	17,800	20,230	21,850	22,460
	II 区（10 月から 4 月まで）	8,860	12,580	14,290	15,440	15,860
	III 区（11 月から 4 月まで）	7,320	10,390	11,800	12,750	13,100
	IV 区（11 月から 4 月まで）	6,660	9,450	10,740	11,600	11,920
	V 区（11 月から 3 月まで）	4,540	6,450	7,330	7,920	8,140
	VI 区（11 月から 3 月まで）	2,580	3,660	4,160	4,490	4,620

基準額及び加算額		世帯人員別				
		6 人	7 人	8 人	9 人	10 人以上 1 人を増すごとに加算する額
基準額		69,360	72,220	75,080	77,940	2,860
地区別冬季加算額	I 区（10 月から 4 月まで）	23,870	24,880	25,690	26,500	810
	II 区（10 月から 4 月まで）	16,860	17,580	18,150	18,720	570
	III 区（11 月から 4 月まで）	13,930	14,520	14,990	15,460	470
	IV 区（11 月から 4 月まで）	12,680	13,210	13,640	14,070	430
	V 区（11 月から 3 月まで）	8,650	9,020	9,310	9,600	300
	VI 区（11 月から 3 月まで）	4,910	5,120	5,280	5,450	170

逓　減　率					
第1類の表に定める個人別の基準額を合算した額に乗じる率	世　帯　人　員　別				
	1 人	2 人	3 人	4 人	5 人
率	1.0000	0.8850	0.8350	0.7675	0.7140
第1類の表に定める個人別の基準額を合算した額に乗じる率	世　帯　人　員　別				
	6 人	7 人	8 人	9 人	10 人
率	0.7010	0.6865	0.6745	0.6645	0.6645

38 障害者が受けられる生活保護の給付

《生活扶助費の基準：1級地―2》

居宅（第1類）			
年齢区分	基準額	年齢区分	基準額
0 歳〜 2 歳	25,520 円	20 歳〜 40 歳	36,790 円
3 歳〜 5 歳	28,690	41 歳〜 59 歳	37,670
6 歳〜 11 歳	32,920	60 歳〜 69 歳	37,320
12 歳〜 19 歳	37,500	70 歳以上	32,380

居宅（第2類）						
基準額及び加算額		世帯人員別				
		1 人	2 人	3 人	4 人	5 人
基準額		39,050	48,030	56,630	58,970	62,880
地区別冬季加算額	Ⅰ区 （10 月から 4 月まで）	12,540	17,800	20,230	21,850	22,460
	Ⅱ区 （10 月から 4 月まで）	8,860	12,580	14,290	15,440	15,860
	Ⅲ区 （11 月から 4 月まで）	7,320	10,390	11,800	12,750	13,100
	Ⅳ区 （11 月から 4 月まで）	6,660	9,450	10,740	11,600	11,920
	Ⅴ区 （11 月から 3 月まで）	4,540	6,450	7,330	7,920	8,140
	Ⅵ区 （11 月から 3 月まで）	2,580	3,660	4,160	4,490	4,620
基準額及び加算額		世帯人員別				
		6 人	7 人	8 人	9 人	10 人以上 1 人を増すごとに加算する額
基準額		66,390	69,130	71,870	74,590	2,730
地区別冬季加算額	Ⅰ区 （10 月から 4 月まで）	23,870	24,880	25,690	26,500	810
	Ⅱ区 （10 月から 4 月まで）	16,860	17,580	18,150	18,720	570
	Ⅲ区 （11 月から 4 月まで）	13,930	14,520	14,990	15,460	470
	Ⅳ区 （11 月から 4 月まで）	12,680	13,210	13,640	14,070	430
	Ⅴ区 （11 月から 3 月まで）	8,650	9,020	9,310	9,600	300
	Ⅵ区 （11 月から 3 月まで）	4,910	5,120	5,280	5,450	170

逓 減 率					
第1類の表に定める個人別の基準額を合算した額に乗じる率	世 帯 人 員 別				
	1 人	2 人	3 人	4 人	5 人
率	1.0000	0.8850	0.8350	0.7675	0.7140
第1類の表に定める個人別の基準額を合算した額に乗じる率	世 帯 人 員 別				
	6 人	7 人	8 人	9 人	10 人
率	0.7010	0.6865	0.6745	0.6645	0.6645

第 5 章　障害者支援のために知っておくべき生活保護の知識

《生活扶助費の基準：２級地―１》

居宅（第１類）			
年齢区分	基準額	年齢区分	基準額
0 歳〜 2 歳	24,100 円	20 歳〜 40 歳	34,740 円
3 歳〜 5 歳	27,090	41 歳〜 59 歳	35,570
6 歳〜 11 歳	31,090	60 歳〜 69 歳	35,230
12 歳〜 19 歳	35,410	70 歳以上	30,580

居宅（第２類）						
基準額及び加算額		世帯人員別				
		1 人	2 人	3 人	4 人	5 人
基準額		36,880	45,360	53,480	55,690	59,370
地区別冬季加算額	Ⅰ区（10 月から 4 月まで）	12,540	17,800	20,230	21,850	22,460
	Ⅱ区（10 月から 4 月まで）	8,860	12,580	14,290	15,440	15,860
	Ⅲ区（11 月から 4 月まで）	7,320	10,390	11,800	12,750	13,100
	Ⅳ区（11 月から 4 月まで）	6,660	9,450	10,740	11,600	11,920
	Ⅴ区（11 月から 3 月まで）	4,540	6,450	7,330	7,920	8,140
	Ⅵ区（11 月から 3 月まで）	2,580	3,660	4,160	4,490	4,620

基準額及び加算額		世帯人員別				
		6 人	7 人	8 人	9 人	10 人以上 1 人を増すごとに加算する額
基準額		62,700	65,280	67,850	70,440	2,580
地区別冬季加算額	Ⅰ区（10 月から 4 月まで）	23,870	24,880	25,690	26,500	810
	Ⅱ区（10 月から 4 月まで）	16,860	17,580	18,150	18,720	570
	Ⅲ区（11 月から 4 月まで）	13,930	14,520	14,990	15,460	470
	Ⅳ区（11 月から 4 月まで）	12,680	13,210	13,640	14,070	430
	Ⅴ区（11 月から 3 月まで）	8,650	9,020	9,310	9,600	300
	Ⅵ区（11 月から 3 月まで）	4,910	5,120	5,280	5,450	170

逓　減　率					
第１類の表に定める個人別の基準額を合算した額に乗じる率	世　帯　人　員　別				
	1 人	2 人	3 人	4 人	5 人
率	1.0000	0.8850	0.8350	0.7675	0.7140
第１類の表に定める個人別の基準額を合算した額に乗じる率	世　帯　人　員　別				
	6 人	7 人	8 人	9 人	10 人
率	0.7010	0.6865	0.6745	0.6645	0.6645

270

38　障害者が受けられる生活保護の給付

《生活扶助費の基準：2級地—2》

居宅（第1類）			
年齢区分	基準額	年齢区分	基準額
0 歳〜 2 歳	23,540 円	20 歳〜 40 歳	33,930 円
3 歳〜 5 歳	26,470	41 歳〜 59 歳	34,740
6 歳〜 11 歳	30,360	60 歳〜 69 歳	34,420
12 歳〜 19 歳	34,580	70 歳以上	29,870

居宅（第2類）						
基準額及び加算額		世帯人員別				
		1 人	2 人	3 人	4 人	5 人
基準額		36,030	44,310	52,230	54,390	57,990
地区別冬季加算額	I 区 （10 月から 4 月まで）	12,540	17,800	20,230	21,850	22,460
	II 区 （10 月から 4 月まで）	8,860	12,580	14,290	15,440	15,860
	III 区 （11 月から 4 月まで）	7,320	10,390	11,800	12,750	13,100
	IV 区 （11 月から 4 月まで）	6,660	9,450	10,740	11,600	11,920
	V 区 （11 月から 3 月まで）	4,540	6,450	7,330	7,920	8,140
	VI 区 （11 月から 3 月まで）	2,580	3,660	4,160	4,490	4,620
基準額及び加算額		世帯人員別				
		6 人	7 人	8 人	9 人	10 人以上 1 人を増すごとに加算する額
基準額		61,240	63,760	66,280	68,800	2,520
地区別冬季加算額	I 区 （10 月から 4 月まで）	23,870	24,880	25,690	26,500	810
	II 区 （10 月から 4 月まで）	16,860	17,580	18,150	18,720	570
	III 区 （11 月から 4 月まで）	13,930	14,520	14,990	15,460	470
	IV 区 （11 月から 4 月まで）	12,680	13,210	13,640	14,070	430
	V 区 （11 月から 3 月まで）	8,650	9,020	9,310	9,600	300
	VI 区 （11 月から 3 月まで）	4,910	5,120	5,280	5,450	170

逓　減　率					
第1類の表に定める個人別の基準額を合算した額に乗じる率	世　帯　人　員　別				
	1 人	2 人	3 人	4 人	5 人
率	1.0000	0.8850	0.8350	0.7675	0.7140
第1類の表に定める個人別の基準額を合算した額に乗じる率	世　帯　人　員　別				
	6 人	7 人	8 人	9 人	10 人
率	0.7010	0.6865	0.6745	0.6645	0.6645

第5章　障害者支援のために知っておくべき生活保護の知識

《生活扶助費の基準：3級地―1》

居宅（第1類）			
年齢区分	基準額	年齢区分	基準額
0 歳～ 2 歳	22,490 円	20 歳～ 40 歳	32,420 円
3 歳～ 5 歳	25,290	41 歳～ 59 歳	33,210
6 歳～ 11 歳	29,010	60 歳～ 69 歳	32,890
12 歳～ 19 歳	33,040	70 歳以上	28,540

居宅（第2類）						
基準額及び加算額		世帯人員別				
		1 人	2 人	3 人	4 人	5 人
基準額		34,420	42,340	49,920	51,970	55,420
地区別冬季加算額	Ⅰ区 （10 月から 4 月まで）	12,540	17,800	20,230	21,850	22,460
	Ⅱ区 （10 月から 4 月まで）	8,860	12,580	14,290	15,440	15,860
	Ⅲ区 （11 月から 4 月まで）	7,320	10,390	11,800	12,750	13,100
	Ⅳ区 （11 月から 4 月まで）	6,660	9,450	10,740	11,600	11,920
	Ⅴ区 （11 月から 3 月まで）	4,540	6,450	7,330	7,920	8,140
	Ⅵ区 （11 月から 3 月まで）	2,580	3,660	4,160	4,490	4,620
基準額及び加算額		世帯人員別				
		6 人	7 人	8 人	9 人	10 人以上 1 人を増すごとに加算する額
基準額		58,520	60,930	63,330	65,740	2,410
地区別冬季加算額	Ⅰ区 （10 月から 4 月まで）	23,870	24,880	25,690	26,500	810
	Ⅱ区 （10 月から 4 月まで）	16,860	17,580	18,150	18,720	570
	Ⅲ区 （11 月から 4 月まで）	13,930	14,520	14,990	15,460	470
	Ⅳ区 （11 月から 4 月まで）	12,680	13,210	13,640	14,070	430
	Ⅴ区 （11 月から 3 月まで）	8,650	9,020	9,310	9,600	300
	Ⅵ区 （11 月から 3 月まで）	4,910	5,120	5,280	5,450	170

逓　　減　　率					
第1類の表に定める個人別の基準額を合算した額に乗じる率	世　　帯　　人　　員　　別				
	1 人	2 人	3 人	4 人	5 人
率	1.0000	0.8850	0.8350	0.7675	0.7140
第1類の表に定める個人別の基準額を合算した額に乗じる率	世　　帯　　人　　員　　別				
	6 人	7 人	8 人	9 人	10 人
率	0.7010	0.6865	0.6745	0.6645	0.6645

38 障害者が受けられる生活保護の給付

《生活扶助費の基準：3級地—2》

居宅（第1類）			
年齢区分	基準額	年齢区分	基準額
0 歳～ 2 歳	21,550 円	20 歳～ 40 歳	31,060 円
3 歳～ 5 歳	24,220	41 歳～ 59 歳	31,810
6 歳～ 11 歳	27,790	60 歳～ 69 歳	31,510
12 歳～ 19 歳	31,650	70 歳以上	27,340

居宅（第2類）						
基準額及び加算額		世帯人員別				
		1 人	2 人	3 人	4 人	5 人
基準額		32,970	40,550	47,810	49,780	53,090
地区別冬季加算額	Ⅰ区 （10 月から 4 月まで）	12,540	17,800	20,230	21,850	22,460
	Ⅱ区 （10 月から 4 月まで）	8,860	12,580	14,290	15,440	15,860
	Ⅲ区 （11 月から 4 月まで）	7,320	10,390	11,800	12,750	13,100
	Ⅳ区 （11 月から 4 月まで）	6,660	9,450	10,740	11,600	11,920
	Ⅴ区 （11 月から 3 月まで）	4,540	6,450	7,330	7,920	8,140
	Ⅵ区 （11 月から 3 月まで）	2,580	3,660	4,160	4,490	4,620
基準額及び加算額		世帯人員別				
		6 人	7 人	8 人	9 人	10 人以上 1 人を増すごとに加算する額
基準額		56,050	58,350	60,670	62,970	2,300
地区別冬季加算額	Ⅰ区 （10 月から 4 月まで）	23,870	24,880	25,690	26,500	810
	Ⅱ区 （10 月から 4 月まで）	16,860	17,580	18,150	18,720	570
	Ⅲ区 （11 月から 4 月まで）	13,930	14,520	14,990	15,460	470
	Ⅳ区 （11 月から 4 月まで）	12,680	13,210	13,640	14,070	430
	Ⅴ区 （11 月から 3 月まで）	8,650	9,020	9,310	9,600	300
	Ⅵ区 （11 月から 3 月まで）	4,910	5,120	5,280	5,450	170

逓　減　率					
第1類の表に定める個人別の基準額を合算した額に乗じる率	世　帯　人　員　別				
	1 人	2 人	3 人	4 人	5 人
率	1.0000	0.8850	0.8350	0.7675	0.7140
第1類の表に定める個人別の基準額を合算した額に乗じる率	世　帯　人　員　別				
	6 人	7 人	8 人	9 人	10 人
率	0.7010	0.6865	0.6745	0.6645	0.6645

出典：以上，『生活保護手帳（2017 年度版）』（中央法規出版・2017 年）138 ～ 169 頁（一部改変）

第5章　障害者支援のために知っておくべき生活保護の知識

《世帯人員別の住宅扶助（家賃・間代等）の限度額》 平成29年8月時点

都道府県 （別記1）	級地	1人 （別記2）	2人 （別記3）	3人～5人 （別記4）	6人 （別記5）	7人以上 （別記6）
北海道	1級地	29,000 円	35,000 円	37,000 円	41,000 円	45,000 円
北海道	2級地	30,000 円	36,000 円	39,000 円	42,000 円	47,000 円
北海道	3級地	25,000 円	30,000 円	33,000 円	35,000 円	39,000 円
青森県	3級地	30,000 円	36,000 円	39,000 円	42,000 円	47,000 円
岩手県	3級地	31,000 円	37,000 円	40,000 円	43,000 円	48,000 円
宮城県	2級地	35,000 円	42,000 円	45,100 円	49,000 円	55,000 円
宮城県	3級地	35,000 円	42,000 円	46,000 円	49,000 円	55,000 円
秋田県	3級地	35,000 円	42,000 円	46,000 円	49,000 円	55,000 円
山形県	2級地	35,000 円	42,000 円	46,000 円	49,000 円	55,000 円
山形県	3級地	35,000 円	42,000 円	46,000 円	49,000 円	55,000 円
福島県	2級地	36,000 円	43,000 円	47,000 円	50,000 円	56,000 円
福島県	3級地	33,000 円	40,000 円	43,000 円	46,000 円	51,000 円
茨城県	2級地	35,400 円	42,000 円	46,000 円	50,000 円	55,000 円
茨城県	3級地	34,000 円	41,000 円	44,000 円	48,000 円	53,000 円
栃木県	2級地	32,000 円	38,000 円	41,000 円	45,000 円	49,000 円
栃木県	3級地	32,200 円	39,000 円	41,800 円	45,000 円	50,200 円
群馬県	2級地	30,000 円	36,000 円	39,000 円	42,000 円	47,000 円
群馬県	3級地	30,700 円	37,000 円	39,900 円	43,000 円	47,900 円
埼玉県	1級地	47,700 円	57,000 円	62,000 円	67,000 円	74,400 円
埼玉県	2級地	43,000 円	52,000 円	56,000 円	60,000 円	67,000 円
埼玉県	3級地	37,000 円	44,000 円	48,000 円	52,000 円	58,000 円
千葉県	1級地	46,000 円	55,000 円	59,800 円	64,000 円	71,800 円
千葉県	2級地	41,000 円	49,000 円	53,000 円	57,000 円	64,000 円
千葉県	3級地	37,200 円	45,000 円	48,400 円	52,000 円	58,100 円
東京都	1級地	53,700 円	64,000 円	69,800 円	75,000 円	83,800 円
東京都	2級地	45,000 円	54,000 円	59,000 円	63,000 円	70,000 円
東京都	3級地	40,900 円	49,000 円	53,200 円	57,000 円	63,800 円
神奈川県	1級地	41,000 円	49,000 円	53,000 円	57,000 円	64,000 円
神奈川県	2級地	41,000 円	49,000 円	53,000 円	57,000 円	64,000 円
神奈川県	3級地	41,000 円	49,000 円	53,000 円	57,000 円	64,000 円
新潟県	2級地	31,800 円	38,000 円	41,000 円	45,000 円	49,700 円
新潟県	3級地	32,000 円	38,000 円	42,000 円	45,000 円	50,000 円
富山県	2級地	29,000 円	35,000 円	38,000 円	41,000 円	46,000 円
富山県	3級地	22,000 円	26,000 円	29,000 円	31,000 円	34,000 円
石川県	2級地	31,000 円	37,000 円	40,000 円	43,000 円	48,000 円
石川県	3級地	31,000 円	37,000 円	40,100 円	43,000 円	48,100 円

38　障害者が受けられる生活保護の給付

都道府県 （別記1）	級地	1人 （別記2）	2人 （別記3）	3人～5人 （別記4）	6人 （別記5）	7人以上 （別記6）
福井県	2級地	32,000 円	38,000 円	41,000 円	45,000 円	49,000 円
福井県	3級地	30,000 円	36,000 円	39,000 円	42,000 円	47,000 円
山梨県	2級地	29,000 円	35,000 円	38,000 円	41,000 円	45,000 円
山梨県	3級地	30,000 円	36,000 円	39,000 円	42,000 円	47,000 円
長野県	2級地	35,000 円	42,000 円	46,000 円	49,000 円	55,000 円
長野県	3級地	31,800 円	38,000 円	41,300 円	45,000 円	49,600 円
岐阜県	2級地	32,200 円	39,000 円	41,800 円	45,000 円	50,200 円
岐阜県	3級地	29,000 円	35,000 円	37,700 円	41,000 円	45,200 円
静岡県	2級地	37,000 円	44,000 円	48,000 円	52,000 円	58,000 円
静岡県	3級地	37,200 円	45,000 円	48,300 円	52,000 円	58,000 円
愛知県	2級地	37,000 円	44,000 円	48,100 円	52,000 円	58,000 円
愛知県	3級地	36,000 円	43,000 円	46,600 円	50,000 円	56,000 円
三重県	2級地	35,200 円	42,000 円	45,800 円	49,000 円	55,000 円
三重県	3級地	33,400 円	40,000 円	43,400 円	47,000 円	52,100 円
滋賀県	2級地	41,000 円	49,000 円	53,000 円	57,000 円	63,000 円
滋賀県	3級地	35,000 円	42,000 円	46,000 円	49,000 円	55,000 円
京都府	1級地	40,000 円	48,000 円	52,000 円	56,000 円	62,000 円
京都府	2級地	37,000 円	44,000 円	48,000 円	52,000 円	58,000 円
京都府	3級地	36,000 円	43,000 円	47,000 円	50,000 円	56,000 円
大阪府	1級地	39,000 円	47,000 円	51,000 円	55,000 円	61,000 円
大阪府	2級地	38,000 円	46,000 円	49,000 円	53,000 円	59,000 円
大阪府	3級地	29,000 円	35,000 円	38,000 円	41,000 円	45,000 円
兵庫県	1級地	40,000 円	48,000 円	52,000 円	56,000 円	62,000 円
兵庫県	2級地	39,000 円	47,000 円	51,000 円	55,000 円	61,000 円
兵庫県	3級地	32,300 円	39,000 円	42,000 円	45,000 円	50,400 円
奈良県	2級地	36,000 円	43,000 円	47,000 円	50,000 円	56,000 円
奈良県	3級地	33,000 円	40,000 円	43,000 円	46,000 円	51,000 円
和歌山県	3級地	32,000 円	38,000 円	42,000 円	45,000 円	50,000 円
鳥取県	2級地	32,000 円	38,000 円	42,000 円	45,000 円	50,000 円
鳥取県	3級地	34,000 円	41,000 円	44,000 円	48,000 円	53,000 円
島根県	2級地	34,000 円	41,000 円	44,000 円	48,000 円	53,000 円
島根県	3級地	28,200 円	34,000 円	37,000 円	39,000 円	44,000 円
岡山県	2級地	34,800 円	42,000 円	45,000 円	49,000 円	54,000 円
岡山県	3級地	31,000 円	37,000 円	40,000 円	43,000 円	48,000 円
広島県	1級地	35,000 円	42,000 円	46,000 円	49,000 円	55,000 円
広島県	2級地	35,000 円	42,000 円	46,000 円	49,000 円	55,000 円
広島県	3級地	33,000 円	40,000 円	43,000 円	46,000 円	52,000 円

第5章　障害者支援のために知っておくべき生活保護の知識

都道府県 （別記1）	級地	1人 （別記2）	2人 （別記3）	3人～5人 （別記4）	6人 （別記5）	7人以上 （別記6）
山口県	2級地	31,000 円	37,000 円	40,000 円	43,000 円	48,000 円
山口県	3級地	30,000 円	36,000 円	39,000 円	42,000 円	47,000 円
徳島県	2級地	29,000 円	35,000 円	38,000 円	41,000 円	45,000 円
徳島県	3級地	29,000 円	35,000 円	38,000 円	41,000 円	45,000 円
香川県	3級地	32,000 円	38,000 円	42,000 円	45,000 円	50,000 円
愛媛県	3級地	32,000 円	38,000 円	42,000 円	45,000 円	50,000 円
高知県	3級地	29,000 円	35,000 円	38,000 円	41,000 円	45,000 円
福岡県	2級地	32,000 円	38,000 円	41,100 円	45,000 円	49,300 円
福岡県	3級地	32,000 円	38,000 円	42,000 円	45,000 円	50,000 円
佐賀県	2級地	30,300 円	36,000 円	39,400 円	42,000 円	47,300 円
佐賀県	3級地	29,000 円	35,000 円	38,000 円	41,000 円	45,000 円
長崎県	2級地	32,000 円	38,000 円	42,000 円	45,000 円	50,000 円
長崎県	3級地	32,000 円	38,000 円	42,000 円	45,000 円	50,000 円
熊本県	2級地	35,000 円	42,000 円	46,000 円	49,000 円	55,000 円
熊本県	3級地	33,000 円	40,000 円	43,000 円	46,000 円	51,000 円
大分県	2級地	28,000 円	34,000 円	36,000 円	39,000 円	44,000 円
大分県	3級地	26,600 円	32,000 円	34,600 円	37,000 円	42,000 円
宮崎県	3級地	29,000 円	35,000 円	38,000 円	41,000 円	45,000 円
鹿児島県	3級地	24,200 円	29,000 円	31,500 円	34,000 円	38,000 円
沖縄県	3級地	32,000 円	38,000 円	41,000 円	45,000 円	49,000 円

38　障害者が受けられる生活保護の給付

都道府県 （別記１）	１人 （別記２）	２人 （別記３）	３人～５人 （別記４）	６人 （別記５）	７人以上 （別記６）
札幌市	36,000 円	43,000 円	46,000 円	50,000 円	56,000 円
仙台市	37,000 円	44,000 円	48,000 円	52,000 円	58,000 円
さいたま市	45,000 円	54,000 円	59,000 円	63,000 円	70,000 円
千葉市	41,000 円	49,000 円	53,000 円	57,000 円	64,000 円
横浜市	52,000 円	62,000 円	68,000 円	73,000 円	81,000 円
川崎市	53,700 円	64,000 円	69,800 円	75,000 円	83,800 円
相模原市	41,000 円	49,000 円	53,000 円	57,000 円	64,000 円
新潟市	35,500 円	43,000 円	46,200 円	50,000 円	55,400 円
静岡市	39,000 円	47,000 円	51,000 円	55,000 円	61,000 円
浜松市	37,700 円	45,000 円	49,000 円	53,000 円	59,000 円
名古屋市	37,000 円	44,000 円	48,000 円	52,000 円	58,000 円
京都市	40,000 円	48,000 円	52,000 円	56,000 円	62,000 円
大阪市	40,000 円	48,000 円	52,000 円	56,000 円	62,000 円
堺市	38,000 円	46,000 円	49,000 円	53,000 円	59,000 円
神戸市	40,000 円	48,000 円	52,000 円	56,000 円	62,000 円
岡山市	37,000 円	44,000 円	48,000 円	52,000 円	58,000 円
広島市	38,000 円	46,000 円	49,000 円	53,000 円	59,000 円
北九州市	29,000 円	35,000 円	38,000 円	41,000 円	45,000 円
福岡市	36,000 円	43,000 円	47,000 円	50,000 円	56,000 円
熊本市	31,100 円	37,000 円	40,400 円	44,000 円	49,000 円
函館市	30,000 円	36,000 円	39,000 円	42,000 円	47,000 円
旭川市	28,000 円	34,000 円	36,000 円	39,000 円	44,000 円
青森市	31,000 円	37,000 円	40,300 円	43,000 円	48,000 円
八戸市	30,000 円	36,000 円	39,000 円	42,000 円	47,000 円
盛岡市	31,000 円	37,000 円	40,000 円	43,000 円	48,000 円
秋田市	32,000 円	38,000 円	42,000 円	45,000 円	50,000 円
郡山市	30,000 円	36,000 円	39,000 円	42,000 円	47,000 円
いわき市	35,000 円	42,000 円	46,000 円	49,000 円	55,000 円
宇都宮市	38,100 円	46,000 円	49,500 円	53,000 円	59,400 円
前橋市	34,200 円	41,000 円	44,500 円	48,000 円	53,400 円
高崎市	34,200 円	41,000 円	44,500 円	48,000 円	53,400 円
川越市	42,000 円	50,000 円	55,000 円	59,000 円	66,000 円
越谷市	43,000 円	52,000 円	56,000 円	60,000 円	67,000 円
船橋市	43,000 円	52,000 円	56,000 円	60,000 円	67,000 円
柏市	41,000 円	49,000 円	53,000 円	57,000 円	64,000 円

277

第５章　障害者支援のために知っておくべき生活保護の知識

都道府県 （別記１）	１人 （別記２）	２人 （別記３）	３人～５人 （別記４）	６人 （別記５）	７人以上 （別記６）
八王子市	53,700 円	64,000 円	69,800 円	75,000 円	83,800 円
横須賀市	44,000 円	53,000 円	57,000 円	62,000 円	69,000 円
富山市	33,000 円	40,000 円	43,000 円	46,000 円	51,000 円
金沢市	33,000 円	40,000 円	43,000 円	46,000 円	51,000 円
長野市	36,000 円	43,000 円	47,000 円	50,000 円	56,000 円
岐阜市	32,000 円	38,000 円	41,600 円	45,000 円	50,000 円
豊橋市	35,000 円	42,000 円	46,000 円	49,000 円	55,000 円
岡崎市	37,000 円	44,000 円	48,000 円	52,000 円	57,000 円
豊田市	37,400 円	45,000 円	48,600 円	52,000 円	58,300 円
大津市	39,000 円	47,000 円	51,000 円	55,000 円	61,000 円
枚方市	38,000 円	46,000 円	49,000 円	53,000 円	59,000 円
豊中市	42,000 円	50,000 円	55,000 円	59,000 円	66,000 円
高槻市	39,000 円	47,000 円	51,000 円	55,000 円	61,000 円
東大阪市	38,000 円	46,000 円	49,000 円	53,000 円	59,000 円
姫路市	38,000 円	46,000 円	49,000 円	53,000 円	59,000 円
尼崎市	42,500 円	51,000 円	55,300 円	60,000 円	66,400 円
西宮市	42,500 円	51,000 円	55,300 円	60,000 円	66,400 円
奈良市	38,000 円	46,000 円	49,000 円	53,000 円	59,000 円
和歌山市	34,000 円	41,000 円	44,000 円	48,000 円	53,000 円
倉敷市	35,000 円	42,000 円	46,000 円	49,000 円	55,000 円
福山市	34,000 円	41,000 円	44,000 円	48,000 円	53,000 円
呉市	35,000 円	42,000 円	46,000 円	49,000 円	55,000 円
下関市	29,000 円	35,000 円	38,000 円	41,000 円	45,000 円
高松市	37,000 円	44,000 円	48,000 円	52,000 円	58,000 円
松山市	32,000 円	38,000 円	42,000 円	45,000 円	50,000 円
高知市	32,000 円	38,000 円	42,000 円	45,000 円	50,000 円
久留米市	31,000 円	37,000 円	40,000 円	43,000 円	48,000 円
長崎市	36,000 円	43,000 円	47,000 円	50,000 円	56,000 円
佐世保市	32,000 円	38,000 円	42,000 円	45,000 円	50,000 円
大分市	29,000 円	35,000 円	38,000 円	41,000 円	45,000 円
宮崎市	29,500 円	35,000 円	38,300 円	41,000 円	46,000 円
鹿児島市	31,600 円	38,000 円	41,100 円	44,000 円	49,300 円
那覇市	32,000 円	38,000 円	41,800 円	45,000 円	50,000 円

38　障害者が受けられる生活保護の給付

《局長通知第７の４の⑴のオによる額》

都道府県 （別記１）	級地	１人 （別記10）	２人 （別記11）	３人 （別記12）	４人 （別記13）	５人 （別記14）	６人 （別記15）	７人以上 （別記16）
北海道	１級地	37,000 円	41,000 円	44,000 円	46,000 円	49,000 円	49,000 円	52,000 円
北海道	２級地	39,000 円	42,000 円	45,000 円	48,000 円	51,000 円	51,000 円	54,000 円
北海道	３級地	33,000 円	35,000 円	38,000 円	40,000 円	43,000 円	43,000 円	45,000 円
青森県	３級地	39,000 円	42,000 円	45,000 円	48,000 円	51,000 円	51,000 円	54,000 円
岩手県	３級地	40,000 円	43,000 円	47,000 円	50,000 円	53,000 円	53,000 円	56,000 円
宮城県	２級地	45,100 円	49,000 円	53,000 円	56,000 円	60,000 円	60,000 円	63,000 円
宮城県	３級地	46,000 円	49,000 円	53,000 円	56,000 円	60,000 円	60,000 円	63,000 円
秋田県	３級地	46,000 円	49,000 円	53,000 円	56,000 円	60,000 円	60,000 円	63,000 円
山形県	２級地	46,000 円	49,000 円	53,000 円	56,000 円	60,000 円	60,000 円	63,000 円
山形県	３級地	46,000 円	49,000 円	53,000 円	56,000 円	60,000 円	60,000 円	63,000 円
福島県	２級地	47,000 円	50,000 円	54,000 円	58,000 円	61,000 円	61,000 円	65,000 円
福島県	３級地	43,000 円	46,000 円	50,000 円	53,000 円	56,000 円	56,000 円	59,000 円
茨城県	２級地	46,000 円	50,000 円	53,000 円	57,000 円	60,000 円	60,000 円	64,000 円
茨城県	３級地	44,000 円	48,000 円	51,000 円	54,000 円	58,000 円	58,000 円	61,000 円
栃木県	２級地	41,000 円	45,000 円	48,000 円	51,000 円	54,000 円	54,000 円	58,000 円
栃木県	３級地	41,800 円	45,000 円	48,000 円	52,000 円	55,000 円	55,000 円	58,000 円
群馬県	２級地	39,000 円	42,000 円	45,000 円	48,000 円	51,000 円	51,000 円	54,000 円
群馬県	３級地	39,900 円	43,000 円	46,000 円	49,000 円	52,000 円	52,000 円	55,000 円
埼玉県	１級地	62,000 円	67,000 円	72,000 円	76,000 円	81,000 円	81,000 円	86,000 円
埼玉県	２級地	56,000 円	60,000 円	65,000 円	69,000 円	73,000 円	73,000 円	77,000 円
埼玉県	３級地	48,000 円	52,000 円	56,000 円	59,000 円	63,000 円	63,000 円	67,000 円
千葉県	１級地	59,800 円	64,000 円	69,000 円	74,000 円	78,000 円	78,000 円	83,000 円
千葉県	２級地	53,000 円	57,000 円	62,000 円	66,000 円	70,000 円	70,000 円	74,000 円
千葉県	３級地	48,400 円	52,000 円	56,000 円	60,000 円	63,000 円	63,000 円	67,000 円
東京都	１級地	69,800 円	75,000 円	81,000 円	86,000 円	91,000 円	91,000 円	97,000 円
東京都	２級地	59,000 円	63,000 円	68,000 円	72,000 円	77,000 円	77,000 円	81,000 円
東京都	３級地	53,200 円	57,000 円	61,000 円	65,000 円	70,000 円	70,000 円	74,000 円
神奈川県	１級地	53,000 円	57,000 円	62,000 円	66,000 円	70,000 円	70,000 円	74,000 円
神奈川県	２級地	53,000 円	57,000 円	62,000 円	66,000 円	70,000 円	70,000 円	74,000 円
神奈川県	３級地	53,000 円	57,000 円	62,000 円	66,000 円	70,000 円	70,000 円	74,000 円
新潟県	２級地	41,000 円	45,000 円	48,000 円	51,000 円	54,000 円	54,000 円	57,000 円
新潟県	３級地	42,000 円	45,000 円	48,000 円	51,000 円	54,000 円	54,000 円	58,000 円
富山県	２級地	38,000 円	41,000 円	44,000 円	46,000 円	49,000 円	49,000 円	52,000 円

279

第5章　障害者支援のために知っておくべき生活保護の知識

都道府県 （別記1）	級地	1人 （別記10）	2人 （別記11）	3人 （別記12）	4人 （別記13）	5人 （別記14）	6人 （別記15）	7人以上 （別記16）
富山県	3級地	29,000 円	31,000 円	33,000 円	35,000 円	37,000 円	37,000 円	40,000 円
石川県	2級地	40,000 円	43,000 円	47,000 円	50,000 円	53,000 円	53,000 円	56,000 円
石川県	3級地	40,100 円	43,000 円	47,000 円	50,000 円	53,000 円	53,000 円	56,000 円
福井県	2級地	41,000 円	45,000 円	48,000 円	51,000 円	54,000 円	54,000 円	58,000 円
福井県	3級地	39,000 円	42,000 円	45,000 円	48,000 円	51,000 円	51,000 円	54,000 円
山梨県	2級地	38,000 円	41,000 円	44,000 円	46,000 円	49,000 円	49,000 円	52,000 円
山梨県	3級地	39,000 円	42,000 円	45,000 円	48,000 円	51,000 円	51,000 円	54,000 円
長野県	2級地	46,000 円	49,000 円	53,000 円	56,000 円	60,000 円	60,000 円	63,000 円
長野県	3級地	41,300 円	45,000 円	48,000 円	51,000 円	54,000 円	54,000 円	57,000 円
岐阜県	2級地	41,800 円	45,000 円	48,000 円	52,000 円	55,000 円	55,000 円	58,000 円
岐阜県	3級地	37,700 円	41,000 円	44,000 円	46,000 円	49,000 円	49,000 円	52,000 円
静岡県	2級地	48,000 円	52,000 円	56,000 円	59,000 円	63,000 円	63,000 円	67,000 円
静岡県	3級地	48,300 円	52,000 円	56,000 円	60,000 円	63,000 円	63,000 円	67,000 円
愛知県	2級地	48,100 円	52,000 円	56,000 円	59,000 円	63,000 円	63,000 円	67,000 円
愛知県	3級地	46,600 円	50,000 円	54,000 円	58,000 円	61,000 円	61,000 円	65,000 円
三重県	2級地	45,800 円	49,000 円	53,000 円	56,000 円	60,000 円	60,000 円	63,000 円
三重県	3級地	43,400 円	47,000 円	50,000 円	53,000 円	57,000 円	57,000 円	60,000 円
滋賀県	2級地	53,000 円	57,000 円	62,000 円	66,000 円	70,000 円	70,000 円	74,000 円
滋賀県	3級地	46,000 円	49,000 円	53,000 円	56,000 円	60,000 円	60,000 円	63,000 円
京都府	1級地	52,000 円	56,000 円	60,000 円	64,000 円	68,000 円	68,000 円	72,000 円
京都府	2級地	48,000 円	52,000 円	56,000 円	59,000 円	63,000 円	63,000 円	67,000 円
京都府	3級地	47,000 円	50,000 円	54,000 円	58,000 円	61,000 円	61,000 円	65,000 円
大阪府	1級地	51,000 円	55,000 円	59,000 円	62,000 円	66,000 円	66,000 円	70,000 円
大阪府	2級地	49,000 円	53,000 円	57,000 円	61,000 円	65,000 円	65,000 円	68,000 円
大阪府	3級地	38,000 円	41,000 円	44,000 円	46,000 円	49,000 円	49,000 円	52,000 円
兵庫県	1級地	52,000 円	56,000 円	60,000 円	64,000 円	68,000 円	68,000 円	72,000 円
兵庫県	2級地	51,000 円	55,000 円	59,000 円	62,000 円	66,000 円	66,000 円	70,000 円
兵庫県	3級地	42,000 円	45,000 円	48,000 円	52,000 円	55,000 円	55,000 円	58,000 円
奈良県	2級地	47,000 円	50,000 円	54,000 円	58,000 円	61,000 円	61,000 円	65,000 円
奈良県	3級地	43,000 円	46,000 円	50,000 円	53,000 円	56,000 円	56,000 円	59,000 円
和歌山県	3級地	42,000 円	45,000 円	48,000 円	51,000 円	54,000 円	54,000 円	58,000 円
鳥取県	2級地	42,000 円	45,000 円	48,000 円	51,000 円	54,000 円	54,000 円	58,000 円
鳥取県	3級地	44,000 円	48,000 円	51,000 円	54,000 円	58,000 円	58,000 円	61,000 円
島根県	2級地	44,000 円	48,000 円	51,000 円	54,000 円	58,000 円	58,000 円	61,000 円

280

38 障害者が受けられる生活保護の給付

都道府県 （別記1）	級地	1人 （別記10）	2人 （別記11）	3人 （別記12）	4人 （別記13）	5人 （別記14）	6人 （別記15）	7人以上 （別記16）
島根県	3級地	37,000 円	39,000 円	42,000 円	45,000 円	48,000 円	48,000 円	51,000 円
岡山県	2級地	45,000 円	49,000 円	52,000 円	56,000 円	59,000 円	59,000 円	63,000 円
岡山県	3級地	40,000 円	43,000 円	47,000 円	50,000 円	53,000 円	53,000 円	56,000 円
広島県	1級地	46,000 円	49,000 円	53,000 円	56,000 円	60,000 円	60,000 円	63,000 円
広島県	2級地	46,000 円	49,000 円	53,000 円	56,000 円	60,000 円	60,000 円	63,000 円
広島県	3級地	43,000 円	46,000 円	50,000 円	53,000 円	56,000 円	56,000 円	59,000 円
山口県	2級地	40,000 円	43,000 円	47,000 円	50,000 円	53,000 円	53,000 円	56,000 円
山口県	3級地	39,000 円	42,000 円	45,000 円	48,000 円	51,000 円	51,000 円	54,000 円
徳島県	2級地	38,000 円	41,000 円	44,000 円	46,000 円	49,000 円	49,000 円	52,000 円
徳島県	3級地	38,000 円	41,000 円	44,000 円	46,000 円	49,000 円	49,000 円	52,000 円
香川県	3級地	42,000 円	45,000 円	48,000 円	51,000 円	54,000 円	54,000 円	58,000 円
愛媛県	3級地	42,000 円	45,000 円	48,000 円	51,000 円	54,000 円	54,000 円	58,000 円
高知県	3級地	38,000 円	41,000 円	44,000 円	46,000 円	49,000 円	49,000 円	52,000 円
福岡県	2級地	41,100 円	45,000 円	48,000 円	51,000 円	54,000 円	54,000 円	58,000 円
福岡県	3級地	42,000 円	45,000 円	48,000 円	51,000 円	54,000 円	54,000 円	58,000 円
佐賀県	2級地	39,400 円	42,000 円	45,000 円	48,000 円	52,000 円	52,000 円	55,000 円
佐賀県	3級地	38,000 円	41,000 円	44,000 円	46,000 円	49,000 円	49,000 円	52,000 円
長崎県	2級地	42,000 円	45,000 円	48,000 円	51,000 円	54,000 円	54,000 円	58,000 円
長崎県	3級地	42,000 円	45,000 円	48,000 円	51,000 円	54,000 円	54,000 円	58,000 円
熊本県	2級地	46,000 円	49,000 円	53,000 円	56,000 円	60,000 円	60,000 円	63,000 円
熊本県	3級地	43,000 円	46,000 円	50,000 円	53,000 円	56,000 円	56,000 円	59,000 円
大分県	2級地	36,000 円	39,000 円	42,000 円	45,000 円	48,000 円	48,000 円	50,000 円
大分県	3級地	34,600 円	37,000 円	40,000 円	43,000 円	45,000 円	45,000 円	48,000 円
宮崎県	3級地	38,000 円	41,000 円	44,000 円	46,000 円	49,000 円	49,000 円	52,000 円
鹿児島県	3級地	31,500 円	34,000 円	36,000 円	39,000 円	41,000 円	41,000 円	44,000 円
沖縄県	3級地	41,000 円	45,000 円	48,000 円	51,000 円	54,000 円	54,000 円	58,000 円

第5章　障害者支援のために知っておくべき生活保護の知識

都道府県 （別記1）	地域	1人 （別記10）	2人 （別記11）	3人 （別記12）	4人 （別記13）	5人 （別記14）	6人 （別記15）	7人以上 （別記16）
札幌市	政令指定都市	46,000 円	50,000 円	54,000 円	58,000 円	61,000 円	61,000 円	65,000 円
仙台市	政令指定都市	48,000 円	52,000 円	56,000 円	59,000 円	63,000 円	63,000 円	67,000 円
さいたま市	政令指定都市	59,000 円	63,000 円	68,000 円	72,000 円	77,000 円	77,000 円	81,000 円
千葉市	政令指定都市	53,000 円	57,000 円	62,000 円	66,000 円	70,000 円	70,000 円	74,000 円
横浜市	政令指定都市	68,000 円	73,000 円	78,000 円	83,000 円	88,000 円	88,000 円	94,000 円
川崎市	政令指定都市	69,800 円	75,000 円	81,000 円	86,000 円	91,000 円	91,000 円	97,000 円
相模原市	政令指定都市	53,000 円	57,000 円	62,000 円	66,000 円	70,000 円	70,000 円	74,000 円
新潟市	政令指定都市	46,200 円	50,000 円	53,000 円	57,000 円	60,000 円	60,000 円	64,000 円
静岡市	政令指定都市	51,000 円	55,000 円	59,000 円	62,000 円	66,000 円	66,000 円	70,000 円
浜松市	政令指定都市	49,000 円	53,000 円	57,000 円	60,000 円	64,000 円	64,000 円	68,000 円
名古屋市	政令指定都市	48,000 円	52,000 円	56,000 円	59,000 円	63,000 円	63,000 円	67,000 円
京都市	政令指定都市	52,000 円	56,000 円	60,000 円	64,000 円	68,000 円	68,000 円	72,000 円
大阪市	政令指定都市	52,000 円	56,000 円	60,000 円	64,000 円	68,000 円	68,000 円	72,000 円
堺市	政令指定都市	49,000 円	53,000 円	57,000 円	61,000 円	65,000 円	65,000 円	68,000 円
神戸市	政令指定都市	52,000 円	56,000 円	60,000 円	64,000 円	68,000 円	68,000 円	72,000 円
岡山市	政令指定都市	48,000 円	52,000 円	56,000 円	59,000 円	63,000 円	63,000 円	67,000 円
広島市	政令指定都市	49,000 円	53,000 円	57,000 円	61,000 円	65,000 円	65,000 円	68,000 円
北九州市	政令指定都市	38,000 円	41,000 円	44,000 円	46,000 円	49,000 円	49,000 円	52,000 円
福岡市	政令指定都市	47,000 円	50,000 円	54,000 円	58,000 円	61,000 円	61,000 円	65,000 円
熊本市	政令指定都市	40,400 円	44,000 円	47,000 円	50,000 円	53,000 円	53,000 円	56,000 円
函館市	中核市	39,000 円	42,000 円	45,000 円	48,000 円	51,000 円	51,000 円	54,000 円
旭川市	中核市	36,000 円	39,000 円	42,000 円	45,000 円	48,000 円	48,000 円	50,000 円
青森市	中核市	40,300 円	43,000 円	47,000 円	50,000 円	53,000 円	53,000 円	56,000 円
八戸市	中核市	39,000 円	42,000 円	45,000 円	48,000 円	51,000 円	51,000 円	54,000 円
盛岡市	中核市	40,000 円	43,000 円	47,000 円	50,000 円	53,000 円	53,000 円	56,000 円
秋田市	中核市	42,000 円	45,000 円	48,000 円	51,000 円	54,000 円	54,000 円	58,000 円
郡山市	中核市	39,000 円	42,000 円	45,000 円	48,000 円	51,000 円	51,000 円	54,000 円
いわき市	中核市	46,000 円	49,000 円	53,000 円	56,000 円	60,000 円	60,000 円	63,000 円
宇都宮市	中核市	49,500 円	53,000 円	57,000 円	61,000 円	65,000 円	65,000 円	69,000 円
前橋市	中核市	44,500 円	48,000 円	51,000 円	55,000 円	58,000 円	58,000 円	62,000 円
高崎市	中核市	44,500 円	48,000 円	51,000 円	55,000 円	58,000 円	58,000 円	62,000 円
川越市	中核市	55,000 円	59,000 円	63,000 円	67,000 円	71,000 円	71,000 円	76,000 円
越谷市	中核市	56,000 円	60,000 円	65,000 円	69,000 円	73,000 円	73,000 円	77,000 円
船橋市	中核市	56,000 円	60,000 円	65,000 円	69,000 円	73,000 円	73,000 円	77,000 円
柏市	中核市	53,000 円	57,000 円	62,000 円	66,000 円	70,000 円	70,000 円	74,000 円
八王子市	中核市	69,800 円	75,000 円	81,000 円	86,000 円	91,000 円	91,000 円	97,000 円
横須賀市	中核市	57,000 円	62,000 円	66,000 円	70,000 円	75,000 円	75,000 円	79,000 円
富山市	中核市	43,000 円	46,000 円	50,000 円	53,000 円	56,000 円	56,000 円	59,000 円
金沢市	中核市	43,000 円	46,000 円	50,000 円	53,000 円	56,000 円	56,000 円	59,000 円
長野市	中核市	47,000 円	50,000 円	54,000 円	58,000 円	61,000 円	61,000 円	65,000 円
岐阜市	中核市	41,600 円	45,000 円	48,000 円	51,000 円	54,000 円	54,000 円	58,000 円

38 障害者が受けられる生活保護の給付

都道府県 (別記1)	地域	1人 (別記10)	2人 (別記11)	3人 (別記12)	4人 (別記13)	5人 (別記14)	6人 (別記15)	7人以上 (別記16)
豊橋市	中核市	46,000 円	49,000 円	53,000 円	56,000 円	60,000 円	60,000 円	63,000 円
岡崎市	中核市	48,000 円	52,000 円	56,000 円	59,000 円	63,000 円	63,000 円	67,000 円
豊田市	中核市	48,600 円	52,000 円	56,000 円	60,000 円	64,000 円	64,000 円	67,000 円
大津市	中核市	51,000 円	55,000 円	59,000 円	62,000 円	66,000 円	66,000 円	70,000 円
枚方市	中核市	49,000 円	53,000 円	57,000 円	61,000 円	65,000 円	65,000 円	68,000 円
豊中市	中核市	55,000 円	59,000 円	63,000 円	67,000 円	71,000 円	71,000 円	76,000 円
高槻市	中核市	51,000 円	55,000 円	59,000 円	62,000 円	66,000 円	66,000 円	70,000 円
東大阪市	中核市	49,000 円	53,000 円	57,000 円	61,000 円	65,000 円	65,000 円	68,000 円
姫路市	中核市	49,000 円	53,000 円	57,000 円	61,000 円	65,000 円	65,000 円	68,000 円
尼崎市	中核市	55,300 円	60,000 円	64,000 円	68,000 円	72,000 円	72,000 円	77,000 円
西宮市	中核市	55,300 円	60,000 円	64,000 円	68,000 円	72,000 円	72,000 円	77,000 円
奈良市	中核市	49,000 円	53,000 円	57,000 円	61,000 円	65,000 円	65,000 円	68,000 円
和歌山市	中核市	44,000 円	48,000 円	51,000 円	54,000 円	58,000 円	58,000 円	61,000 円
倉敷市	中核市	46,000 円	49,000 円	53,000 円	56,000 円	60,000 円	60,000 円	63,000 円
福山市	中核市	44,000 円	48,000 円	51,000 円	54,000 円	58,000 円	58,000 円	61,000 円
呉市	中核市	46,000 円	49,000 円	53,000 円	56,000 円	60,000 円	60,000 円	63,000 円
下関市	中核市	38,000 円	41,000 円	44,000 円	46,000 円	49,000 円	49,000 円	52,000 円
高松市	中核市	48,000 円	52,000 円	56,000 円	59,000 円	63,000 円	63,000 円	67,000 円
松山市	中核市	42,000 円	45,000 円	48,000 円	51,000 円	54,000 円	54,000 円	58,000 円
高知市	中核市	42,000 円	45,000 円	48,000 円	51,000 円	54,000 円	54,000 円	58,000 円
久留米市	中核市	40,000 円	43,000 円	47,000 円	50,000 円	53,000 円	53,000 円	56,000 円
長崎市	中核市	47,000 円	50,000 円	54,000 円	58,000 円	61,000 円	61,000 円	65,000 円
佐世保市	中核市	42,000 円	45,000 円	48,000 円	51,000 円	54,000 円	54,000 円	58,000 円
大分市	中核市	38,000 円	41,000 円	44,000 円	46,000 円	49,000 円	49,000 円	52,000 円
宮崎市	中核市	38,300 円	41,000 円	44,000 円	47,000 円	50,000 円	50,000 円	53,000 円
鹿児島市	中核市	41,100 円	44,000 円	47,000 円	51,000 円	54,000 円	54,000 円	57,000 円
那覇市	中核市	41,800 円	45,000 円	48,000 円	51,000 円	54,000 円	54,000 円	58,000 円

第5章　障害者支援のために知っておくべき生活保護の知識

用等のためフローリングや介助者の宿泊部屋など通常より広い居室を要する
とか，エレベータ付きマンションであることが不可欠等の事情は，特別事情
として加算が認められる典型的な場合といえます。

(3)　障害者加算（在宅の場合）

　ア　身体障害者手帳又は国民年金証書がある場合

　　　身体障害者障害程度等級表の1級若しくは2級又は国民年金法施行令
　　別表に定める1級のいずれかに該当する障害のある者（【参考】(285～
　　287頁）を参照）は，次の加算があります（局長通知第7の2(2)エ(1)及び(2)ア）。

1級地	2級地	3級地
26,310円	24,470円	22,630円

　　　また，身体障害者障害程度等級表の3級又は国民年金法施行令別表に
　　定める2級のいずれかに該当する障害のある者（【参考】(288頁）を参照）
　　は，次の加算があります（局長通知第7の2(2)エ(1)及び(2)イ）。

1級地	2級地	3級地
17,530円	16,310円	15,090円

　イ　特別児童扶養手当証書がある場合

　　　子どもに重い障害がある場合，すなわち，特別児童扶養手当等の支給
　　に関する法律施行令別表第1に定める程度の障害の状態にあるため，日
　　常生活において常時の介護を必要とする者（【参考】(289頁）を参照）につ
　　いては，別に1万4580円の加算があります（局長通知第7の2(2)エ(3)）。

　ウ　ア・イの手帳や証書が無い場合

　　　これらの障害の程度の判定は，原則として身体障害者手帳，国民年金
　　証書，特別児童扶養手当証書又は福祉手当認定通知書により行うことと
　　されていますが，これらがない場合には，医師の診断書その他障害の程
　　度が確認できる書類に基づき行うこともできます（局長通知第7の2(2)エ
　　(ア)及び(イ)）。

284

38　障害者が受けられる生活保護の給付

《【参　考】身体障害者障害程度等級表》

級　　　別		1　級	2　級	3　級
視覚障害		両眼の視力（万国式試視力表によって測ったものをいい，屈折異常のある者についてしは，きょう正視力について測ったものをいう。以下同じ。）の和が0.01以下のもの	1　両眼の視力の和が0.02以上0.04以下のもの 2　両眼の視野がそれぞれ10度以内でかつ両眼による視野について視能率による損失率が95パーセント以上のもの	1　両眼の視力の和が0.05以上0.08以下のもの 2　両眼の視野がそれぞれ10度以内でかつ両眼による視野について視能率による損失率が90パーセント以上のもの
聴覚又は平衡機能の障害	聴覚障害		両耳の聴力レベルがそれぞれ100デシベル以上のもの（両耳全ろう）	両耳の聴力レベルが90デシベル以上のもの（耳介に接しなければ大声語を理解し得ないもの）
	平衡機能障害			平衡機能の極めて著しい障害
音声機能，言語機能又はそしゃく機能の障害				音声機能，言語機能又はそしゃく機能の喪失
肢体不自由	上肢	1　両上肢の機能を全廃したもの 2　両上肢を手関節以上で欠くもの	1　両上肢の機能の著しい障害 2　両上肢のすべての指を欠くもの 3　一上肢を上腕の2分の1以上で欠くもの 4　一上肢の機能を全廃したもの	1　両上肢のおや指及びひとさし指を欠くもの 2　両上肢のおや指及びひとさし指の機能を全廃したもの 3　一上肢の機能の著しい障害 4　一上肢のすべての指を欠くもの 5　一上肢のすべての指の機能を全廃したもの

285

	下肢	1 両下肢の機能を全廃したもの 2 両下肢を大腿の2分の1以上で欠くもの	1 両下肢の機能の著しい障害 2 両下肢を下腿の2分の1以上で欠くもの	1 両下肢をショパー関節以上で欠くもの 2 一下肢を大腿の2分の1以上で欠くもの 3 一下肢の機能を全廃したもの
	体幹	体幹の機能障害により坐っていることができないもの	1 体幹の機能障害により坐位又は起立位を保つことが困難なもの 2 体幹の機能障害により立ち上ることが困難なもの	体幹の機能障害により歩行が困難なもの
乳幼児期以前の非進行性の脳病変による運動機能障害	上肢機能	不随意運動・失調等により上肢を使用する日常生活動作がほとんど不可能なもの	不随意運動・失調等により上肢を使用する日常生活動作が極度に制限されるもの	不随意運動・失調等により上肢を使用する日常生活動作が著しく制限されるもの
	移動機能	不随意運動・失調等により歩行が不可能なもの	不随意運動・失調等により歩行が極度に制限されるもの	不随意運動・失調等により歩行が家庭内での日常生活活動に制限されるもの
障害	心臓機能	心臓の機能の障害により自己の身辺の日常生活活動が極度に制限されるもの		心臓の機能の障害により家庭内での日常生活活動が著しく制限されるもの
障害	じん臓機能	じん臓の機能の障害により自己の身辺の日常生活活動が極度に制限されるもの		じん臓の機能の障害により家庭内での日常生活活動が著しく制限されるもの
障害	呼吸器機能	呼吸器の機能の障害により自己の身辺の日常生活活動が極度に制限されるもの		呼吸器の機能の障害により家庭内での日常生活活動が著しく制限されるもの

38 障害者が受けられる生活保護の給付

心臓・じん臓若しくは呼吸器又はぼうこう若しくは直腸、小腸、ヒト免疫不全ウイルスによる免疫若しくは肝臓の機能の障害	ぼうこう又は直腸の機能障害	ぼうこう又は直腸の機能の障害により自己の身辺の日常生活活動が極度に制限されるもの		ぼうこう又は直腸の機能の障害により家庭内での日常生活活動が著しく制限されるもの
	小腸機能障害	小腸の機能の障害により自己の身辺の日常生活活動が極度に制限されるもの		小腸の機能の障害により家庭内での日常生活活動が著しく制限されるもの
	ヒト免疫不全ウイルスによる免疫機能障害	ヒト免疫不全ウイルスによる免疫の機能の障害により日常生活がほとんど不可能なもの	ヒト免疫不全ウイルスによる免疫の機能の障害により日常生活が極度に制限されるもの	ヒト免疫不全ウイルスによる免疫の機能の障害により日常生活が著しく制限されるもの（社会での日常生活活動が著しく制限されるものを除く。）
	肝臓機能障害	肝臓の機能の障害により日常生活活動がほとんど不可能なもの	肝臓の機能の障害により日常生活活動が極度に制限されるもの	肝臓の機能の障害により日常生活活動が著しく制限されるもの（社会での日常生活活動が著しく制限されるものを除く。）

備考	1 同一の等級について２つの重複する障害がある場合は，１級うえの級とする。ただし，２つの重複する障害が特に本表中に指定せられているものは，該当等級とする。 2 肢体不自由においては，７級に該当する障害が２以上重複する場合は，６級とする。 3 異なる等級について２以上の重複する障害がある場合については，障害の程度を勘案して当該等級より上の級とすることができる。 4 「指を欠くもの」とは，おや指については指骨間関節，その他の指については第一指骨間関節以上を欠くものをいう。 5 「指の機能障害」とは，中手指節関節以下の障害をいい，おや指については，対抗運動障害をも含むものとする。

第5章　障害者支援のために知っておくべき生活保護の知識

《【参　考】国民年金法施行令別表》

障害の程度		障害の状態
一級	一	両眼の視力の和が 0.04 以下のもの
	二	両耳の聴力レベルが 100 デシベル以上のもの
	三	両上肢の機能に著しい障害を有するもの
	四	両上肢のすべての指を欠くもの
	五	両上肢のすべての指の機能に著しい障害を有するもの
	六	両下肢の機能に著しい障害を有するもの
	七	両下肢を足関節以上で欠くもの
	八	体幹の機能に座っていることができない程度又は立ち上がることができない程度の障害を有するもの
	九	前各号に掲げるもののほか，身体の機能の障害又は長期にわたる安静を必要とする病状が前各号と同程度以上と認められる状態であって，日常生活の用を弁ずることを不能ならしめる程度のもの
	一〇	精神の障害であって，前各号と同程度以上と認められる程度のもの
	一一	身体の機能の障害若しくは病状又は精神の障害が重複する場合であって，その状態が前各号と同程度以上と認められる程度のもの
二級	一	両眼の視力が 0.05 以上 0.08 以下のもの
	二	両耳の聴力レベルが 90 デシベル以上のもの
	三	平衡機能に著しい障害を有するもの
	四	そしゃくの機能を欠くもの
	五	音声又は言語機能に著しい障害を有するもの
	六	両上肢のおや指及びひとさし指又は中指を欠くもの
	七	両上肢のおや指及びひとさし指又は中指の機能に著しい障害を有するもの
	八	一上肢の機能に著しい障害を有するもの
	九	一上肢のすべての指を欠くもの
	一〇	一上肢のすべての指の機能に著しい障害を有するもの
	一一	両下肢のすべての指を欠くもの
	一二	一下肢の機能に著しい障害を有するもの
	一三	一下肢を足関節以上で欠くもの
	一四	体幹の機能に歩くことができない程度の障害を有するもの
	一五	前各号に掲げるもののほか，身体の機能の障害又は長期にわたる安静を必要とする病状が前各号と同程度以上と認められる状態であって，日常生活が著しい制限を受けるか，又は日常生活に著しい制限を加えることを必要とする程度のもの
	一六	精神の障害であって，前各号と同程度以上と認められる程度のもの
	一七	身体の機能の障害若しくは病状又は精神の障害が重複する場合であって，その状態が前各号と同程度以上と認められる程度のもの

備考　視力の測定は，万国式試視力表によるものとし，屈折異常があるものについては，矯正視力によって測定する。

38　障害者が受けられる生活保護の給付

《【参　考】特別児童扶養手当等の支給に関する法律施行令別表第1》

1	両眼の視力の和が0.02以下のもの
2	両耳の聴力が補聴器を用いても音声を識別することができない程度のもの
3	両上肢の機能に著しい障害を有するもの
4	両上肢のすべての指を欠くもの
5	両下肢の用を全く廃したもの
6	両大腿を2分の1以上失ったもの
7	体幹の機能に座っていることができない程度の障害を有するもの
8	前各号に掲げるもののほか，身体の機能の障害又は長期にわたる安静を必要とする病状が前各号と同程度以上と認められる状態であって，日常生活の用を弁ずることを不能ならしめる程度のもの
9	精神の障害であって，前各号と同程度以上と認められる程度のもの
10	身体の機能の障害若しくは病状又は精神の障害が重複する場合であって，その状態が前各号と同程度以上と認められる程度のもの

備考　視力の測定は，万国式試視力表によるものとし，屈折異常があるものについては，矯正視力によって測定する。

　精神障害福祉手帳を持ち，初診から1年6か月を経過している場合には，1級の手帳だとアと同額，2級の手帳だとイと同額の障害者加算が認められます（課長通知問第7の65）。ただし，精神障害者福祉手帳は，年金証書等が無い場合に使える書類という位置付けであるため，仮に1級の手帳があっても年金が3級だと加算が付かない扱いとされていることに注意が必要です。

エ　国民年金証書が無くても医師の診断書で障害者加算の認定を認めた裁判例

　特別児童扶養手当を受給していた子どもAが，20歳に達したので同手当の支給を打ち切られる一方，就労できていることを理由に障害基礎年金の受給が認められなかったため，20歳以降も継続支給されていた障害者加算について，福祉事務所から返還請求がなされたケースがあります（その後，年金裁定請求（不服申立て）によって2級の障害基礎年金の支給が認められた時点以降の障害者加算は復活しています）。

289

第5章　障害者支援のために知っておくべき生活保護の知識

　被告の神戸市は，「国民年金手帳等の有無という形式的審査を原則と
する局長通知は，保護の実施機関が，別途，医師の診断書等により障害
の程度を判定することを予定していない」と主張しました。しかし，裁
判所は，「（局長通知は処理基準にとどまるから，）Aの障害の状態の程度につ
いては，局長通知に拘束されることなく，端的に証拠によって判断すれ
ば足りる」としました。つまり，生活保護における障害者加算を計上す
るかどうかの判断は，障害年金証書や障害者手帳を所持しているかどう
かの形式的判断ではなく，その障害の程度，内容に照らして，障害者加
算の特別需要の要件を満たしているか否かを実質的に判断すべきである
としたのです。

　そして，2人の医師の診断書のうち，Aの幼少期からの症状の経過と
いった長期的観点から十分な専門的検討を経た，知的障害に造けいの深
い医師の診断書の方が正確性に勝るとし，Aの日常生活能力が改善した
としても，それは恵まれた支持的環境下での一時的なもので，長期にわ
たる基礎的な特別需要には影響しないとして，障害者加算の削除を違法
と判示しました（神戸地判平成28年4月13日賃社1663・1664合併号30頁）。

⑷　他人介護料加算

　介護人を付けるための費用を要する場合においては，別に7万0080円の
範囲内での加算が認められます（告示別表第1の第2章2⑸）。これでは足りず，
特別児童扶養手当等の支給に関する法律施行令別表第1に定める程度の障害
の状態にあり，日常起居動作に著しい障害のため他人による介護を要すると
認められるときは，特別基準の設定ができるものとされています（局長通知
第7の2⑵エ(オ)）。市長承認基準は月額10万5130円ですが，大臣承認基準は，
次頁のとおり地域によって異なりますが，最大18万6000円です。

　なお，このような加算を認めてもらうためには，障害者総合支援法上の
サービスを限度まで利用しても，なお介護需要が満たされていないことを示
す資料を添付する必要があるでしょう。

38 障害者が受けられる生活保護の給付

《平成 29 年度他人介護料特別基準（大臣承認）と区分一覧》

自治体名	区分	H29 年度 特別基準（大臣承認）	自治体名	区分	H29 年度 特別基準（大臣承認）
宮城県	D	139,500	静岡市	C	158,200
山形県	D	139,500	大阪市	B	170,400
福島県	D	139,500	堺市	B	170,400
茨城県	C	158,200	神戸市	C	158,200
群馬県	C	158,200	北九州市	D	139,500
埼玉県	A	186,000	熊本市	D	139,500
東京都	A	186,000	宇都宮市	C	158,200
福井県	D	139,500	前橋市	C	158,200
静岡県	C	158,200	越谷市	A	186,000
三重県	C	158,200	柏市	A	186,000
滋賀県	C	158,200	富山市	D	139,500
大阪府	B	170,400	金沢市	D	139,500
兵庫県	C	158,200	岐阜市	C	158,200
広島県	D	139,500	高槻市	B	170,400
山口県	D	139,500	豊中市	B	170,400
福岡県	D	139,500	東大阪市	B	170,400
長崎県	D	139,500	姫路市	C	158,200
鹿児島県	D	139,500	西宮市	C	158,200
沖縄県	D	139,500	奈良市	C	158,200
札幌市	D	139,500	和歌山市	C	158,200
さいたま市	A	186,000	松山市	D	139,500
千葉市	A	186,000	久留米市	D	139,500
横浜市	A	186,000	宮崎市	D	139,500
新潟市	D	139,500	鹿児島市	D	139,500
			那覇市	D	139,500

第5章　障害者支援のために知っておくべき生活保護の知識

⑸　医療費

　健康保険に加入している状態での実際の窓口負担額についても最低生活費の算定に当たって計上されます。実務上は直近3か月分の平均を計上することが多いようです。

3　まとめ（設問の場合）

　設問の方が，大阪府大阪市に住む25歳の方だとすると，以上をまとめると次のようになります。

生活扶助費1類	38,430円
2類	40,800円
住宅扶助費（1.3倍基準）	52,000円
障害者加算	26,310円
合計	157,360円

　上記の金額に医療費自己負担額（設問の場合は，重度障害者医療の適用により自己負担はないものと思われます）や事例によっては他人介護料の必要額を加えた額から，本人が受け取っている障害基礎年金と特別障害者手当の額を差し引いた額を生活保護費として受け取ることができます。

　なお，山吹書店のホームページに掲載されている生活保護費（最低生活費）計算シートにアクセスし，地域や世帯構成などの情報を入力すれば，当該世帯の最低生活費を計算し，保護の要否を判定することができます。

39　福祉事務所が相談を受け付けてくれないときの対処法

Q　私は，鬱病で2級の精神障害手帳を持っています。A市で1人暮らしをしていましたが，病状が悪化して失業し，家賃を滞納して家を出ざるを得なくなりました。友人宅を転々とし，今はB市に住む友人宅に世話になっています。いつまでも友人に迷惑をかけるわけにいかないので，B市の福祉事務所に生活保護の相談に行っ

292

たところ，「住民票がＡ市にあるので実施機関はＡ市になる。友人と
同居しているので友人と合わせて保護が必要かどうか判定することに
なる」と言って受け付けてもらえませんでした。私は，友人宅を出て
生活保護を利用したいのですが，アパートを確保する費用がありませ
ん。どうすればよいのでしょうか。

A 　　Ｂ市に住民登録がないことを理由に申請を受け付けない福
祉事務所の対応は違法です。友人宅に一時的に居候している
場合には，単身世帯として生活保護を開始し，敷金等の転居費用を支
給してもらうことができます。どんな紙でも良いので，生活保護を申
請する旨を書いて提出し，申請意思を明確にしましょう。それでも受
け付けられない場合等には，弁護士等の専門家に相談しましょう。

[解 説]

1 実施機関は「居住地」又は「現在地」を管轄する福祉事務所

　生活保護法19条1項は，当事者の「居住地」を管轄する福祉事務所に保
護の実施責任があり，居住地がないか，明らかでない場合には，当事者の
「現在地」（今いる場所）を管轄する福祉事務所に実施責任があることを定めて
おり，住民登録の有無は関係ありません。

　生活保護法の立法当時の厚生省保護課長であった小山進次郎は，生活保護
法19条の「居住地」の意義について，次のように述べています（小山・307
頁）。

　「本人の事実上の『すまい』のある場所をいう。即ち，客観的な居住の事実，
換言すれば何等かの『すまい』として居住事実の継続性若しくはその期待性
が具つておればよく，戸籍簿，寄留簿，選挙人名簿又は米穀配給所への登録
或いは市町村民税の納付場所等の如き形式的要件は必要ではない。あくまで
も客観的な事実関係によつて定まるものである。」。

　設問の場合，一時的に居候している友人宅には継続居住の期待性がないの

293

第5章　障害者支援のために知っておくべき生活保護の知識

で「居住地」とは言えませんが，今そこで暮らしている以上「現在地」では
あるので，B市の福祉事務所が実施責任を負うことになります。

※なお，この実施責任には特例があり，救護施設，更生施設等（生活保護
　法19条3項）や，障害者支援施設や老人ホーム等の施設（同法84条の3）
　に入所する場合には，入所前の居住地又は現在地を管轄する福祉事務所
　が実施機関となります。

2　世帯の認定

　保護の次官通知第1は，「同一の住居に居住し，生計を一にしている者は，
原則として同一世帯員として認定すること」としており，別冊問答集第1は，
居住者相互の関係（親族関係の有無，濃密性），消費財及びサービスの共同購
入・消費の共同，家事労働の分担，戸籍・住民基本台帳の記載事実等の正確
な把握に基づき，個々の事例に即して適正な世帯認定を行うこととしていま
す。

　そして，厚生労働省保護課長通知（平成21年12月25日社援保発1225第1号
「失業等により生活に困窮する方々への支援の留意事項について」）は，「失業等により
住居を失い，一時的に知人宅に身を寄せている方から保護の申請がなされた
場合には，一時的に同居していることをもって，知人と申請者を同一世帯と
して機械的に認定することは適当ではない」としています。

　また，「東京都生活保護運用事例集」（東京都福祉保健局・2017年）問1-3は，
失職により半年間路上生活を送っていた甲が1か月前から知人宅に身を寄せ
ているという事案について，「①甲が一時的に友人宅に身を寄せていたに過
ぎず，生活の本拠を定めたわけではなく，早急に友人宅を出なければならな
いと判断される場合には，友人宅を現在地としつつ，アパート転宅までの間
は単身者として保護をすることとなる。②友人宅に3か月以上同居した後に，
これ以上友人宅に居住できなくなって相談があった場合は友人宅を居住地と
した上で①と同様の保護を適用。③今後も友人宅にとどまり生計を一にして
いくということであれば，同一世帯と見ることになる」としています。

　したがって，設問では，本人だけを単身世帯として保護すべきことになり

294

ます。

3 敷金等の転居費用の支給

局長通知（第7の4(1)カ）は，「被保護者が転居に際し，敷金等を必要とする場合」は「必要な額を認定して差しつかえない」としています。この必要な額は，原則として，Q38で述べた地域ごとの住宅扶助基準に3を乗じた額とされていますが，次頁の自治体については高い乗数が定められています。

そして，「転居に際し，敷金等を必要とする場合」の例を示している課長通知（問第7の30）の答12は，「住宅が確保できないため，親戚，知人宅等に一時的に寄宿していた者が転居する場合」を挙げています。また，先に紹介した平成21年12月25日保護課長通知は，「失業等により住居を失ったか，又は失うおそれのある者に対しては，まず安心して暮らせる住居の確保を優先するという基本的な考え方に立ち」，「可能な限り速やかに敷金等を支給し，安定した住居の確保がなされるよう，支援すること」としています。

したがって，設問でも，1人暮らしを始めるためのマンションの敷金等の居宅確保費用が一時扶助として支給されるべきです。

なお，問第7の30は，ほかにも入院患者が退院するとき（答1），今より安い家賃の物件に転居するとき（答2），退職で社宅等から転居するとき（答4），社会福祉施設等から退所するとき（答5），災害，老朽等により居住にたえない状態になったとき（答9），病気療養上環境条件が悪い場合（答11），家主から相当の理由で立退きを要求されている場合（答13）等にも，幅広く敷金等の支給ができることを定めています。

4 福祉事務所が申請を拒む場合の対処法

(1) 「申請」することの重要性

設問のB市のように間違った説明をするなどして申請をさせず相談扱いで追い返すことを，俗に「水際作戦」といい，明らかに違法な対応です。これに対処する上で，最も有効な方法は，「保護の申請」をすることです。

日本国民には保護申請権が保障されており（生活保護法7条），保護の申請

第5章　障害者支援のために知っておくべき生活保護の知識

《敷金等の特別基準一覧（平成29年度）》

自治体名	特別基準	自治体名	特別基準
（宮城県）	—	京都府	6
仙台市	4	京都市	6
群馬県	4	大阪府	4
前橋市	4	大阪市	4
高崎市	4	堺市	4
埼玉県	4	高槻市	4
さいたま市	4	東大阪市	4
川越市	4	豊中市	4
千葉県	4	兵庫県	6
千葉市	4	神戸市	6
船橋市	4	姫路市	5
柏市	4	西宮市	6
東京都	4	尼崎市	4
神奈川県	4	奈良県	5
横浜市	4	奈良市	5
川崎市	4	和歌山県	7
相模原市	4	和歌山市	7
横須賀市	4	（広島県）	—
静岡県	4	広島市	4
静岡市	4	岡山県	4
浜松市	4	岡山市	4
石川県	4	倉敷市	4
金沢市	4	（愛媛県）	—
愛知県	4	松山市	4
名古屋市	5	（福岡県）	—
豊田市	4	福岡市	4
豊橋市	4		
岡崎市	4		
滋賀県	6		
大津市	6		

があれば，実施機関は，必要な調査をした上で（同法28条），申請から14日以内（特別な理由がある場合は30日以内）に保護の要否や程度等を決定し，申請者に対して理由を付した書面で通知しなければなりません（同法24条）。

生活保護施行規則1条2項は，「保護の実施機関は，……申請者が申請する意思を表明しているときは，当該申請が速やかに行われるよう必要な援助を行わなければならない。」と定めています。厚生労働省通知も，「保護の相談に当たっては，相談者の申請権を侵害しないことはもとより，申請権を侵害していると疑われるような行為も厳に慎むこと」（次官通知第9），「生活保護の相談があった場合には，……生活保護制度の仕組みについて十分な説明を行い，保護申請の意思を確認すること。また，保護申請の意思が確認された者に対しては，速やかに保護申請書を交付し，申請手続きについての助言を行う」（局長通知第9−1）こととしています。

保護の実施機関が，十分な説明や適切な助言・教示，申請意思の確認，申請の援助指導等を行わず，法的に誤った説明をするなどして当事者の保護申請権を侵害したとして，地方自治体の損害賠償責任を認める裁判例も多数存在します（福岡地小倉支判平成23年3月29日賃社1547号42頁，さいたま地判平成25年2月20日判時2196号88頁，大阪地判平成25年10月31日賃社1603・1604合併号81頁等）。

したがって，設問のB市の対応は，違法であるだけでなく，立証手段があれば損害賠償責任も発生する可能性があります。なお，生活保護に該当しないことが明らかであっても，申請権のある者から申請意思が示されれば，これを拒否すれば，やはり申請権侵害であって違法です。

(2) 申請の方法

申請意思が明確であれば，口頭による保護申請も有効ですから（大阪高判平成13年10月19日訟月49巻4号1280頁），窓口で「生活保護を申請したいので申請書をください。」とはっきり言いましょう。あるいは，言った言わないの話にならないよう，どんな紙でもよいので，日付，住所，氏名とともに「生活保護を申請します」と書いて，窓口に出しましょう。それでも，職員が申請を受け付けようとしなければ，明らかに違法ですから，証拠保全のた

第5章　障害者支援のために知っておくべき生活保護の知識

めに IC レコーダー等で録音するとよいでしょう（録音をすることについて，職員に言う必要はありません）。

　1人で行くのが心細ければ，友人知人や支援者に同行してもらいましょう。また，福祉事務所の対応がひどい場合や，法的に難しい問題を含む場合等には，弁護士や司法書士等の法律家に同行してもらうことも検討しましょう。一定の要件を満たせば，法テラスの日弁連委託援助事業を利用することで，本人の負担なく弁護士に申請同行代理等を依頼することができます。弁護士が代理人になれば，事実関係を整理したり，法律的な論点について，あるべき解釈を示した申請書や意見書を作成して，福祉事務所と交渉してくれます。

　分からないことがあれば，下記の無料相談先に相談しましょう。なお，東京都や大阪府など，地域によっては生活保護の専門相談窓口（無料）のある弁護士会もあります。

○東北生活保護利用支援ネットワーク

　　Tel. 022-721-7011（月・水・金（祝日除く）13 時〜 16 時）

○首都圏生活保護支援法律家ネットワーク（http://www.seiho-law.info/）

　　Tel. 048-866-5040（平日 10 時〜 17 時）

○認定 NPO 法人　自立生活サポートセンター・もやい（http://www.moyai.net/）

　　Tel. 03-3266-5744（火 12 時〜 18 時，金 11 時〜 17 時のみ）

　　＊面談相談は事前予約が必要です。

○北陸生活保護支援ネットワーク福井（福井・富山）

　　Tel. 0776-25-5339（火（祝日除く）18 時〜 20 時）

○北陸生活保護支援ネットワーク石川

　　Tel. 076-231-2110（火（祝日除く）18 時〜 20 時）

○生活保護支援ネットワーク静岡

　　Tel. 054-636-8611（平日 9 時〜 17 時）

○東海生活保護利用支援ネットワーク（愛知，岐阜，三重）

　　Tel. 052-911-9290（火・木（祝日除く）13 時〜 16 時）

○近畿生活保護支援法律家ネットワーク

　Tel. 078-371-5118（平日 10 時〜 16 時）

○生活保護支援中国ネットワーク

　Tel. 0120-968-905（平日 9 時半〜 17 時半）

○四国生活保護支援法律家ネットワーク

　Tel. 050-3473-7973（平日 10 時〜 17 時）

○生活保護支援九州・沖縄ネットワーク

　Tel. 097-534-7260（平日 13 時〜 17 時）

　※法律家による相談対応までに時間がかかる場合があります。

40　住宅扶助費の減額と特例

Q　私は，統合失調症により 1 級の精神保健福祉手帳を持っています。最近生活保護費が次々と削減されていきますが，福祉事務所職員から，「あなたの住宅扶助費の上限額が 4 万 2000 円から 3 万 9000 円に下がりますので，大家さんと交渉して減額してもらってください」と言われました。大家さんは減額を認めてくれませんでしたが，賃貸借契約の更新時期から住宅扶助費の支給額が 3 万 9000 円に下げられてしまいました。すると今度は，福祉事務所から，「住宅扶助費より高額家賃の物件に住むことは許されないので基準内家賃の物件に転居してください」と繰り返し指導されるようになりました。今のアパートは，通院先にも近く，実家も近くて，何かと援助が得やすいので，転居したくありません。不安で症状が悪化しそうですが，私は転居しなければならないのでしょうか。また，転居指導に従わなければ，指導指示違反で保護を打ち切られてしまうこともあるのでしょうか。

299

第5章　障害者支援のために知っておくべき生活保護の知識

A 　2015年7月に住宅扶助基準の見直しが行われ，多くの地域で引下げとなっています。しかし，それ以前から生活保護を利用していた世帯で，設問のような事情があれば，見直し前の基準を適用する例外措置も認められていますので，その適用を求めるとよいでしょう。仮に，住宅扶助費の引下げはやむを得ないと判断される場合でも，差額家賃の負担によって生計が破綻している等の事情のない限り，転居指導を行うこと自体が許されません。

[解　説]

1　住宅扶助基準引下げの内容

　厚生労働省は，2015（平成27）年7月から住宅扶助基準の改定を行いました。ごく一部，基準が上がる地域もありましたが，多くの地域で基準が下がり，年間190億円の削減効果が見込まれるとされていました。

　例えば，

埼玉県2級地	単身者	48,000円→43,000円（▲5,000円）
	2人世帯	62,000円→52,000円（▲10,000円）
大阪府1級地	単身者	42,000円→39,000円（▲3,000円）
	2人世帯	55,000円→47,000円（▲8,000円）

と，大幅な削減額となっています。

　2015年7月以降に新たに生活保護を申請する人には新基準が適用されますが，2015年7月以前から生活保護を利用している人に対しては，次の契約の更新時期が来るまで，新基準の適用は猶予されます。なお，契約に更新時期の定めがない人は2016（平成28）年6月まで新基準の適用が猶予されていました。

　また，厚生労働省は，通知（平成27年4月14日社援発0414第9号厚生労働省社会・援護局長通知「生活保護法による保護の基準に基づき厚生労働大臣が別に定める住宅扶助（家賃・間代等）の限度額の設定について」）を発出し，新基準を適用しなくてよい，いくつかの例外的取扱いを示しています。

300

生活保護利用者の生活の安定を図る観点から，これらの例外的取扱いは柔軟に適用されるべきです。このような観点から，大阪府は，通知（平成27年6月15日社援第1594号大阪府福祉部地域福祉推進室社会援護課長「住宅扶助額の改訂に伴う対応について」）を発出し，「経過措置の活用について」として，「被保護者の生活状況等を全く考慮しないような無理な転居指導はあってはならず，被保護者の自立助長の観点を十分に踏まえ，（略）経過措置については，形式的に適用するのではなく，世帯の意思や生活状況を十分考慮し，慎重に判断いただきますようお願いします。」と経過措置（例外的取扱い）の活用を勧めています。また，別の通知（平成27年8月26日社援第2078号大阪府福祉部地域福祉推進室社会援護課長「住宅扶助額の改訂に伴う問い合わせと回答について（その2）」）では，以下で紹介するような具体例を示しています。

2　例外的取扱いの内容

(1)　特別基準の設定

「世帯員数，世帯員の状況，当該地域の住宅事情によりやむを得ない」場合には一般基準の1.3〜1.8倍の特別基準を設定してもらうことができます（局長通知第7の4(1)オ）。

　多人数世帯の場合，車いす利用等でもともと特別基準を設定されていた場合，都市部等で新基準の家賃で借りられる適切な物件が近隣にない場合などがこれに当たると考えられます。

(2)　旧基準の適用

　次の3つの場合には，引下げ前の旧基準を適用できます。

　ア　「通院又は通所（以下「通院等」という。）をしており，引き続き当該医療機関や施設等へ通院等が必要であると認められる場合であって，転居によって通院等に支障を来すおそれがある場合」

　　　高齢であったり，障害や病気があって，通院したり施設に通所している方で，主治医や施設職員との信頼関係等から引き続き当該病院等への通院通所が必要な場合で，引っ越すと通院等がしにくくなる場合が，これに当たると考えられます。

第5章　障害者支援のために知っておくべき生活保護の知識

大阪府通知は，次のような具体例を挙げています。

- 被保護者が通院等をしている機関と良好な関係を保持している場合（拒否や無届でのキャンセルなく，決められた日に通院等をしている場合）であって，転居により通院等が現状より負担となる場合
- 精神疾患等により，転居による環境の変化が病状等を悪化するおそれがある場合

イ　「現に就労又は就学しており，転居によって通勤又は通学に支障を来すおそれがある場合」

　　世帯の誰かが働いていたり，学校に通っていたりしていて，引っ越すと通勤，通学がしにくくなる場合が，これに当たります。

　　大阪府通知は，次のような具体例を挙げています。

- 勤務又は通学先の送迎バスを利用している場合であって，送迎バスの運行ルート周辺に転居先がない場合
- 小学校・中学校に通う児童・生徒がいる場合であって，同じ学校区内に転居先がない場合

ウ　「高齢者，身体障害者等であって日常生活において扶養義務者からの援助や地域の支援を受けて生活している場合など，転居によって自立を阻害するおそれがある場合」

　　介護が必要な高齢者，身体障害者等で，近隣に住む親族からの援助や，地域の事業所の支援を受けて生活している方で，病気や障害等の特性に対する理解や信頼関係等から，引き続き当該親族や事業所からの支援が必要な場合が典型的な場合です。

　　しかし，この規定は，「……場合など」としていますので，このような典型的な場合でなくても，個別具体的な事情から「転居によって自立を阻害するおそれがある場合」には，幅広く旧基準の適用を認めることができると解すべきです。例えば，介護保険法や総合支援法に基づく住宅改修をすでに行っている住居に居住する者も対象と考えられます。

　　大阪府通知は，次のような具体例を挙げています。

- 近隣に住む扶養義務者から掃除や洗濯等を含め，介護を受けている場

合

- 自治会のサークル活動のメンバーになっている場合や自治会等による支援のネットワークが構築されている場合
- 高齢等により日常生活に支障を来すような症状がみられ，住居の１階部分や段差のない住居などの条件がある場合
- 精神疾患等により，転居による環境の変化が病状等を悪化させるおそれがある場合

3　転居指導に対する対応

　生活保護法 27 条は，保護の実施機関が被保護者に対して行う指導指示は，「生活の維持，向上その他保護の目的達成に必要な」ものでなければならないこと（同条１項），「被保護者の自由を尊重し，必要の最少限度に止めなければならない」こと（同条２項），「被保護者の意に反して，指導又は指示を強制し得るものと解釈してはならない」こと（同条３項）を定めています。つまり，実施機関は，被保護者に対して，どんな内容の指導指示でもできる権能を持つわけではありません。生活保護法 27 条に基づく指導指示違反が，同法 62 条３項に基づく保護の停廃止に結び付き得ることから，その目的や内容には厳しい限界が設けられているのです。

　生活保護法 27 条の立法理由について，生活保護法制定当時の厚生省保護課長であった小山進次郎は，次のように述べています。

　「従来，ともすると生活保護を恩恵的，慈恵的とする風潮が社会の各層においてみられたのであって，そのため保護の実施機関側も被保護者の人格を軽視して必要以上の指導，指示を行い，これがために被保護者の全生活分野にとって好ましからざる影響を与え，被保護者も亦卑屈感に流れ唯々諾々としてこれに盲従するという極めて好ましくない傾向に陥ることがないではなかったが，この点特に注意し，指導，指示が濫用されぬようにする必要があるのである。」（小山・414 頁）

　「被保護者の自由を侵害し，必要の最少限度を越えた指導，指示は，保護の実施機関の無権限に基づく無効であり，取り消し得べき行為に止まるもので

第5章　障害者支援のために知っておくべき生活保護の知識

はなく，被保護者はこれに従う必要はなく，又その違反の由をもって保護の
変更，停止又は廃止の処分をすることはできない。」（同書416頁）

そして，福岡高判平成10年10月9日判時1690号42頁（中嶋訴訟）は，
「生活保護制度は，被保護者に人間の尊厳にふさわしい生活を保障すること
を目的としているものであるところ，人間の尊厳にふさわしい生活の根本は，
人が自らの生き方ないし生活を自ら決するところにあるのであるから，被保
護者は収入認定された収入はもとより，支給された保護費についても，最低
限度の生活保障及び自立助長といった生活保護法の目的から逸脱しない限り，
これを自由に使用することができるものというべきである。」と判示してい
ます。

したがって，生活扶助費をやり繰りして超過家賃分を支払うことは，例え
ばそのために家賃滞納を繰り返していて生計が破綻している等の特別な事情
がない限り，当然許されます。

このような観点から，別冊問答集問7-97（単身者が転居指導に応じない場合の
取扱い）も，生活保護法27条に基づく転居指導を行い得るのは「限度額を相
当に上回る家賃のアパートに入居しており明らかに最低生活の維持に支障が
あると認められる場合」に限られるとしています（下線は筆者）。「東京都生活
保護運用事例集」（東京都福祉保健局・2017年）問6-57は，さらに具体的に，
「実家賃が少額の基準超過に過ぎない場合については，転居指導を行うその
他の合理的な理由を必要とする。すなわち転居費用の扶助額と比較考量した
場合に著しく均衡を欠くような効果しか得られない場合には，転居指導その
ものを当面の間，留保することも考えられる。」としています。

4　設問の場合の対応策

そもそも，設問のケースは，転居によって通院に支障が生じるとともに，
日常生活において扶養義務者の援助が受けづらくなるので，例外的取扱い
（前記2）のアとイに該当すると考えられ，住宅扶助費を引き下げたこと自体
に問題があった可能性が高いといえます。例外的取扱いの適用を求めて，引
き下げられてしまった住宅扶助費を元に戻すよう「保護変更申請」を行い，

304

もし却下されれば，審査請求や訴訟で争うことが考えられます。

　また，仮に，住宅扶助費の引下げはやむを得なかったとしても，住宅扶助費と家賃との差額は3000円とさほど大きくはないので，家賃滞納を繰り返して生計が破綻している等の事情がない限り，本来，転居指導を行ってはならないケースです。したがって，福祉事務所の指導指示自体が無権限による無効であって，従う必要はありません。

41　障害年金の遡及支給と生活保護

Q　私は鬱病で働けないため，現在生活保護を受けていますが，支援者の助言で社会保険労務士に依頼して，障害年金の申請書類を年金事務所に提出しました。そうすると障害厚生年金2級が認められ，遡って5年分の年金として600万円もお金が入ることになりました。しかし福祉事務所にそれを伝えたところ，その全額を63条返還で市に返すようにと言われました。私は納得がいかないですし，社会保険労務士の方への報酬の支払もどうしたらいいか困っています。このお金は全部返さないといけないものでしょうか。

A　設問の場合は，トラブルとなることの多い通知の運用のため，機械的に全額返還を命じる福祉事務所が少なくありません。しかし，社会保険労務士への報酬はもちろん，当該世帯の「自立更生に資する」と認められる経費について返還が免除される余地があります。返還免除を求めて，「自立更生計画書」を作成し，福祉事務所と交渉することを検討しましょう。

305

第5章　障害者支援のために知っておくべき生活保護の知識

解　説

1　生活保護法63条に基づく費用返還義務

　生活保護法63条は，「被保護者が，急迫の場合等において資力があるにもかかわらず，保護を受けたときは，保護に要する費用を支弁した都道府県又は市町村に対して，すみやかに，その受けた保護金品に相当する金額の範囲内において保護の実施機関の定める額を返還しなければならない」と規定しています。

　これは，資産があるものの，それがすぐに使えないために生活保護を受けていたが，その後，資産が現実化した際には，当該資産をもって，その間受けていた保護費を一種の不当利得として返還すべきことを定めたものです。

　俗に「63条返還」といわれていますが，保護実務においては，一律機械的に全額の返還を命じる扱いが横行しています。しかし，次に述べるとおり，そのような扱いには大いに問題があります。

2　「受けた保護金品に相当する金額」が最大限

　返還すべき額は，「その受けた保護金品に相当する金額の範囲内」とされていますから，資産を保持していた間に受けていた保護費総額が返還額の最大限となります。

　設問で言えば，年金受給権があった間に受けていた保護費総額が600万円を超えていれば，600万円の遡及支給額全額を一応返還対象として考慮することになります。

　仮に，その間の保護費総額が200万円であれば，200万円が返還対象として考慮され，残りの400万円は収入認定の対象になります。この場合，400万円もあれば，「おおむね6か月を超えて保護を要しない状態が継続すると認められる」場合が多いでしょうから（課長通知問第10の12答2(2)），原則として保護は廃止されることになるでしょう。

　ただし，63条返還の場面（前者の例では600万円，後者の例では200万円）でも，収入認定の場面（後者の例では400万円）でも，当然にその全額が返還や収入

306

認定の対象となるわけではないことに注意する必要があります。次に見るとおり，必要経費や世帯の自立更生に資すると認められる経費については，返還や収入認定の対象から控除することができるのです。

3　自立更生経費の控除

　63条返還について，別冊問答集問13-5答(2)（「法第63条に基づく返還額の決定」）は，以下の額を本来の要返還額から控除して返還額を決定する取扱いとして差し支えないとしています。

　「ア　盗難等の不可抗力による消失した額。（事実が証明されるものに限る。）

　　イ　家屋補修，生業等の一時的な経費であって，保護（変更）の申請があれば保護費の支給を行うと実施機関が判断する範囲のものにあてられた額。（保護基準額以内の額に限る。）」

　　転居が必要な場合（課長通知問第7の30）の新住居の敷金保証金等や引越し代等もこれに当たるでしょう。

　「ウ　当該収入が，次第8の3の(3)に該当するものにあっては，課第8の40の認定基準に基づき実施機関が認めた額。（事前に実施機関に相談があったものに限る。ただし，事後に相談があったことについて真にやむを得ない事情が認められるものについては，挙証資料によって確認できるものに限り同様に取り扱って差し支えない。）」

　　ここで引用されている次（事務次官通知）第8の3の(3)と課（課長通知）第8の40は，実施要領の収入認定の場面での規定です。過去の保護費の63条返還と将来に向かっての収入認定とは，場面は異なりますが，控除に当たって考慮すべき要素はほぼ同一であると言ってよく，次頁の表で見るとおり，相当広範な控除が認められています。

　「エ　当該世帯の自立更生のためのやむを得ない用途にあてられたものであって，地域住民との均衡を考慮し，社会通念上容認される程度として実施機関が認めた額」（下線は筆者）。

　　アからウが具体例，エが一般条項ということができ，結局，「当該世帯の自立更生」に資すると判断されれば，相当広範かつ高額の費用が返

第5章　障害者支援のために知っておくべき生活保護の知識

《自立更生計画の経費》

（課）第8の40

実施要領	内容	金額の基準	金額	事例	備考
(1)	被保護者が災害等により損害を受け、事業用施設、住宅、家具什器等の生活基盤を構成する資産が損われた場合	当該生活基盤の回復に要する経費	必要な経費	家財道具（テレビ、冷蔵庫、洗濯機、炊飯器、エアコン、電話、パソコン、タンス、食器棚、食器、時計、机、椅子、その他の電化製品等、あらゆる生活用品） 住宅確保のための費用 事業再開のための費用	家具什器費の基準額（40,000円）ではない
(1)	又は被保護者が災害等により負傷し若しくは疾病にかかった場合	当該負傷若しくは疾病の治療に要する経費	必要な経費	実際には保険診療以外の費用	
(2)ア	当該経費が事業の開始又は継続、技能習得等生業にあてられる場合	生活福祉資金の更生資金の貸付限度額に相当する額（H21年10月より「更生資金」は「福祉資金」となっている）	130-580万円	事業を営むために設備、機会、器具等を新しく購入したり、整備する費用及びそれらの補修、改良、改修、拡充などに要する費用。店舗、作業場の補修や改造などに要する費用。事業を始めたり、継続したり、あるいは拡張するための店舗、設備、機械、器具、車両、資材、原料等の借貸、保証金あるいは敷金などの費用。資材、原料などの購入、商品の仕入れなどに要する費用。畜産にかかわる牛馬、種豚や養鶏などの購入費用。（「生活福祉資金のQ&A」） 障害者の通勤用自動車購入費用、運転免許取得費用（「世帯更生資金の取扱いについて」昭和44年7月18日、厚生省社会局長通知） 免許や資格所得費用（交通費、授業料、教科書代及び教材等）	（実施機関が当該被保護世帯の構成、世帯員の稼働能力その他を考慮
(2)イ	当該経費が医療にあてられる場合	医療扶助基準による医療に要する経費及び医療を受けることに伴って通常必要と認められる経費の合算額	必要な経費	通院のための交通費（移送費）→本来支給されるべきだが、自家用車のガソリン代や駐車場代も考えられる	
(2)ウ	当該経費が介護等に充てられる場合	生活福祉資金の療養・介護資金の貸付限度額に相当する額	介護サービスを受ける期間が1年の超えないとき170万円 1年超〜1年半以内であって、世帯の自立に必要なときは230万円	自宅の改造、介護用品、ヘルパー費用 トイレ改修など	
(2)エ	当該経費が家屋補修、配電設備又は上下水道設備の新設、住宅扶助相当の用途等にあてられる場合	生活福祉資金の住宅資金の改修費の貸付限度額に相当する額	250万円	畳、建具、水道設備、配電設備等の従属物の修理または現に居住する家屋の補修その他維持のための費用、雪囲い・雪下ろし費用家屋の修理又は補修その他維持に要する費用、入浴設備の修理又は設置、便所の設置、網戸の設置費用	

(2)オ ア		当該経費が幼稚園等での就園にあてられる場合	入園料及び保育料その他就園のために必要と認められる最小限度の額	必要な経費	就労している場合は必要経費で控除も可能 （課）第8の48，別冊問答8-87，8-88，8-89，6-90，8-91	
(2)オ イ	当該経費が、就学等にあてられる場合	当該経費が義務教育就学にあてられる場合	入学の支度，学習図書，運動用具等の購入，珠算課外学習，修学旅行参加等就学に伴って社会通念上必要と認められる用途にあてられる最小限度の実費額	必要な経費	塾の費用，参考書・問題集の購入，通学用自転車，クラブ活動で必要な費用など	
(2)オ ウ		当該経費が高等学校等，夜間大学又は技能修得費（高等学校等就学費を除く）の対象となる専修学校若しくは各種学校での就学にあてられる場合	入学の支度及び就学のために必要と認められる最小限度の額	必要な経費	授業料，学用品，修学旅行，クラブ活動，参考書，問題集，通学費用など	
(2)カ	当該経費が，結婚にあてられる場合		寡婦福祉資金の結婚資金の貸付限度額に相当する額	300,000 円	新たに住宅や家財道具をそろえるための費用，挙式披露のための費用	
(2)キ	当該経費が弔慰に当てられる場合		公害健康被害の補償等に関する法律による葬祭料の額	651,000 円	墓石の購入，仏壇・仏具の購入費，位牌，遺影の制作費等（別冊問答8-51） 永代供養費用なども考えられる	
(2)ク	当該経費が，当該世帯において利用の必要性が高い生活用品であって，保有を容認されるものの購入にあてられる場合		直ちに購入にあてられる場合に限り，必要と認められる最小限度の額	必要な経費	家財道具，電化製品など かばん，他	
(2)ケ	当該経費が通院，通所及び通学のために保有を容認される自動車の維持に要する費用にあてられる場合		当該自動車の利用に伴う燃料費，修理費，自動車損害賠償保障法に基づく保険料，対人・対物賠償に係る任意保険料及び道路運送車両法による自動車の検査に要する費用等として必要と認められる最小限度の額	必要な経費		
(2)コ	当該経費が国民年金受給権を得るために充てられる場合		国民年金の任意加入保険料の額	2年遡及支払の場合 354,080 円 （免除期間について10年支払） 約175万円程度 （実際の保険料計算は複雑）		法改正がなされたばかりで未払期間も10年支払い可能（ただし，受給権を得てもその分保護費が減となるだけの可能性）

第5章　障害者支援のために知っておくべき生活保護の知識

還対象額又は収入認定額から除外され得るのです。それは，資産の保有
者自身についてだけでなく，世帯員の誰かの自立更生に資すれば良いの
で，同居の親の介護に関する費用（住居のユニバーサルデザイン化や介護用
ベッドの購入費等）や，子どもの教育費，結婚式や新居・家財道具の確保
費用等も幅広く認められる余地があります。

4　必要経費の控除

　事務次官通知第8の3⑵ア㈠は，恩給，年金，失業保険金その他の公の給
付に関する収入を得るために必要な経費として，交通費，所得税，郵便料等
を要する場合又は受給資格の証明のために必要とした費用がある場合は，そ
の実際必要額を収入認定から控除し得ることを定めています。

　この通知は，直接には収入認定に関する規定ですが，先に述べたように収
入認定と63条返還の控除に当たって考慮すべき要素が同一であることから
すれば，63条返還の場面でも同様に考えるべきです。

　必要経費としては，年金資格を得るために医師に特別の診断書を書いても
らった費用等が典型的ですが，設問のように社会保険労務士に手続を代行し
てもらった報酬等も当然これに当たると考えられます。

5　遡及年金についての厳格化通知

　厚生労働省保護課は，会計検査院の指摘を受けて，平成24年7月23日付
けで，「生活保護費の費用返還及び費用徴収決定の取扱いについて」（社援保
発0723第1号）との通知を出し，「定期的に支給される年金の受給額の全額が
収入認定されることとの公平性」を根拠に，「年金を遡及して受給した場合
の返還金から自立更生費等を控除することについては」，一般の場合より
「厳格に対応することが求められる」としました。

　しかしながら，受給権の存在が比較的明確な老齢年金の場合はともかく，
要件が複雑で専門的な判定を要するため，受給できるかどうか確実とは言え
ない障害年金等の場合，遡って資産があったと観念することには違和感があ
ります。遡及年金全般について，一律に一般の場合と異なる扱いをすること

には問題があります（上記通知の問題点については，吉永純『生活保護「改革」と生存権の保障』（明石書店・2015 年）199 頁以下で詳しく取り上げられています）。

　ただ，前述の通知も「真にやむを得ない理由により控除を認める場合があるが，事前に保護の実施機関に相談することが必要」としており，自立更生控除の余地を完全に否定しているわけではありません。後述（6⑴）のように，他の事情を考慮して自立更生控除の必要性を認めた裁判例もあることに留意が必要です。

6　相次ぐ裁判例

　生活保護法 63 条をめぐっては，近時，自立更生控除を考慮しない福祉事務所の決定を違法として取り消す裁判例が相次いでいます。

⑴　大阪高判平成 25 年 12 月 13 日賃社 1613 号 49 頁

　平成 19 年 1 月時点で要保護状態だったのに，福祉事務所の「水際作戦」によって生活費を知人・親戚などから借金してしのぎ，同年 6 月に保護開始された後，遡及支給を受けた年金を借金の返済に充てたところ，福祉事務所が，遡及支給分全額を 63 条返還請求した事案です。

　判決は，「借入は保護課の不適切な対応が招いたものであるということができ」，「その返済は保護開始前の単なる負債の返済とは異なり，本来，生活保護として支給されるべき全員の立替金の返済ともいうべきものである」のに「保護を受けられなかった」期間の分が含まれているのであるから，「これらの点を考慮することなく，本件遡及支給分の全額を返還額として決定したことは重きに失し，著しく合理性を欠」くとして決定を取り消しました。

　一般には自立更生控除が認められない「遡及年金」について「借金返済資金」を当該事案の経緯（水際作戦）に鑑みて控除すべきと判断した点が注目されます。

⑵　福岡地判平成 26 年 2 月 28 日賃社 1615・1616 合併号 95 頁

　生命共済契約に基づき 4 回にわたり入院給付金等約 78 万円を受領したところ，実施機関が診断書料，本人と妻の通院交通費，手術着レンタル料等は控除したものの，残額を全て返還決定した事案において，原告が高齢で心機

第5章　障害者支援のために知っておくべき生活保護の知識

能障害，糖尿病の持病を有することから，「エアコンを購入する費用は，原告の自立更生のためにやむを得ないものであるとして，自立更生費に該当すると認められる余地が十分にあった」として決定を取り消しました。

⑶　福岡地判平成 26 年 3 月 11 日賃社 1615・1616 合併号 112 頁

　遺族年金月約 1 万 4000 円の収入があることを見過ごして保護費を払いすぎていたことに気付いた実施機関が合計約 30 万円の過誤払金全額の返還を命令した事案において，「処分行政庁は，本件返還金決定に際し，原告の生活実態，本件過誤払金の使途等についての調査を行わず，また，……自立更生費の有無について検討しないで，本件返還金決定をした」として決定を取り消しました。

　この判決は，「全額返還を命じることにより自立を著しく阻害するような場合には，自立更生費の有無にかかわらず，一定額を過誤払金から控除して返還額を決定することも可能と解される（なお，……一定の生活費についても自立更生費に該当すると解釈することも可能と解される）。」として，一定の生活費についても自立更生費に該当する余地を認めている点も注目されます。

7　自立更生計画の提出，不服があれば審査請求を

　以上のとおり，遡及年金については厳しい運用を求める通知が存在しますが，自立更生経費の控除が認められる余地もあるので，実際に使ってしまう前に福祉事務所と交渉して認めてもらう必要があります。

　具体的には，世帯の自立更生に資すると考える経費の項目と金額を列記し，「真にやむを得ない理由」を記載した「自立更生計画書」を作成して実施機関に提出すると良いでしょう。後掲の書式は，東日本大震災の際の義援金の収入認定除外に関する通知において，厚生労働省が示したものですので，参考にしてください。

　なお，仮に意に反する 63 条返還決定等を受けた場合には，決定を知った日の翌日から 90 日以内に都道府県知事に対して審査請求手続を提起して争うことができます。

41　障害年金の遡及支給と生活保護

自立更生計画書

_____長殿　　　　　　　　　　平成　　年　　月　　日

1．被災の状況について
　(1)　震災によって亡くなられた方あるいは行方が分からなくなった方　　___人
　(2)　住家の状況（当てはまる方を○で囲む）　　　　全壊　・　半壊
　(3)　原発事故による避難・屋内待避の有無　　　　　有　・　無

2．給付及び自立更生に充てられる費用の状況について

給付されたもの		自立更生に充てられる費用
義援金	万円	【生活用品・家具】（①）　　（単位：万円）
災害弔慰金	万円	
被災者生活再建支援金	万円	
東京電力の補償金	万円	
その他の見舞金等	（単位：万円）	
		【家　電】（②）
		【生業・教育】（③）
小　計	万円	
貸付けを受けたもの		
災害援護資金	万円	
その他の貸付金	（単位：万円）	【住　家（建築・補修）】（④）
		【その他】（⑤）
小　計	万円	
合計　　　万円		合計　　　　　万円（①〜⑤の計）

上記のとおり，東日本大震災に係る義援金等の給付金及び貸付金を自立更生のために使用します。

　　　　　　住　所 _____

　　　　　　氏　名（世帯代表者）　　　　　　　　　印

出典：厚生労働省ホームページ
　　　（http://www.mhlw.go.jp/shinsai_jouhou/seikatuhogo.html）

第5章　障害者支援のために知っておくべき生活保護の知識

〔参考〕自立更生のために充てられる費目（例）

1	生活用品・家具
	什器
	衣服・布団
	食器棚
	テーブル・イス
	たんす
	ガステーブル
	その他
2	家電
	テレビ
	冷蔵庫
	洗濯機
	炊飯器
	電子レンジ・オーブントースター
	冷暖房用器具
	通信機器（携帯電話・固定電話・パソコン・プリンター・ファクシミリ等）
	その他
3	生業・教育
	事業用施設の整備に係るもの（施設の補修・事業用機器の購入等）
	技能習得に係るもの
	就学等に係るもの（学習図書，運動用具等，珠算課外学習，学習塾等）
	制服・通学用鞄・靴等
	文房具等
	その他
4	住家
	補修
	建築
	配電設備・上下水道設備の新設
	その他
5	結婚費用（寡婦福祉資金の結婚資金の貸付限度額相当）
6	墓石，仏壇，法事等弔意に要する経費
7	通院，通所及び通学等のために保有を容認された自動車の維持に要する経費
8	その他
	その他生活基盤の整備に必要なもの

出典：厚生労働省ホームページ

　　　（http://www.mhlw.go.jp/shinsai_jouhou/seikatuhogo.html）

42 年金担保貸付を受けた場合と生活保護

42　年金担保貸付を受けた場合と生活保護

Q　私は社会福祉協議会で日常生活自立支援事業の専門員をしています。私が金銭管理に関わっている知的障害者が，障害年金の半分を担保にして，福祉医療機構から年金担保貸付を受け，そのお金を妹に取られてしまいました。この兄が妹にだまされて年金担保貸付を受けるのは，今回が2回目です。そのせいで年金が月3万円ほどになり，預金も底をついたため，生活保護の相談に行きました。しかし，福祉事務所は，2度目の年金担保貸付だから，今回の保護は下りないというのです。月3万円では生きていけないので，何とか生活保護を受ける方法はないでしょうか。

A　生活保護の申請をするのが初めてであれば問題なく生活保護を適用すべきです。過去に年金担保貸付を受けた状態で生活保護を受けていたことがある場合，保護の申請は原則として却下する旨の通知を厚生労働省が出しています。しかし，通知も，①急迫状況にある場合，②年金担保融資にやむを得ない状況がある場合には例外的に生活保護の適用を認めているので，このような事情があることを主張して，再度生活保護の申請をするとよいでしょう。

[解　説]

1　年金担保貸付制度とその問題点

　本来，年金制度は，高齢者，障害者，遺族などの生活の安定に寄与することを目的としていることから，年金受給権を担保に供することは原則として禁止されています（厚年法41条1項本文ほか）。しかし，年金受給者が高利貸しから年金証書を担保にして高利の資金を借り入れ，生活困窮に陥る事例があるなどしたことから，その例外として，1975年，独立行政法人福祉医療機構（以下「福祉医療機構」といいます）が実施する公的年金担保貸付事業が創設

315

第5章　障害者支援のために知っておくべき生活保護の知識

されました。

　ところが，そもそも，年金から借入金の返済が行われ年金収入が途絶えれ
ば，年金以外の生活の原資を得る機会が乏しい高齢者や障害者が，直ちに生
活困窮に陥ってしまいます。年金担保貸付事業は，一般金融機関を受託窓口
として実施されているため，生活困窮に陥る貸付とならないような審査やカ
ウンセリングはなされていません。そのため，公的年金担保貸付を受けたこ
とによって，生活困窮に陥り，生活保護申請に至る事例も少なくありません。

　本来，低所得の年金受給者の一時的な資金需要に対する対応は，無担保・
低利の社会福祉協議会を窓口とする生活福祉資金貸付制度の活用等によって
行われるべきであり，根本的な矛盾を抱えた年金担保貸付事業そのものが廃
止されるべきです（詳細は 2010 年 2 月 18 日日本弁護士連合会「年金担保貸付事業の
廃止についての意見書」参照）。この事業については，平成 22 年の行政刷新会議
の事業仕分けにおいても，「廃止する」旨の評決が行われ，この評決に基づ
き，同年 12 月 7 日の閣議決定が，「事業を廃止することとし，……具体的な
工程表を平成 22 年度中に作成する」としたのを受け，厚生労働省も，平成
25 年 3 月，「事業規模縮小等の措置を段階的に進め，……平成 28 年度に具
体的な廃止時期を判断する」という事業廃止計画を発表しています。しかし，
いまだに制度が存続し，廃止に向けた動きも見られないため，年金担保貸付
に起因する生活困窮事案が後を絶ちません。

2　厚生労働省通知の内容と問題点

　厚生労働省は，平成 18 年 3 月 30 日付けで，「生活保護行政を適正に運営
するための手引について」（社援保発第 0330001 号厚生労働省社会・援護局保護課長
通知。以下「手引」といいます）を発表しました。この内容は，課長通知問第 10
の 17 として実施要領にも掲載されています。そこでは，「過去に年金担保貸
付を利用するとともに生活保護を受給していたことのある者が再度借入をし，
保護申請を行った場合」には，原則として，申請を却下して差し支えないと
されています。

　その理由は，「老後の基礎的な生活費等として活用すべき年金を担保に貸

316

付を受けて，これを先に述べたような使途（筆者注：ギャンブルや借金返済等）に充てるために費消するような場合には，資産活用（月々の年金受給）を恣意的に忌避しているため，法第4条に定める保護の受給要件を満たしていないと解される」と説明されています。

しかし，旧生活保護法では，「生計の維持に努めない者」や「素行不良な者」を欠格条項として保護の対象から外していましたが，現行生活保護法は，困窮に至った原因を問わず，現に困窮している限り，無差別平等に保護を受けることができるという，無差別平等原理（生活保護法2条）を採用しています。その趣旨について，立法時の厚生省保護課長であった小山進次郎は，「何等かの意味において社会的規準から背離している者を指導して自立できるようにさせることこそ社会事業の目的とし任務とする所であって，これを始めから制度の取扱対象の外に置くことは，無差別平等の原則からみても最も好ましくない所だからである」と説明しています（小山・106頁）。

そうすると，現時点において困窮しているのに，過去に年金担保貸付金を浪費したことを理由に生活保護申請を却下することは，旧生活保護法の欠格条項を復活させたのと同じであり，無差別平等原理（生活保護法2条）に違反する疑いが濃厚です。したがって，前記厚生労働省通知の原則を形式的に貫くことには大きな問題があり，次に述べる例外を柔軟に適用する運用が求められています。

3 通知の適用場面と例外措置

まず，課長通知問第10の17は，いわゆる2度目の年金担保貸付，すなわち，「過去に年金担保貸付を利用するとともに生活保護を受給していたことのある者」が，貸付金の返済が終了して年金を満額受給できるようになって生活保護が廃止された後，再度年金担保の借入れをしたことによって生活困窮に陥り，保護申請を行う場合を前提にしています。中には，1度しか年金担保貸付を利用していないのに保護は認められないと対応する実施機関もありますが，そのような対応は通知も予定するところではありません。

また，仮に，過去に生活保護を受けていて2度目の年金担保貸付であった

第5章　障害者支援のために知っておくべき生活保護の知識

としても，通知は，①当該申請者が急迫状況にある場合，②保護受給前に年
金担保貸付を利用したことについて，社会通念上，真にやむを得ない状況に
あった場合には，生活保護を適用する余地があることを認めています。

「手引」は，「保護の実施機関は，年金担保貸付等を利用している場合には
生活保護が適用されない取扱いとなることを，被保護者に対して事前に周知
すること」や，「他にも債務がある等の理由がある場合には，その問題解決
に向けた支援（例えば，多重債務者への対応として，法律扶助協会，無料法律相談等の
活用による早期債務整理の相談助言，債務整理の支援に関する個別支援プログラムの活用
や金銭管理能力の習得のための家計簿記帳の指導を行う等の支援）を行うよう努める
こと」を求めていますので，こうした事前の周知や問題解決に向けた支援が
行われていない場合には，上記②の「社会通念上やむを得ない状況」が認め
られるものと解されます。

4　裁判例

　那覇地判平成 23 年 8 月 17 日（賃社 1551 号 62 頁・確定）は，①原告の状況は
生存するために最低限必要な食事や住居すら確保できなくなる危険があるこ
と，必要な医療が受けられなくなるおそれがあることから，生活保護法 4 条
3 項にいう「急迫した事由」があり，②原告が年金担保貸付で借入れた金銭
はすべて保護廃止決定後に生活費のために借入れた金銭の返済に充てられ，
あるいは生活費として費消したと推認できることから「社会通念上真にやむ
をえなかった」と判断し，却下処分を取り消し，保護開始を命じています。

　また，大阪高判平成 25 年 6 月 11 日（賃社 1593 号 61 頁・確定，原審大津地判平
成 24 年 12 月 18 日賃社 1584 号 53 頁）は，最低生活費約 10 万円に対し恩給
17,750 円しか収入がない事案において，①最低限必要な食費，光熱費，住
居費の捻出が困難であること，②高血圧のため継続的な降圧剤の服用が生
命・身体の維持に必要不可欠だが医療費捻出が困難であること，③一応ライ
フラインは通じていたが家賃滞納が 10 か月，光熱費滞納が 2 か月で，明渡
し請求やライフライン停止の可能性が高いことなどから，生活保護法 4 条 3
項の「急迫した事由」があるとして，申請却下処分を取り消しました。

318

43 障害者の車両の使用

5 設問の場合

設問が，初めて生活保護を申請する場合であれば，そもそも通知を適用する前提を欠くので，問題なく生活保護は適用されるべきことになります。

また，過去にも年金担保貸付を受けながら生活保護を利用していたことがあった場合でも，月3万円の年金では到底生きていけないので，前記裁判例と同様に「急迫した事由」が認められるべきです。また，知的障害者が親族から経済的虐待の被害に遭っているケースであることに加え，過去にも同種の被害があったのに問題解決に向けた適切な支援が行われていないことから，年金担保貸付利用について「社会通念上真にやむを得ない状況」があったといえると考えられます。したがって，前記厚生労働省通知の例外規定を適用して，生活保護の適用が認められるべきです。

万一，保護申請が却下されてしまった場合には，迅速に保護開始決定を得るため，保護開始の仮の義務付け申立てを行うことも検討しましょう。前記那覇地判の裁判例では，本訴判決に先立つ，保護開始の仮の義務付け申立てが認容され（那覇地決平成21年12月22日賃社1519・1520合併号98頁），即時抗告も棄却されています（福岡高裁那覇支決平成22年3月19日・同上）。

43　障害者の車両の使用

Q　私にはパニック障害があり，自由に乗り降りできない閉鎖空間が苦手で，公共交通機関には乗れません。そのため，車でないと移動全般が困難なため，買い物に出かけたり，友達に会ったりするのでも，外出に軽自動車を使っていました。

1) この度，生活保護を受けることになりましたが，「身体障害の認定を受けていない者に車の保有を認める余地はないから車を処分しなさい」と指導指示を受けました。これに従わないでいたところ，指導指示違反があるとして生活保護を停止されてしまいました。車を保有したまま生活保護を利用することはできないのでしょうか。

319

第 5 章　障害者支援のために知っておくべき生活保護の知識

2）車の保有は認めてもらいましたが，通院以外には使用してはなら
　ないと指導指示を受けました。ところが，通院以外の日常生活に車
　を使っていることが見つかり，指導指示違反があるとして，生活保
　護を停止されてしまいました。日常生活に車を使いながら，生活保
　護を認めてもらうことはできないのでしょうか。

A　　現在，厚生労働省は，生活用品としての自動車保有を厳し
く制限していますが，障害者の通勤，通院，通所，通学のた
めであれば一定の要件を満たす場合には保有が認められます。また，
保有が認められた自動車を日常生活に利用することを禁じる指導指示
は，必要最少限度を越えており違法・無効であって，生活保護の停止
処分も違法であると考えられます。

[解　説]

1　自動車保有をめぐる現在の実務運用の問題点

　現在，厚生労働省は，生活用品としての自動車については，「単に日常生
活の便利に用いられるのみであるならば，地域の普及率の如何にかかわらず，
自動車の保有を認める段階には至っていない。」とし（別冊問答集問3-14），極
めて例外的な場合に限って保有を認める立場をとっています。

　しかし，内閣府の「消費動向調査」によると，全世帯の乗用車の普及率は
79.1％にも達しています（平成29年3月）。資産保有に関する実施要領が，
「その保有を認めても当該地域の一般世帯との均衡を失することにならない
と認められるものは，保有を認めること」とし（局長通知第3の4(4)イ），「一
般世帯との均衡を失することにならない場合」とは，「当該地域の全世帯の
70％程度の普及率」がある場合であるとされていることからすれば（課長通
知問3の6），生活用品としての自動車についても，原則として保有を認める
べき段階に至っていると考えるべきです。日本弁護士連合会も，同様の観点
から，「生活保護における生活用品としての自動車保有に関する意見書」

320

（2010年5月6日）において，処分価値が小さい（例えば当該世帯の最低生活費の6か月分までなど）生活用品としての自動車は原則として保有を認めるべきであるという意見を述べています。

このように現在の厚生労働省の態度自体に大きな問題があります。しかし，実際の運用では，厚生労働省の通知の要件を満たすにもかかわらず，一律に自動車保有を認めない扱いをしている実施機関も少なくありません。そこで，以下の通知の要件を満たすのではないかを十分に検討することが重要です。

2 障害者の自動車保有に関する厚生労働省通知の内容

(1) 通勤用自動車

「障害者が自動車により通勤する場合」で，以下の要件を満たす場合には自動車の保有が認められます（課長通知問第3の9）。

① 世帯状況からみて，自動車による通勤がやむを得ないものであり，かつ，当該勤務が当該世帯の自立の助長に役立っていると認められること。

② 当該地域の自動車の普及率を勘案して，自動車を保有しない低所得世帯との均衡を失しないものであること。

③ 自動車の処分価値が小さく，通勤に必要な範囲の自動車と認められるものであること。

④ 当該勤務に伴う収入が自動車の維持費を大きく上回ること。

(2) 通院・通所・通学用自動車

「障害（児）者が通院，通所及び通学（以下「通院等」という。）のために自動車を必要とする場合」で，以下の要件をいずれも満たす場合には，自動車の保有が認められます（課長通知問第3の12）。

① 障害（児）者の通院等のために定期的に自動車が利用されることが明らかな場合であること。

② 当該者の障害の状況により利用し得る公共交通機関が全くないか又は公共交通機関を利用することが著しく困難であって，……自動車により通院等を行うことが真にやむを得ない状況であることが明らかに認められること。

第 5 章　障害者支援のために知っておくべき生活保護の知識

③　自動車の処分価値が小さく，又は構造上身体障害者用に改造してある
　ものであって，通院等に必要最小限のもの（排気量がおおむね 2000cc 以下）
　であること。
④　自動車の維持に要する費用（ガソリン代を除く）が他からの援助（維持費
　に充てることを特定したものに限る），他施策の活用等により，確実にまかな
　われる見通しがあること。
⑤　障害者自身が運転する場合又は専ら障害（児）者の通院等のために生
　計同一者若しくは常時介護者が運転する場合であること。

　要件①については，行政上の障害認定を受けていることまでは必要とされ
ておらず，「定期的」とのみあって一定以上の通院頻度も要求されていない
ことが重要です。身体障害で公共交通機関の利用が困難な場合はもちろんの
こと，設問のようなパニック障害や，化学物質過敏症で公共交通機関の利用
が困難な場合等，生活保護申請時点における障害認定の有無にかかわらず，
自動車保有が認められている実例も少なくありません。
　また，維持費について，「障害者加算（他人介護料を除く）の範囲で賄われる
場合」は要件④を満たすものと取り扱って差し支えないとされています（別
冊問答集問 3 -19）。
　なお，以上のいずれかの要件に該当しない場合であっても，「その保有を
認めることが真に必要であるとする特段の事情があるとき」には保有を認め
てもよく，その場合には厚生労働大臣に情報提供することとされています。
次に見る裁判例が指摘するとおり，上記①〜⑤の全ての要件が満たされなく
とも，保有を認める必要性が高い場合には，この「なお書き」を活用して，
自動車保有を柔軟に認める運用が求められています。

3　裁判例
　両股関節全廃の障害を持つ原告が自動車を保有していることを理由に生活
保護を廃止され，再度の保護開始申請も却下された事案について，却下処分
の取消しと損害賠償の支払を命じた大阪地判平成 25 年 4 月 19 日（賃社

1591・1592 合併号 64 頁，確定）は，課長通知がいう「通院等」の保有目的はあくまでも「第一次的な基準」であって，医療や教育を目的としない施設への定期的な訪問も「通所」に該当する場合もあり，目的等の要件が欠ける場合でも「特段の事情」があれば保有を容認する余地があるなど，通知の要件が柔軟に解釈運用されるべきことを前提として，同通知に「一応の合理性」を認めました。

したがって，上記の通知の要件は，できる限り柔軟に解釈運用されなければなりません。

また，この事案では，弁護士が同行申請をして車を保有したままでの生活保護が認められた後にも，通院以外の日常生活に車を使用しないよう福祉事務所から指導指示されていました。障害のために公共交通機関の利用が困難な者にとっては，病院に行く時だけでなく，日常生活全般において車の利用が不可欠なことは自明であって，かかる指導指示は理不尽というほかありません。そのためか，上記大阪地裁判決は，直接の争点でもなかったのに，生活保護を利用する身体障害者がその保有する「自動車を通院等以外の日常生活の目的のために利用することは，被保護者の自立助長及びその保有する資産の活用という観点から，むしろ当然に認められる」とわざわざ言及し，福祉事務所の対応を批判しました。

保有要件を満たした場合の自動車の利用目的を通院等に限定する実務運用がまま見られますが，このような運用は改められなければなりません。

4　福祉事務所の指導指示の限界

(1)　指導指示の限界

福祉事務所は全能の指導指示権を与えられているわけではなく，生活保護法 27 条に基づく指導指示は，法の目的を達成するための必要最少限度のものでなければなりません（この点については，Q 40 の解説も併せてお読みください）。

(2)　指導指示違反による制裁の限界

####　ア　必要な手続

生活保護法施行規則 19 条は，生活保護法 62 条 3 項の権限は，保護の

第5章　障害者支援のために知っておくべき生活保護の知識

実施機関が書面によって行った指導又は指示に従わなかった場合でなければ行使してはならないと定めています。

これを受けて，実施要領も，「法第27条による指導指示は，口頭により直接当該被保護者（これによりがたい場合は，当該世帯主）に対して行うことを原則とするが，これによって目的を達せられなかったとき，または目的を達せられないと認められるとき，及びその他の事由で口頭によりがたいときは，文書による指導指示を行うこととする。当該被保護者が文書による指導指示に従わなかったときは，必要に応じて法第62条により所定の手続（筆者注：弁明の機会付与）を経たうえ当該世帯又は当該被保護者に対する保護の変更，停止又は廃止を行うこと」としています（局長通知第11の2(4)）。

また，「当該要保護者の状況によりなお効果が期待されるときは，これらの処分を行うに先立ち，再度，法第27条により書面による指導指示を行うこと」とされています（課長通知問第11の1）。

そして，処分の選択に当たっては，指導指示の内容が比較的軽微な場合は，その実情に応じてまずは保護の変更を行い，保護の変更によることが適当でない場合は停止し，停止後も指導指示に従わない場合に，さらに書面による指導指示を行い，これによってもなお従わない場合に，弁明の機会を付与した上で保護を廃止することとされ，停止を経ずに廃止することが許されるのは，停止によっては当該指導指示に従わせることが著しく困難な場合等に限ることとされています（課長通知問第11の1）。

このように，指導指示違反を理由として制裁的な処分を行う場合には，繰り返し書面による指導指示を行い，弁明の機会を付与するという手順を踏む必要があり，指導指示違反の態様に応じて，まずは保護変更，次に停止，最後に廃止を選択すべきものとされているのです。

イ　指示違反の内容と制裁の程度は比例しなければならない

実務運用においては，指導指示違反があれば，当然に保護の停廃止が許されるという誤解がまん延していますが，指示違反の態様や悪質性と

制裁処分の重さは比例均衡している必要があります（比例原則）。軽微で悪質とはいえない指導指示違反に対して，健康や生命に危険を与えかねない保護の停廃止という重大な処分を行うことは許されないことに注意が必要です。

福岡地判平成21年5月29日（賃社1499号29頁，消費者法ニュース81号71頁）は，高齢夫妻が通院用自動車の処分指示に従わなかったことを理由に保護停止された事案について，「問答第7（筆者注：現問答第11の1）は，文理上は，指導ないし指示が比較的軽微な場合には，保護の変更により，これによることが適当でない場合は保護を停止することと定めているのであるが，指示が比較的軽微とはいえない場合であっても，保護の停止は，被保護者の実情によっては，直ちにその生活を困窮させる場合も少なくないと考えられるのであるから，その適用に当たっては，極めて慎重であるべきであり，同問答に定める停止と廃止との関係と同様に，まず保護の変更により，なお従わない場合には停止によることも可能であると考えられ」，「原告らの行為は，換価価値のない自動車を障害者である原告Bの通院等のために用いる必要があるとして本件指示に従わなかったにすぎないものであり，通院や移動に要する費用やサービスを新たに要求したわけではなく，何ら虚偽の申告をしたり，不正の手段を用いていたわけでもないのであって，指示の違反が比較的軽微でないとすることには疑問があるし，これを比較的軽微でなかったと解するとしても，原告は，保護の廃止によって直ちに困窮状態に陥ることは容易に予想される状況にあったから，その実情を十分考慮せずに本件処分を行い，その結果，原告らは実際に著しい生活の困窮状態に陥ったことからすれば，本件処分は，相当性を欠き，法62条3項に反し，違法であったというべきである。」と判断しています。比例原則を考慮した常識にかなった判断といえるでしょう。

ウ　設問について

設問2）のように通院のために保有を認められた車を日常生活で使うことを禁じる旨の指導指示は，3で紹介した大阪地裁判決の判示内容に

第5章　障害者支援のために知っておくべき生活保護の知識

照らしても，被保護者の自由を侵害し，必要最少限度を越えた指導指示であって，無権限に基づく無効であることが明らかです。したがって，これに基づく保護停止処分も違法であって取り消されるべきです。このような点を指摘して，直ちに再申請を行うとともに，審査請求を行うとよいでしょう。

また，設問1）でも，単に身体障害の認定を受けていないからという理由で車の保有を認めないのは通知の解釈を誤っています。先にも述べたとおり，障害認定を受けていないパニック障害や化学物質過敏症を理由に車の保有を認められている実例も少なくありません。また，仮に指導指示自体はやむを得ないとしても，違反の態様が悪質とはいえないことからすれば，保護の停廃止という重大な不利益処分を課すことは比例原則に反し，違法であると考えられます。主治医等に「障害や傷病のために公共交通機関の利用が著しく困難であって自動車保有が不可欠である」旨の診断書（意見書）を書いてもらい，これを添付して直ちに再申請を行うとともに，審査請求を行うとよいでしょう。

44　通院交通費の給付

Q 私は多発性硬化症の難病にかかり，下半身が麻痺していて，通院に介護タクシーが必要です。しかし，私がこの介護タクシー代を福祉事務所に請求したところ，「障害者加算をもらっているのだから，その範囲内で通院費は賄いなさい」と指導されました。友達では，ケースワーカーから月4回までの通院や，公共交通機関を使った交通費，管外の医療機関への交通費は出さないと言われた人もいます。通院交通費はどのような場合に生活保護から出してもらえるのでしょうか。

A 　原則として，電車やバスの公共交通機関の交通費（最小限度の実費）であれば，回数や金額の多寡を問わず医療扶助の移送費として支給されます。傷病，障害の状態によって電車・バス等の利用が困難な場合にはタクシー代も支給されます。通院先の病院が管内や最も近い病院でなければならない等の制限もありません。

[解　説]

1　支給される交通費の内容

　通院交通費をほとんど支給していない福祉事務所も少なくありませんが，本来，通院のために必要な交通費は，医療扶助の移送費で支給されることになっています。

　支給される費用は，「療養に必要な最小限度の日数に限り，傷病等の状態に応じて経済的かつ合理的な経路及び交通手段によって」移送を行ったものとして算定される最小限度の実費とされています（医療扶助運営要領第3の9(1)）。

　具体的な給付の範囲としては，

　ア　医療機関に電車・バス等により受診する場合で，当該受診に係る交通費が必要な場合

　イ　被保護者の傷病，障害等の状態により，電車・バス等の利用が著しく困難な者が医療機関に受診する際の交通費が必要な場合

　等が挙げられています（同上(2)）。

　したがって，原則として電車やバスなどの公共交通機関の運賃は，金額の高低や通院の回数にかかわらず支給されます。また，「被保護者の傷病，障害等の状態により，電話・バス等の利用が著しく困難な」場合には，タクシー代も支給されます。

2　移送費の支給が認められる受診先の範囲

「受診する医療機関については，原則として要保護者の居住地等に比較的近

第5章　障害者支援のために知っておくべき生活保護の知識

距離に所在する医療機関に限る」とされる一方，「傷病等の状態により，要保護者の居住地等に比較的近距離に所在する医療機関での対応が困難な場合は，専門的治療の必要性，治療実績，患者である被保護者と主治医との信頼関係，同一の病態にある当該地域の他の患者の受診行動等を総合的に勘案し，適切な医療機関への受診が認められる。」とされています（医療扶助運営要領第3の9(2)）。

　したがって，管内の医療機関でなければならないとか，最も近い医療機関でなければならないなどの制限はなく，医療扶助による受診が認められている医療機関への通院であれば，移送費の支給は認められることになります。

3　支給のための手続

(1)　給付決定に関する審査

「福祉事務所において給付を決定する以前に交通機関を利用した際の交通費」等については，「原則として給付の対象にならない」とされており，原則として事前申請（及び事後の領収書等の提出）が必要です（医療扶助運営要領第3の9(3)イ）。

　申請があると，福祉事務所は必要性を判断し，給付の対象となる医療機関，受診日数の程度，経路及び利用する交通機関を適正に決定することとされています。原則として，「給付要否意見書（移送）」により主治医の意見を確認することとされていますが，「医療要否意見書」等によって移送を要することが明らかで移送に要する交通費等が確実に確認できる場合にはその必要がないとされています（同上）。

　具体的な申請の手順は次のとおりとなります。例として，大阪府大阪市の申請書式を掲載したので，これを活用して積極的に通院移送費の申請をしましょう。

　①　最初に「保護変更申請書（傷病届）」（書式①）で申請をする。

　②　次に，通院先の病院ごとに通院日に押印した「通院・通所回数証明書」（書式②）を毎月作成してもらう。

　③　最後に，通院先の病院ごとの「移送費（通院・通所交通費）支給申請書」

44 通院交通費の給付

書式①

保 護 変 更 申 請 書 (傷病届)

| | 治療材料 | | 移 送 | |

※ ケ ー ス 番 号		※ 受理年月日	年　月　日
※ 患 者 氏 名		性別	生

※ 指定医療機関名		※ 他法活用

※ 世 帯 主 氏 名		※ 現在受けている扶助	

病　状 　　及び 理　由 (目的・用件)	

<table>
<tr><td rowspan="7">移
送
の
場
合
（申請内容）</td><td colspan="2">行　　　先</td><td colspan="2">期　　　間</td></tr>
<tr><td></td><td></td><td colspan="2">　　年　　月　　日
～　　年　　月　　日</td></tr>
<tr><td>交 通 機 関</td><td>区　　間</td><td>金　　額</td><td>備　　考</td></tr>
<tr><td></td><td></td><td></td><td></td></tr>
<tr><td></td><td></td><td></td><td></td></tr>
<tr><td></td><td></td><td></td><td></td></tr>
<tr><td></td><td></td><td></td><td></td></tr>
</table>

　上記のとおり生活保護法による保護の変更を申請します。

　　　　　　　　　　　　　　　　　　　　　　　　　　　年　　月　　日

(提出先)

　　　　　　　　　　　　(申請者)　住　　所
　　　　　　　　　　　　　　　　　氏　名　印
　　　　　　　　　　　　　　　　　続　　柄

※印は，保健福祉センター記載欄

329

第5章　障害者支援のために知っておくべき生活保護の知識

書式②

	受理年月日
	・　・

移送費（通院・通所交通費）支給申請書

平成　　年　　月　　日

《提出先》

住　所 _____

氏名印 _____ ◯

次のとおり＿＿月分の移送費を申請しますので，支給してください。

通院・通所先	交通機関	乗車区間	交通費（往復）
月通院・通所回数	回	合計　円	

通院・通所回数証明書

＿＿＿月

通院・通所日押印

1	2	3	4	5	6	7	8	9	10

11	12	13	14	15	16	17	18	19	20

21	22	23	24	25	26	27	28	29	30

31

上記のとおり＿＿回通院したことを証明します。

◯

通院・通所機関名印 _____

※通院・通所回数証明書は，通院・通所機関で記入してもらってください。

44　通院交通費の給付

書式③

請求書

大阪市長　宛　　　　　　　　　　　　　　　　　　平成　　年　　月　　日

　　　　　　　住　所　大阪市

　　　　　　　氏名・印　　　　　　　　　　　　　　　　　　　　　　◯

次のとおり請求します。

金　　額	￥　　　　　　　　　　　　　　　　　　　円也

内　　容
平成　　年　　　月分　通院移送費

　　　　　　　　　　　　　　※　金額の前には必ず￥を付けてください。

□　債権者登録済の金融機関の口座に振り込んでください。

債権者番号									指定口座	

　　　　　　　　　　※　指定口座は，A，B，C，D，Mよりご指定ください。

□　次に指定する金融機関の口座に振り込んでください。

金融機関名称		支店名称	
預金種別		口座番号	
フリガナ 口座名義			

本市記入欄

局出納員・区会計 管理者確認印	印影等照合先（契約番号等）	執行主管コード	支出命令番号
	請求書等 確認者認印		
	業務区分　■歳　出　□歳　入　□歳計外　□基　金		

出典：生活保護問題対策全国会議編著『必携　法律家・支援者のための生活保護申請マニュアル
　　2014年度版』（全国クレサラ・生活再建問題対策協議会出版部・2014年）172 ～ 174 頁

第5章　障害者支援のために知っておくべき生活保護の知識

（書式②）と合算した「請求書」（書式③）を毎月提出する。

(2)　継続的給付の場合

翌月に渡って通院するときには，再度の申請を行わなくても移送費の給付が行われますが，3か月（明らかに3か月を超える通院を要する場合は6か月）を超えて移送費の請求が必要な場合は，「給付要否意見書」（別冊問答集473頁以下参照）等により継続の要否が検討されます（医療扶助運営要領第3の9(3)エ）。

(3)　事後申請の場合

(1)のとおり，原則として事前の申請が必要ですが，「緊急の場合等であって，事前の申請が困難なやむを得ない事由があると認められる場合であって，当該事由が消失した後速やかに申請があったときは，事後の申請であっても内容確認の上，給付を行って差し支えない」とされています（医療扶助運営要領第3の9(3)ウ）。

ところで，医療扶助実施方式は，「給付手続の周知」として，「要保護者に対し，移送の給付について，その内容と原則として事前の申請や領収書等の提出が必要であることを周知すること。」としています（同上ア）。こうした手続の周知がなければ，事前の申請も行いようがありませんから，周知不足によって手続を知らなかったために事前の申請ができなかった場合も，「緊急の場合等」の「等」に該当するものとして事後申請が認められると解されます。厚生労働省は，現在の通知（平成22年3月12日社援発0312第1号厚生労働省社会・援護局長通知「『生活保護法による医療扶助運営要領について』の一部改正について」）を発出した際，わざわざ周知文書のひな形まで添付して，各自治体に周知の徹底を呼びかけているので，少なくともこうした最低限の周知がなされていない場合には事後申請が認められるべきです。

なお，設問は，奈良県大和郡山市で実際にあった事例をモデルにしています。このケースでは，弁護団・調査団が審査請求をはじめとする様々な取組みを行った結果，同市は，奈良県・厚生労働省とも協議した上で，当事者の男性に謝罪し，最終的には過去の通院移送費（平成19年10月分から平成20年11月分まで）を全て遡って支給しました。

第6章

障害者の権利擁護のための知識

45　障害者差別禁止のための制度

Q　私は交通事故で両足を失い，電動車いすで移動しています。ところが，公共交通機関であるバスを利用しようとしたところ，「手動の車いすはバスに乗ってもいいが，電動車いすは誤作動の可能性もあるので，遠慮してもらっています」と言われて，乗せてもらえませんでした。バス会社にいくら掛け合っても全く相手にしてもらえません。手動の車いすでは一人で長い距離を移動するのは無理ですし，私は，これは合理的理由のない差別ではないかと感じるのですが，どこにこの問題を訴えれば解決するのでしょうか。

A　本件バス会社が示した理由により，電動の車いすの利用者に対してバスへの乗車を禁止することは，不当な差別的取扱いに当たるものといえます。障害者差別解消法には，直接的な差別是正のための手続が定められておらず，紛争解決の方法として，事業を所轄する国家機関や都道府県の窓口への相談や，あるいは民事調停手続や損害賠償請求訴訟といった手段がまず考えられます。次に，地元の障害者差別解消条例において相談・あっせん手続・知事等による勧告・公表といった紛争解決方式が規定されている場合には，これらの手続を利用して，バスへの乗車を認めるよう協議・働きかけをすることが考えられます。

第 6 章　障害者の権利擁護のための知識

[解　説]

1　障害者権利条約の制定から障害者差別解消法制定の流れ

　設問の方は，電動車いすを利用することにより，移動の自由を確保していま
す。このような方に対し，バスの乗車を一律禁止する取扱いが，不当な差
別的取扱いに当たらないか，という点が問題となります。その前提として，
障害に対する見方につき，これまでどのような考え方がなされてきたのか，
及び現行の法制度がどのような立場を取っているのかについて確認したいと
思います。

　従前は，障害者が生きにくさを感じるのは「自身に障害がある」ためであ
り，障害者は，医療やリハビリ等を通じて障害をなくしたり軽減したりこと
により社会参加をしていくべきだという考え方（医学モデル）が支配的でした。

　しかし，この考え方は，「障害＝あってはならないもの」という考え方を
固定化するものです。そのため，この考え方がいきすぎると，障害者に対す
る社会の不備や差別を不問にすることにもなりかねません。

　そのため，現在では，「障害者が生きにくさを感じるのは社会の在り方が
健常者を前提としていて，障害者に対する配慮が欠けているためである」と
いう考え方が強くなってきました（社会モデル）。そして，平成 18 年に採択さ
れた国連の「障害者の権利に関する条約」（以下，「障害者権利条約」といいます）
は，上記の社会モデルの考え方に基づき，障害者の人権や基本的自由を確保
し，障害者固有の尊厳の尊重・促進を目的として，障害者の権利を実現する
ための様々な措置を規定しています。

　日本は，この障害者権利条約を平成 19 年 9 月に署名し，その後，国内の
障害者に関する国内法の整備を進め，それが一通り整った平成 28 年 1 月，
同条約を批准しました。この国内法の整備の一環として，全ての国民が，障
害の有無によって分け隔てられることなく，相互に人格と個性を尊重し合い
ながら共生する社会の実現に向け，障害を理由とする差別の解消を推進する
ために制定されたのが，障害者差別解消法です。この法律は，平成 25 年 6
月に制定され，平成 28 年 4 月 1 日から施行されています。

334

2 障害者差別解消法の仕組み

この障害者差別解消法は，行政機関や事業者に対し，その事務や事業をするに当たり，障害を理由として不当な差別的取扱いをすることを禁止するとともに（同法7条1項，8条1項），障害者から社会的障壁の除去を必要とする旨の意思の表明があった場合において，その除去の実施についての「合理的な配慮」を求めています（同法7条2項，8項2項）。この障害を理由とする不当な差別的取扱いの禁止は，行政機関・事業者いずれとの関係でも法的義務となりますが，合理的配慮の要請は，行政機関との関係では法的義務となるのに対し，民間事業者との関係では努力義務となります。

そして，差別が禁止される各分野において，何が差別に当たり得るのか，合理的配慮としてどのような措置が望ましいのか，という点に関する具体的な内容は，国や地方公共団体等が定める「対応要領」や，主務大臣が定める「対応指針」により明らかにされることになっています（同法9条～11条）。

3 「不当な差別的な取扱い」の判断基準

設問で問題となっているバス事業は，国土交通省が管轄している「一般乗合自動車運送事業」に当たります。そして，この問題の対応に関する基本的な考え方は，国土交通省のガイドライン（「国土交通省所管事業における障害を理由とする差別の解消の推進に関する対応指針」(2015年)）に示されています。

上記ガイドラインによれば，障害者差別解消法は，「障害者に対して，正当な理由なく，障害を理由として，財・サービスや各種機会の提供を拒否すること，時間・場所等を制限すること，障害者でない者に対しては付さない条件を付けることなどにより，障害者の権利利益を侵害することを禁止している」ものとされています（上記ガイドライン2頁）。

そして，障害者に対する権利利益の侵害につき，正当な理由があるといえるためには，障害者に対し，障害を理由として，財・サービスや各種機会の提供を拒否するなどの取扱いが客観的に見て正当な目的の下に行われたものであり，その目的に照らしてやむを得ないといえる場合であることが必要です。事業者は，上記正当な理由に相当するか否かにつき，個別の事案ごとに，

第6章　障害者の権利擁護のための知識

安全の確保，財産の保全，事業の目的・内容・機能の維持，損害発生防止といった障害者，事業者，第三者の権利利益等の観点を考慮した上で，具体的な場面や状況に応じて，総合的・客観的に判断することになります（上記ガイドライン3頁）。

この「客観的に判断する」とは，主観的な判断に委ねられるのではなく，その主張が客観的な事実によって裏付けられ，第三者の立場から見ても納得の得られるような「客観性」が必要となることを意味しています。また，不当な差別的取扱いを禁止する法の趣旨が形骸化されることを防止するため，「拡大解釈や具体的な検討もすることなしに，単に安全の確保などという説明のみでサービスを提供しないことは適切ではない」とされています（上記ガイドライン3頁）。

このような判断基準を前提とした上で，設問における電動車いすの利用を理由とする乗車拒否が「障害」を理由とする差別に当たるかが，問題となります。

設問において，バス会社は，「電動車いすは誤作動の可能性もある」という理由で乗車拒否を行っています。確かに，輸送中の継続的な振動等により電動車いすの電源が入って動き出す危険は，絶対にないとまでは言えないでしょう。しかし，そのような危険が実際に発生するかと言われると，その危険性は極めて低いのではないでしょうか。実際，障害者の立ち会いのもとにおいて，バス会社が電動バッテリーの誤作動が発生するかを実際に試したところ，そのようなおそれがなかったという事例も報告されています。また，何よりも，電動バッテリーを取り外すことにより電源が入る危険を防止することができるはずです。そうであるとすれば，設問のようなバス会社の対応は，拡大解釈や具体的な検討をすることなく，単なる安全の確保という抽象的な理由で，電動車いすの障害者に対し一律乗車拒否をしているものと考えられますので，不当な差別的取扱いであるといえます。

実際，平成18年12月10日に施行されたいわゆるバリアフリー新法の成立以降，電動車いすに対応したバスを導入する会社もかなり増えてきてきました。路線バスにおいてはそのような対応がもはや一般的になりましたし，

336

高速バスにおいても，条件付きで電動車いすに対応するバス会社が出てきています。このような社会的状況を考慮すると，電動車いすであれば一切バスに乗車できないという対応は，なおさら不当な差別的取扱いとなる可能性が高いといえます。

4　救済制度の在り方

　では，設問の場合，どのような救済方法をとることになるのでしょうか。

　障害者差別解消法は，障害者からの相談に応じ又は紛争の防止や解決を図るための体制として，国や地方公共団体が必要な体制整備を図る旨を規定していますが（同法14条），新たな相談機関・紛争解決手続の設置が法律上義務付けられているわけではありません。また，障害者差別解消法は，差別があった場合の私法上の効力（契約を無効にするとか，契約を義務付けるとか，お金を支払わせる，といった効力）を定めているわけではありませんし，差別があった場合における直接的な是正手段を定めているわけでもありません。そのため，今回のように，相手方との直接の協議では，問題が解決できないこともあります。

　このような場合の解決手段として，まずは，①既存の相談機関・紛争解決機関の利用による解決を検討することになります。今回のケースであれば，国土交通省の地方運輸局交通政策部消費者行政・情報課や，都道府県の相談担当部署（都道府県庁に問い合わせをすれば，相談窓口を教えてもらえるはずです）に連絡し，相談をするということになります。この場合，国土運輸大臣が，特に必要があると認めるときにおいては，報告の徴収，助言，指導，勧告といった措置を講ずることができるものとされていますので（障害者差別解消法12条），この権限が適切に行使されることにより，差別解消の実効性を確保することが期待できます。

　次に，②簡易裁判所での民事調停手続等を利用して相手方と協議する方法や，③簡易裁判所や地方裁判所に対し，損害賠償請求訴訟を提起する方法が考えられます。

　このうち，②民事調停手続とは，当事者間の争いについて，調停委員2名

337

第6章　障害者の権利擁護のための知識

が紛争当事者の言い分を聞き，法律的な判断を基本に置きながら，話合いを通じて合意に導き，条理にかない，かつ，実情に応じた解決を図ろうとするものです。そのため，障害者差別解消法や前述のガイドラインの趣旨を説明し，調停委員を通じて，相手方に対し，運用の改善を図るよう要求する，ということになります。もっとも，相手方が調停に出頭しない場合には，協議を行うことができないという難点があります。

　また，③損害賠償請求訴訟は，バスを乗ることができず，移動の自由が奪われたことを理由として，不法行為に基づく損害賠償の支払を求める裁判を起こすものです。この点，この訴訟は，あくまでもバス会社の取扱いについて損害賠償を請求するものであり，基本的には，電動車いすでのバスの乗車を直接的に義務付けるものではありません。また，裁判においては，裁判所に対して証拠を提出した上で，こちらの主張を認めてもらう必要があり，労力的になかなか大変である部分もあります。もっとも，その訴訟活動や結果によっては，今後のバス会社の実際の運用が変わることも期待できます。

　他方，障害者差別解消法は，障害者の権利・自由の保護という目的を達成するため，地域公共団体が，地域の実情に即して，いわゆる上乗せ条例（国の法令と同一の目的で，法令に定められた基準よりも上乗せして制定される条例）及び横出し条例（国の法令と同一の目的で，法令では規制対象としていない事項を新たに規制対象とする条例）を制定することを許容しています。実際，千葉県が平成16年に制定したのを皮切りに，各地で障害者の差別解消に関する条例が定められています。

　そして，都道府県や市の条例により，④相談制度（千葉県，熊本県，長崎県，沖縄県，京都府，鹿児島県，奈良県等）やあっせん手続などの紛争解決制度が制定されている場合（例えば，千葉県，長崎県，奈良県，さいたま市，別府市，京都府，八王子市等）には，これらの制度を利用することが考えられます。すなわち，身近な地方公共団体の専門窓口で相談することができますし，あるいは，裁判所以外の場において，相手方と協議する手段をとることができます。また，条例により，知事等による勧告・公表といった是正手段が定められている場合（長崎県，京都府，奈良県等）には，これらの活用による救済も期待できます。

338

46　養護者による障害者虐待への対応

Q　私は就労継続支援Ｂ型の事業所で相談員をしていますが，そこの利用者さんのことで相談があります。統合失調症の40代の女性なのですが，以前から父親との仲が良くなくて，生活保護を受けながら１人暮らしをしています。しかし，実家の近くであることもあって，父親が生活保護費や年金，工賃を全て管理しており，本人に必要なお金を渡してくれないそうです。また，彼女が言うことを聞かないと，頭や頬を叩いたり，食事を与えなかったりするとのことでした。彼女には，母親もいますが，父親は母親にも暴力を振るっているようで，何も口出しができない様子です。父親はキーパーソンでもあることや，本人に統合失調症があり，どこまでが現実でどこまでが妄想なのかはっきりしないところもあるのですが，これからどのように支援していったらいいでしょうか。

A　この利用者の女性（本人）に対する父親の対応は，障害者虐待防止法上の「養護者による虐待」に当たる可能性があります。相談員は，本人が虐待を受けているのではないかと思われるための一応の事情を確認した場合には，虐待の存在が疑われるものとして市町村に通報しなければなりません。通報を受けた市町村は，本件の事実確認や安全確認を行い，緊急性がある場合には，本人の生命・身体を保護するための対応を行います。また，事実確認の結果，虐待があると判断される場合には，本人の権利を回復するための働きかけを行います。場合によっては，やむを得ない措置の利用等の方法により，父親との分離を図ったり，本人の収入の確保，成年後見制度の利用など，本人が安心して生活できるようにするための対応をとります。

　また，事実確認の結果，虐待があるとは断定できない場合でも，市町村は，本人及び本人の支援者，本人の両親などから聴き取りを行い，本人の見守りを続けていくことが望ましいと思われます。

第6章　障害者の権利擁護のための知識

解　説

1　障害者虐待防止法の「養護者の虐待」に当たるか

　障害者に対する虐待を防止し，障害者の権利利益に資することを目的として，障害者虐待防止法が制定されています。ここでは，設問の女性（以下「本人」といいます）が，同法により保護されないかが問題となります。

　障害者虐待防止法は，「障害者虐待」を，その虐待の主体ごとに類型化して規定しています（同法2条）。設問では，本人に対する父親の行為が，障害者虐待防止法の「養護者による障害者虐待」に当たり，同法の保護の対象となるのではないかが問題となります。

　障害者虐待防止法によれば，「養護者による障害者虐待」とは，次のいずれかに該当する行為と規定されています。

①　障害者の身体に外傷が生じ，若しくは生じるおそれのある暴行を加え，又は正当な理由なく障害者の身体を拘束すること（身体的虐待・同法2条6項1号イ）。

②　障害者にわいせつな行為をすること又は障害者をしてわいせつな行為をさせること（性的虐待・同号ロ）。

③　障害者に対する著しい暴言又は著しく拒絶的な対応その他の障害者に著しい心理的外傷を与える言動を行うこと（心理的虐待・同号ハ）。

④　障害者を衰弱させるような著しい減食又は長時間の放置，養護者以外の同居人による①から③までに掲げる行為と同様の行為の放置等養護を著しく怠ること（介護世話の放棄・放任（ネグレクト）・同号ニ）。

⑤　養護者又は障害者の親族が当該障害者の財産を不当に処分することその他当該障害者から不当に財産上の利益を得ること（経済的虐待・同法2条6項2号）。

　本事例に当てはめてみますと，本人の頭や頬を叩いたりする行為は，それが障害者の身体に傷害が生じるおそれのある暴行といえる場合には，「身体的虐待」に当たります。また，食事を与えない行為は，それが障害者を衰弱させるような著しい減食といえる場合には，「ネグレクト」に該当します。

340

そして，生活保護費や年金，工賃を全て管理しながらも，本人が必要としているにも関わらずこれを与えず，自らが利得しているような場合には，「経済的虐待」に該当します。そのため，本件の父親の行為は，「養護者による虐待」に該当する可能性があります。

2　障害者虐待防止法の「通報義務」

では，養護者による障害者虐待があると聞いた事業所の相談員は，どのような対応を取るべきでしょうか。

養護者による障害者虐待を受けたと思われる障害者を発見した者は，速やかにこれを市町村若しくは市町村障害者虐待防止センター（双方合わせて「市町村等」といいます）に通報しなければなりません（通報義務・障害者虐待防止法7条1項，32条）。この点，本人が統合失調症に罹患しており，その発言につき，どこまでが現実でどこまでが妄想なのかがはっきりしないため，本人の訴えがどこまで本当か分からないということもあり得ます。その場合には，事実がもう少しはっきりと確認できるまで通報は控えるべきではないかと思われるかもしれません。しかし，障害者虐待の有無に関する最終的な判断は，市町村が事実確認をした上で行うべきものです。そのため，設問の場合にも，相談員は，事業所の利用者である本人から直接事情を確認し，虐待に該当する事実を挙げて説明している以上，「障害者虐待を受けたと思われる障害者を発見した」ものとして，市町村等に通報すべきです。

また，設問では，父親がキーパーソンであり，相談員が通報したことが父親に発覚してしまうと，親子の関係性を壊してしまうのではないか，という危惧があるかもしれません。この点，障害者虐待防止法は，当該通報又は届出を受けた市町村職員に対し，その職務上知り得た事項であって当該通報又は届出を特定させるものを漏らしてはならない旨の守秘義務を負わせており（同法8条），法律上，相談員の安全は保護されることになっています。そのため，通報を不安に感じる必要はありません。

第6章　障害者の権利擁護のための知識

3　通報があったときの事実確認と安全確認

　養護者による虐待の通報を受けた市町村等の虐待対応窓口は，速やかに，虐待の事実確認と安全確認（特に，緊急性の確認）を行います（障害者虐待防止法9条1項）。

　通報を受けた市町村職員は，本人や通報者，養護者，関係機関等（民間事業所，医療機関等）から情報収集を行います。このとき，具体的な確認内容は，以下の通りです（厚生労働省社会・援護局障害保健福祉部障害福祉課地域生活支援推進室「市町村・都道府県における障害者虐待の防止と対応」（2016年）35頁参照）。

① 　虐待の状況

　　虐待の種類や程度，虐待の具体的な状況，虐待の経過など

② 　障害者の状況

　　障害者の安全確認（直接行います），障害者の身体状況・精神状態・生活環境

③ 　障害者と家族の状況

　　障害者の人間関係，養護者や同居人に関する状況

④ 　障害福祉サービス等の利用状況

　　その上で，市町村は，行政上の決定権限を持つ担当課長や担当者で「コアメンバー会議」を実施します。そして，障害者本人に緊急性（生命・身体に危険があるおそれ）が認められる場合には，市町村は，本人の緊急入院や「やむを得ない事由による措置」等に基づく一時保護を行い，本人の保護を図ります。

4　その後の対応について

(1)　上記事実確認と安全確認の結果，虐待が認定された場合には，市町村は，個別会議（ケース会議）を開催して，虐待対応計画を作成し，各機関の民間協力団体等の役割分担を明確にした上で，虐待対応を行います。この個別会議（ケース会議）のメンバーには，市町村の担当職員及び決裁権限のある管理職の職員，障害者虐待防止センターの職員が必ず含まれるほか，事案に応じて，虐待解消の取組のために必要な人員，例えば，各機関・事業所等の実務担当

者，場合によっては，警察，弁護士，医師，社会福祉士等の専門職が含まれることもあります（以上，日本弁護士連合会高齢者・障害者の権利に関する委員会編『障害者虐待防止法活用ハンドブック』（民事法研究会・2012年）236〜237頁参照）。

(2)　設問の場合において，虐待が実際に行われていると判断された場合，市町村は，「虐待のリスクを解消」をするための活動を行います。具体的には，市町村は，養護者である父親に対し，本人に暴力を振るわないこと，食事を与えない行為を止めること，本人の賃金は本人のために使われるべきであることを説明し，納得してもらうことが必要です。その際，父親の虐待行為が，例えば本人の養護に関するストレスから生じているような場合もありますので，養護者の負担の軽減のため，養護者からの相談にも応じ，指導，助言などの措置を講じる必要があります（障害者虐待防止法14条1項）。

　もっとも，父親が虐待リスクの軽減に対し消極的である場合には，市町村は，本人の保護を図るための方策を積極的に検討していくことになります。具体的には，父親と本人とを分離し，本人の居住場所を変更するような働きかけを行うことが考えられます。また，場合によっては，やむを得ない措置により，本人を施設に入所する措置を取ることも考えられます（障害者虐待防止法9条2項）。

　そして，父親が本人の財産を管理しない体制を検討することになりますが，障害者が単独で財産管理することができない場合には，成年後見制度の利用により，父親以外の第三者に本人の財産管理を委託することにより（設問の場合には，母親の助力はあまり期待できそうにありません），本人の収入及び財産の確保を図ることになります。

(3)　その後も市町村は，引き続き虐待対応計画が実行されているか，虐待リスクが軽減されているかの確認（モニタリング）を行い，その内容を評価・確認する会議を実施します。

　モニタリングの結果，本人の自立支援と社会参加のための方策が取られており，虐待状況が解消されていると判断された場合には，市町村は，虐待対応を終結することになります。他方，虐待対応計画と現実の状況との間に齟齬が生じており，虐待のリスクが軽減されていないような場合には，市町村

第6章　障害者の権利擁護のための知識

は，その理由を確認し，虐待対応計画を変更・修正した上で，引き続き状況を見守ることになります。

(4)　なお，実際には，養護者による虐待が生じているかどうかの判断が付かない場合も多いかと思われます。そのような場合でも，市町村は，「虐待が生じたとは確認できないから」という理由で事案を放置するのではなく，見守りを継続することにより，虐待を未然に防止・解消することが望ましいと言えます。具体的には，市町村が，定期的に本人や関係者，両親などから聴き取りを行い，本人の状況を継続して把握するよう努めることになります。

　また，養護者による虐待への対応の流れにつき，次頁に図を示しておきますので，参考にしてください。

344

46 養護者による障害者虐待への対応

《養護者による障害者虐待への対応（市町村）》

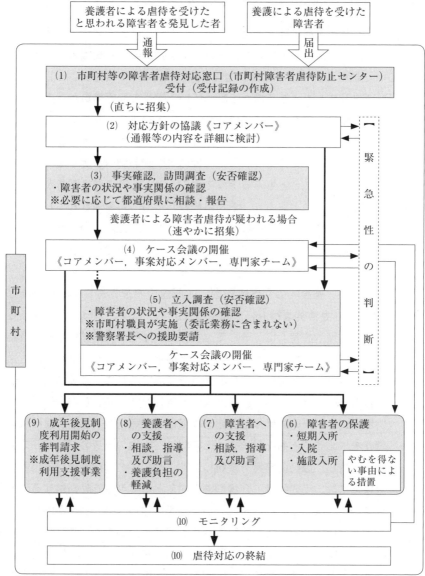

出典：厚生労働省社会・援護局障害保健福祉部障害福祉課地域生活支援推進室「市町村・都道府県における障害者虐待の防止と対応の手引き」（平成29年3月）73頁

第6章　障害者の権利擁護のための知識

47　施設内の障害者虐待への対応

Q 私は市役所の障害福祉課で勤めており，障害者虐待の対応窓口の担当をしています。先日，ある指定障害者支援施設で働いていた元職員から，「施設内で虐待行為をしている職員がいる」との通報がありました。5年前から勤めている男性の介護職員が，木工製品を作る生活介護サービスの責任者になっているそうなのですが，入所者が指示に従わないと，頭を物差しで叩いたり，アホ，ボケなどと怒鳴ったりしているようです。また女性の入所者の胸やお尻を触っているのを目撃されたこともあるそうです。しかし，その男性職員が理事長の親戚であることもあり，上司に相談しても，もみ消されてしまうため，黙って辞めていく職員が多いとのことでした。このような通報を受けた場合，市としてはどのように動いたらいいでしょうか。

A 施設内の介護職員が，入所者の頭を物差しで叩く行為は「身体的虐待」に，障害者をアホ，ボケと怒鳴ったりする行為は「心理的虐待」に，そして，女性の入所者の胸やお尻を触る行為は「性的虐待」に，それぞれ当たる可能性があります。市町村は，通報等を受けた場合には，虐待の有無を確認するため，事実調査・訪問調査を行い，その内容を都道府県に報告します。施設が調査に応じない場合には，市町村は，その旨を都道府県に報告し，都道府県による調査を求めることもあります。市町村は，一連の調査の後，ケース会議を実施し，虐待の有無を検討します。そして，虐待事実が認定された場合には，市町村は，介護指導の対象として当該施設に対する改善指導内容を検討するとともに，当該施設に対し改善計画を提出させ，この改善計画が実行されているかどうかを確認します。また，都道府県は，市町村からの当該虐待に関する報告を受けた上で，虐待を防止させるとともに障害者の保護を図るため，市町村とともに，障害者総合支援法，社会福祉法等の法規定に基づく権限を適切に行使し，勧告

や公表等の措置をとることになります。

解　説

1　施設内虐待についての概説

　障害者虐待防止法は，虐待の一類型として「障害者福祉施設従事者等による虐待」（以下，「施設内虐待」といいます）に関する項目を設け，虐待を防止するための規定を設けています。その類型として，「養護者による虐待」と同様，①身体的虐待，②性的虐待，③心理的虐待，④ネグレクト，⑤経済的虐待の5つの類型を規定しています（同法2条7項各号，Q45参照）。もっとも，それぞれの具体的内容については，施設内虐待の特性を踏まえ，養護者による虐待の場合と比較して若干の差異があります。

　まず，施設内虐待の場合，③心理的虐待に関し，「不当な差別的言動」も虐待に含まれます。また，④ネグレクトに関し，障害者福祉施設従事者自身がネグレクトをしている場合のみならず，サービスを受けている他の障害者が対象となる障害者に虐待行為を行っていることを知りながら，これに対し適切な対応を怠る場合も虐待に含まれます。

　設問について見ると，当該指定障害者施設の介護職員が入所者の頭を物差しで叩く行為は，その叩き方によっては身体に外傷が生じるおそれのある暴行といえるので，「身体的虐待」に該当し得ます。また，アホ，ボケなどと怒鳴ったりする行為は，障害者に対する差別的言動を伴うものですから「心理的虐待」に該当し得ます。さらに，女性の入所者の胸やお尻を触る行為は，わいせつな行為といえますので，「性的虐待」に該当し得ます。

　そのため，設問における介護職員の諸行為は，「障害者福祉施設従事者等による虐待」に当たる可能性が高いといえます。

2　施設内虐待の対応に関する主な枠組み

　施設内虐待に対する主な対応方法は，次頁の図に示したとおりです。

　ここで簡単に流れを示すと，まず，虐待の通報又は届出を受けた市町村の

347

第6章　障害者の権利擁護のための知識

《障害者施設従事者等による障害者虐待への対応》

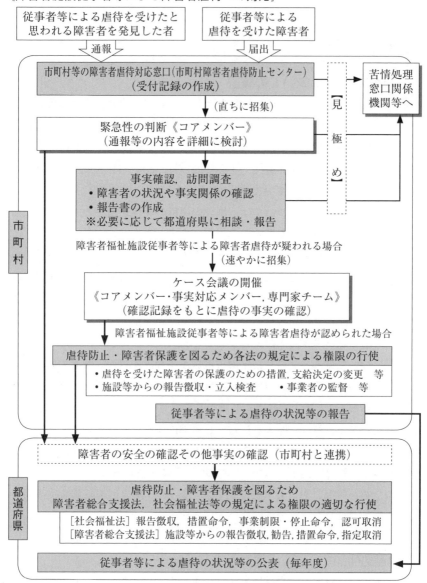

出典：厚生労働省社会・援護局障害保健福祉部障害福祉課地域生活支援推進室「市町村・都道府県における障害者虐待の防止と対応の手引き」（平成29年3月）88頁

障害者虐待防止センター（障害者虐待防止法 32 条）は，必要な事項を聴き取り，直ちに市町村の担当部局に連絡します。市町村は，適宜，都道府県に報告をするとともに，障害者総合支援法や社会福祉法などの権限を適切に行使することになります（同法 18 条，19 条）。市町村から報告を受けた都道府県も，同様に障害者総合支援法や社会福祉法などの権限を適切に行使することになります（同法 19 条）。具体的には，報告徴収や立入調査などにより実態を把握し，勧告，改善命令，措置命令，指定取消しなどの必要な処分を行います（以上，辻川圭乃「障害者虐待防止法の活用」新井誠編『実践成年後見第 43 号』（民事法研究会・2012 年）7 頁参照）。

3　調査の方法

では，設問のケースにおいて，市（設問で問題となっているのは「市」ですが，町村についても同様なので，以下「市町村」と表記します）がどのように動いたらよいか，以下で見ていくことにしましょう。

通報を受けた市町村は，まず，通報等の内容の事実確認や障害者の安全確認を行います。この事実確認の調査は，対象となっている障害者福祉施設従事者，施設，及び障害者に対して実施します。

市町村による事実調査には，①障害者総合支援法 48 条の監査権に基づく調査や社会福祉法 56 条の一般的監査権限に基づく調査，②障害者総合支援法 10 条，11 条や社会福祉法 91 条の実地指導による調査，③障害者虐待早期発見及び都道府県への報告のための任意の調査がありますが（これらは，それぞれ要件や調査内容が異なります），市町村は，事案に応じてこれらの調査を臨機応変に実施します。

事実調査の項目は，以下の事項です（厚生労働省社会・援護局障害保健福祉部障害福祉課地域生活支援推進室「市町村・都道府県における障害者虐待の防止と対応の手引き」（平成 29 年 3 月）83 頁参照。以下，「厚生労働省マニュアル」といいます）。

①　虐待の状況

②　障害者の状況（安全確認・身体状況・精神状況）

③　障害福祉サービスの利用状況

第6章　障害者の権利擁護のための知識

④　障害者の生活状況

⑤　当該障害者に対するサービス提供状況

⑥　虐待を行った疑いのある職員の勤務状況

⑦　通報等の内容に係る事実確認，状況の説明

⑧　職員の勤務態勢　等

　市町村がこれらの訪問調査を行う際には，客観性を高めるため，原則として複数の職員で訪問するとともに，録音・録画のための機材を携行し，対象者の同意を得た上で使用します。また，調査においては，聴き取りの対象である障害者や障害福祉サービス事業所に対し，今回の訪問の目的，職務内容，調査事項，調査への協力の必要性や，障害者の権利について説明し，調査に対する理解を得るようにします。そして，聴き取り調査に当たっては，障害者や障害施設従事者等が，管理者や他の職員に気兼ねなく話をすることができるよう，個室を確保した上で，話の内容が他に聴かれないよう配慮します。また，障害者は，虐待のことを話すと後で施設からの不利益を受けるのではないかという不安を抱えていることも多いので，障害者の立場や心情に配慮を示しつつ理解を得ながら実施することが肝要です（厚生労働省マニュアル 83 ～85 頁参照）。

　このようにして聴き取りを終えた後，市町村職員は，調査報告書を作成して管理職の確認をとります（厚生労働省マニュアル 86 頁参照）。

　なお，設問のケースの場合，虐待を行っているとされている男性職員が指定障害者福祉施設の理事長の親戚であるため，市が調査をしようとしても，福祉施設が非協力的な態度を取ることも十分考えられます。このような場合でも，市町村としては，真摯に事情聴取への協力を求めることになりますが，それども聴き取りができず虐待の判断ができないような場合には，速やかにそのことを都道府県に報告します（障害者虐待防止法 17 条）。そして，市町村から報告を受けた都道府県は，指定障害者福祉施設に対して，事実確認のための調査を実施します。この調査の際，都道府県は，市町村に対して調査への同行を求めるなど，市町村と連携して対応することになります。

4　その後の市町村の対応について

　聴き取り調査の結果，障害者虐待の存在が疑われる場合には，市町村は，個別ケース会議を開催して事例検討を行います。その際のメンバーは，事実調査に参加した障害者福祉施設従事者等による虐待担当部署の職員及び管理職，障害者総合支援法担当部署の職員が基本となりますが，都道府県が調査を行った場合には，都道府県障害者権利擁護センターの職員や都道府県職員も参加することになります。

　施設内虐待の事実が確認できた場合，市町村は，虐待を受けた障害者の保護を適切に行います。

　また，この場合，市町村は，当該施設に対して改善指導を行うことになりますので，そのための改善指導内容を検討します。

　その際，虐待を当該職員が行った個人的行為と捉えるのではなく，これを生み出す組織的な要因がないかを検討することが必要です。その上で，市町村は，①職員が虐待を行ったのはなぜか，②施設等の組織管理運営上の問題点や虐待の発生原因に対して施設が適切に対応していたかどうか，③発生した虐待につき施設が対応できたのか，という点について評価・分析を行います。

　以上の検討の結果，市町村は，虐待の状況やこれに対する指導内容などをまとめ，これを当該指定障害者施設に通知し，改善計画の提出を求めます。そして，市町村は，指定障害者施設から提出された改善計画の内容が市町村の指導内容を踏まえたものになっている場合にはこれを受理し，その後，改善計画が実際に実行されているかどうかを定期的に確認していくことになります（モニタリング）。

5　都道府県への報告

　事実確認の結果，施設従事者等による障害者虐待が認められた場合や，都道府県と共同してさらに事実確認を行う必要が生じた場合には，市町村は，障害者福祉施設又は障害福祉サービス提供事業所の所在地の都道府県に対し，報告を行います（障害者虐待防止法 17 条）。

第6章　障害者の権利擁護のための知識

6　社会福祉法及び障害者総合支援法による権限行使

　障害者虐待防止法では，障害者の虐待の防止・障害者の保護を図るため，市町村長又は都道府県知事は，社会福祉法及び障害者総合支援法その他関係法律に規定された権限を適切に行使し対応を図ることが求められています（障害者虐待防止法19条）。前記3で述べた当該施設に関する指導等を実施し，その改善を図ることもその一環です。

　そして，当該施設が指導に従わない場合には，社会福祉法や障害者総合支援法に基づく勧告・命令，指定の取消処分等の権限を適切に行使することにより，障害者の保護を図ることになります（厚生労働省マニュアル90～91頁参照）。

7　補足

　このように，都道府県及び市町村は，それぞれの権限に基づき，障害者虐待への対応をとることになりますが，大事なことは，都道府県と市町村とが情報を共有し合い，適切に権限を分掌して，本人の保護と虐待の防止を図るということです。市町村としては，都道府県に報告した以上，都道府県に全ての権限行使を委ねるという対応を取るのではなく，市町村の対応が不足している部分については，都道府県の助言・指導も受けながら，積極的な対応をしていくということが重要になります。

48　障害者が陥りがちな消費者被害と回復方法

Q　私の息子は軽度の知的障害があるのですが，就労継続支援A型の作業所を出たところで，見知らぬ女性に「商品アンケートに協力願います。お答えいただいたら抽選で素敵な景品もあります」と声をかけられ，喫茶店で話しをするうちに親しくなったようです。何度かデートした後で，「私の働いている店にサクラとして来て」と頼まれて，宝石店に付いていくと，そこでその女性にねだられ，

352

48 障害者が陥りがちな消費者被害と回復方法

35万円もするネックレスをクレジットカードで購入してプレゼント
したとのことです。その後，その女性とは連絡が取れなくなったとい
うことですが，「2人だけの秘密」と言われていた息子は誰にも相談
できず，契約から1か月後のクレジットカードの引き落としがあって
初めて私たちの知るところとなりました。このネックレス代は支払わ
ないといけないのでしょうか。

A 　息子さんは「恋人商法（デート商法）」という悪徳商法の被
害に遭われたようです。こうした商法は訪問販売の一種に該
当する可能性があり，特定商取引法という法律で規制されています。
契約書面の交付から8日以内であれば，無条件で解約（クーリング・オ
フ）ができ，代金の返金等が請求できます。契約から8日以上経過し
ていても，法律で詳しく定められた事項が契約書面に完全に記載され
ていない場合には，書面が交付されていない場合同様，いつでも解約
ができます。一度こうした被害に遭った人は，「お得意様（カモ）リス
ト」に載って，次々と勧誘被害を受けることもありますので，弁護士
等の専門家に相談して対応しましょう。

[解　説]

1 恋人（デート）商法・キャッチセールス・アポイントメント
セールス

(1) 恋人商法（デート商法）

「恋人商法（デート商法）」とは，販売業者の従業員やその関係者が，異性の
消費者に対して，恋愛感情や，その可能性があることをほのめかし，消費者
の恋愛感情や好意を利用して契約を締結させる商法をいいます。

(2) キャッチセールス

「キャッチセールス」とは，事業者が，消費者を営業所等以外の場所で呼び
止めて営業所等に同行させ，営業所等において契約を締結させる商法をいい

353

第6章　障害者の権利擁護のための知識

ます。

　販売業者が，消費者の自宅を訪問して，その場で契約した場合や，路上で呼び止めて，その場や喫茶店など営業所等以外の場所で契約した場合など，営業所等以外の場所で契約の申込みを受けた場合は，本来的意味の訪問販売に該当し（特商法2条1項1号），特定商取引法の規制を受けます。このような不意打ち的な勧誘は，消費者が，あらかじめの心構えや予備知識も無い中，事業者が推奨するままに意思形成を迫られ，真に欲しない契約をさせられる危険があるからです。

　これと同様に，上記のキャッチセールスの場合，すなわち，販売業者が路上等の営業所等以外の場所で呼び止めて営業所等に同行させた消費者（特定顧客といいます）と契約をする場合にも不意打ち的な契約の危険があるので，訪問販売の規定が適用されることになっています（特商法2条1項2号）。

「呼び止め」とは，特定の者に対して呼びかけることにより，その注意を向けさせる行為を意味します。必ずしもその場に停止させることを要せず，併歩しつつ話しかける行為も含まれますので（平成25年2月20日消費者庁次長・経済産業省大臣官房商務流通保安審議官通達「特定商取引に関する法律等の施行について」），設問の事例は「呼び止め」に該当します。

「同行させる行為」とは，呼び止めた地点から営業所等まで相当程度の距離を呼び止めた者がその顧客を案内していくことを意味し，通常の店舗販売業者が店舗の前で行う呼び込みは該当しません（上記通達）。設問の事例は，呼び止めてから店舗に行くまで日数は経っていますが，「同行させる行為」に該当するでしょう。

　したがって，設問の恋人商法の事例は，「キャッチセールス」に当たり，訪問販売法による規制を受けます。なお，「キャッチセールス」の場合は，次に検討する「アポイントメントセールス」と異なり，販売目的の隠匿がなくても特定商取引法上の規制を受けます。

(3)　アポイントメントセールス

　葉書等の郵便物，電話，電子メール，SNS，ビラ，パンフレット等の方法で，販売目的を隠し，あるいは著しく有利な条件を告げる等により，営業所

等に消費者を呼び出して契約を締結させる商法を「アポイントメントセールス」といいます。このような販売目的隠匿型のアポイントメントセールスには，訪問販売と同様に不意打ち的勧誘によって十分な検討ができないまま契約を締結させられる危険があるため，訪問販売に関する規定が適用されます（特商法2条1項2号，特商令1条1号・2号）。

設問の事例で，息子さんが女性から，喫茶店等の営業所等以外の場所で販売目的を隠したビラやパンフレットを手渡されていた場合には，「アポイントメントセールス」にも該当し，その点でも特定商取引法の適用があることになります。

2　クーリング・オフ

(1)　クーリング・オフとは

クーリング・オフとは，契約後，頭を冷やして（Cooling Off）冷静に考え直す期間を消費者に与え，一定期間内であれば，理由を要せず無条件に消費者から一方的に契約を止めること（申込みの撤回又は契約の解除）ができる制度です。特定商取引法で規定されている訪問販売は，先に述べたとおり，不意打ち的な勧誘方法であることから，書面等により消費者に契約を十分に理解させ，考え直すための熟慮期間を与えるクーリング・オフという方法が認められています。

(2)　クーリング・オフの期間

事業者は，申込みを受けた時は直ちに申込書面を交付しなければならず（特商法4条柱書），契約締結時に直ちに契約書面を交付しなければなりません（同法5条）。これらの書面を法定書面といいますが，クーリング・オフをすることができるのは，法定書面を受領した日から8日以内に限られています（同法9条1項ただし書）。

法定書面が交付されていない場合は，起算日が開始しないので，消費者はいつでもクーリング・オフをすることができます。ただ，設問の場合で書面が交付されていると，既に1か月が経過しているのでクーリング・オフができないようにも思えます。

355

第6章　障害者の権利擁護のための知識

　しかし，仮に書面が交付されていても，その記載事項に不備があるときには，法定書面の交付とはいえず，書面不交付の場合と同じく起算日が開始しないので，クーリング・オフが可能な場合があります（神戸簡判平成4年1月30日判時1455号140頁）。したがって，契約日から時間が経っていても，諦めずに，交付された書面の内容を精査することが大切です。

　法定書面の記載事項は，次のように定められています（特商法4条，5条，特商規3条，4条）。こうした記載事項に不備や書き漏らしがないか，目を皿のようにしてチェックする必要があります。どこかに不備があることが少なくないので，そのような場合にはクーリング・オフを主張することになります。

① 　販売業者又は役務提供事業者の氏名又は名称，住所及び電話番号並びに法人にあっては代表者の氏名
② 　契約を担当した者の氏名
③ 　契約の申込み又は締結の年月日
④ 　商品名及び商品の商標又は製造者名
⑤ 　商品に型式があるときは，当該型式
⑥ 　商品の数量
⑦ 　商品若しくは権利又は役務の種類
⑧ 　商品若しくは権利の販売価格又は役務の対価
⑨ 　商品若しくは権利の代金又は役務の対価の支払の時期及び方法
⑩ 　商品の引渡時期若しくは権利の移転時期又は役務の提供時期
⑪ 　クーリング・オフの要件及び効果
⑫ 　商品に隠れた瑕疵がある場合の販売業者の責任についての定めがあるときは，その内容
⑬ 　契約の解除に関する定めがあるときは，その内容
⑭ 　特約があるときは，その内容

　また，設問で，女性が息子さんに，「2人だけの秘密」などと言ったとき，不実の告知や威迫によってクーリング・オフを妨害していた場合には，改めてクーリング・オフができる旨の書面を受領してから8日以内であればクー

リング・オフを行うことができます（特商法9条1項ただし書，特商規7条の2）。

(3) クーリング・オフの効果

ア 申込みの撤回又は契約の解除（特商法9条1項）

契約が申込みの段階にとどまっている場合は，クーリング・オフによって，その契約の申込みを撤回することになり，契約が成立しません。また，契約が成立してしまっている場合は，クーリング・オフによって契約が解除され，遡って契約がなかった状態に巻き戻されます。

イ 販売代金等の返還等（特商法9条5項・6項）

業者が，契約に関連して代金等の金銭を受領しているときは，消費者に対して，速やかに返還しなければなりません（同条6項）。一方，消費者が，商品を既に使用していた場合でも，業者は消費者に対し，その使用によって得られた利益等の費用を請求することはできません（同条5項）。

ウ 損害賠償・違約金の請求禁止（特商法9条3項）

業者は，解除等に伴う損害賠償又は違約金の支払を請求することができないとされています。したがって，クーリング・オフによって返品された商品の価値が下がっていたとしても価値下落分を損害として請求することはできませんし，契約締結のために費やした業者側の費用を請求することもできません。

エ 返還費用の業者負担（特商法9条4項）

原状回復費用は原状回復義務者が負担するのが原則ですので，本来，商品の返品費用は消費者が負担しなければなりませんが，クーリング・オフの場合，商品の引取り又は返還に要する費用は業者の負担とされています。つまり，消費者は，業者に引取りを依頼した後，取りに来るまで保管しておくか，業者との話合いで着払いで商品を送付すればよいのです。

(4) クーリング・オフの仕方

クーリング・オフは，次のような書面を業者と，クレジット契約をしている場合にはクレジット会社の両方に送付して行います。後日，証拠とするた

第6章　障害者の権利擁護のための知識

解除（クーリング・オフ）通知書

私は貴社との間の次の契約を解除します。

　契約日　　平成○○年○月○日

　商品名　　○○

　代金額　　○○円

　販売会社　株式会社○○　○○営業所

　ついては，私が支払った代金○○円を直ちに指定口座（○○銀行○○支店・普通預金・口座番号○○○・口座名義○○○）に振り込んで返金するとともに，商品をお引き取り下さい。

　　　　平成○○年○月○日

　　　　　　　　　　　　　（消費者の住所）

　　　　　　　　　　　　　（消費者の氏名）　　　　　　印

（販売会社の住所）

（販売会社名）

（クレジット会社の住所）

（クレジット会社名）

めに「内容証明郵便」で送付するのが望ましいですが，そうでなくとも手紙や葉書の両面コピーをとった上で，記録が残る「特定記録郵便」などの方法で提出してください。送付した記録は，時効期間の5年間は保管しておきましょう（商法522条。なお，新民法（平成29年法律第44号）施行後は，新民法166条1項2号）。

3　行政罰・刑事罰

　販売業者等が訪問販売をしようとするときは，その勧誘に先立って，業者名，勧誘目的であること，勧誘しようとする商品の種類を告げなければなりません（特商法3条）。また，クーリング・オフによって生じた代金返還等の債務の全部又は一部の履行を拒否したり，不当に遅延させることも許されま

せん（同法7条1項1号）。

　業者がこれらの義務に違反した場合には，主務大臣からの指示や業務停止命令，さらには刑事罰の対象となり得ます（同法7条，8条及び同法中第7章部分）。業者が誠実に対応しない場合には，これらの違法性を指摘し，監督官庁に申告する旨を述べて業者と交渉するとよいでしょう。

4　消費者契約法等による取消し

　消費者契約法は，事業者が消費者に積極的勧誘を行うに際して，①不実の告知（同法4条1項1号），②断定的判断の提供（同条1項2号），③不利益事実の不告知（同条2項），④不退去・退去妨害による消費者の困惑（同条3項）があり，消費者が誤認又は困惑して契約をした場合には契約を取り消すことができると規定しています。

　設問でも，例えば，店舗での勧誘に当たって，「宝石を持っておけば必ず値上がりする」と述べたり（②），「帰りたい」と言ったのに帰らせてくれなかった場合（④）などには，消費者契約法4条に基づく契約の取消しもできます。

　また，勧誘行為に詐欺や強迫があれば，民法の詐欺又は強迫による取消し（民法96条1項）ができます。例えば，「宝石を買ってくれたら付き合ってあげる」と言われて購入した場合には，詐欺取消しが認められるでしょうし，動機の錯誤による意思表示の無効（同法95条）も主張できるでしょう。

49　借金問題の解決法

Q　私の長男には軽度の知的障害があります。最近悪い友達ができて，ガールズバーに入り浸り，友達の飲み代までおごらされた上，ガールズバーのマスターに「名義を貸してほしい」と頼み込まれてマンションの賃貸借契約もしてしまったようです。また，飲み代のツケも多額に及んでいるとして，サラ金（消費者金融）からも借

第6章　障害者の権利擁護のための知識

入れをさせられたようで，支払が滞っている旨の請求書が自宅に届き始めました。マスターやサラ金が怖いので，請求される金額を親の私たちが代払いしようかとも思っていますが，どのように対処したらよいでしょうか。

A　息子さんは，明らかに悪いグループの搾取の対象（いわゆる「カモ」）にされてしまっています。ガールズバーのマスターがマンションの賃貸借の名義を貸すよう頼んできたのは，過去に家賃の滞納歴があって保証会社を利用できず，自分の名義では新たな賃貸借契約を締結できないからだと思われます。飲み代のツケについても，相手が言うとおりの金額が本当に残っているのかも怪しいものです。

　このようなケースで，根本的な問題を何も解決しないまま，ただ単に言われるがままの金額を支払ってしまうのは，さらなる搾取の対象となる可能性が高いので危険です。弁護士会で，消費者や障害者の問題に詳しい弁護士に相談し，結果的にお金を支払うとしても，弁護士を介して支払うべきです。

[解　説]

1　借金整理の方法

　設問の場合の借金整理の方法としては，大きく分けて「自己破産」と「任意整理」が考えられます。

「自己破産」は裁判所に破産申立手続を行い，免責決定を得て，借金の全てをまとめて支払わなくてよい状態にするものです。これに対して，「任意整理」は，債権者ごとに個別に弁護士が示談交渉を行うものです。

　なお，名義貸しをした賃貸借契約は，直ちに解約の手続を行う必要があります。解約手続をしても居住しているマスターがすぐに出ていくとは限らず，家主（不動産会社）とトラブルになる可能性も高いため，この交渉も弁護士に

360

依頼した方が良いかもしれません。マスターが家探しや契約時に同行している
など，不動産会社側が不審を抱き，知的障害者が悪い人の搾取の対象とされ
ていることを推知すべき事情があれば，宅建業者の業務遂行方法としての
不適切さを指摘する余地もあるかもしれません。

〈参考〉宅地建物取引業法

第1条　この法律は，宅地建物取引業を営む者について免許制度を実施し，そ
　　　の事業に対し必要な規制を行うことにより，……宅地建物取引業の健全な発
　　　達を促進し，もつて購入者等の利益の保護……を図ることを目的とする。

第15条　宅地建物取引士は，宅地建物取引業の業務に従事するときは，宅地
　　　又は建物の取引の専門家として，購入者等の利益の保護……に資するよう，
　　　公正かつ誠実にこの法律に定める事務を行うとともに，宅地建物取引業に関
　　　連する業務に従事する者との連携に努めなければならない。

第15条の2　宅地建物取引士は，宅地建物取引士の信用又は品位を害するよ
　　　うな行為をしてはならない。

(1)　自己破産

　支払義務があることが明らかで，借金の総額が返済不可能なほどに多額の
場合には，自己破産を選択することになります。生活保護受給の場合には，
借金総額が約19万円でも破産が認められた例もあります。

　設問の場合，サラ金からの借入れを実際に長男本人が行っており，その金
額が相当額に達している場合には，自己破産を検討することになるでしょう。
その場合には，ガールズバーも債権者にあげて債権額（飲み代のツケ）を届け
出てもらうことになるでしょう。

　自己破産を申立て，最終的に免責決定を得ることによって，債務の支払義
務を免れることができますが，破産法252条1項に定められた「免責不許可
事由」があると免責不許可となる場合があります。ガールズバーでの過度の
出費は「浪費」という免責不許可事由，サラ金からの借入れに当たって勤務
先や収入について嘘をついていれば「詐術」という免責不許可事由にそれぞ
れ該当します。しかし，免責不許可事由があっても，裁判所には「破産手続
開始の決定に至った経緯その他一切の事情を考慮」して免責決定をする裁量

第6章　障害者の権利擁護のための知識

が認められています（同法252条2項）。設問の場合，知的障害者が搾取の対象として利用されたという側面が強いですし，後述する再発防止策を講じることで，十分に裁量免責を得られる余地があります。

(2) 任意整理

　サラ金からの借入れが10万円程度にとどまっているなど，直ちに支払不能といえない場合には，任意整理を検討することになります。

　サラ金に対しては取引履歴の開示を求め，ガールズバーに対しては飲み代の残高を示す客観的証拠を提示するよう求めて，存在することが確認された残額について分割払いの和解契約を締結するのが原則的な対応となるでしょう。

　しかし，長男が1人暮らしで生活保護を受給しているなど，支払能力が無いことが明らかな場合等には，債務負担に至る具体的経緯や支払能力が無いことを主張して，債務不存在を主張したり，債権放棄を求めることも考えられます。「7歳程度の通常人の知能あたりが，意思能力の有無の分界線であることが多い」とされていることから（「新版注釈民法(1)」276頁），長男の知的障害の程度によっては，意思無能力による法律行為の無効を主張することが考えられます。また，ガールズバーに対しては，債権の存在の証明が無いことや，暴利行為や公序良俗違反無効（民法90条）を主張することなどが考えられます。

2　再発防止策～成年後見の申立て

(1) 成年後見（保佐・補助）申立てをする意義

　設問のような知的障害者の場合，サラ金からの借入れや訪問販売や通信販売による商品の購入など，同種の行為を繰り返す場合も少なくありません。今後，同様の事態の再発を防止するために成年後見（保佐・補助）の申立てを検討すべきです。これは，当然，本人の今後の生活を支えるという意味もありますし，自己破産申立てをする場合には免責決定を得る上での有利な事情にもなります。

(2) 保佐申立て

「保佐」決定がされると，被保佐人本人が後掲①～④の行為などをするには，

362

保佐人の同意を得なければならず（民法13条1項），同意を得ずにこれらの行
為を行った場合には，被保佐人本人及び保佐人が行為を取り消すことができ
ます（同法13条4項，120条1項）。なお，保佐の場合には，民法13条1項に
列記されていない行為であっても，特定の行為について保佐人の同意を得な
ければならない旨の審判を得ることができます（同法13条2項）。

① 借財又は保証をすること（同条1項2号）。

　　借財には，消費貸借による借入れをはじめ，社会通念上これに準じら
れる行為が全て含まれるものとされているので（「新版注釈民法(1)」358頁），
商品の購入や飲食代金の負担等も含まれるものと解されます。したがっ
て，保佐決定を得ていれば，設問のようなサラ金からの借入れや飲み代
については取り消すことができます。

② 不動産その他重要な財産に関する権利の得喪を目的とする行為をする
こと（同項3号）。

　　重要な財産に関するか否かは，被保佐人の財産状況や生活状況に即し
て判定されるべきとされ，売買・担保権設定・賃貸借は本号の適用対象
であり得るとされています（前掲書359頁）。

　　したがって，保佐決定を得ていれば，設問のような賃貸借契約は取り
消すことができます。

　　なお，保佐人に無断で，高い買い物をしたり，無用の携帯電話契約を
した場合なども，本号を根拠に契約を取り消すことができます。

③ 贈与，和解又は仲裁合意をすること（同項5号）。

④ 第602条に定める期間を超える賃貸借をすること（同項9号）。

　　「第602条に定める期間を超える賃貸借」とは，建物の場合，3年の短
期賃貸借を超える賃貸借契約をする場合ですが（同法602条3号），通常
の借家契約は期限の定めがないか，あっても法定更新等（借地借家法26
条，28条）があるため，保佐人の同意を要すると解されます。

　　したがって，設問の場合は，本号を根拠に賃貸借契約を取り消すこと
もできます。

第6章　障害者の権利擁護のための知識

(3)　補助申立て

　補助人に対しては，民法13条1項に列挙された行為のうち，「特定の法律行為」についての同意権と取消権（同法120条）を付与する審判がなされます（同法17条1項）。例えば，過去の実例に応じて，「通信販売及び訪問販売による契約の締結」,「金5万円以上の対価を支払う旨を約する契約」等と同意を要する行為を特定しておくことが考えられます。

(4)　具体的方法

「保佐」申立てをするか，「補助」申立てをするかは，申立書に添付する医師の診断書によって判定された判断能力の程度によります。本人の居所を管轄する家庭裁判所に，本人，配偶者，4親等内の親族が申立てを行いますが，これらの申立権者がすぐに申し立てられない事情があり，福祉のため必要があれば，市町村長が申立てを行うことも可能です。

　本人にさしたる資産がないのであれば，親族を保佐人，補助人として選任しておき，具体的なトラブルが起きた時（同意を要する行為について同意を得ずに行ってしまった時）に，弁護士が保佐人又は補助人の代理人として取消権を行使することも考えられます。

50　障害者アートと著作権

Q　私は障害者の生活介護の事業所の施設長をしています。当事業所では障害者アートや音楽に力を入れています。利用者の一人に自閉症の男性がいるのですが，彼の書く仏像の絵が素晴らしく，先日の展覧会で優秀賞を取りました。そうしたところ，彼の絵をギャラリーで売らせて欲しいという会社があり，彼のためにもなると思って何十枚か絵を渡しました。ところが，絵は売れたはずなのに，いくらで売れたのか聞いても教えてくれず，10万円だけ振り込まれてきただけでした。また，そのギャラリーでは彼の絵をホームページに載せたり，画集や絵葉書にして売ったりしているのですが，そこま

で承諾した覚えもなく，その対価も曖昧なままです。何か彼の権利を守る方法はないでしょうか。

A このケースでは，利用者の方に著作者人格権や著作権があり，また絵の販売を委託しただけで，絵の所有権も，まだその利用者の方にあると考えられます。そのため，販売の委託を取り消して，直ちに預けている絵の返還を求めることができ，売却してしまった絵については，その売却代金について委託契約に基づく支払，あるいは不法行為に基づく損害賠償の請求をすることが考えられます。もし，絵の返還を拒んだ場合には，絵の販売の差止め請求を行うこともできます。また，勝手に絵をホームページに載せたり，勝手に画集や絵葉書に加工することは，著作権を侵害しますので，著作権に基づき差止めを請求することができます。ただ，このような紛争を未然に予防し，あるいは早期解決していくためには，絵を渡す前に，必ず契約内容について書面化し，権利関係を明確にしておくべきでしょう。

解説

1 障害者アートと権利保護

(1) 最近，障害者の創作するアートが，「アールブリュット（フランス語で

出典：2005年スペシャルオリンピックス冬期世界大会（長野）選手村シンボルマークに選ばれた奈良県の吉村一馬さんの作品

第6章　障害者の権利擁護のための知識

「生の芸術」の意味＝美術の専門教育を受けていない人が，伝統や流行に左右されず，自由に表現した絵画や造形のこと）」として注目されるようになりました。

(2)　しかし，障害者のアートが着目されるようになるととともに，作品の著作権や所有権が誰に帰属しているのか，収益による対価をどうしたらいいのか，販売や二次利用に当たって誰にどんな権利があるのか，本人に判断能力が無い場合にどうしたらいいか等，様々な法的問題が生じるようになっています。

(3)　厚生労働省は，平成 26 年度から，芸術活動を行う障害者及びその家族，福祉事業所等に，総合的な支援窓口を設置するため，「障害者の芸術活動支援モデル事業」を実施しています。平成 28 年度においては 10 の事業所が実施団体として選定され，障害者の芸術活動に関する総合的な相談支援や，学芸員，弁護士等の専門家アドバイザー等の協力体制の整備，人材の育成，権利保護に関する取組を進めています。詳しくは，この事業の連携事務局のホームページを参照してください（http://renkei-sgsm.net/office_index）。

　そのうちの１つである滋賀県の「社会福祉法人グロー（GLOW）～生きることが光になる」では，平成 24 年から「アール・ブリュット　インフォメーション＆サポートセンター（アイサ）」を立ち上げ，作者の権利保護に関する相談，創作環境に関する相談，展示機会に関する相談，作者・事業所への取材に関する相談等を実施しています。平成 28 年 3 月までの約 4 年間で 1500 回を超える相談実績があり，障害者施設の造形活動担当者等の育成を図るため，作者の権利擁護等をテーマとした研修会や，施設共同の参加型展示会の実施，関係者のネットワーク作りなどに取り組んでいます。障害者にとっても，家族や事業所等の支援者にとっても，芸術活動を行う場につながったり，安心して権利を守るための知識を得たりするため，間に立って障害者の芸術活動を支える相談機関が全国に整備されるのは望ましいことです。

2　著作権の基礎知識

(1)　著作権は無方式主義

　障害者福祉サービス事業所で，利用者が，職員の支援を受けながら，陶芸，

絵画，織物，木工等の芸術活動に取り組んでいるところは多いと思います。

では，こうした事業所で作られた作品について，著作権はどうなるのでしょうか。

著作権を発生させるためには，作品が「思想又は感情を創作的に表現したものであって，文芸，学術，美術又は音楽の範囲に属するもの」であることが必要です（著作権法2条1項1号）。したがって同じような規格で大量に生産されている物は，著作権の対象にはなりません。しかし，創作的な表現であれば，どこかに登録したり届出する必要は無く，創作した時点で，作者である利用者に著作権が発生します（無方式主義）。これは，権利発生のために，特許庁の厳しい審査を受けて登録しなければならない商標（トレードマーク・サービスマーク）や，意匠（商品デザイン）とは異なります。

なお，その作品が複数の利用者によって作成されているときや，職員がその作品の色彩や形状について，相当程度関与して作成しているときは，著作権も共有となります。

(2) 著作者人格権と著作財産権

著作権が発生した作品を見たり，聞いたり，読んだり，感想をどこかに書いたりすること（一般的な意味での「利用」）はもちろん自由にできますが，作者の「思い入れ」や，作者の「財産的利益」を守ろうというのが著作権です。著作権の中には，いわゆる作者の思い入れを守ろうとする著作者人格権（著作者（作者）の人格に結びついている権利）と，作者の財産的利益を守ろうとする狭義の著作権（著作者（作者）の財産的な利益に関する権利。ここからは「著作財産権」といいます）が含まれています。著作権があることにより，他人が一定の形で著作物を利用するのに，著作者の許可が要ることになり，著作物を勝手に利用されることについて歯止めをかけることができるのです。

ア　著作者人格権とは，著作者だけが持っている権利で，譲渡したり，相続したりすることはできません（一身専属権。著作権法59条）。著作者人格権に関わる問題が生じれば，原則として著作権者の承諾を得る必要があります。主な内容は，次のとおりです。

第 6 章　障害者の権利擁護のための知識

《著作者の人格権（著作者の人格的利益を保護する権利)》

公表権（18条）	未公表の著作物を公表するかどうか等を決定する権利
氏名表示権（19条）	著作物に著作者名を付すかどうか，付す場合に名義をどうするかを決定する権利
同一性保持権（20条）	著作物の内容や題号を著作者の意に反して改変されない権利

出典：文化庁ホームページ

　　（http://www.bunka.go.jp/seisaku/chosakuken/seidokaisetsu/gaiyo/kenrinaiyo.html）

　イ　著作財産権とは著作物の財産的価値に関する権利で，その利用を許諾
　　したり，禁止したりする複数の権利の集合体です（著作権法21条〜28条）。
　　これについては，一部又は全部を譲渡したり相続することが可能です。

《著作（財産）権（著作物の利用を許諾したり禁止する権利)》

複製権（21条）	著作物を印刷，写真，複写，録音，録画その他の方法により有形的に再製する権利
上演権・演奏権（22条）	著作物を公に上演し，演奏する権利
上映権（22条の2）	著作物を公に上映する権利
公衆送信権等（23条）	著作物を公衆送信し，あるいは，公衆送信された著作物を公に伝達する権利
口述権（24条）	著作物を口頭で公に伝える権利
展示権（25条）	美術の著作物又は未発行の写真の著作物を原作品により公に展示する権利
頒布権（26条）	映画の著作物をその複製物の譲渡又は貸与により公衆に提供する権利
譲渡権（26条の2）	映画の著作物を除く著作物をその原作品又は複製物の譲渡により公衆に提供する権利（一旦適法に譲渡された著作物のその後の譲渡には，譲渡権が及ばない）
貸与権（26条の3）	映画の著作物を除く著作物をその複製物の貸与により公衆に提供する権利
翻訳権・翻案権等（27条）	著作物を翻訳し，編曲し，変形し，脚色し，映画化し，その他翻案する権利
二次的著作物の利用に関する権利（28条）	翻訳物，翻案物などの二次的著作物を利用する権利

出典：文化庁ホームページ（同上）

368

⑶　著作権と所有権の違い

　また，著作権と所有権の違いも押さえておく必要があります。所有権というのは，「物」を支配し，使用・収益・処分することができる権利です（民法206条）。著作権の対象物である有形物の作品は，所有権の対象でもありますので，所有権に基づいてその作品を譲渡したり，作品の販売を委託することもできます。これに対して著作権は，思想又は感情を創作的に表現した「情報」を支配し，使用・収益・処分する権利であり，所有権と必ずしも一致しません。したがって，対象となる作品の所有権が移転しても，必ずしも著作権は移転せず，作品を複製するなどの利用の際には，別途契約により著作権者の承諾が必要になるということがあり得ます。

⑷　以上をまとめて，作品の出展，販売，二次利用を行うときに関連してくる権利をまとめたのが次頁の表です。

3　障害者と事業所の権利関係〜作品の権利は誰の物か

　ところで，今回の設問では，障害者の作品を事業所が保管し，その障害者のためになると思って，作品を何十枚かギャラリーに渡したとされていますが，このような譲渡を施設長の判断で行うことには問題はないでしょうか。

　この点，障害者福祉サービス事業所においては，利用者は，事業所内の設備を用い，材料の提供を受け，「工賃」という形で金銭が渡されていることもあるので，事業所が，作品について所有権を持ち，処分を行ったり，対価を得る権利があると考えがちです。しかしこれはむしろ，利用者と事業所の間で作品についてどのような契約が交わされるかで決まる問題です。もし契約がなければ，民法246条により，原則として原材料費を負担した事業所に所有権がありますが，作品の価値が原材料費を著しく超える場合は，作者に所有権があると解されます。そこで，設問のように，材料費を超える価値のある芸術作品については，著作者である利用者に所有権があり，事業所が勝手に絵をギャラリーに渡すこと自体に問題があるといえます。

　また，作品が入賞したり，売れたときに入る収益についても，同じように利用者のものと考えられますので，わずかな工賃を払ってるから，渡さなく

第6章　障害者の権利擁護のための知識

《作品の出展, 販売, 二次利用を行う具体的な場面において承諾が必要な行為》

	活動内容	承諾の必要な行為	関連する権利
出展	①事業所主催の展覧会への出展 ②公募展への応募 ③外部からの依頼に基づく出展	• 未発表の作品を公表する	• 公表権（人格権）
		• 展覧会へ出展する	• 展示権（財産権）
		• 著作者の名前を表示する	• 氏名表示権（人格権）
	※屋内での展示であるなど, 一定の要件を充足する場合には, 所有権者の判断で出展が可能（著作権法第45条）		
販売	①生産活動の一環で販売 ②余暇活動で制作された作品をバザーなどで販売 ③職業指導で制作された作品を販売		• 所有権
二次利用	①事業所のグッズを作成 ②事業所のHPに作品の映像を掲載 ③外部からの依頼によりグッズを製作	• 作品をポストカードやカレンダーに使用する	• 複製権（財産権）
		• 作品をWEBサイトなどに掲載する	• 公衆送信権（送信可能化権）（財産権）
		• 作品の二次利用を行う際に, 作品を改変（色を付ける, 付け足す, 一部だけを使うなど）する	• 同一性保持権（人格権）

※著作（財産）権：財産権　著作者人格権：人格権と表記しています。

出典：滋賀県ホームページ『障害福祉サービス事業所の造形活動における作品の著作権等の保護のための指針～著作権等保護ガイドライン』6頁

（http://www.pref.shiga.lg.jp/e/shogai/kenri/files/guidelile.pdf）

370

ていいというものではありません。またそのような芸術的な価値があれば著作権が発生しますので，出展や別の商品に二次利用するような場合等，著作権者である利用者の承諾を得ないといけない場面は多くあります。

このように利用者にも権利があるにもかかわらず，勝手に施設が処分してしまうと，事業所の責任にもなりかねません。このようなトラブルを防ぐために，事業所と利用者の間で，作品取扱規程や工賃支給規程などで，作品の所有権の帰属や保管，出展，二次利用，収益の分配などにつき，あらかじめ定め，これに従った運用を心掛けるべきでしょう。また出展や二次利用の際には個別に承諾書を書面でもらっておくとよいと思います。

作品取扱規程等の例としては，滋賀県障がいのある作家の権利保護のあり方に関する研究会『障害福祉サービス事業所の造形活動における作品の著作権等の保護のための指針～著作権等保護ガイドライン〈様式〉〈Q&A〉』に詳細に載っていますので，参考にしてください（http://www.pref.shiga.lg.jp/e/shogai/kenri/files/youshiki-qa_1.pdf）。

4　所有権や著作権の権利侵害を受けたときの救済方法

(1)　著作権が発生しているにもかかわらず，著作者に無断で，絵をホームページに載せることは，著作者人格権のうちの公表権（未公表の著作物を公表するかどうか等を決定する権利）や，著作財産権のうちの公衆送信権（著作物を公衆に送信し，あるいは公衆送信された著作物を公に伝達する権利）を侵害しています。

(2)　また，絵を勝手に画集や絵葉書に加工することは，著作権のうち，複製権（作品を複写したり，録画・録音したり，印刷や写真にしたり，模写したりすること，スキャナーなどにより電子的に読み取り，保管すること等の有形的に再製する権利）あるいは翻案権（既存の著作物に依拠し，かつ，その表現上の本質的な特徴の同一性を維持しつつ，具体的な表現形式を変更して新たな著作物を創作する権利）を侵害します。ちなみに，複製権と翻案権の違いは，複製権は既存の著作物と実質的同一性のあるものを作成する権利をいいますが，翻案権は著作物を用いて新たな著作物を創作する権利であるという点にあります（翻案権に基づいて創作された著作物を「二次的著作物」といいます）。複製権や翻案権があり，著作権者の承諾が

第6章 障害者の権利擁護のための知識

必要なのか，著作権の及ばない新たな作品なのかの判断は，微妙なときもありますが，既存の著作物に依拠した上で，新たな創作がある場合には翻案となり，それが無い場合には複製となるというのが裁判例の立場です（江差追分事件。最判平成13年6月28日判時1754号144頁）。

(3) では，著作権侵害行為に対し，どのように対抗手段がとれるかですが，まず，裁判所での民事手続による救済として，侵害行為の差止請求，損害賠償請求，信用回復措置の請求等をしていくことができます。また，悪質な場合は，刑事事件として告訴し，処罰してもらうことも考えられます。また，弁護士に依頼し，これらの法的手続をとる前に，侵害行為を直ちに中止し，あるいは損害賠償に応じるよう示談交渉を行うということも考えられます。

① 侵害行為の差止等の請求

まず，著作権の侵害行為をした者に対し，その行為の停止の請求や，侵害のおそれのある行為をする者に対し，侵害しないように予防の請求等をすることが可能です（著作権法112条）。差止請求の場合には，著作権侵害行為をした者に対し，侵害についての故意や過失があることは要件ではありません。なお，既に著作権侵害が現実化しており，これを放置しては著しい損害が生じる可能性がある場合など，保全の必要性があるときには，裁判所に対して，まず侵害行為の停止を内容とする仮処分を申し立てることもできます。

② 損害賠償請求

故意又は過失により，著作権を侵害するような複製品や二次利用品を製造・販売している者に対しては，これによって著作権者が被った経済的損失を損害賠償請求することができます。しかし，いくらの損害があったかについては立証が難しい場合もあるので，損害額については法律が算定規定を設けて立証を容易にしています（著作権法114条）。

i 著作権侵害製品の販売数量に，侵害行為がなければ著作権者自らが販売できた単位数量当たりの利益額を乗ずる方法

ii 侵害者の利益を著作権者の損害と推定する方法

iii 使用料相当額（ライセンス料）を基準として算定する方法

372

iv　裁判所に決めてもらう方法

　　　もし，上記 i ～iiiの方法を使っても，損害額を明確にできない場合
　は，裁判所は，口頭弁論の全趣旨及び証拠調べの結果に基づき，相当
　な損害額を認定することができるとされています。

③　名誉回復等の措置請求

　　　著作者の著作者人格権を侵害した者に対しては，著作者は，謝罪広
　告など名誉・声望を回復するための措置を請求することができます
　（著作権法 115 条）。

④　刑事責任の追及

　　　著作権を侵害した者は，原則として 10 年以下の懲役又は 1000 万円
　以下の罰金に処するとされているので，告訴することにより警察・検
　察により刑事責任の追及がなされる可能性もあります（著作権法 119
　条）。法人として侵害行為をした場合には両罰規定もあります（同法
　124 条）。著作権侵害は，原則として，著作者等の告訴がない限り起訴
　されない親告罪とされています。

5　契約書類の重要性

　しかし，このように著作権による保護が与えられるとしても，裁判手続は
時間やお金がかかりますし，全くの口約束で何の書類も交わさずに作品を渡
してしまうと，ギャラリーを運営している会社が後で権利を争ってくるおそ
れもあります。したがって，著作権に関わる取引においては，必ず約束事を
書面化しておくことをおすすめします。例えば，作品を渡す際に，「販売委
託契約書」という形で，預ける作品の数量や内容，販売期間や販売価格の決
定方法，契約の中途解約や解除に関する規定を定めておいたり，ホームペー
ジへの掲載や画集や絵葉書への加工に関しては，「著作権利用契約書」とい
う形で，著作権の対象の特定，使用許諾やその対価，契約期間，契約の中途
解約や解除等について定めておくことが考えられます。具体的な契約書の書
き方については，後で紛争になったときに備えて，事前に弁護士に相談して
おいた方がよいでしょう。また，もしどこに相談していいか迷ったときは，

第6章　障害者の権利擁護のための知識

まず障害者の芸術活動支援モデル事業の相談機関に相談してみることをおすすめします。

なお，文化庁も，二次利用や作品の公募などの際に役立つ契約書作成システムをホームページ上で公開していますので，これも参考にしてください（http://chosakuken.bunka.go.jp/chosakuken/c-system/index.asp）。

6　本人の意思決定支援と成年後見制度の活用

障害者アートの権利擁護を考えるときに，やはり一番大事なのは，障害者本人の意思をどう尊重するかということです。創作活動による自己表現を，社会の中で発信し，それが認められるということは，素晴らしい経験ですが，リスクも伴うことです。しかし，中には，障害があるために資料の読み取りや判断が十分にできず，契約書の難しい内容を1人で理解し，合意することが難しい人もいます。本人の意思をどう読み取り，どう実現に向けて動いていくのか，家族や福祉関係者が協力しながら，その意思決定を継続的に支援していく必要があります。

また，どうしても商業的な契約書は，内容的にみて難しい条項が多く，周囲が支援したとしても，契約が困難な場合もあります。本人の権利を守るために必要であれば，成年後見制度を活用し，本人の創作活動に理解のある後見人の支援を受けることも，検討していっていいでしょう。

51　成年後見制度と法人後見

Q　私の息子は重度の知的障害があり，指定障害者支援施設に入所しています。いままでは親として，年金を管理したり，差し入れや様子を見に行ったり等の世話をしてきましたが，80歳近くなり，持病も抱えていて，いつ倒れるか分かりません。親亡き後を考えると成年後見制度を利用した方がいいのかと思いますが，正直言ってどんな制度なのか分かりません。成年後見制度を利用すると，

誰がどんなことをしてくれるのでしょうか。また最近,「法人後見」
という言葉を聞くのですが,これは入所施設が後見人をしてくれると
いうことなのでしょうか。

A 　成年後見制度は,設問のように,障害のある子どもの面倒
を見ている親の立場から,「親亡き後」に活用したいと期待
されることも多いため,どのような手続が必要なのか,どんな人が後
見人等になってくれるのか,費用がいくらかかるのかなど,よく調べ
ておく必要があります。また,「法人後見」というのは,社会福祉法
人,NPO法人などの法人が,後見人等として選任されるものですが,
入所施設を経営する法人が法人後見を引き受けることは,利益相反の
可能性もあり,あまり例がありません。しかし,法人後見は,様々な
利点が多く,障害者の「親亡き後」の後見人等の受け皿として期待さ
れますので,全国各地で様々な取組がなされています。

[解　説]

1　成年後見制度とは

(1)　成年後見制度とは,精神上の障害（認知症や,知的障害,精神障害等）に
よって判断能力が十分でないために,不動産や預金などの財産を1人で管理
したり,必要な介護サービスや施設入所の契約を結ぶことが困難な人のため
に,その人の代理人として（代理権）,様々な法律的な支援を行う制度です。
　成年後見制度には「法定後見」と「任意後見」の2つの制度があります。

第6章　障害者の権利擁護のための知識

	対象者	誰が後見人等を選ぶか	支援する者の名称	与えられる権限	監督人
法定後見	精神上の障がいにより判断能力が不十分になった者	家庭裁判所	後見人保佐人補助人	代理権同意権・取消権	必要に応じて家庭裁判所が選任
任意後見	契約能力がある者（補助や軽度の保佐なら可能）	対象者本人が契約で選ぶ	任意後見人	（契約書の定めによる）代理権	必ず家庭裁判所が選任

「法定後見」とは，認知症や知的障害，精神障害等により，1人では判断が十分にできない人のために，家庭裁判所に申立てをして，その人の代わりに法律的な支援をしてくれる人（後見人，保佐人，補助人などの種類があります。以下では，合わせて「後見人等」といいます）をつける制度です。

　また「任意後見」とは，まだ1人で判断ができるうちに，公正証書で将来，後見人になってくれる人や後見人に与える権限等を任意後見契約で定めて，これを登記しておき，将来判断能力が低下したときに，家庭裁判所に任意後見監督人の選任を申立て，その監督の下に任意後見人として活動してもらうという制度です。

(2)　法定後見の場合は，判断能力が不十分なゆえに，自分に不利益な条件であっても契約してしまい，だまされたり，悪徳商法の被害に遭う人が多いことから，後見人等の同意を得ずに1人でした行為を，後で取り消せる権限（同意権・取消権）も与えられます。法定後見では，同意権・取消権を行使しながら，判断能力の不十分な人を保護し，支援していくことになりますが任意後見にはこのような仕組みはありません。

(3)　日本は，4人に1人が高齢者という超高齢社会に突入していますが，これに伴い，認知症高齢者の数も平成24年時点で462万人に上るという厚生労働省の研究班の発表がありました。認知症の問題だけでなく，核家族化の

376

進行に伴い，独居あるいは夫婦のみの高齢者世帯が増え続け，身近に頼れる親戚のいない孤立した高齢者が増えています。また，障害者にとっても，親は重要なキーパーソンであることが多く，親の高齢化に伴い，頼るべき身内がなく，社会の中で孤立化してしまう事例は多くあります。こうしたことから，成年後見制度による法的支援を必要とする高齢者や障害者は増え続けています。成年後見制度は，もともと民法上の禁治産制度という判断能力の無い人の財産を管理する制度であったものを，平成12年に介護保険法が施行され，措置から契約へ福祉サービスの提供方法が大きく変わったのに合わせて，より本人主体の制度へ全面的に改正されたものです。

(4) 平成28年の最高裁判所事務総局家庭局の統計資料では，平成28年の1年間の成年後見関係事件の申立件数は3万4249件であり，平成28年12月末時点での成年後見制度の総利用者は20万3551件（そのうち任意後見の利用者数は2461人）です。しかし平成28年の任意後見監督人の選任の審判の申立件数は，全国で791件にとどまっており（ちなみに同年の任意後見の登記件数は1万616件でした），任意後見は法定後見と比べてまだまだ活用が少ない状況です。

　ここでは障害者にとって利用することの多い法定後見について主に説明します。

2　法定後見の概要

(1)　法定後見とは

　法定後見は，民法上に定められている制度であり，対象者（本人）が，既に認知症や知的障害，精神障害等により判断能力が低下しているケースに利用され，その人の保護のために，家庭裁判所に申立てをして，後見人等を決めるものです。したがって後見人等にどんな権限を与えるか，また，後見人等の活動に対していくらの報酬を与えるかは，全て家庭裁判所が決めます。また，家庭裁判所は，法定後見の事件について全て監督しており，定期的に財産管理や身上監護について，後見事務報告書を提出させています。

(2)　法定後見の3類型

　法定後見には，本人の判断能力の低下の度合いによって，後見・保佐・補

第6章　障害者の権利擁護のための知識

助の3つの類型があります。

　重度の方を支援するのが後見，中度の方を支援するのが保佐，軽度の方を
支援するのが補助です。支援者として家庭裁判所から選任される人を，後見
の場合は後見人，保佐の場合は保佐人，補助の場合は補助人と呼んでいます。
後見の場合は，本人がほとんど判断できないことが前提なので，後見人はほ
ぼ全ての行為について代理権と同意権・取消権を与えられます。これに対し
て補助の場合は，まだ本人がある程度の判断ができることが前提なので，申
立時に本人の同意が必要ですし，補助人に与えられる権限も，本人が同意し
た一部の代理権や同意権・取消権のみです。保佐の場合はその中間にあり，
申立て自体に本人の承諾はいらないのですが，民法13条に定める重要事項
の同意権・取消権は与えられるものの，代理権に関しては本人が同意したも
のに限られます。

区分	本人の判断能力	本人	保護者	申立時本人の承諾	どんな権限があるか
補助	少し衰えあり	被補助人	補助人	必ず必要	一部の代理権と同意権・取消権
保佐	かなり衰えあり	被保佐人	保佐人	代理権付与には必要	一部の代理権，重要行為の同意権・取消権
後見	非常に減退	被後見人	後見人	不要	ほぼ全面的な代理権と同意権・取消権

⑶　法定後見の申立は誰が行うか

　法定後見は，本人の住所地（居所）を管轄する家庭裁判所に申立てを行い
ますが，誰もが家庭裁判所に申立てをできるわけではなく，申立権者は，本
人，配偶者，4親等内の親族（親，子，孫，兄弟，甥姪，いとこなど），既に選任
されている後見人等や未成年後見人，これらの監督人，検察官，市区町村長
に限られています。

　また，市区町村長は，「その福祉を図るために特に必要があると認めると
き」に，成年後見を家庭裁判所に申し立てることができると規定されていま

378

す（老人福祉法32条，知的障害者福祉法28条，精神保健福祉法51条の11の2）。市区町村によっても温度差があり，親族調査に非常に多くの時間を費やしたり，親族で申立てができそうな者がいれば，なるべく市区町村長申立てをしないというところも多いのですが，「その福祉を図るために特に必要があると認めるとき」というのは，本人の意思能力や家族の有無，生活状況，資産の状況等から判断して，本人の保護の必要性が高いが，他の親族等による申立ては事実上期待できない場合を指し，親族による申立てができない場合に限られているものではありません。

　少子高齢化の中で，適切な申立人がいないケースが増えており，市区町村長の申立件数は，年々増加しています。前述の平成28年の最高裁の統計資料では，全ての申立件数のうち6466件（約18.8％）が市区町村長の申立てであり，本人の子に続いて2番目に多い状況でした。本人に身寄りが無いために成年後見の必要があることを考えると，さらに市区町村長による申立てが活性化されることが期待されます。

(4)　法定後見の手続

　法定後見の手続に当たっては，まず申立てのために必要な書類を準備します。必要な書類や書式については，家庭裁判所の窓口や裁判所のホームページ上で配布されています。各地の家庭裁判所によって，少しずつ申立方法や書式が違うため，申立て予定の裁判所に事前に確認しておきましょう。主な添付書類として必要なのは，本人や申立人の戸籍謄本や住民票，法務局から取り寄せた「登記されていないことの証明書」，また，成年後見用の判断能力に関する「診断書」，財産目録，収支予定表等です。

　申立書類を裁判所に提出すると，面接の日時の連絡があり，家庭裁判所の調査官や参与員が，申立人，本人，後見人等候補者等に事情を聞きます。特に問題がなければ，申立てから1〜2か月以内に審判として法定後見の開始と後見人等の決定がなされることが多いです。裁判所によっては，予約制をとり，申立日にほとんどの面接や書類の提出を済ませてしまう家庭裁判所もあります。精神鑑定については，類型の判定が困難なケースについて実施しますが，全体の9割以上は実施しない運用になっています。

第6章　障害者の権利擁護のための知識

《法定後見の手続の流れ》

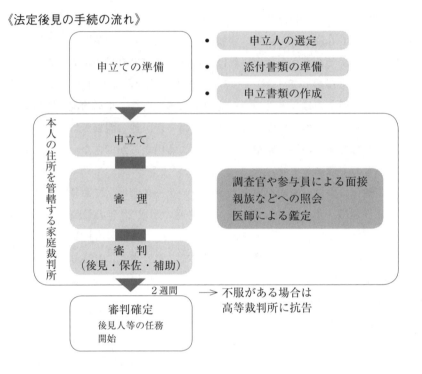

(5) 法定後見では誰が後見人等となるのか

　法定後見の手続の中では，申立人が適切だと思われる後見人等の候補者を申立書に書いておくことができます。しかし，家庭裁判所は，職権で，成年後見人を選任することになっていますので，候補者が誰かは一応考慮しますが，最終的には成年被後見人の心身の状態並びに生活及び財産の状況，成年後見人となる者の職業及び経歴並びに成年被後見人との利害関係の有無，成年被後見人の意見その他一切の事情を考慮して決めることになります（民法843条）。また誰を後見人等として選任するかについて申立人や本人に不満があってもその点についての家庭裁判所の判断に不服申立てはできません。

　前述の最高裁の統計資料では，後見人等として，親族が選任されたのが，全体の約28.1％となっており，親族以外の第三者が成年後見人等に選任されたものは，全体の約71.9％でした。なお，成年後見人等に選任されたも

380

のうち，弁護士が約 23.2%，司法書士が約 27.1%，社会福祉士が約 11.5%，社会福祉協議会が約 2.6%，市民後見人が約 0.8%，その他の法人が約 3.7% でした。

　家庭裁判所は，平成 24 年 2 月から，親族後見人の不祥事対策として，一定以上の資産のある法定後見事案や未成年後見事案について，親族が後見人等や未成年後見人を引き受ける場合，成年被後見人又は未成年被後見人の財産（預金，株式，投資信託等）のうち，日常的な支払をするのに必要十分な金銭だけを預貯金等として後見人等や未成年後見人が管理し，通常使用しない金銭を信託銀行等に信託するという「後見制度支援信託」を始めており，親族後見人の割合が下がっているのは，これも影響していると考えられます。後見制度支援信託の対象案件の資産の基準額は，おおむね 1200 万円以上としている家庭裁判所が多いですが，東京家庭裁判所などは 500 万円以上まで引き下げており，平成 27 年 12 月までに後見制度支援信託が利用された累計件数は 9965 人，信託財産額の累計は約 3363 億 4500 円に上っています。障害者の親が，障害者の財産管理をして貯蓄をしているケースでも，法定後見を利用するとなると，後見制度支援信託を利用するか，専門職の後見人等を選任するか，あるいは専門職による後見監督を受けるか，いずれかを迫られるため，法定後見を利用しにくい原因の 1 つになっています。

(6)　後見人等の報酬としていくらくらいかかるのか

　弁護士，司法書士，社会福祉士などの第三者に後見人等を頼んだ場合，報酬を支払う必要がありますが，これは選任時にあらかじめ決められるものではなく，年に 1 回の報告書を提出した後で，その活動内容や資産・収入の状況を踏まえて，裁判所が金額を決めています（民法 862 条。親族が後見人等を引き受けた場合でも申し立てれば報酬は付与されますが，報酬の申立てをしないでおくことも可能です）。本人や親族等が仮にその金額に不満があっても，不服申立ては受け付けられません。そのため，どういう活動をしたら，どの程度の報酬を支払うのかがわかりにくく，これも法定後見を利用しにくい原因の 1 つになっています。

　家庭裁判所では，従来，あまり報酬基準を明らかにしてきませんでしたが，

第6章　障害者の権利擁護のための知識

平成25年頃から，報酬金額の計算の目安について，一般に公開するように
なってきています。例えば，東京家庭裁判所の後見人等の報酬の目安につい
ては，基本的な報酬月額は2万円，管理財産が1000万円以上5000万円未満
であれば月額3万〜4万円，5000万円以上であれば月額5万〜6万円とさ
れています。また，身上監護に困難な事情があったり，施設への入所契約を
したり，遺産分割協議を成立させるなど，特別な事情があれば，付加報酬と
してその活動の分を加算されることになっています。

　くわしくは東京家庭裁判所・東京家庭裁判所立川支部「成年後見人等の報
酬額のめやす」（平成25年1月1日）裁判所ウェブサイト（http://www.courts.
go.jp/tokyo-f/vcms_lf/130131seinenkoukennintounohoshugakunomeyasu.pdf）を参照し
て下さい。

　もちろん，後見人等の活動を全てボランティアで賄うことはできませんが，
障害者の場合は年金等の収入が少ない人が多いため，報酬を100％自己負担
することにちゅうちょする人が非常に多いのです。そのため，成年後見の利
用促進に当たっては，報酬に対する助成制度を整備すべきと考えられます。
なお，厚生労働省は，経済的理由で法定後見制度の利用ができないというこ
とがないように，平成13年から，市区町村長申立費用や，後見人等への報
酬を全部又は一部を補助する事業（成年後見利用支援事業）を始めていますが，
いまだにこれを実施していない市区町村もあり，また，実施していても，生
活保護受給者など，対象者を一部の生活困窮者に限定したり，市区町村長が
法定後見の申立てをした場合に限定したりしているため，十分活用されてい
るとはいえない状況です。

3　法人後見の活用について

(1)　福祉的後見の取組

　障害者の親の立場からすれば，子どもが通っている入所あるいは通所の施
設を運営している社会福祉法人が，法人後見の受け皿になってくれれば安心
ですが，障害福祉サービスも契約で締結されるようになっており，契約相手
が，財産管理も身上監護も全てコントロールできるとなると，利益相反のお

それがないとはいえません。そこで，法定後見の利用のしにくさを解消し，安心して成年後見制度を利用できるように，いま注目されているのが，地域の中に，福祉的な後見人等の受け皿を作っていこうという動きです。社会福祉法人，NPO 法人，一般社団法人などの法人を後見人等の受け皿にしていこうというのが「法人後見」，一定の研修や実習を受けた一般の市民を後見人等の受け皿にしていこうというのが「市民後見」といわれています。両方とも，障害者の「親亡き後」の後見人等の受け皿として期待されています。ここでは法人後見について説明します。

(2)　法人後見のメリット

　法人後見のメリットとして，次の３つを挙げることができます。

①　持続可能性があり，個人後見より長期間の支援が可能になること

　　特に障害者の場合，30 代や 40 代で成年後見制度を利用すると，現行法では成年後見に期間制限がないため何十年も後見人等として関わる必要が生じてきます。専門職とはいっても，このような長い期間，個人での後見で対応するのは大変ですが，法人の場合は法人が存続する限り，継続的な支援をしていくことが可能です。

②　組織的に対応が可能であること

　　法人の場合，組織として対応できるため，事案の難易度に応じて，複数のスタッフが関わることができますし，専門職が関わり法人内で役割分担をすることができ，困難な事案でも対応ができます。

③　無報酬事件でも対応が可能であること

　　法人の場合は，個人の場合より多くの件数を受けていくことが可能であり，報酬の得られる事件で得た利益を活用して，あるいは最初から会員から集めた会費だけで運営することにして報酬を請求しないとすることで，低所得者の無報酬事件に取り組んでいくことが考えられます。また，法人の場合，公的な補助金を受けやすく，補助金を活用して経営基盤を安定させ，無報酬事件を引き受けていくことができるという点も利点といえます。

第6章　障害者の権利擁護のための知識

⑶　法人後見の種類

　社会福祉協議会は，全国の自治体に必須で設置され，地域において信頼されている社会福祉法人ですが，必要な人が成年後見制度をいつでも利用できるという地域福祉の推進のために，また，日常生活自立支援事業で支えていた支援者を，契約能力が無くなっても引き続き支えるために，社会福祉協議会が後見人等の受け皿になっていこうという動きが広がっています。全国社会福祉協議会が調査したところによると，平成28年度で，法人後見の受任体制があるとしている社会福祉協議会は417か所あり（前年比16.2％増。現に受任しているのが353か所），全国の社会福祉協議会1913か所のうち21.8％が実施団体を持つようになっています。また，前述の最高裁の統計資料でも，平成28年の1年間で社会福祉協議会が後見人等になった件数は907件とされ，年々件数が増えています。

⑷　法人後見の課題

　法人後見をタイプごとに分けると次の3つに分類されます。

事業型	NPO法人や一般社団法人，弁護士法人等が，事業として法人後見に取り組んでいる場合。主に後見人等の報酬で運営しています。
共助型	保護者会を中心に別のNPO法人を立ち上げて，顔の見える関係で受け皿を作っていこうというものです。保護者もスタッフとして関わり，報酬はあえてとらずに，主に利用者や家族からの会費で運営しているものが多いです。
地域福祉型	社会福祉協議会や，専門職が連携してNPO法人を立ち上げ，地域の中の権利擁護の拠点として法人後見に取り組んでいる場合。後見人等の報酬や会費等だけではなく，単一あるいは複数の自治体から補助金をもらって運営しているところもあります。

　今後，成年後見制度が普及していくにつれ，福祉的後見はますます重要になっていくと考えられますが，法人後見を活用するために，検討していかないといけない課題は次のとおりです。

　①　専門性のある人材の確保や意思決定システムをどうするのか

　　　法人を立ち上げても器を作ったにすぎません。後見人等として，本人の意思を尊重した丁寧な身上監護ができるかどうか，安心で確実な財産

384

管理ができるかどうかは，それぞれの専門性のあるスタッフの人材確保が大きな課題になります。また，複数のスタッフでの対応となれば，情報の共有が問題になりますし，件数が増加していけば，組織としての意思決定システムも重要な課題です。

② 後見活動の適正化をどう図るか

適切な活動を担保するためには，代表者やスタッフの個人の努力に任せるのではなく，専門職による運営委員会等，外からの目を定期的に入れることが必要です。特に会計処理は，横領事故やミスが無いように，税理士などの専門職による定期的な会計監査を受けることも大事です。

また，例えば社会福祉協議会など，地域の中で，訪問介護等の様々な福祉事業を行っている場合があります。高齢者も障害者も，福祉サービスはほとんど契約で行われていますので，本人がその福祉サービスの利用者であった場合に，利益相反のおそれが生じます。利益相反の内容や程度によっては，後見人等を引き受けない，あるいは監督人をつけて，利益相反する事項については監督人に代理してもらう（民法851条4号）等の配慮が必要です。

③ 財政的基盤をどう確保するか

事務所の確保やスタッフの雇用など，法人後見の場合は固定的な経費がかかりますので，存続していくためには必ず財政的な基盤を確立しなければいけません。後見人等の報酬はどうしても後払いになり，金額も明確ではありませんので，安定した経営のために，行政からの補助金や，寄附金などの基金の設立も考える必要があります。

④ 市民に身近な窓口をどう作っていくか

どうしても，一般の市民にとって，家庭裁判所は身近になく，気軽に相談しにくい存在です。そこで，例えば，地域の中でこれから成年後見制度を利用しようという人，また親族後見人を引き受けたが，どうしたら良いかわからない人などが相談に来た場合，寄り添いながらわかりやすく助言し，必要な支援につないでいく役割が必要になります。最近では，成年後見制度に限らず，経済的搾取，虐待・DV，消費者被害，生

第 6 章　障害者の権利擁護のための知識

活困窮者支援等の様々な悩みの相談に乗る総合的な権利擁護センターを立ち上げ，ネットワーク力を生かして，多重困難なケースも対応している法人も増えています。

4　成年後見利用促進法の成立と基本計画の策定

いずれにせよ，もっと成年後見制度が利用しやすい制度になっていくことが必要です。平成 28 年 5 月に成年後見利用促進法が施行され，政府は，平成 29 年 3 月に専門家会議の議論を踏まえて，成年後見制度利用促進基本計画を定めました。その基本計画の中では各市町村において今後 5 年間で成年後見制度の利用促進に向けた市町村計画を策定することや市町村に中核機関を設置し地域連携ネットワークを構築することなどが盛り込まれています。今後，より利用しやすい成年後見制度を目指して改革が進むことが期待されます。

52　社会福祉協議会による日常生活自立支援事業の活用法

Q　私のいとこは精神障害があり，叔母と長年一緒に暮らしていましたが，先日，叔母が心不全で急に亡くなりました。生活保護の世帯だったので，特に財産は無いのですが，叔母が全ての金銭管理をしていたので，いとこだけでは銀行にお金を下ろしに行くのも一苦労のようです。最初は手伝っていましたが，私も離れたところに住んでおり，仕事もありますので，いつまでもというわけにはいきません。こういうときは誰に通帳の管理をお願いしたらいいのでしょうか。

A　精神的な障害等で判断能力が不十分な人でも，自立した地域生活が送れるように，各都道府県・指定都市の社会福祉協議会（以下「社協」といいます）が主体となり，「日常生活自立支援事業」

386

が全国で実施されています。実際には市区町村の社協が委託を受けて，本人が住む地域の中で，福祉サービスの利用援助や日常的金銭管理を行うものです。国庫から補助金が出ている事業ですので，利用料もごく低額に抑えられており，生活保護受給中の方については，利用料がかかりません。設問のような悩みがあれば，ぜひ，お近くの市区町村社協にご相談ください。

解 説

1 日常生活自立支援事業とは

(1) 制度の趣旨

　平成 12 年 6 月に新しく社会福祉法が成立し，各都道府県・指定都市社協の事業として，福祉サービス利用援助事業が定められました（同法 81 条）。日常生活利用支援事業は，この福祉サービス利用援助事業を支える国庫補助要綱上の事業名です（平成 19 年に「地域福祉権利擁護事業」から予算名称が変更されました）。平成 12 年の介護保険法施行以降，様々な福祉サービスが契約により提供されるようになってきたのですが，認知症や知的障害，精神障害等により判断能力が不十分な人々は，契約当事者として必要な福祉サービスを選択し，自分の要望を伝え，決められた期限内に利用料を支払うという基本的なことが 1 人でしにくいのが現状です。そのため，社協が権利擁護の視点から，各事業者との間に入り，必要な福祉サービスの情報提供，助言，利用手続の援助を行ったり，サービスの利用料の支払，その他日常生活を送るのに必要な金銭管理の援助を行うという制度が必要となり，日常生活利用支援事業が始まったのです。

(2) 対象となる利用者

　日常生活自立支援事業の対象となる利用者は，次のいずれの要件にも当てはまる人です。

　　① 判断能力が不十分な人

　　　認知症高齢者，知的障害者，精神障害者等であって，日常生活を営む

第6章　障害者の権利擁護のための知識

のに必要なサービスを利用するための情報の入手，理解，判断，意思表示を本人のみでは適切に行うことが困難な人です。しかし必ずしも診断書や手帳の取得は要件ではありません。

② 本事業の契約の内容について判断し得る程度の能力を有していると認められる人

日常生活自立支援事業は，あくまで契約で提供されるサービスですので，最低限，本事業の契約内容を理解できる程度の判断能力を有していることが必要です。

(3) 事業の仕組み

日常生活自立支援事業は，都道府県社協及び指定都市社協を実施主体とする事業です。ただし，都道府県社協・指定都市社協は，事業の一部を適切な事業運営が可能であると認められる市区町村社協等（基幹的社協）に委託することができ，実際には，基幹的社協が，相談，申請の受付，契約締結能力の確認，契約書や支援計画の作成，契約の締結，支援計画に基づく援助などの基本的な業務を実施しています。

具体的な援助は，基幹的社協に雇用されている「専門員」と「生活支援員」が行っています。専門員は，社協の常勤あるいは非常勤の職員が引き受け，初期の相談の受付から，本人に必要な援助の特定，支援計画の策定，本事業に必要な契約能力の確認，契約締結に関する業務を主に行っています。生活支援員は，社協にパート等で雇用され，支援計画の内容に従って，定期的にあるいは利用者から依頼があったときに，利用者の自宅や施設，病院等を訪問し，介護保険サービスや障害福祉サービスに関する情報提供等の利用援助や，郵便物の整理，預貯金の払戻し，必要な支払等の日常的金銭管理を行っています。生活支援員は，本人への援助を行った後，専門員に援助した内容を含めて本人の置かれている状況を報告し，必要な助言を得て，次の援助につなげていきます。

都道府県社協・指定都市社協は，利用者の契約締結能力に疑義が生じた場合や，困難事案への対応，支援計画の内容の適切さ，基幹的社協からの解約の可否などについて，専門的な見地から助言し，契約の適正さを図るため，

《日常生活自立支援事業の基本的な仕組み》

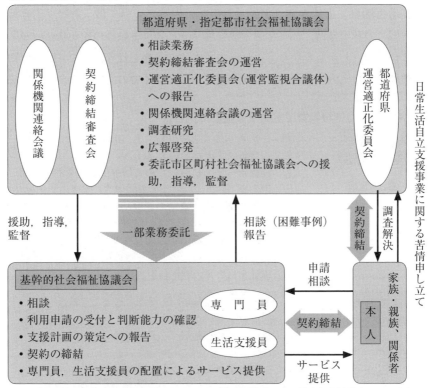

出典:『日常生活自立支援事業推進マニュアル』(社会福祉法人全国社会福祉協議会,2008年) 7頁

医療・法律・福祉の専門家から構成される契約締結審査会を設けています。また,対象者が判断能力が不十分だが,本事業の契約締結能力はある人ということで,契約可能かどうか微妙なケースもあり,全国的に標準的なスキームで判定できるよう,「契約締結判定ガイドライン」が定められています。

さらに,都道府県社協・指定都市社協は,本事業やその他の福祉事業への苦情申立てへの対応や,本事業の透明性・公正性を担保するため,公正な第三者からなる運営適正化委員会を設置し,定期的に事業の実施状況について報告しています。

第6章　障害者の権利擁護のための知識

(4)　援助の内容

　日常生活自立支援事業で実施する援助の内容については，主に，①福祉サービスの利用援助，②日常的金銭管理サービス，書類等の預かりサービスの3つです。しかしながら，これらの基本的な業務を行うに当たり，郵便物の整理や，自宅内の重要物の整理，医療や福祉関係者の訪問の立会い，関係

《日常生活自立支援事業で実施する援助の内容》

福祉サービスの利用援助	①　福祉サービスを利用し，または利用をやめるために必要な手続き ②　福祉サービスについての苦情解決制度を利用する手続き ③　住宅改造，居住家屋の賃借，日常生活上の消費契約および住民票の届出等の行政手続きに関する援助，その他福祉サービスの適切な利用のために必要な一連の援助 ④　福祉サービスの利用料を支払う手続き	定期的な訪問による生活変化の察知（見守り）
日常的金銭管理サービス	①　年金および福祉手当の受領に必要な手続き ②　医療費を支払う手続き ③　税金や社会保険料，公共料金を支払う手続き ④　日用品等の代金を支払う手続き ⑤　①～④の支払いにともなう預金の払戻，預金の解約，預金の預け入れの手続き	
書類等の預かりサービス	（保管できる書類等） ①　年金証書 ②　預貯金の通帳 ③　権利証 ④　契約書類 ⑤　保険証書 ⑥　実印・銀行印 ⑦　その他，実施主体が適当と認めた書類 　　（カードを含む）	

出典：『日常生活自立支援事業推進マニュアル』（社会福祉法人全国社会福祉協議会，2008年）17頁

機関への同行援助など，様々な支援が必要になってくることが多く，生活全般を見通すキーパーソン的な役割を果たさざるを得なくなってくることもあります。

　また金融機関との関係では，利用者本人に同行し，あるいは利用者本人からの個別の委任状をもらって預金取引を支援するほか，基幹的社協が金融機関に「代理人届」を出して，預金取引を代理・代行する場合もあります。

(5)　利用料について

　本事業は契約に基づき，利用者から利用料を徴収しています。金額については都道府県社協及び指定都市社協がそれぞれ標準額を設定しますが，かなりばらつきがあります。おおむね1回1時間当たり1000円＋交通費，通帳や書類などの預かりサービスについては月250〜1000円程度あるいは貸金庫利用費用実費が必要なところが多いようです。なお，生活保護世帯については国庫補助があり，無償となっています。

(6)　日常生活利用支援事業の実施状況

　全国の社協での日常生活自立支援事業の実施状況については次のとおりです（「平成29年度日常生活自立支援事業所長会議資料」より）。

《利用者数》

	数値	前年比
契約件数（平成28年3月末）	49,791人	3,104人（6.6%）増
うち認知症高齢者	23,241人（46.7%）	
うち知的障害者	11,222人（22.5%）	
うち精神障害者	12,775人（25.7%）	
うちその他	2,553人（5.1%）	
問い合わせ・相談件数 （平成27年4月〜28年3月末）	1,767,312件	190,209件（12.1%）増
新規契約件数 （平成27年4月〜28年3月末）	12,854件	506件（4.1%）増

第6章　障害者の権利擁護のための知識

《実施体制》

	数値	前年比
基幹的社協等の設置数	1,205 か所	105 か所（9.5%）増
専門員数	2,536 人	246 名（10.7%）増
生活支援員	15,502 人	452 名（3.0%）増

2　成年後見制度との関係

(1)　日常生活自立支援事業と，成年後見制度（ここでは後見・保佐・補助の法定後見を取り上げます）とは対象者が重なることも多く，どちらでどのような支援を行うべきか悩むことも少なくありません。理念的には，日常生活自立支援事業は，契約締結能力があることが前提ですが，補助や保佐レベルの判断能力であれば，本事業の契約締結能力があるとされることは多いと考えられます。

(2)　日常生活自立支援事業と成年後見制度は，判断能力が不十分になっている方を支え，その方のために財産管理をしたり，色々な身上監護面でのお世話をする，その方が権利を侵害されないようにサポートする制度であるという点で，目的は同じ，役割も似ている制度といえます。しかし，根本的に違うのは，日常生活自立支援事業が，基幹的社協と利用者との任意の契約によって提供されるサービスであるのに対し，成年後見制度は，家庭裁判所という公の機関を通し，法律上の権限を持ったサービスとして提供されるということです。そのため，それぞれに優れた点があり，どちらをどのように使っていくかについてはケースバイケースで判断していくことになります。

①　成年後見制度の方が優れている点

ⅰ　契約ということが理解できないくらい判断能力が低下している場合は，日常生活自立支援事業の対象者とならないし，途中からそういう状態に至ればサービスは打ち切られます。しかし，成年後見制度では，法定後見においては補助から保佐，保佐から後見へランクアップしながら，意思能力が無くなった方でも援助を続けることができます。

ⅱ　日常生活自立支援事業の場合，あくまで利用者の指示通りに出入金

しなければならず，本人の意思が不安定であったり，不合理なもので
ある場合には，支援が困難になる場合があります。しかし，成年後見
制度の場合，後見人等は代理権という法的な権限があるため，本人の
意思を尊重する義務はありますが，それが本人の最善の利益ではない
と判断すれば，本人の指示に従わない支援も一応可能です。ただし，
後見人等の価値観を押し付け本人の意思や希望をつぶしてしまうこと
がないよう細心の注意が必要となります。

iii 法定後見の場合は，法定の権限として，本人が単独の判断でしてし
まった不利な行為を取り消して，無かったことにするという「同意
権・取消権」があり，悪徳商法の被害に引っかかりやすい場合等には
これを行使して本人の保護を図ることができますが，日常生活自立支
援事業にはこのような強行な権限はありません。ただし，一律にこの
ような制約を課すことについては障害者権利条約との関係で問題があ
ると指摘されることもあり，本当に本人にとって取り消すべき行為な
のかについては，よく本人の意思を確認する必要があります。

② 日常生活自立支援事業の方が優れている点

i 日常生活自立支援事業の場合，提供主体が市区町村社協という身近
な存在であり，相談料も無料で，自宅まで来てもらえ，気軽に利用で
きます。これに対し，成年後見制度の場合は，裁判所まで足を運ばな
ければならなかったり，書類をたくさん提出しなければならなかった
りなど，なかなか気軽に利用しにくいという点があります。

ii 費用面ですが，日常生活自立支援事業は，利用開始である契約の締
結時には特にお金がかからず，利用を開始してからも，大体1回の訪
問で1000円＋交通費くらいと，非常に利用しやすい料金体系です。
これに対して，成年後見制度は費用が高いので，収入や資産に余裕が
ないと使いにくいといわれます。申立て時に裁判所の費用として約1
万円，弁護士を代理人にして申し立てたらその報酬がかかってきます
し，また精神鑑定が必要とされれば，その診察料として5万円程度の
費用が必要です。また，利用を開始した後でも，第三者を後見人等と

第6章　障害者の権利擁護のための知識

すれば，後見人報酬が必要であり，その費用は基本報酬で月2万円程度，資産が1000万円以上あったり，付加的な事務を行えばさらに増額されることになっています。

iii　利用開始までの期間的な問題ですが，日常生活自立支援事業の場合，契約を締結すればすぐに利用できるのに対し，法定後見の場合などは，裁判所での手続に少なくとも1～2か月程度かかります。こういう制度を利用したいという方は，もう他にどうしようもないと切羽詰まった状態の方が多いことを考えると，すぐに利用できないというのは大変困ることが多いのです。

(3)　ただし，日常生活自立支援事業と成年後見制度は，どちらかしか使えないというわけではないことには注意が必要です。もし，日常生活自立支援事業で支えられている方が，契約能力が無いと判定され，成年後見制度を利用することになっても，地域での生活をこれまでどおり維持するという観点から，後見人等と契約することで，本事業の利用を継続するという場合もあります。また，成年後見制度の中でも任意後見は，同じく契約でサービスを提供する制度であるという点で，非常に日常生活自立支援事業と親和性があり，両方契約した上で，ある程度元気なうちは日常生活自立支援事業で支え，もし利用者が認知症等により判断能力を失った場合には，任意後見契約を発効させて，任意後見契約で支えるという連携も考えられます。

52　社会福祉協議会による日常生活自立支援事業の活用法

《日常生活自立支援事業と成年後見制度対照表（全国社会福祉協議会　地域福祉部作成）》

			日常生活自立支援事業	補助・保佐・成年後見制度（法定後見）
所轄庁			厚生労働省	法務省
法的根拠			社会福祉法，厚生労働省社会・援護局長通知等	民法等，政省令，家事審判規則等
対象者（認知症高齢者・知的障害者・精神障害者等）			精神上の理由により日常生活を営むのに支障がある者	精神上の障害により事理弁識する能力　が不十分な者＝補助／が著しく不十分な者＝保佐／を欠く条況に在る者＝後見
担い手・機関の名称	本人		利用者	本人　非被補助人・被保佐人・成年被後見人
	援助機関		基幹的社会福祉協議会等（法人）　法人の履行補助者として専門員，生活支援員	補助人・保佐人・成年後見人　（自然人として，親族，弁護士，司法書士，ソーシャルワーカー等　及び法人）　保護者　複数可
	指導監督機関		都道府県・指定都市社会福祉協議会（実施主体）及び運営適正化委員会	補助監督人，保佐監督人，成年後見監督人　監督人
費用			社会福祉事業として，　契約締結までの費用は公費補助　契約後の援助は利用者負担（生活保護利用者は公費助成）	後見の事務に関する費用，成年後見人，監督人に対する報酬費用等について，本人の財産から支弁することを明確化。
手続きのはじまり			社会福祉協議会に申し込む　（本人，関係者・機関，家族等）	裁判所に申立（本人，配偶者，四親等以内の親族，検察官等。市町村長（福祉関係の行政機関は整備法で規定。）　※本人の同意：補助＝必要　保佐・後見＝不要
意思能力の確認・審査や鑑定・診断			「契約締結判定ガイドライン」により確認あるいは契約締結審査会で審査	医師の鑑定書・診断書を裁判所に提出（最高裁で鑑定書・診断書作成の手引作成）
援助の目的・理念			契約により，福祉サービスが適切に利用できるよう，その自己決定を援助	自己決定の尊重と保護の調和
援助（保護）の特徴			生活に必要な福祉サービスの利用に関する情報提供，相談と代理	法律行為を行う保護・支援制度　代理，取消，同意
援助（保護）の種類，方法	相談		○福祉サービスの情報提供，助言など相談援助による福祉サービスの利用契約手続き援助	規定なし（法律行為ではないため）　※成年後見制度申立て等の相談は家庭裁判所で実施
	法律行為・財産管理・福祉契約等		○日常的金銭管理 ・日常的金銭管理に伴う預貯金通帳の払出し等の代理，代行 ・福祉サービス利用料支払いの便宜の供与 ○書類等の預かり ・証書等の保管により，紛失を防ぎ，福祉サービスの円滑な利用を支える ○社会福祉事業等の在宅福祉サービスの契約代理 ※施設入所手続きの代理は援助から除外。 ※上記のことを援助の種類とし，情報提供相談，法律行為の一連の援助を権利擁護と地域福祉の視点で援助する。	○財産管理等の法律行為 　（不動産の処分，遺産分割等の法律行為） ・同意権・取消権（補助は家裁が定める「特定の法律行為」，保佐は民法12条1項各号所定の行為，成年後見は日常生活に関する行為以外の行為） ・代理権（補助・保佐は申立ての範囲内で家裁が定める「特定の法律行為」，成年後見は，財産に関するすべての法律行為） ※身上配慮義務 成年後見人等は，その事務を行うに当たっては，本人の意思を尊重し，かつ，本人の心身の状態及び生活の状況に配慮しなければならない旨の一般的規定を新設。また，身上監護に関する個別的規定として成年後見人等による本人の不動産の処分について，家庭裁判所の許可を要する旨の規定を新設。

出典：『日常生活自立支援事業推進マニュアル』（社会福祉法人全国社会福祉協議会，2008年）62頁

第6章　障害者の権利擁護のための知識

53　障害者と刑事弁護

Q 私が勤めている法人が経営するグループホームに入所していた利用者（25歳男性）が，近所のアパートのベランダに干してあった女性の下着を盗んだとして逮捕されました。グループホームの居室も家宅捜索されましたが，新品ではない女性の下着が10着ほど見つかり，押収されました。彼には軽度の知的障害があるのですが，彼が下着を盗ったのを見たという目撃者の証言があり，近所で女性の下着を物色して，盗っていたのではないかと疑われているようです。警察は私たちにはそれ以上教えてくれませんが，面会も禁止され，親族とも疎遠な人なので，本人がいまどうしているのか不安な気持ちでいます。こういう刑事事件に関しては，誰に相談したらいいでしょうか。またもし，彼がまだ少年（未成年）であった場合，どんな手続になりますか。

A 窃盗事件で逮捕された場合，私選で弁護人を付けていなくても，国選弁護人を選任してもらうことができます。しかし，逮捕されてすぐに選任されるのではなく，裁判所で勾留決定という手続が取られてからになりますので，もっと早く弁護士の援助を受けたいという場合には，各地の弁護士会が初回無料で弁護士を派遣してくれる「当番弁護士」制度を活用することができます。施設職員としては，本人と面会した弁護人と相談しながら，本人の状況を聞き，必要なものを差し入れたり，再犯防止のための環境調整や早期の身体釈放に向けて協力していくことができます。また，本人が少年（未成年）であった場合には，捜査終了後，家庭裁判所に事件が送致され，家庭裁判所で保護処分が決まることになります。なお，最近では，各地の弁護士会で，障害の特性について，より理解のある弁護人の派遣ができるよう，専門研修を実施したり，接見時にわかりやすい図表を活用する等の工夫をしています。

396

53 障害者と刑事弁護

解 説

1　逮捕から公判請求までの手続の流れについて

(1)　逮捕された場合，その後の捜査は，おおむね以下の流れで行われます。

　捜査機関の捜査の対象になっている人を，「被疑者」と呼びます（それに対し，起訴されて刑事裁判の対象者になっている人を，「被告人」と呼びます）。まず，被疑者は，警察官に逮捕された後48時間以内に検察官に送致されます。被疑者が罪を犯したことを疑うに足る相当な理由があるとともに，住所不定，罪証の隠滅又は逃亡のおそれがあると認められる場合には，そこから24時間以内に，検察官が裁判官に勾留請求を行います。勾留請求が認められると，勾留請求の日を含め10日間（10日間未満で釈放される場合もあります），身体を拘束されます。この10日間のうちに，検察官は，被疑者の取調べや被害者などの関係者からの事情聴取，証拠の収集などを行い，公訴を提起（起訴）するか，略式裁判として罰金刑にするか，不起訴にして釈放するかを決定します。また，やむを得ない事由があれば，さらに最長10日間の勾留延長決定が認められます。そのため，被疑者は，原則として，検察官の処分が決まるまでの間，最長23日間，身体を拘束されるおそれがあるのです。また，逮捕・勾留された事実とは異なる別の犯罪（余罪）の疑いがありますと，これについても逮捕・勾留が行われる可能性があり，それにより，身体拘束期間がさらに長くなることもあります。

　以上は，身体を拘束された場合の手続の流れですが，逮捕されても勾留されずに釈放されたり，最初から在宅のまま，検察官に送致され処分が決定される事件もあります。この場合は，最終的な処分が行われるまで特に期間的な制限はなく，処分決定までに数か月～半年程度かかる場合もあります。

　なお，逃亡・罪証隠滅など，身体拘束の必要がないのに勾留されたという場合には，弁護人から勾留決定に対する「準抗告」の申立てをすることが考えられます。準抗告に対する判断は，勾留決定をした裁判官とは別の裁判官3人で合議され，結論も原則として一両日中に出されます。また，勾留期間延長決定に対しても同じように準抗告が可能です。

397

第6章　障害者の権利擁護のための知識

　勾留されている期間は，警察署内にある留置施設又は拘置所に身体を拘束されています。原則としては，家族や支援者の面会や差し入れは可能ですが，逃亡や罪証隠滅のおそれがある場合（被疑者が犯行事実を否認する場合には，そのように取り扱われることが多いです）には，勾留決定時に，接見等禁止決定が出され，被疑者との面会や差し入れの制限がされる場合があります。もっとも，弁護人は，被疑者と，立会人なくして面会をする権利があるため，接見等禁止決定が出ていても，面会や差し入れを制限されることはありません。被疑者にとって，家族と会いたいという要望は，切実なものであることも多いため，弁護人は，逃亡や罪証隠滅の疑いのない者との面会や差し入れについて，接見禁止等の全部解除又は一部解除（例えば，特定の家族のみ接見を認めるなど），又は準抗告の申立てができます。

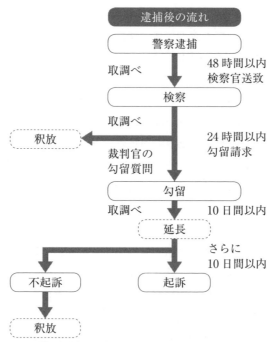

出典：第二東京弁護士会ホームページ
（http://niben.jp/soudan/keiji/）

(2) 弁護人の活動の重要性について

　無実の罪で刑罰を受ける，「えん罪事件」を生まないようにするために，被疑者には，黙秘権（言いたくないことについては言わなくて良い権利）など権利擁護のための制度が用意されています。しかし，被疑者1人で警察や検察に立ち向かうのは困難なことです。そこで，刑事事件手続においては，全ての事件で，選任された担当の弁護士が，「弁護人」として様々な法的援助をすることができることになっています。

　弁護人には，被疑者が自分でお金を払って選任する「私選弁護人」と，貧困等の理由で自ら弁護人を選任できない場合に，裁判所が弁護人を選任する「国選弁護人」の2種類があります。以前は，被疑者の段階で選任できる国選弁護人の制度がなく，逮捕・勾留中に弁護人を付けたければ，私選弁護人を選んで付けるしかありませんでした。しかし，平成18年10月から，被疑者国選弁護制度の第一段階が実施され，「死刑又は無期若しくは短期1年以上の懲役若しくは禁錮にあたる事件」については，被疑者の段階から国選弁護人を付けられるようになりました。その後，平成21年5月から実施された第二段階では，対象事件が「死刑又は無期若しくは長期3年を超える懲役若しくは禁錮にあたる事件」に拡大されました（平成30年6月からは全ての勾留事件が被疑者国選の対象となります）。なお，被疑者の身体が解放されていたり，被疑者に私選弁護人が選任されている場合には，国選弁護人を選任することはできません。

　もともと，各地の弁護士会では，被疑者国選弁護制度が始まる前から，捜査の初動の時期において弁護人からの援助が受けられるようにするため，初回無料で弁護士を留置所に派遣し，被疑者と面会して法的アドバイスを行うという「当番弁護士」という制度を実施していました。被疑者国選弁護制度が始まってからも，この制度は実施されており，被疑者国選の対象外の事件や，被疑者国選弁護の弁護人が選任されるまでの期間など，被疑者の権利を守るために活用されています。また，国選対象外の事件については，当番弁護士として派遣された弁護士が，引き続き私選弁護人としても活動できるように，日本弁護士連合会の委託により法テラスが弁護士費用を援助する制度

第6章　障害者の権利擁護のための知識

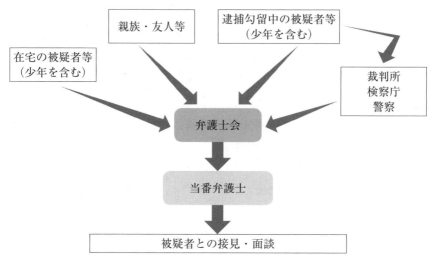

出典：日弁連刑事弁護センター・ホームページ「当番弁護士制度における手続の流れ」
　　　（https://www.nichibenren.or.jp/activity/criminal/reforming/kokusen_touban/keiben.html）

もあります。この場合，援助を受けた費用は原則として後で償還が必要ですが，実務的には弁護人の「償還させるべきかどうか」の意見が尊重され，償還不要となるケースも多いようです。

2　捜査終了後の刑事手続の流れ～被疑者が成人の場合
(1)　不起訴と略式裁判
　ア　まず，検察官が，被疑者に対する刑罰は不要と判断した場合には，「不起訴」の処分を行います。不起訴となるのは，「嫌疑なし」（被疑事実がないと判断された場合），「嫌疑不十分」（被疑事実を実行したかどうか証拠が不十分と判断された場合），「起訴猶予」（被疑事実は明白だが，被疑者の性格，年齢及び境遇，犯罪の軽重及び情状，並びに示談成立等の犯罪後の情況により，刑罰を求める必要がないと判断した場合）の3つです。
　イ　また，検察官が，被疑者に対する刑罰が必要と判断した場合でも，いわゆる罰金や科料の処罰を与えるような軽微な事件では，簡易裁判所に対し，略式手続（公判を行わず即日で命令される裁判）を求めることがあり

ます。これは，100万円以下の罰金又は科料を科し得る事件が対象であり，また，略式手続によることについて，被疑者に異議がないことが要件となっています。この場合には，前日までに罰金額のおおよその額が提示され，勾留満了日（略式手続日）に罰金を納付して，身体が釈放されることが多いです。

ウ　なお，場合によっては，勾留期間中に検察官が処分を決めることができず（例えば，示談交渉が行われている場合など），処分保留ということで被疑者が一旦釈放され，その後，不起訴・略式命令の処分，あるいは後で述べる公判請求が行われることもあります。

エ　設問にある窃盗事件では，被害が軽微である場合や，被害者が重い処罰を求めていない場合には，起訴猶予や略式裁判による罰金刑で終わることが多いと考えられます。しかし，犯行が計画的であったり，金額が大きいなど，本人にとって不利な情状が多いと判断される場合や，窃盗行為を繰り返しているような場合には，検察官がもっと重い刑事処罰を求めて正式に刑事裁判を求める（公判請求）ケースが多くなります。

(2)　公判請求された場合

ア　検察官が裁判所に「起訴」すると，刑事裁判手続が始まります。起訴後，約1か月すると第1回目の公判（刑事裁判）の期日が開かれます。犯罪の成否に争いがない場合には，おおむね1度目の公判期日で結審し，次回の公判期日で判決の言渡しが行われることも多いですが，犯罪の成否が争われているような場合，あるいは余罪についても起訴が予定されている場合には，証人尋問も含め，期日が数回開かれることもあります。

イ　設問にある窃盗罪の法定刑は，「10年以下の懲役又は50万円以下の罰金」です（刑法235条）。裁判官は，犯罪に至った諸事情や，犯行後の情状一切を考慮した上で，この法定刑の範囲内で判決を言い渡します。初犯の場合には，3年未満の懲役刑となり，執行猶予（一定期間，刑事事件を起こさずに平穏無事に過ごせれば，その刑の執行が取り消されるという制度）が判決と同時に言い渡されることが多いです。執行猶予が言い渡された場合，判決と同時に本人の身体が解放されますが，もし，再び罪を犯し，

第6章　障害者の権利擁護のための知識

《刑事裁判手続の流れ》

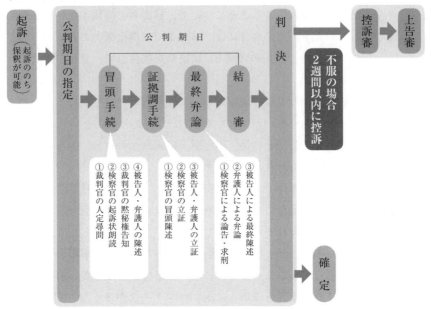

　有罪判決が確定すると，この執行猶予が取り消され，元々の刑期も加えた長期間，刑務所に収容されることもありますので注意が必要です。

ウ　なお，平成28年6月から，「刑の一部執行猶予」という制度が新しく施行されました（刑法27条の2）。これは，刑期のうち一部の期間は刑務所に収容されるが，残りの期間を執行猶予し，保護観察処分等に付した上で，一般社会の中で犯罪からの更生を目指すものです。例えば，薬物の自己使用などの事件で，この制度の活用が期待されています。

エ　また，罰金刑が確定しても，指定期日までに罰金が払えない場合には，労役場留置という処分になります。この場合，罰金の金額を日割り計算した期間（1日当たり5000円などと決められることが多いです），労役場に留置されます。

(3)　保釈請求

ア　起訴された場合，勾留の状態は維持され，身体拘束が継続されるのが

402

53　障害者と刑事弁護

原則ですが（起訴後勾留），裁判所に保釈請求を行い，これが認められれば，本人の身体は解放されます。ただし，保釈が認められるためには，保釈の要件を満たすこととは別に，保釈金（本人の資力や犯罪の内容等によって異なりますが，150万〜200万円のことが多いです）の納付が必要となります。保釈金は，本人が逃亡することなく，刑事裁判が無事終了すれば，全額還付されます。

3　被疑者が未成年の場合〜少年法による保護処分の手続

(1)　他方，被疑者が未成年であった場合には，不起訴という概念が無く，捜査が終了し，勾留が満了すると，嫌疑ありとされた事件は全て家庭裁判所に送致されます。送致後の未成年者のことを「少年」といいます。少年事件は，在宅で手続を進められる場合も多いのですが，もともと勾留されている場合は，家庭裁判所に対する送致から24時間以内に，「観護措置」として，少年鑑別所に送致されることが多くなります。観護措置が行われると，通常は4週間程度（事案によっては，さらに4週間の延長が可能），専門的な検査や鑑別のために身体を拘束されることになります。

　捜査が終了し，事件が家庭裁判所に送られた後は，少年のために活動する弁護士のことを「付添人」と呼びます。少年鑑別所送致の観護措置決定が出た場合にも，付添人は，少年の早期の身体解放のため，家庭裁判所に対する異議申立て又は取消申立てを行うことがあります。

(2)　家庭裁判所に送致されると，事件担当の家庭裁判所調査官が，少年の家庭環境や生育歴，学校や職場での生活状況等を詳細に調査します。また，付添人は，非行の有無や原因を調査したり，被害者との間で示談を行ったり，再犯防止のため，学校や家庭，職場などの環境調整を行うなどの活動をします。付添人は，調査官等と面談して活動内容を報告し，少年の適切な処遇について意見を述べていきます。

(3)　また，観護措置がとられた場合には，原則，観護措置の決定日から4週間以内の日が，審判期日として指定されます（在宅の場合は，数か月〜半年後のことが多いです）。審判期日には，審判官（裁判官），調査官，少年本人，付添

第6章 障害者の権利擁護のための知識

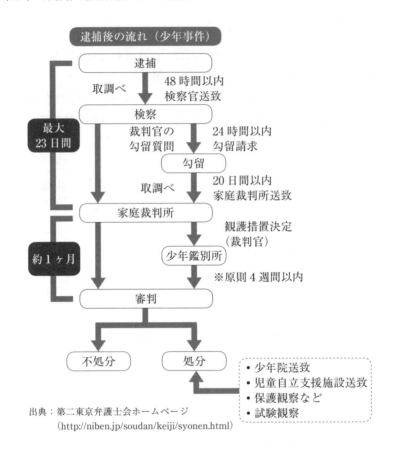

出典：第二東京弁護士会ホームページ
（http://niben.jp/soudan/keiji/syonen.html）

人や親権者等が出頭し，それぞれから意見が聞かれた後，本人の処分が決められます。本人の処分には，不処分，保護観察，児童自立支援施設又は児童養護施設送致，少年院送致などがあります。なお，審判の時点で本人の年齢が20歳を超えていたり，あるいは刑事処分が相当と判断される場合には，刑事手続に移行することになります。

4 障害に理解のある弁護人・付添人活動をするために
(1) 障害の特性に理解のある弁護活動の必要性
知的障害や発達障害を持つ人の多くは，抽象的な概念が理解できず，過去

の出来事をうまく言葉で説明するのが苦手です。質問している人に対して，迎合的になり，誘導されやすいという特徴もあります。そのために，やってもいないことを自白してしまい，えん罪を生みやすいという特徴があります。障害者のための刑事弁護では，警察に捕まるという非日常的な空間の中で，早く取調べを終わらせたいばかりに，適当な，その場限りの自白をしてしまうことがないよう気を付けていかなければなりません。

　例えば，知的障害者の場合，以下のような傾向・性質が見られるといわれています（大阪弁護士会編「知的障害者刑事弁護マニュアル」14 ～ 23頁参照）。

- 見たこと・聞いたことを表現するのが苦手である。
- これまでの経験をルール化して，臨機応変に対応するのが苦手である。
- 記憶が不安定であり，特に短期記憶が苦手である。
- 先のことを予測し計画を立てて行動したり欲求をコントロールするのが困難である。
- 相手に迎合しやすく誘導にのりやすい。
- 威圧的状況や緊張状況によるストレスを受けやすい。

　そのため，弁護人は，そのような障害に関する傾向・性質を理解した上で，接見の際には，以下のような態度を取るよう心がける必要があります。

- 伝えたいことを分かりやすく，ゆっくりと丁寧に伝える。
- 具体的な事実を問う質問にして短く尋ねる。
- 条件付きの文章や仮定の質問，指示代名詞は避ける
- 重要なことは反復して，確認を求めつつ話す。
- 時間の順を追って質問し，1つずつかみ砕いて説明する。
- 本人の話をゆっくり聞く，という態度を示す。話の流れを遮らない。

　各地の弁護士会では，障害者の特性に理解のある刑事弁護活動ができるよう，専門的な研修を実施したり，障害者問題に精通した弁護人の名簿を作成したり，刑事事件の手続の流れについて，障害のある人にもわかりやすい言葉や図表を活用したツールを開発するなどの活動を行っています。奈良弁護士会で使用している説明用ツールのイメージは以下の通りです。

第6章 障害者の権利擁護のための知識

《奈良弁護士会で使用している説明用ツールのイメージ(京都弁護士会作成のものを改定したもの)》

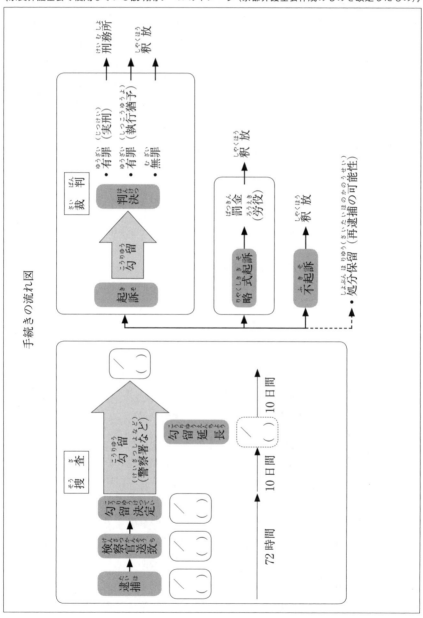

53 障害者と刑事弁護

取り調べのときは，どうすればいいの？

私は警察につかまったので，警察官や検察官の取り調べをうけます。

◆私は，やっていないことは，「やっていません」と言います。

◆私は，質問がわからないときは，「わかりません」と言います。

◆私は，はなしたくないときは，「黙秘します（はなしません）」
と言います。

◆警察官や検察官は，私がはなしたことをまとめて読みあげ，名前を書
くようにと言ってきます。
私は，ちがうとき，よくわからないとき，いやなときは，ぜったい
にその紙に名前を書きません。

◆私は，こまったときは，「弁護士をよんでください」と言います。

弁護士ってどんな人？

私は，警察につかまりました。
私は，いつでも弁護士に相談することができます。
私は，弁護士に，私が体験したこと，知っていることを言います。

弁護士は，私の味方です。
弁護士は，つかまった人を助ける仕事をしています。
弁護士は，私のこれからについて，アドバイスをくれます。
お金の心配はいりません。

弁護士は，私に会いに来てくれます。
相談したいことがあるとき，取り調べで困ったとき，
「弁護士をよんでください」
と言えば，弁護士が会いに来てくれます。

407

第 6 章　障害者の権利擁護のための知識

(2)　取調べに対する対応

　また，弁護人は，捜査機関に対し，本人が知的障害や発達障害を有すること，そのため，先で述べたような性質を有することから，捜査においては特段の配慮が必要であることを申し入れた方がよいでしょう。そのために，どんな障害特性があるのかを早期に把握し，被疑事実についての聞き取り方法を工夫していくとともに，警察や検察に本人の障害の特性を伝えて，誘導がなされないよう取調べでの配慮を求めていくことが重要です。

　なお，検察庁では平成 23 年 10 月から，警察では平成 24 年 5 月から，知的な障害があり，コミュニケーションがうまくとれない人を取り調べる際には，後で裁判において供述の任意性，信用性をめぐる争いが生じないように，取調べの状況を録音録画するという運用が始まっています（これを「取調べの可視化」といいます）。

　また，平成 23 年 9 月から，一部の地方検察庁では，知的障害によりコミュニケーションが難しい人の取調べに，心理や福祉の専門家の助言や立会いをさせる試みを始めています。

(3)　本人の身体解放や心理的安定のための弁護活動

　一般の方でも，身体を拘束されれば強度の不安に襲われますが，知的障害者や発達障害者の場合，状況を把握しづらい分，その不安の度合いは高いものと思われます。そのため，その不安を少しでも和らげる方法を検討する必要があります。

　最良の方法は，身体の釈放です。そして，そのための法的手段としては，上でも述べましたように，まず，勾留決定に対する準抗告が考えられます。もっとも，裁判所がこれらの申立てを認めることはあまりない現状を踏まえると，本人の身体拘束中において少しでも心理的な安定をもたらすべく，接見禁止の全部ないし一部解除の申立てを行い，福祉関係者が本人と面会できる機会を設けたり，留置施設に対して，被疑者の障害の特性に配慮した処遇をするように申入れを行うべきであると考えられます。

　また，公訴提起がなされた場合には，保釈請求を行い，早期に本人の身体を解放させることを検討します。この点，犯行を否認している場合には，保

408

釈請求が認められないことも多いのですが，弁護人としては，罪証隠滅のお
それや逃亡のおそれがないことを立証し，保釈請求が認められるための活動
を行っていくことになります。

(4) 福祉関係者との連携の重要性

　障害者の刑事弁護においては，罪を犯したことが事実であっても，犯罪行
為に至った背景事情において，障害の問題があることは少なくありません。
そのため，再犯防止のための環境調整を，障害者福祉の関係者と協力しなが
ら進めていくことが重要です。

　したがって，弁護人は，被疑者となるべく早く，かつ，何度も接見し，本
人から事情を聴く中で，関わっている福祉関係者とコンタクトをとり，本人
の生育歴や家庭環境，障害の特性などの情報収集に努める必要があります。

　また，被疑者が，被疑事実につき罪を認めている場合には，本人が反省し
ていることを示す証拠を作成するとともに，福祉関係者と連携して，本人が
再犯を起こさないようにするための環境調整に力を入れ，その結果をまとめ
た書面（更生支援計画）を作成し，検察官に提出することも検討すべきでしょ
う。このような更生支援計画は，刑事裁判の公判や少年審判の場面でも，裁
判所に対する情状立証のための証拠として提出することができます。

　仮に，実刑判決が下された場合には，被告人は，刑務所に収容されること
になります（少年事件の場合は審判の内容により，少年院に送致されます）。従前は，
そういった施設を出た後の公的な支援（これを「出口支援」といいます）が行わ
れることはなく，障害のある本人や家族は，自力で生活の立て直しに奔走し
なければなりませんでした。その結果，本人や家族に対する十分な支援が施
されず，生活環境がより悪化して，再犯のリスクが高くなるという悪循環が
ありました。

　このような事態を避けるため，近年では，各都道府県に設置された「地域
生活定着支援センター」が，刑務所在監中から受刑中の障害者の出口支援を
行うようになりました。具体的には，帰着地の地域生活定着支援センターが，
出所前に，障害者本人の希望や刑務所収容前の支援体制を確認し，支援を受
けてきた地域の福祉関係者と連携した上で，地域や施設への受入れを検討し

第6章　障害者の権利擁護のための知識

ていくことになっています。このような活動により，障害者の再犯が防止され，社会復帰が促進されることが期待されています。

　障害者の刑事弁護に関わる弁護人や付添人としても，刑事事件や少年事件の中だけの関わりではなく，こういった出口支援の取組とも連携しながら，社会の中での更生に協力していくことが必要でしょう。

第7章 障害者支援のために知っておくべき相続・税金・信託の知識

54 相続・遺言に関する基礎知識

Q 私には，小児麻痺で肢体不自由の娘がおり，長年介護してきています。しかし家業を継いでいる息子は，自分が稼いでいるお金で，娘がずっと実家で暮らしていることをあまりよく思っておらず，施設に入れてしまえと言います。私の死後，遺産のことで2人がもめないかが心配です。できれば家は娘にやり，預金は娘と息子が等分に分けて欲しいと思っていますが，そのためには何をしたらいいでしょうか。

A 実家を娘さんに，預金を娘さんと息子さんとで等分に分けるという内容の遺言を作成することにより，娘さんのために実家を残すことができます。もっとも，遺言を執行する段階において争いが生じないようにするためには，遺留分が生じないような内容の遺言にしたり，遺言執行者を定めたり，遺言が隠匿・破棄されることのないような対策をとること等の工夫が必要です。そのためにも，事前に弁護士にご相談することをお勧めします。

解　説

1 相続制度の基礎知識

本人が死亡した場合には，相続が発生し（民法896条），相続人が，法定相続分に従って，死亡した本人の積極財産（プラスの財産）と消極財産（マイナス

第7章　障害者支援のために知っておくべき相続・税金・信託の知識

《相続人及び相続分・遺留分の割合》

【相続人のルール】

1　配偶者は常に相続人になる。
2　配偶者以外の相続人は，第1順位：子，第2順位：親，第3順位：兄弟姉妹
3　同じ順位の者は，人数で等分する。
4　相続時に子が死亡していた場合は，その子がその地位を代襲する（引き継ぐ）。相続時に子の子も死亡していた場合には，さらにその子がその地位を代襲する。

法定相続人	相続分	遺留分
配偶者と子	配偶者1/2・子1/2	配偶者1/4・子1/4
配偶者と親	配偶者2/3・親1/3	配偶者1/3・親1/6
配偶者と兄弟姉妹	配偶者3/4・兄弟姉妹1/4	配偶者1/2
配偶者のみ	配偶者全部	配偶者1/2
子のみ	子全部	子1/2
親のみ	親全部	親1/3
兄弟姉妹のみ	兄弟姉妹全部	兄弟姉妹なし

の財産。債務）を承継します。法定相続分は上記の表のとおりです。

　消極財産は，相続人が，法定相続分の割合に従って当然に承継します。負債の方が多く消極財産を承継したくない場合には，相続人は，相続放棄の手続をとることになります。

　他方，積極財産の取扱いは，遺言の有無によって変わってきます。遺言がなければ，相続人は，法定相続分の割合を承継することを前提として，具体的な財産の帰属につき，相続人全員で協議（遺産分割協議）を行うことになります。

　もっとも，遺産分割協議で，相続人間の利害を調整するのはなかなか大変です。特に，今回のケースの場合において，娘さんを施設に入れたいと考えている息子さんが実家を取得したいと強く主張して協議がまとまらない，あるいはご自身の意思を押し通した形の結論となることも十分想定されますし，そもそも，息子さんよりも娘さんに多くの財産を帰属させるという本人の意

思が，息子さんの反対により，全く反映されなくなるものと思われます。

　本人が自身の財産についてどのように承継させたいかの明確な意思を持っている場合，これを実現する制度が「遺言」です。遺言が作成された場合，その相続財産の分割方法（分け方）は，原則的には，遺言が優先されます。そのため，今回のケースにおいても，実家を娘さんに，預金を娘さんと息子さんとで等分に分けるという内容の遺言を作成することにより，相続財産の分割方法に関する本人の意思が実現できます。

2　遺言の基礎知識

(1)　遺言は，民法で定められた形式に従い作成されなければ無効です。民法では，大きく分けて，通常の普通方式の遺言と，緊急の場合に効力が認められる特別方式の遺言とが規定されていますが（下記の表参照），今回のケースで問題となるのは，①自筆証書遺言と②公正証書遺言と思われますので，これらにつき説明をします。

《遺言の種類》

《普通方式の遺言》 （一般的に遺言を作成する場合） ・自筆証書遺言 ・公正証書遺言 ・秘密証書遺言	《特別方式の遺言》 （特別な状況下で遺言を作成する場合） ・危急時遺言 　（一般臨終遺言と船舶遭難者遺言） ・隔絶地遺言 　（伝染病隔離者遺言と在船者遺言）

(2)　**各遺言の特徴について**

　ア　自筆証書遺言について

　　自筆証書遺言は，本人が，遺言の全文・日付・氏名を自署し，捺印をすることにより作成される遺言です（民法968条1項）。簡易簡便に作成できるというメリットがある一方で，民法上の方式を満たさなかったり，内容が判別できない場合には無効とされたり，紛失・隠匿・破棄・偽造等のリスクがあります。

第7章　障害者支援のために知っておくべき相続・税金・信託の知識

　自筆証書遺言を作成する際に注意しなければならない点は，以下のとおりです。

①　「全文」を自署するとともに，「日付」「氏名」を記載した上で「捺印」することが必要となります。これらが欠けた遺言は，無効となります（民法968条1項）。

②　自筆証書遺言の内容は，一義的に特定されていなければなりません。個別の財産につき，具体的な分け方を定める場合には，対象となっている財産を明示する必要があります（次頁参照）。

　また，「平成29年4月吉日」など，具体的な年月日が記載されていない場合には，無効となります。

③　自筆証書遺言は，全て本人が自筆しなければなりません。添え手を行い，実質的に介助者が筆記をしたような場合には，遺言は無効となります。

④　自筆証書遺言の内容を加除訂正する場合，法律上，厳格な要件が定められています（民法968条2項）。加除訂正により，遺言の方式に違反が生じたり，遺言者の意思が確認できなくなった結果，遺言の効力が認められなくなるおそれもあります。そのため，短い遺言であれば，一部を訂正するよりも，全体を初めから書き直すことをお勧めします。

⑤　遺言書が2枚以上になる場合には，単一の遺言であることを明示するとともに，差替えを防止するため，綴じた上で割印を押すことをお勧めします。

⑥　自筆証書遺言は，本人の死後，本人の住所地を管轄する家庭裁判所において検認の手続を行う必要があります（民法1004条1項）。

　なお，以上の点を踏まえ，自筆証書遺言の作成例を2つ示しましたので（415〜416頁），参考にしてください。

イ　公正証書遺言について

　公正証書遺言は，

①　証人2人以上の立会いのもとで，

②　遺言者が遺言の趣旨を公証人に口授し，

《自筆証書遺言の例①》

※ただし，必ずしもその有効性を保障するものではありません。

遺 言 書

1　私は，以下の財産を，私の長女の山本冬美に相続させます。
- 土地
  - （所在）　　　　東京都豊島区南長崎3丁目
  - （地番）　　　　16番2
  - （種類）　　　　宅　地
  - （地積）　　　　86.3平方メートル
- 建物
  - （所在）　　　　東京都豊島区南長崎3丁目16番地2
  - （家屋番号）　　656番
  - （種類）　　　　居　宅
  - （構造）　　　　鉄筋コンクリート造陸屋根2階建
  - （面積）　　　　1階　62.3平方メートル
  - 　　　　　　　　2階　50.2平方メートル

2　私は，第1項記載の不動産以外の財産は，下記の財産も含め，長女の山本冬美と長男の山本一郎にそれぞれ2分の1ずつ相続させます。
- ○○銀行新宿支店　普通預金口座
  - 口座番号：3333333
  - 口座名義人：山本春子
- ○○信用金庫新宿支店　定期預金口座
  - 口座番号：2222222
  - 口座名義人：山本春子

3　私は，この遺言の遺言執行者として，以下の弁護士を指定します。なお，遺言執行者の報酬は，所属事務所の報酬規定通りで結構です。
　　　氏名：田中　太郎（昭和○○年○○月○○日生）
　　　住所：東京都○○区○○○1丁目2番3号

4　私がこのような遺言を作成したのは，以下の通りです。
　　私は，小児麻痺を患っている長女の冬美の将来が心配でたまりません。私は，冬美が，これまでと同じように，自宅で生活できるようにすること，及びお金の心配がなく安心して生活できることを強く望んでいます。このような思いを実現するため，この遺言書を作成しました。
　　一郎には負担をかけますが，どうか，私の意志を酌んでもらい，姉弟末永く仲良くしてもらいたいと思います。

　　平成29年4月30日
　　　　東京都豊島区南長崎3丁目○番○号

　　　　　　　　　　　　　　　　　　　　　　　氏名　　山本　春子　㊞

第 7 章　障害者支援のために知っておくべき相続・税金・信託の知識

《自筆証書遺言の例②（簡易バージョン）》
※ただし，必ずしもその有効性を保障するものではありません。

遺　言　書

1　私は，私の自宅（東京都豊島区南長崎 3 丁目○番○号所在）の土地と建物を，私の長女の山本冬美に相続させます。
2　私は，第 1 項の自宅不動産以外のその他の財産については，長女の山本冬美と長男の山本太郎にそれぞれ 2 分の 1 ずつを相続させます。
3　私は，この遺言の遺言執行者として，弁護士の田中太郎氏（昭和○○年○○月○○日生，住所：東京都○○区○○○ 1 丁目 2 番 3 号）を選任します。
　遺言執行者の報酬は所属事務所の規定通りにしてください。
4　私がこのような遺言を作成したのは，長女の冬美が，自宅でずっと安心して生活できることを強く望んでいるためです。太郎には面倒をかけますが，どうか，私の意思を酌み，姉弟末永く仲良くしてもらいたいと思います。

　　　　　平成 29 年 4 月 30 日

　　　　　　　　　　　　　　　　氏名　　山本　春子　　㊞

---

③　公証人が遺言者の口授を筆記し，これを遺言者及び証人に読み聞かせ，又は閲覧させ，

④　遺言者及び証人が筆記の正確なことを承認した後，各自が署名押印し，

⑤　公証人が，その証書が上記の方式に従って作成したものである旨を付記してこれに署名押印する，

という方式による遺言です（民法 969 条）。

　なお，口が利けない者についても，通訳人の通訳による申述により，公正証書遺言を作成することが可能です（民法 969 条の 2）。また，遺言者本人が公証役場に出かけなくても，公証人に出張してもらうことにより公正証書遺言を作成することもできます。

　公正証書遺言は，手間や作成費用がかかるというデメリットもありますが，遺言の内容につき公証人によるチェックが行われるので遺言内容

は明確となりますし，遺言書は公証人が保管しますので，遺言書の破棄・偽造のおそれがありません。そのため，遺言を確実に実行させるという点でいえば，公正証書遺言として残しておくという方法がより安全といえます。

(3) 遺言の内容の変更について

2つの遺言が存在し，かつ，後の遺言の内容が，前の遺言の内容と抵触する場合は，その抵触する部分については，後の遺言で前の遺言を撤回したものとみなされます（民法1023条1項）。また，遺言の内容が，遺言後の生前処分その他の法律行為と抵触する場合（例えば，設問の場合には，本人の生前に不動産を売却処分したような場合）には，その抵触する部分につき，前の遺言を撤回したものとみなされます（同条2項）。さらに，遺言者であるご本人が故意に遺言書を破棄した場合（自筆証書遺言の場合です。公正証書遺言は，先述したとおり，原本が公証人のもとに残されますので，その破棄はあり得ません）や，遺贈の目的物を破棄したときも，破棄した部分については，遺言を撤回したものとみなされます（同法1024条）。

3　相続人間でもめないための工夫

(1)　相続人に対する理解

もし，本人が想定する遺産分割方法につき，相続人に説明を尽くすことによってその理解が得られるのであれば，それに越したことはありません。そのため，個々の家庭により状況が異なるところではありますが，相続人全員の理解が得られる見込みが強いということでしたら，本人が，生前の段階で，相続人に対し，自己の遺産分割に関する意向を伝え，相続財産の分割につき相続人の理解を得ておいた方がよいと思います。

逆に，相続人の反発が予想される場合（本件でも，息子さんが本人の遺産分割案に対して反対するおそれが高いと思われます）には，(2)以下で述べるような配慮を検討していくことになります。

(2)　遺留分に対する配慮

遺留分とは，遺言によっても奪うことができない相続分のことです。その

第 7 章　障害者支援のために知っておくべき相続・税金・信託の知識

割合は，412 頁の表に記載したとおりです（民法 1028 条参照）。

　遺言により自己の遺留分が侵害された場合には，その相続人は，遺留分を侵害した者（すなわち，遺言により，多くの財産がもらえることになっている者）に対して遺留分減殺請求権を行使し，遺留分との差額の支払いを求めることができます。

　しかし，このような事態が発生すれば，本人の死後において，相続に関する紛争を起こすことなく穏便に相続財産を分け与えようとした本人の意思に反することになります。そのため，遺言を作成する場合には，各相続人に対し，遺留分よりも多くの財産を与えるような内容にすることを検討した方がよいでしょう。

　なお，遺留分算定の基礎となる財産の価額は，以下の通りです（民法 1029 条 1 項参照）。

　「相続開始時の相続財産の価額」＋「贈与した財産の価額」－「相続債務」

(3)　遺言執行者の選任

　遺言では，遺言執行者を選任することができます。遺言執行者が選任された場合には，遺言執行者に強い権限が与えられるとともに（民法 1012 条），遺言に反する処分は全て無効となります（同法 1013 条）。

　それゆえ，確実に遺言が執行されるためにも，信頼できる人，例えば弁護士を遺言執行者として選任しておくことをお勧めします（415 ～ 416 頁の遺言書の各第 3 項参照）。

(4)　遺言能力について

　本人の死後，本人が，遺言を作成した当時，認知症等にかかっており遺言を書く能力がなかったという理由で，遺言の効力が争われることがあります。

　この争いを未然に防ぐためにも，自筆証書遺言・公正証書遺言の種類を問わず，本人につき，遺言を書く能力があったことを示す診断書（認知機能・判断能力に問題がないことを記載してもらえばよいでしょう）を作成しておくと安心です。

(5)　遺言書の保管方法等

　本人により遺言が作成されても，自筆証書遺言であれば，紛失・隠匿・破

418

棄により検認手続が行われなかったり，あるいは偽造により，本人の書いた遺言の内容がそのまま反映されなくなるおそれがあります。また，公正証書遺言を作成した場合であっても，その存在に気付かれなかったり，あるいは，本件の場合であれば，息子さんが公正証書遺言の存在をひた隠しにした結果，公正証書遺言の内容が実現されなくなるおそれがあります。

そのため，自筆証書遺言の保管・検認手続の申立てを信頼できる第三者に委ねたり，あるいは，公正証書遺言の存在を信頼できる第三者に伝えておくなど，遺言書の内容が確実に実現できるようにするための保管方法等を検討しておく必要があります。

(6) さいごに

このように，遺言書の作成によりその死後においてその意思に基づいた財産処分を行うためには，遺言書の作成方法，内容，遺言執行者の選任，遺言書の保管方法等々，様々な配慮が必要となります。そのため，遺言書の作成の際には，事前に信頼できる弁護士に相談することをお勧めします。

55　障害者が使える税金控除の種類と金額

Q 　私の息子には重度の精神障害がありますが，所得税の申告のときに，「障害者控除」「特別障害者控除」というものがあるようなので気になっています。障害者本人が受けられる税金の控除と，障害者を扶養している親族が受けられる税金の控除について詳しく教えてください。

A 　障害者や障害者を扶養している親族に対しては，所得税だけでなく，住民税や相続税などでも様々な種類の控除があります。これらをうまく活用することで税負担を軽減することができますので，その内容を正しく理解しましょう。

419

第7章　障害者支援のために知っておくべき相続・税金・信託の知識

解　説

1　所得税や住民税の控除について

(1)　納税者本人が障害者である場合，又は「控除対象配偶者」や「扶養親族」が障害者である場合，確定申告の際に障害者控除の対象となり，所得税の計算上，一定の金額の所得控除を受けることができます。障害の程度が重い場合は「特別障害者」として控除の金額が上がり，また，特別障害者と同居を常にしている場合は「同居特別障害者」ということで，さらに多くの金額が控除されます。

　また，個人の住民税については，所得税の確定申告をすれば，個人の住民税の申告があったものとみなされます。所得税で控除されたものは，そのまま住民税の計算にも適用されます。所得税に障害者控除（特別障害者控除）が適用されれば，住民税にも自動的に障害者控除（特別障害者控除）が適用され

「控除対象配偶者」とは，その年の12月31日の現況で次の4つの要件の全てに当てはまる人です。
　①民法の規定による配偶者であること（内縁関係の人は該当しません）。
　②納税者と生計を一にしていること。
　③年間の合計所得金額が38万円以下であること（給与のみの場合は給与収入が103万円以下）。
　④青色申告者の事業専従者としてその年を通じて1度も給与の支払を受けていないこと又は白色申告者の事業専従者でないこと。
「扶養親族」とは，その年の12月31日（納税者が年の中途で死亡し又は出国する場合は，その死亡又は出国の時）の現況で，次の4つの要件の全てに当てはまる人です。
　①配偶者以外の親族（6親等内の血族及び3親等内の姻族をいいます）又は都道府県知事から養育を委託された児童（いわゆる里子）や市町村から養護を委託された老人であること。
　②納税者と生計を一にしていること。
　③年間の合計所得金額が38万円以下であること（給与のみの場合は給与収入が103万円以下）。
　④青色申告者の事業専従者としてその年を通じて1度も給与の支払を受けていないこと又は白色申告者の事業専従者でないこと。

ます。

(2) 所得税と住民税の障害者控除の金額

納税者本人，控除対象配偶者，扶養親族のうちに障害者（特別障害者）がいるときの控除額は，障害者1人につき下記のとおりです。

区分	所得税	住民税
障害者控除	27万円	26万円
特別障害者控除	40万円	30万円
同居特別障害者控除	75万円	53万円

① 納税者本人が障害者である場合

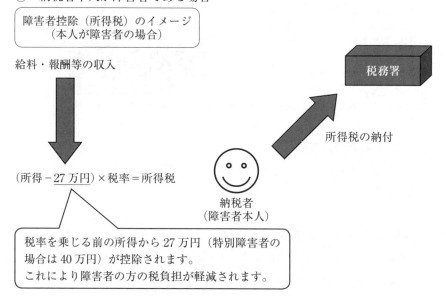

第7章 障害者支援のために知っておくべき相続・税金・信託の知識

② 納税者が障害者を扶養している場合

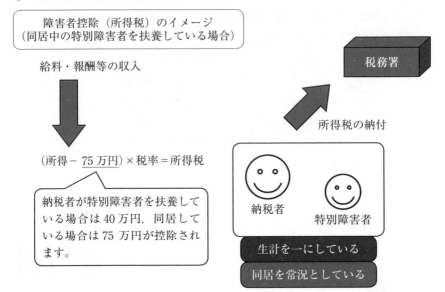

※これら①，②の図では，障害者控除以外の所得控除や税額控除等は考慮していません。

(3) 障害者控除の対象者

障害者控除の対象となる「特別障害者」，「障害者」とはそれぞれ下記に当てはまる人です。

《特別障害者控除・障害者控除の対象者一覧》

	種類	特別障害者控除の対象者	障害者控除の対象者
①	身体障害者	身体障害者手帳1〜2級程度の者	身体障害者手帳3〜6級程度の者
②	知的障害者	療育手帳で重度（A1, A2）の者	療育手帳で中軽度（B1, B2）の者
③	精神障害者	精神障害者保健福祉手帳1級程度の者 精神上の障害により事理を弁識する能力を欠く状況に	精神障害者保健福祉手帳2〜3級程度の者

		ある者	
④	要介護高齢者（65歳以上）	65歳以上の高齢者で精神又は身体に障害があり，市町村長や福祉事務所長から上記の特別障害者に準じるという認定を受けている者	65歳以上の高齢者で精神又は身体に障害があり，市町村長や福祉事務所長から上記の障害者に準じるという認定を受けている者
⑤	寝たきりの方	いつも病床についていて，複雑な介護を要する者	
⑥	戦争による傷病者	戦傷病者手帳の交付を受け，恩給法別表第1号表の2に定める特別項症から第3項症までの認定を受けている者	戦傷病者手帳の交付を受け，左記以外の傷病の認定を受けている者
⑦	被爆者	原子爆弾被爆者で，厚生労働大臣の認定を受けている者	

《参考：介護保険法との関係》

　所得税法上，障害者控除の対象となる障害者は，所得税法施行令10条に限定列挙されており，精神又は身体に障害のある65歳以上の人で，障害の程度が知的障害者又は身体障害者に準ずるものとして，市町村長等の認定を受けている人などとされ，介護保険法の介護認定を受けた人については，規定されていません。したがって，介護保険法の要介護認定を受けただけでは，障害者や特別障害者とは扱われず，別に市町村長等の認定を受けるように申請する必要があります。

2　心身障害者扶養共済制度に基づく掛金の控除・給付金の非課税

　地方自治体が条例によって実施する心身障害者扶養共済制度に基づいて支給される給付金（脱退一時金を除きます）については，所得税・住民税はかかりません。この給付金を受ける権利を相続や贈与によって取得したときも，相続税や贈与税はかかりません。

第7章　障害者支援のために知っておくべき相続・税金・信託の知識

「心身障害者扶養共済制度」とは，障害のある方を扶養している保護者が，自らの生存中に毎月一定の掛金を納めることにより，保護者に万一（死亡・重度障害）のことがあったとき，障害のある方に終身一定額の年金を支給する制度です。これは都道府県・指定都市が実施している任意加入の制度となります。
　掛金の全額が所得税及び地方税の対象となる所得から控除され，また，受け取った年金・弔慰金に対しては所得税がかかりません。また，年金を受ける権利は，相続税・贈与税の対象となっていません。

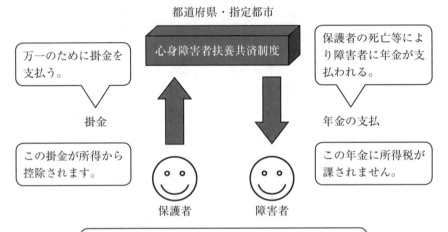

3　少額貯蓄の利子等の非課税

　預貯金や国債などの利子は，原則としてその支払の際に，20.315％（所得税15％，復興特別所得税0.315％，地方税5％）の税率を乗じて算出した所得税等が源泉徴収され，それだけで納税が完結する源泉分離課税となっています。
　ただし，障害者等に該当する人の貯蓄の利子等については，一定の手続により非課税制度の適用が受けられます。

424

55　障害者が使える税金控除の種類と金額

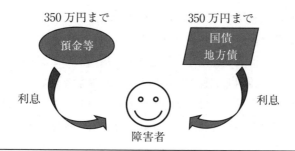

(1) 対象者

国内に住所のある個人で，障害者等（所得税法施行令31条の2）に該当する人に限られています。この障害者等とは，障害者手帳の交付を受けている人や障害年金を受けている人など一定の要件を満たす障害者と，遺族年金や寡婦年金を受けている妻などをいいます。

(2) 制度内容

① 障害者等の少額預金の利子所得等の非課税制度

非課税の対象となる貯蓄は，預貯金，合同運用信託，特定公募公社債等運用投資信託及び一定の有価証券です。非課税となるのは，上記4種類の貯蓄の元本の合計額が350万円までの利子です。

この制度を利用するためには，最初の預入れ等をする日までに「非課税貯蓄申告書」を金融機関の営業所等を経由して税務署長に提出するとともに，原則として，預入れ等の都度「非課税貯蓄申込書」を金融機関の営業所等に提出しなければなりません。なお，この申告書を提出する際には，年金証書や身体障害者手帳など一定の確認書類を提示する必要があります。

② 障害者等の少額公債の利子の非課税制度

非課税の対象となる貯蓄は，国債及び地方債です。非課税となるのは，国債及び地方債の額面の合計額が350万円までの利子です。これは①とは別枠となっています。

第7章　障害者支援のために知っておくべき相続・税金・信託の知識

　この制度を利用するためには，国債や地方債を最初に購入する日までに「特別非課税貯蓄申告書」をその購入をする証券業者や金融機関の営業所等の販売機関を経由して税務署長に提出するとともに，原則として購入の都度「特別非課税貯蓄申込書」を証券業者や金融機関の営業所等の販売機関に提出しなければなりません。なお，この申告書を提出する際には，年金証書や身体障害者手帳など一定の確認書類を提示する必要があります。

4　障害者の相続税額控除

(1)　概要

　相続人が85歳未満の障害者であるときは，相続税の額から一定の金額を差し引くことができます。障害者控除を受けられるのは次の全てに当てはまる人です。

　①　相続や遺贈で財産を取得した時に日本国内に住所がある人
　②　相続や遺贈で取得した時に障害者である人
　③　相続や遺贈で財産を取得した人が法定相続人（相続の放棄があった場合には，その放棄がなかったものとした場合における相続人）であること

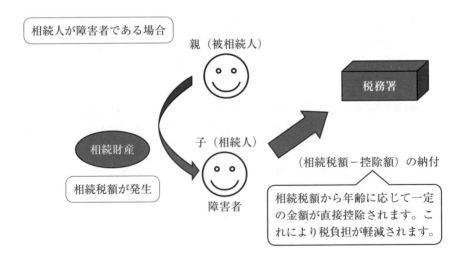

(2) 障害者控除の額

① 障害者

<u>満85歳になるまでの年数（1年未満切上）× 10万円</u>で計算した額

② 特別障害者

<u>満85歳になるまでの年数（1年未満切上）× 20万円</u>で計算した額

※障害者・特別障害者の対象者は，422～423頁を参照してください。

　障害者控除額が，その障害者本人の相続税額より大きいために控除額の全額が引き切れない場合，その引き切れない部分の金額をその障害者の扶養義務者（配偶者，直系血族及び兄弟姉妹のほか，3親等内の親族のうち一定の者）の相続税額から差し引くことができます。

5　特定障害者に対する贈与税の非課税

　特定障害者（特別障害者及び障害者のうち精神に障害のある方をいいます）の方の生活費などに充てるために，一定の信託契約に基づいて特定障害者の方を受

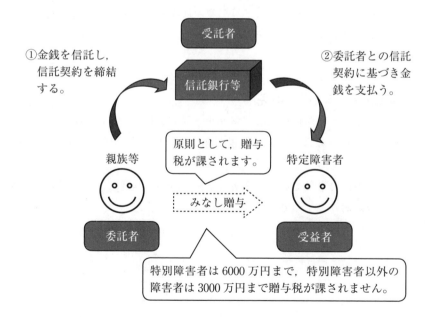

第7章　障害者支援のために知っておくべき相続・税金・信託の知識

益者とする財産の信託があったときには，その信託受益権の価額のうち，特別障害者である特定障害者の方については6000万円まで，特別障害者以外の特定障害者の方については3000万円まで贈与税がかかりません。

　この非課税の適用を受けるためには，財産を信託する際に「障害者非課税信託申告書」を，信託会社を通じて所轄税務署長に提出しなければなりません。

6　障害者等の住民税非課税限度額

　個人住民税は，均等割と所得割（税率10％）からなっていますが，前年中の合計所得金額が125万円以下（給与所得者の場合は年収204万4000円未満）の障害者については，均等割も所得割も住民税が課せられません。

7　自動車税（軽自動車税）及び自動車取得税の減免

　障害者又は当該障害者と生計を一にする者が所有し，当該障害者と生計を一にする者が運転する車輌1台につき，自動車税（軽自動車税）及び自動車取得税が減免されます。減免を受けるための具体的な金額や障害者の要件等は，各地方自治体により異なりますので，各地方自治体の窓口に確認してください。

8　事業税の非課税・減免

　重度の視覚障害者が行う按摩，マッサージ，はり，灸等の医業に類似する事業を個人で営む場合，個人事業税が非課税となります（ただし，届出が必要です）。

　また，その他の事業であっても所得金額や障害の程度によって減免を受けられる場合がありますので，都道府県に確認してください。

56　福祉型信託の今後の活用

Q 私には幸い，まとまった財産があるのですが，夫は亡くなり，子どもは重度の知的障害のある娘1人だけです。娘はもう54歳で，子どもを産むこともないと思いますので，娘に引き継がせても誰に承継させることもできません。娘にまとまったお金を渡して誰かにだまされるのも可哀想なので，私は，娘が生きている間は豊かに生活できるだけのお金を毎月娘に渡し，娘が亡くなった後は福祉施設に寄附したいと思っています。どうすればこのような財産の処分が可能になるでしょうか。

A 娘さんが，もし将来結婚することなく，子どもも産まなかったとすると，相続人がいないことになりますので，娘さんの死後は，財産は最終的に国庫に帰属するのが原則です（民法959条）。娘さんが遺言を書くことができればいいのですが，いざとなると，誰にもだまされることなく，内容を正しく理解して書くことが難しいかもしれません。こういったときに，後見的な財産管理と，遺産の承継を同時に可能にする方法として，「福祉型信託」についての関心が高まっています。

解　説

1　信託とは

(1)　「信託」は，英米法の概念で，まだ日本では耳慣れない言葉だと思います。「信託」とは，信託法に定められている制度で，「① a　信託契約の締結，b　遺言による信託，c　信託宣言（自己信託）のいずれかの方法により，②受託者が，一定の目的に従い，財産の管理又は処分及びその他目的の達成のために必要な行為をすること」を指します。

　信託を設定するa～cの法律行為を「信託行為」，信託行為を設定する人

429

第7章　障害者支援のために知っておくべき相続・税金・信託の知識

を「委託者」，信託事務を担う人を「受託者」，信託によって利益を享受する人を「受益者」といいます。信託行為により，信託された財産の所有権は物権的に受託者に移転し，受益者は，受託者に対し，一定の目的に従う財産の管理処分について債権的な請求権を持つことになります。

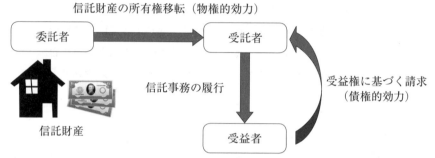

※なお，委託者が同時に受託者になることを「自己信託」といい，委託者が同時に受益者となることを「自益信託」といいます。

(2)　最近「後見制度支援信託」という言葉も新しく使われるようになってきていますが，これは「福祉型信託」とは全く異なる概念です。後見制度支援信託というのは，「支援」のために使われているのではなく，家庭裁判所が成年後見人を選任する際に，親族後見人が横領等の不祥事を起こさないよう，信託を使って財産を凍結してしまう仕組みのことです。家庭裁判所によって運用のばらつきはありますが，おおむね1200万円以上（東京家庭裁判所は500万円以上）の預金や株式等の資産がある成年後見事件について，専門職以外の親族等が後見人になるときは，まず弁護士や司法書士を短期間，後見人として選任し，日常的に使わない金銭については，信託銀行と後見制度支援信託契約を締結して，その信託銀行に全て預けさせます。後見制度支援信託によって預けられた金銭は，裁判所の指示書がなければ引き出せないため，横領等を防ぐことができるといわれています（→Q 51）。

しかし他方で，親が，障害者の子どものために，子ども名義で貯蓄してきた金銭まで全て凍結されてしまうことについては抵抗感も強く，成年後見制

度が使いにくいとされる原因になっています。そういった使いにくさから，資産を有効活用し，同時に財産の処分や承継も可能になる「福祉型信託」に注目が集まっているのです。

2 福祉型信託が使える場面

(1) 「福祉型信託」というのは，高齢者や障害者等を受益者として，その財産の管理や生活を支援することを目的とした信託のことです。また高齢者や障害者の生活を配慮できる立場にいる者を受託者とするために，家族の誰かが受託者を引き受けるという意味で，「家族信託」といわれることもあります。

(2) 福祉型信託が着目されるようになってきたのは，従前の成年後見制度や遺言というような制度に代わり，あるいはこれらと併用して，信託が，①財産の管理，②財産の活用，③財産の処分や承継という3つの問題を一気に解決してくれるという期待が集まっているからです。具体的には，次のような場面での活用が考えられます。

① 「第三の成年後見制度」としての活用

例えば，高齢者Xの財産管理について考えたときに，もしXが認知症になり，自己の財産を1人で十分に管理できなくなったときには，成年後見制度（法定後見や任意後見）の活用が考えられます。しかし，成年後見制度（そのうち，特に法定後見）は，原則として，判断能力が低下した時点からしか利用できず，認知症ではないけれども，加齢による身体的機能の衰えにより，誰かに財産管理を委ねたいというニーズには対応できません。また，成年後見制度によって財産管理を行うためには，家庭裁判所による監督を受ける必要がありますが，いまだ財産の保全についての意識が強く，積極的な投資や定期的な贈与等の節税対策がXの意思だったとしても，なかなかこれを家庭裁判所が許可してくれない場合があります。

しかし，信託の場合は，認知症等の判断能力の問題がなくても，自分を受益者として（自益信託），自分が信頼する受託者に全ての財産管理を

任せることができますし，投資や節税対策についても，信託の目的に従って柔軟に対応できます。

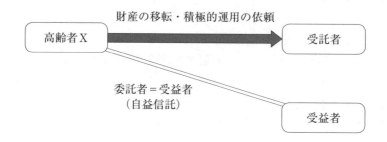

② 親亡き後への活用

　また，障害者の子どもを持つ高齢者の資産承継の問題でも，遺言では特定の誰かに遺産を相続させ，又は遺贈することを指定することができますが，例えば，相続人となる子Ａに重度の障害があり，さらにＡから資産を承継する相続人がいないため，いずれは資産が国庫に帰属してしまう可能性のあるケースにおいて，信託をうまく活用することが期待されています。

　この場合，信託なら，資産承継型の信託が有効と解されていますので，まず高齢者Ｘを第１順位の受益者として指定し，Ｘが亡くなった後は，子Ａを第２順位の受益者と指定しておいて，十分な治療や療養を受けるだけの定期金を給付するなどの委託をし，子Ａが生涯にわたり不自由のない生活を送れるよう保障させることができます。また，子Ａが死亡した場合には，子Ａが入所している施設の社会福祉法人等を，財産が最終的に帰属する「帰属権利者」として指定することで，順次財産を承継させ，資産を有効に活用することができます。この場合，Ｘが遺言を書き，最終的に資産を帰属させようと考えている社会福祉法人等に，子Ａの扶養を義務付ける負担付き遺贈をすることも考えられますが，Ｘの死後に法人が義務を履行したかどうかのチェック体制がとりにくいという難点があります。しかし，信託を使うことで，この問題は一挙に解決できま

す。

　なお「第1受益者」「第2受益者」という形で，受益者を連続して定めることはできますが，永遠に信託されるわけではなく，信託設定時から30年を1つの区切りとして，その後新たに受益権を取得した受益者が死亡すると，信託は終了することになっています（信託法91条）。

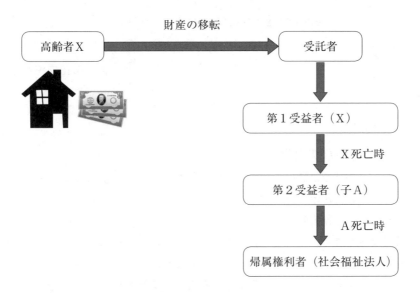

③　浪費者への生活資金の給付策

　新しい成年後見制度では，「浪費者」は対象外とされており，相続人である子Aが浪費家であったような場合も，原則として相続分に相当する金額をまとめて渡さざるを得ず，浪費を防止するものではありません。また，遺言で，A以外の子Bに遺産を遺贈して，BにAの扶養を約束させても，Aには遺留分があるので，遺留分相当額は同様に金額をまとめて渡さなければなりません。また，もしAに精神的な障害があり，成年後見制度を利用できるとしても，あくまでもAのための制度であり，Aの意思に反して財産管理をするのは限界がありますし，例えばAの妻が浪費家である場合にも，なかなか適切な財産管理をするのが困難になり

ます。

　しかし，信託を使えば，Aを受益者に指定し，月々の定期金として渡したり，年齢によって段階的に渡す等，Xにおいて，財産の承継方法をコントロールすることができます（ただし，遺留分の問題は残ります）。

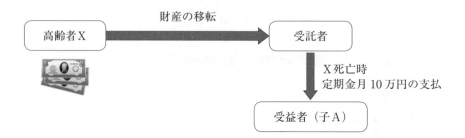

3　福祉型信託の課題

　しかし，福祉型信託にも，いくつかの課題があり，より利用しやすくなるよう今後の改善が望まれます。

(1)　身上配慮義務の問題

　信託はあくまで財産管理の仕組みですので，成年後見制度と違って，身上監護については本来の契約の趣旨ではありません。しかし，高齢者や障害者の暮らしを支えるためには，身上監護も大きな職務の柱として，受託者に委任できるようにする必要があります。信託契約に，身上配慮義務を入れた混合契約を締結したり，信託契約と別に身上監護に関する委任契約を締結する，任意後見契約と併用するなど，様々な工夫が必要です。

(2)　受託者の受け皿の問題

　信託業法との関係では，受託者について，仕事として引受報酬を受け取れるのは，内閣総理大臣の免許（運用型信託会社）や登録（管理型信託会社）を受けた会社（信託業法3条，7条）だけです。こういった登録や免許を受けるには，①株式会社でなければならない，②最低資本金や純資産は5000万円以上でなければならない，③信託業務に3年以上従事した者を配置すること等，様々な要件が課せられており，高コスト体質とならざるを得ないため，報酬

も高くなる傾向があります。また，金融機関の信託業務の兼営等に関する法律（以下，「兼営法」といいます）によって信託業務の兼営の認可を受けた銀行も信託業務を行うことができますが，信託銀行は，ほとんどの支店が都会に集中し，高齢者や障害者の身近には存在せず，とても受託者として気軽に相談できる存在ではありません。

平成18年の信託業法の改正の際に，衆議院・参議院の付帯決議として，高齢者や障害者の生活を支援する福祉型の信託については，その担い手として弁護士，NPO法人，社会福祉法人等の参入の取扱いなどを含め，幅広い観点から検討を行うことという意見が付されました。福祉型信託の利用を広げるためにも，高齢者や障害者の身近に受託者の受け皿を整備し，弁護士等も業として受託者の業務を取り扱えるように明確にする必要があります。

(3) 受託者の監督の問題

信託業法や兼営法は，いわゆる大企業や銀行に受託者を限っている反面，個々の信託業務について監督をする仕組みがありません。しかし，本来は，他人の財産を譲り受け，これを他人のために管理運用するという制度である以上，有償・無償を問わず，定期的に監督する仕組みを作る必要があります。この点，信託法では，任意の規定ですが，受益者のために，信託業務が適正に行われているかチェックする信託監督人（信託法131条，132条），受益者が存在するものの，自分だけでは十分に受益権の行使が難しい場合に，受益者を代理する受益者代理人（同法138条，139条）という制度があります。信託監督人や受益者代理人には特に資格の定めがなく，弁護士等が業務としてすることも可能ですので，適正な信託業務の遂行のために，活用が期待されます。

(4) 課税の問題

信託行為により信託財産の所有権を受託者に移転させた場合，所得税法との関係では，所得税は受託者ではなく，受益者に課税されることになっています（所得税法13条）。したがって，適正な対価もなく受益権を取得すると，「贈与」とみなされますし，遺言によって受益権を取得した場合は「遺贈」とみなされます（相続税法9条の2）。ここでの問題は，受益権を行使できる

第7章　障害者支援のために知っておくべき相続・税金・信託の知識

ようになったときに課税されるのではないという点です。受益者連続型信託のように、第1順位の受益者と、第2順位の受益者がいた場合でも、期間的な制約はないものとみなされ、第2順位の受益者は信託の利益をまだ受けていないのに、課税されてしまうことになります（同法9条の3）。また、例えば障害のある子どものために、受託者に8000万円のアパートを信託し、アパートから収益として得られる賃料の中から、毎月50万円の受益権を障害のある子に渡すということにすると、月50万円の収益に対して課税されるのではなく、信託設定時に8000万円の贈与に関する課税がなされることになります。

　これに対して、精神的な障害がある者を受益者とし、その生活費に充てるために信託を活用した場合には重度の障害者は6000万円まで、それ以外の障害者は3000万円まで贈与税がかからないという制度はあります（→Q55）。しかし、もらってもいない財産に課税されることについては負担感が強く、受益者は、信託を終了させることや信託財産を処分等することができないことから、福祉型信託を活用していくためにも、その受益に対応する部分についてだけ課税するなど、受益者が負担しやすい税制に変えていく必要があります。

(5)　遺留分の問題

　信託も一定の財産を生前、又は死亡とともに移転するものである以上、相続人の遺留分を侵害すれば、遺留分減殺請求（→Q54）の対象になると考えられます。学説の対立はありますが、受託者に対し、信託財産そのものを基準に計算して遺留分を請求できる（信託財産説）というのでは、受益者に過大な負担を課すことになりますので、受益者に対し、受益権を基準に計算して遺留分を請求できるという説（受益権説）が有力です。また受益者連続型信託の場合には、第1順位の受益者が受益権を取得した段階で遺留分減殺請求が認められ、第2順位以降では別に遺留分減殺請求できるものではないと解することになります。

　このように、遺留分権利者との関係でやや権利関係が明確でないため、今後福祉型信託を普及させるためにも、遺留分との関係について明文で定めて

はっきりさせる必要があるでしょう。

4　設問への回答

　以上に検討したように，設問のケースでは，誰か信頼できる受託者を探して，信託契約を活用し，自分の死後は第2順位の受益者に，重度の知的障害の娘さんを設定して，毎月，豊かに生活できる程度の生活費を交付するようにすることが考えられます。また，もし娘さんが亡くなれば，帰属権利者としてお世話になっている福祉施設を設定して，最後に財産を寄附することが考えられます。

　信託契約書のひな型を次頁につけておきますので参考にしてください。

第7章　障害者支援のために知っておくべき相続・税金・信託の知識

《設問における信託契約書ひな型（親亡き後の信託活用）》

信託契約書（案）

第1条（信託の目的）
　本信託の信託目的は以下のとおりです。
⑴　委託者Ｘの主な財産を，受託者Ａが管理または処分することにより，第1
　　受益者となるＸが亡くなるまで，悪徳商法などにだまされることなく，自分
　　の意思に従った健康で文化的な生活を送れるように，支援すること
⑵　委託者Ｘの死後，Ｘの主な財産を，受託者Ａが管理または処分することに
　　より，第2受益者となるＸの子Ｙが，生涯にわたり，十分な医療や介護を受
　　け，安定した生活を送れるように支援すること
⑶　第2受益者Ｙが死亡したときに財産が残っている場合には，その資産を障
　　害者福祉のために有効に使ってもらうために，Ｙが長年入所している障害者
　　更生施設ひまわりを経営する社会福祉法人Ｚに残余財産を寄付すること

第2条（信託行為）
　委託者は，本契約の締結の日（以下「信託開始日」といいます）に，信託目
的実現のため，別紙信託財産目録記載の財産（以下「信託財産」といいます）
を受託者に信託し，受託者はこれを引き受けます（以下「本件信託」といいま
す）。

第3条（委託者）
1　本件信託の委託者は下記の者です。
　　　　氏名　　　Ｘ
　　　　住所
　　　　生年月日
2　委託者が死亡した場合も本件信託は終了せず，委託者の地位は相続人に承
　　継されないものとします。

第4条（受託者）
1　本件信託の受託者は，Ｙが入所している施設の親の会に引き受けてもらう

438

ことにしました。

　　　氏名　　特定非営利活動法人　ひまわり親の会

　　　主たる事業所の所在地

　　　代表者

2　前項の受託者が，法律（信託法56条1項各号）に定める理由により，受託者の任務を途中で終了する場合には，委託者が新しい受託者を選任できるものとします。もしそのときに委託者が認知症等の病気や死亡のために判断ができないときは，受益者代理人が，新しい受託者を選任します。

第5条（受益者）

1　本件信託の第1受益者は，委託者と同じで，下記の者です。

　　　氏名　　　X

　　　住所

　　　生年月日

2　前項の受益者が死亡した場合には，委託者の唯一の子である下記の者が，第2受益者となり，すべての受益権を取得します。

　　　氏名　　　Y

　　　住所

　　　生年月日

3　受益者は，本件信託の受益権を譲渡し，または担保に供することはできません。

第6条（受益者代理人）

1　Xは高齢のため，Yは知的障害があるため，これから先のことを一人で決めることが難しいので，受益者の代理人として，下記の者を指定します。

　　　氏名　　　B

　　　事務所住所

　　　生年月日

　　　職業　　　弁護士

2　受益者代理人は，善良なる管理者の注意義務をもって行動しなければなりません。そのために，受益者の意思や最善の利益を考えながら物事を決めるように努力し，また報告された情報をわかりやすく受益者に伝えてください。

第7章　障害者支援のために知っておくべき相続・税金・信託の知識

3　受益者代理人は本件信託に定める受益者の権利について，裁判上または裁判外の一切の行為を代理する権限を持つものとします。

4　受益者代理人が辞任しようとする場合は，次の受益者代理人として適切な者を指定することができるものとします。

第7条（信託の期間）

本件信託の期間は，信託開始日から以下の事由が生じたときまでとします。

(1)　受益者X及び受益者Yが両方とも死亡したとき

(2)　信託財産が消滅したとき

第8条（信託財産の管理の開始）

1　委託者は，受託者に対し，信託開始日の後，速やかに，信託財産目録記載1乃至5の預金（以下「信託預金」といいます）を現金で払い戻し，これを受託者に引き渡します。

2　委託者は，受託者に対し，信託財産目録6及び7の不動産（以下「信託不動産」といいます）について，所有権を移転します。そのために委託者と受託者は，信託開始日の日付で所有権移転登記手続を行い，あわせて受託者は信託登記手続の申請を行います。但し登記手続費用は委託者の負担とします。

3　委託者は，受託者の同意を得て，信託財産目録記載以外の財産についても，あとから本件信託の信託財産として追加することができます。

第9条（信託事務の内容）

1　受託者は，以下の信託事務を行います。

(1)　信託預金の払戻金を，信託財産専用の口座を設けて入金し，管理すること

(2)　信託不動産について，必要な管理や修繕を行うこと

(3)　信託不動産について，Xが居住しなくなった場合に，信託不動産内の動産類を処分し，第三者に賃貸し，賃料を受け取ること

(4)　信託不動産について，受益者代理人の承諾を得て，金2000万円以上の時価相当以上の価格で売買し，売買代金を受け取ること

(5)　信託預金，信託不動産の賃料，信託不動産の売買代金等が入金された預金を適切に管理し，下記の支出を行うこと

①　受益者に対する一月あたり金10万円の生活費の送金

440

② 　受益者の施設入所費用，介護費用，医療費，税金その他の定期的支出

　③ 　その他X及びYが豊かで文化的な生活を営むために必要な臨時の支出

(6) 　その他信託目的を達成するために必要な事務を行うこと

2 　受託者は，信託事務遂行にあたり，信託預金，信託不動産から生じる賃料，信託不動産を売却したときの売買代金等を，信託財産専用の口座に入金し，受託者の固有財産と外形上はっきり区別できる方法で管理しなければなりません。

第10条（善管注意義務）

　受託者は，信託目的に従い，信託財産の保存，管理，処分に関し，善良なる管理者の注意を持って処理しなければなりません。

第11条（信託事務の第三者への委託）

1 　受託者は，信託不動産の管理を，不動産管理会社その他適切な第三者に委託することができます。その場合の委託費用は，第三者から得られる賃料の中から支出できるものとします。

2 　受託者は，本件信託に関する帳簿等の作成や報告書の作成に関し，税理士，公認会計士その他の適切な第三者に委託することができます。

第12条（信託の計算）

1 　本件信託にかかる計算期間は，毎年1月1日から12月31日までです。但し第1期の計算期間は信託開始日から同じ年の12月31日までとします。

2 　受託者は，信託行為の事務処理に関する計算を明らかにするため，信託財産に属する財産及び信託財産から支払わなければならない債務の状況を帳簿に記録しなければなりません。

3 　受託者は，信託財産に関し，第1項の計算期間の末日における財産目録及び収支計算書を作成し，これを当該計算期間が満了した月の翌月末日までに，受益者代理人に報告しなければなりません。

4 　受託者は，信託不動産を第三者に賃貸した場合は，その賃貸借契約書の写しを添えて，敷金や賃料の受領や管理費の支払いなどの経過報告書を作成し，遅滞なく受益者代理人に提出しなければなりません。また賃貸借契約が終了した場合も，賃料や原状回復費等の精算状況についての経過報告書を，受益

第7章　障害者支援のために知っておくべき相続・税金・信託の知識

者代理人に速やかに提出しなければなりません。

5　受託者は，第2項に基づき作成した帳簿は作成の日から10年間，第3項並びに第4項に基づき，受益者代理人に報告した書類は信託の清算結了の日までの間，保管しなければなりません。

第13条（信託事務処理にかかる費用の負担）

1　受託者は，本件信託の事務処理にかかった費用（通信費，交通費，公租公課，信託事務処理代行者に対する報酬，信託不動産の修繕費，損害保険料等）を，直接，信託財産から支出することができます。

2　受託者は，事務処理にかかる費用が管理している預金から支出できないときは，受益者から信託事務処理にかかる費用の償還又は前払いを受けることができます。

第14条（信託報酬）

受託者は，障害者の親の会として共助の観点から受託者を引き受けていますので，その報酬は無報酬とします。

第15条（受益者代理人の報酬）

1　受益者代理人の報酬は，毎月末日限り，金○万円（消費税別）とし，直接，信託財産から支払いを受けることができます。

2　受益者代理人が，訴訟行為，不動産の売却行為その他通常の業務の範囲を超えた活動をした場合は，受託者と協議の上で追加報酬を決定することができます。

第16条（信託契約の変更）

受託者は，信託の目的に反しないことが明らかであり，信託目的を達成するために必要と思われる場合には，委託者及び受益者代理人にその旨を書面で通知し，信託行為を変更することができます。但し，受益者の利益を損なうおそれがある行為の場合は，受益者代理人の承諾を得なければなりません。

第17条（信託契約の解除）

1　本件信託が，経済事情の変化，天変地異その他やむを得ない事由により，

442

信託目的の達成が不可能またはきわめて困難となったとき，受託者は，受益者代理人と合意の上，契約を終了させることができます。

2　本件信託は，前項の場合を除き，本信託期間中は解除することができません。

第18条（信託契約の終了）

本件信託は，以下のいずれかの事由が生じた場合に終了するものとします。

(1)　第7条の期間満了のとき

(2)　第17条第1項の信託契約の解除の合意があったとき

(3)　その他信託法に定める終了の事由が生じたとき

第19条（信託終了時の清算手続）

1　本件信託が終了したとき，受託者は信託終了時の清算受託者となって，清算事務を行い，残余の財産を次条記載の帰属権利者に引き渡し，かつ名義変更の手続を行います。

2　前項において，清算受託者は，本件信託終了時点での財産目録及び収支計算書，帰属権利者への引継書を作成し，これを信託終了後2ヶ月以内に，受益者代理人に報告しなければなりません。

第20条（信託終了時の信託財産の帰属）

1　本件信託が終了したとき，X及びYの双方または片方が生存している場合には，本件信託終了時の受益者となっている者に引き渡してください。

2　本件信託が終了したとき，X及びYが双方とも死亡しているときは，残余財産は，すべて社会福祉法人Zに帰属させ，寄付します。但し，Zが現金での寄与を望む場合は，清算受託者は信託財産を全て換価したうえで，帰属権利者に残余財産を寄付できるものとします。

第21条（法令の適用）

本件信託契約書に記載のない事項については，民法，信託法，その他の法令に従うものとします。

事 項 索 引

［あ行］

アールブリュット⋯⋯⋯⋯⋯⋯ 365
アウトリーチ⋯⋯⋯⋯⋯⋯⋯ 28
アセスメント⋯⋯⋯⋯⋯⋯⋯ 61
アダルト・チルドレン⋯⋯⋯⋯ 48
アディクション⋯⋯⋯⋯⋯⋯ 50
アポイントメントセールス⋯⋯⋯ 353
アルコール依存症⋯⋯⋯⋯⋯ 46
医学モデル⋯⋯⋯⋯⋯⋯⋯ 334
育成医療⋯⋯⋯⋯⋯⋯⋯⋯ 91
遺産分割⋯⋯⋯⋯⋯⋯⋯⋯ 412
医師意見書⋯⋯⋯⋯⋯⋯⋯ 16
意思決定支援⋯⋯⋯⋯⋯⋯ 24
意思決定支援ガイドライン⋯⋯ 24
意思表出⋯⋯⋯⋯⋯⋯⋯⋯ 26
移送費⋯⋯⋯⋯⋯⋯⋯⋯⋯ 327
遺族基礎年金⋯⋯⋯⋯⋯⋯ 242
遺族基礎年金の受給要件⋯⋯⋯ 243
遺族厚生年金⋯⋯⋯⋯⋯⋯ 242
遺族厚生年金の受給要件⋯⋯⋯ 244
委託者⋯⋯⋯⋯⋯⋯⋯⋯⋯ 430
委託相談支援⋯⋯⋯⋯⋯⋯ 28
1歳半健診⋯⋯⋯⋯⋯⋯⋯⋯ 2
一般相談支援⋯⋯⋯⋯⋯⋯ 28
移動支援⋯⋯⋯⋯⋯⋯⋯ 13, 32
イネーブラー⋯⋯⋯⋯⋯⋯ 48
遺留分⋯⋯⋯⋯⋯⋯⋯ 412, 417
遺留分減殺請求権⋯⋯⋯⋯⋯ 418
医療型児童発達支援⋯⋯⋯⋯⋯ 5
医療型障害児入所施設⋯⋯⋯⋯ 6
医療扶助⋯⋯⋯⋯⋯⋯ 95, 266

医療保護入院⋯⋯⋯⋯⋯⋯ 104
医療保護入院者退院支援委員会⋯ 35
インクルーシブ教育⋯⋯⋯⋯⋯ 9
インターネット・アディクション・
　テスト⋯⋯⋯⋯⋯⋯⋯⋯ 53
インナーペアレント⋯⋯⋯⋯ 49
宇都宮病院事件⋯⋯⋯⋯⋯ 101
上乗せ条例⋯⋯⋯⋯⋯⋯⋯ 338
運営適正化委員会⋯⋯⋯⋯⋯ 389
永久認定⋯⋯⋯⋯⋯⋯⋯⋯ 259
AA（アルコホリック・アノニマス）
　⋯⋯⋯⋯⋯⋯⋯⋯⋯⋯ 48
応急入院⋯⋯⋯⋯⋯⋯⋯⋯ 105

［か行］

介護施設従事者による虐待⋯⋯⋯ 176
介護世話の放棄・放任⋯⋯⋯⋯ 340
介護保険サービス⋯⋯⋯⋯⋯ 64
介護保険法⋯⋯⋯⋯⋯⋯⋯ 64
介護（補償）給付⋯⋯⋯⋯⋯ 214
ガイドライン⋯⋯⋯⋯⋯⋯ 335
加給年金⋯⋯⋯⋯⋯⋯⋯⋯ 257
額改定請求⋯⋯⋯⋯⋯⋯⋯ 235
学生納付特例制度⋯⋯⋯⋯⋯ 190
確認の請求⋯⋯⋯⋯⋯⋯⋯ 153
家族会⋯⋯⋯⋯⋯⋯⋯⋯⋯ 104
家族支援⋯⋯⋯⋯⋯⋯⋯ 48, 56
学校選択権⋯⋯⋯⋯⋯⋯⋯⋯ 8
合算対象期間⋯⋯⋯⋯⋯⋯ 232
家庭裁判所送致⋯⋯⋯⋯⋯⋯ 403
カラ期間⋯⋯⋯⋯⋯⋯⋯⋯ 232

445

事項索引

観護措置……………………… *403*
基幹相談支援センター………… *28*
基幹的社協…………………… *388*
寄宿手当……………………… *145*
起訴…………………………… *401*
帰属権利者…………………… *432*
起訴猶予……………………… *400*
技能習得手当………………… *145*
基本相談支援………………… *28*
基本手当……………………… *145*
基本手当日額………………… *149*
キャッチセールス…………… *353*
ギャンブル依存症……………… *52*
休業（補償）給付……… *162, 214*
求職の申込み………………… *152*
給付基礎日額………………… *165*
給料全額支払の原則………… *177*
教育訓練給付………………… *147*
強制貯金の禁止……………… *177*
強制適用事業所………………… *72*
共同生活援助…………………… *22*
業務災害……………………… *162*
緊急措置入院………………… *106*
クーリング・オフ…………… *355*
繰上げ請求…………………… *247*
グループホーム………………*39, 40*
クレプトマニア………………… *53*
計画相談支援…………………… *29*
経済的虐待……… *176, 177, 340, 347*
刑の一部執行猶予…………… *402*
契約締結審査会……………… *389*
嫌疑なし……………………… *400*
嫌疑不十分…………………… *400*
健康保険……………………*70, 166*

健康保険限度額適用・標準負担額減
　額認定証…………………… *80*
検認手続…………………*414, 419*
恋人商法……………………… *353*
高額療養費…………………… *77*
公共職業安定所……………… *145*
後見…………………………… *377*
後見制度支援信託………*381, 430*
後見人等の報酬……………… *381*
抗酒剤………………………… *47*
控除対象配偶者……………… *420*
更生医療……………………… *91*
更生支援計画…………… *60, 409*
公正証書遺言…………… *413, 414*
厚生年金保険の強制適用事業所… *194*
厚生年金保険の任意適用事業所… *194*
厚生年金保険法施行令別表第１… *206*
厚生年金保険法施行令別表第２… *207*
厚生年金保険料………… *187, 196*
工賃…………………………… *133*
工賃向上計画………………… *133*
公判請求……………………… *401*
合理的配慮…………*10, 130, 335*
勾留…………………………… *397*
国選弁護人…………………… *399*
国民皆保険制度………………… *69*
国民健康保険…………………… *70*
国民健康保険料の軽減制度…… *81*
国民健康保険料の時効………… *82*
国民健康保険料の不払………… *80*
国民年金・厚生年金保険　障害認定
　基準………………………… *204*
国民年金・厚生年金保険　精神の障
　害に係る等級判定ガイドライン

446

事項索引

　　　　　　　　　　　　　………… 208
国民年金法施行令別表……………… 205
国民年金保険料…………… 186, 188
国民優生法……………………… 101
国立久里浜医療センター………… 46
固定残業代制度………………… 174
子ども・若者育成支援推進法…… 58
子ども・若者総合相談センター… 58
子の加算………………… 200, 211
雇用継続給付…………………… 147
雇用保険………………………… 145
雇用保険受給者説明会…………… 156
雇用保険の基本手当……………… 217

［さ行］
サービス等利用計画
　　　　　………… 15, 16, 28, 29
再就職手当……………… 147, 157
最低生活費……………………… 266
最低保障額……………………… 211
残業代…………………………… 174
3歳児健診……………………… 2
3分の2要件…………………… 202
算定基礎期間…………………… 150
算定基礎日額…………………… 164
自益信託………………………… 430
時間外労働……………………… 170
支給決定手続…………………… 15
支給停止………………………… 260
支給停止解除…………………… 235
支給停止事由消滅届……… 235, 260
時効……………………………… 223
自己決定………………………… 25
自己決定の尊重………………… 34

事後重症請求………… 204, 208, 223
自己信託………………………… 430
自己破産………………………… 361
自己負担………………………… 67
自助グループ…………………… 47
施設内虐待……………………… 347
私選弁護人……………………… 399
私宅監置………………………… 101
失業認定日……………………… 156
失業保険………………………… 217
執行猶予………………………… 401
指定自立支援医療機関…………… 92
指定特定相談支援事業者………… 16
指定難病の場合の医療費助成…… 86
指導指示………………………… 323
児童発達支援…………………… 5
児童発達支援センター…………… 5
児童福祉法……………………… 4
児童扶養手当…………… 253, 254
自筆証書遺言……… 413, 415, 416
市民後見………………………… 383
社会的治癒……………………… 230
社会保険労務士………………… 262
社会モデル……………………… 334
就学時健診……………………… 7
就学指導委員会………………… 7, 8
就業手当………………… 147, 158
就職活動………………………… 129
就職困難者……………………… 152
就職促進給付…………………… 147
住宅確保給付金………………… 159
住宅扶助………………………… 266
重度かつ継続…………………… 92
重度心身障害者医療費助成制度

447

事項索引

............83, 98
住民税非課税限度額.................428
就労移行支援.....................132
就労継続支援...........22, 42, 132
受益者.........................430
受益者代理人....................435
受給金額.......................211
受給権消滅......................260
受診状況等証明書.........201, 212
受託者.........................430
守秘義務.......................341
準抗告.........................397
障害基礎年金.............166, 198
障害基礎年金の年金額............211
障害厚生年金.............166, 198
障害厚生年金の年金額............211
障害支援区分....................15, 16
障害児相談支援...................28
障害児相談支援事業所.............4
障害児通所支援...................4
障害児入所施設...................6
障害児福祉手当..................86
障害者介護給付費等不服審査会...17
障害者加算................98, 266
障害者基本法....................24
障害者虐待.....................346
障害者虐待防止センター...178, 341,
                          349
障害者虐待防止法......176, 340, 347
障害者権利条約..........10, 334
障害者権利擁護センター..........178
障害者雇用促進法................130
障害者雇用調整金.........131, 138
障害者雇用納付金.........131, 137

障害者雇用率制度..........130, 135
障害者差別解消法........10, 334, 335
障害者試行雇用..................129
障害者就業・生活支援センター...128
障害者職業センター..............127
障害者職業能力開発校............130
障害者自立支援法違憲訴訟........22
障害者総合支援法................15
障害者団体.....................33
障害者特例.....................250
障害者福祉施設従事者等による虐待
                     347, 348
障害状態確認届..................259
障害状態等級表..................204
障害状態要件...................204
障害手当金.....................201
障害程度区分....................64
障害等級.................205, 206
障害認定日の特例................219
障害認定日要件..................204
障害年金の受給要件..............201
障害の受容......................3
障害の程度.....................209
障害福祉サービス受給者証........16
障害（補償）給付.........165, 214
少額貯蓄の利子等の非課税........424
使用者による経済的虐待..........178
使用者による障害者虐待..........176
少年...........................403
傷病手当.................145, 157
傷病手当金...............166, 215
傷病手当金と障害年金の併給調整
                          217
傷病手当金の概要................216

傷病手当金の受給要件……………… *216*	法法律援助……………………… *36*
傷病（補償）年金………………… *214*	精神障害者の福祉医療を実現する奈
職業リハビリテーション………… *127*	良県会議……………… *84*
職場適応援助者…………………… *128*	精神障害者保健福祉手帳……… *131*
職場適応訓練……………………… *127*	精神通院医療……………………… *91*
初診日…………………… *201, 221*	精神病者監護法………………… *101*
初診日要件………………………… *201*	精神保健指定医………………… *106*
所定給付日数……………………… *150*	精神保健福祉センター… *57, 91, 103*
ジョブコーチ……………………… *128*	精神保健福祉法………………… *101*
処分保留…………………………… *401*	精神保健法……………………… *101*
自立更生計画……………………… *312*	性的虐待……………… *176, 340, 347*
自立更生経費……………………… *307*	成年後見制度……… *24, 43, 362, 375*
自立支援医療……………………… *90*	成年後見制度法人後見支援事業… *44*
自立支援医療受給者証…………… *92*	成年後見制度利用支援事業……… *44*
自立支援給付………………… *18, 65*	成年後見制度利用促進基本計画… *386*
審査請求………………… *213, 261*	成年後見利用促進法…………… *386*
心身障害者扶養共済制度… *423, 424*	世帯の認定……………………… *294*
申請免除…………………………… *189*	接見等禁止決定………………… *398*
身体的虐待………… *176, 340, 347*	接見禁止等の全部解除又は一部解除
信託………………………………… *429*	……………………… *398*
信託監督人………………………… *435*	摂食障害…………………… *54*
信託行為…………………………… *429*	セルフプラン……………………… *16*
診断書…………………… *209, 212*	全国精神保健福祉会連合会（みんな
審判期日…………………………… *403*	ねっと）………………… *104*
心理的虐待………… *176, 340, 347*	専門員……………………………… *388*
スモン……………………… *89*	相続………………………………… *411*
スリップ…………………… *47*	相続税額控除…………………… *426*
生活介護…………………… *42*	相談支援…………………… *27, 28*
生活支援員………………………… *388*	相談支援事業所………………… *104*
生活扶助…………………………… *266*	送致………………………………… *397*
生活保護法63条 ………………… *306*	相当因果関係…………………… *228*
精神医療審査会……………… *35, 106*	贈与税の非課税………………… *427*
精神衛生法………………………… *101*	遡及請求………………………… *223*
精神障害者・心神喪失者等医療観察	措置入院………………………… *106*

449

事項索引

損害賠償請求訴訟…………… *333, 338*

[た行]

第1号被保険者……………… *185*

退院後生活環境相談員………… *35, 36*

退院等の請求………………… *36*

対応指針……………………… *335*

対応要領……………………… *335*

待機期間……………… *151, 167*

第3号被保険者……………… *187*

第三者証明…………………… *221*

退職の自由…………………… *170*

第2号被保険者……………… *186*

逮捕…………………………… *397*

他人介護料…………………… *266*

ダブルカウント方式……… *131, 136*

短期職場適応訓練…………… *127*

短期入所……………………… *32*

断酒会………………………… *48*

地域移行支援………………… *28, 39*

地域援助事業者……………… *35, 37*

地域活動支援センター… *37, 43, 104*

地域障害者職業センター………… *128*

地域生活支援事業…………… *18, 19*

地域生活定着支援センター… *60, 409*

地域相談支援………………… *28, 37*

地域定着支援………………… *28, 39*

地域保健法…………………… *103*

地域若者サポートステーション… *58*

中高齢寡婦加算……………… *245*

長期加入者特例……………… *250*

著作権………………………… *367*

著作財産権…………………… *367*

著作者人格権………………… *367*

直近1年要件………………… *202*

通院移送費…………………… *96*

通院交通費…………………… *326*

通勤災害……………………… *162*

通報義務……………………… *341*

付添人………………………… *403*

定着支援……………………… *129*

デート商法…………………… *353*

適用事業所…………………… *194*

出口支援……………………… *409*

転居費用……………………… *295*

添付書類……………………… *212*

同居特別障害者……………… *420, 421*

当番弁護士…………… *59, 396, 399*

特定医療費（指定難病）医療受給者
証……………………… *88*

特定求職者雇用開発助成金……… *129*

特定受給資格者……………… *148*

特定相談支援………………… *28*

特定理由離職者……………… *149*

特別支援学級………………… *12*

特別支援学校………………… *11*

特別支援教育………………… *11*

特別支援教育コーディネーター… *10*

特別支給金制度……………… *164*

特別児童扶養手当…………… *5*

特別障害給付金……………… *231*

特別障害者……………… *420, 421*

特別障害者手当……………… *86, 98*

特例子会社制度……………… *131*

トライアル雇用……………… *129*

取調べの可視化……………… *408*

450

事項索引

[な行]

難病医療法………………………… *87*
難病患者就職サポーター………… *89*
難病情報センター………………… *89*
難病相談支援センター…………… *88*
20歳前障害 ………………………… *226*
20歳前障害の障害基礎年金 …… *199*
日常生活自立支援事業……… *44, 386*
日中一時支援……………………… *32*
任意加入…………………………… *192*
任意後見…………………………… *375*
任意整理…………………………… *362*
任意入院…………………………… *104*
認定調査………………………… *15, 16*
認定特別支援学校就学者…………… *8*
認定日請求………………… *208, 222*
ネグレクト………… *176, 340, 347*
ネット依存症……………………… *53*
年金証書…………………………… *213*
年金診断書………………………… *209*
年金担保貸付……………………… *315*
年次有給休暇……………………… *170*
納付猶予…………………………… *190*
ノーマライゼーション……………… *9*

[は行]

配偶者の加算……………………… *200*
配偶者の加給年金額……………… *211*
発達障害者・難治性疾患患者雇用開
　発助成金………………………… *131*
ハローワーク…………… *127, 145*
ピアサポーター…………………*37, 57*
ひきこもり………………………… *55*
ひきこもり地域支援センター…… *57*

被疑者……………………………… *397*
被疑者国選弁護制度……………… *399*
被告人……………………………… *397*
1人1年金の原則………………… *197*
被扶養者…………………………… *75*
被保険者…………………………… *195*
被保険者記録………………… *209, 212*
被保険者資格証明書……………… *81*
被用者年金一元化………………… *199*
標準賞与額………………………… *196*
標準報酬月額………………… *79, 196*
標準報酬日額……………………… *168*
病歴・就労状況等申立書………… *212*
不起訴……………………………… *400*
福祉型信託………………… *429, 431*
福祉的後見………………………… *382*
不支給決定通知書………………… *213*
不当な差別的取扱い……………… *335*
不服申立て………………………… *262*
扶養親族…………………………… *420*
ブラック企業……………………… *170*
併給調整…………………… *166, 213*
平均標準報酬額…………………… *212*
平均標準報酬月額………………… *212*
併合（加重）認定表……………… *241*
併合認定…………………………… *234*
併合判定参考表…………………… *236*
弁護人……………………………… *399*
保育所等訪問支援…………………… *5*
放課後等デイサービス…………… *14*
報酬比例の年金額………………… *212*
法人後見…………………………… *383*
法定後見…………………………… *375*
法定雇用率………………… *130, 134*

451

事項索引

法定相続分·················· 411, 412
法定免除···················· 192
保健所······················ 103
保険料納付要件············ 202, 225
保険料未納期間············ 225
保険料免除制度············ 189
保護観察所·················· 60
保護雇用···················· 132
保護司······················ 61
保護者制度·················· 102
保佐························ 377
母子保健法·················· 1
保釈請求···················· 402
補助························ 377

[ま行]
ミーティング················ 48
水際作戦···················· 295
民事調停手続············ 333, 337
無料低額診療制度············ 98
黙秘権······················ 399
モニタリング············ 343, 351

[や行]
大和川病院事件·············· 101
やむを得ない事由による措置······ 342
遺言························ 413
遺言執行者·················· 418
有期認定···················· 259
優生保護法·················· 101
養護学校義務化·············· 8
養護者による障害者虐待··· 176, 340,
                              345
横出し条例·················· 338

[ら行]
ライシャワー事件·············· 101
離職票·················· 152, 153
離脱症状···················· 46
略式手続···················· 400
療養（補償）給付············ 214
労役場留置·················· 402
労災給付···················· 213
労災年金と厚生年金等の調整率··· 215
労災保険···················· 160
労働者災害補償保険········ 160, 213
浪費者······················ 433
老齢基礎年金の繰上げ請求········ 97
63 条返還 ·················· 306

[わ行]
割増賃金···················· 170

452

編著・執筆者―――――――

佐々木 育子（弁護士，社会保険労務士）

1997 年東北大学大学院法学研究科私法学科修了。1999 年奈良弁護士会登録。2009 年奈良県社会保険労務士会登録。

現在，奈良弁護士会高齢者・障がい者支援センター運営委員会委員，日本弁護士連合会高齢者・障害者権利支援センター運営委員等を務める。

主な著書　池田直樹・谷村慎介・佐々木育子『Q&A 高齢者虐待対応の法律と実務』（学陽書房・2007 年）

佐々木育子編著『Q&A 実務家が知っておくべき社会保障―働く人・離婚する人・高齢者のために』（日本加除出版・2014 年）

執筆者（五十音順）―――――――

板野 陽一（弁護士）

2008 年兵庫県弁護士会登録。2011 年奈良弁護士会に登録替え。

現在，奈良弁護士会高齢者・障がい者支援センター運営委員会委員，近畿弁護士連合会高齢者・障害者の権利に関する連絡協議会委員，奈良県社会福祉協議会運営適正化委員会委員等を務める。

小久保 哲郎（弁護士）

1995 年大阪弁護士会登録。

現在，大阪弁護士会貧困・生活再建問題対策本部事務局長，日本弁護士連合会貧困問題対策本部事務局次長，大阪府総合労働事務所特別相談員，生活保護問題対策全国会議事務局長を務める。

主な著書　小久保哲郎・安永一郎編『すぐそこにある貧困―かき消される野宿者の尊厳』（法律文化社・2010 年）

大阪弁護士会貧困・生活再建問題対策本部編『Q&A 生活保護利用者をめぐる法律相談』（共著・新日本法規出版・2014 年）

藤井　渉（花園大学社会福祉学部准教授）

2004 年龍谷大学大学院社会学研究科社会福祉学専攻修士課程修了／修士（社会福祉学），四天王寺大学大学院社会学研究科博士後期課程単位取得満期退学／博士（人間福祉学）。

現在，花園大学社会福祉学部臨床心理学科准教授。大阪ボランティア協会ボランタリズム研究所運営委員。専門分野は障害者福祉論，福祉政策論，戦争と障害者。

主な著書　藤井渉「徴兵検査成績からみる戦時下日本の健康状態」『医学史研究』第 98 号（医学史研究会・2016 年）

藤井渉『障害とは何か—戦力ならざる者の戦争と福祉』（法律文化社・2017 年）

難波利光，坂本毅啓編『雇用創出と地域—地域経済・福祉・国際視点からのアプローチ—』（共著・大学教育出版・2017 年）

藤井渉「養護学校義務化が障害者福祉政策に与えた影響」社会政策学会『社会政策』第 9 巻第 2 号（ミネルヴァ書房・2017 年）

藤岡　夕里子（社会保険労務士）

2011 年滋賀県社会保険労務士会登録。

社会保険労務士・2 級ファイナンシャルプランニング技能士・年金マスター。

障害年金専門の社会保険労務士として障害年金相談・請求業務を行いながら，養護学校はじめ各関係機関や当事者団体等の講師を務める。

Ｑ＆Ａ実務家が知っておくべき社会保障

障害のある人のために

定価：本体 4,600円（税別）

平成29年10月16日　初版発行

編 著 者	佐 々 木	育　　子
	板　野	陽　一
著　　者	小 久 保	哲　郎
	藤　井	渉
	藤　岡	夕 里 子
発 行 者	尾　中	哲　夫

発行所　日 本 加 除 出 版 株 式 会 社

本　　　社　郵便番号 171 - 8516
　　　　　　東京都豊島区南長崎 3 丁目 16 番 6 号
　　　　　　ＴＥＬ　(03)3953 - 5757 (代表)
　　　　　　　　　　(03)3952 - 5759 (編集)
　　　　　　ＦＡＸ　(03)3953 - 5772
　　　　　　ＵＲＬ　http://www.kajo.co.jp/

営 業 部　郵便番号 171 - 8516
　　　　　　東京都豊島区南長崎 3 丁目 16 番 6 号
　　　　　　ＴＥＬ　(03)3953 - 5642
　　　　　　ＦＡＸ　(03)3953 - 2061

組版・印刷　㈱亨有堂印刷所 ／ 製本　牧製本印刷㈱

落丁本・乱丁本は本社でお取替えいたします。
© I. Sasaki, Y. Itano, T. Kokubo, W. Fujii, Y. Fujioka
2017
Printed in Japan
ISBN978-4-8178-4431-6　C2032　¥4600E

JCOPY　〈出版者著作権管理機構　委託出版物〉
　本書を無断で複写複製（電子化を含む）することは，著作権法上の例外を除き，禁じられています。複写される場合は，そのつど事前に出版者著作権管理機構（JCOPY）の許諾を得てください。
　また本書を代行業者等の第三者に依頼してスキャンやデジタル化することは，たとえ個人や家庭内での利用であっても一切認められておりません。

〈JCOPY〉　ＨＰ：http://www.jcopy.or.jp/，e-mail：info@jcopy.or.jp
　　　　　　電話：03-3513-6969，ＦＡＸ：03-3513-6979

Q&A 実務家が知っておくべき社会保障
働く人・離婚する人・高齢者のために

佐々木育子 編著
赤石千衣子・天野高志・大矢さよ子・小久保哲郎・山本宏子 著
2014年5月刊 A5判 432頁 本体4,400円+税 978-4-8178-4157-5 商品番号:40549 略号:Q社

- 保険や年金、生活保護、児童扶養手当などの各分野の実務に習熟した執筆陣が、「法律実務家であれば押さえておきたい」制度と手続について、78問のQ&Aで解説。
- 労働、離婚、高齢者に関する「相談を受けるであろう事例」を収録。

自治体が原告となる訴訟の手引き
福祉教育債権編

東京弁護士会自治体等法務研究部福祉教育債権班 著
2017年8月刊 A5判 360頁 本体3,200円+税 978-4-8178-4415-6 商品番号:40686 略号:自原福

【図説】これからはじめる社会保障 第4版

植村尚史 編著
2015年6月刊 A5判 276頁 本体2,400円+税 978-4-8178-4227-5 商品番号:40359 略号:社障

生活保護ハンドブック
「生活保護手帳」を読みとくために

池谷秀登 著
2017年2月刊 A5判 384頁 本体3,400円+税 978-4-8178-4369-2 商品番号:40663 略号:生ハン

成年後見人のための精神医学ハンドブック

五十嵐禎人 著
2017年2月刊 A5判 324頁 本体2,900円+税 978-4-8178-4371-5 商品番号:40664 略号:成医

これから学ぶ介護保険制度と法

吉岡譲治 著
2016年4月刊 A5判 200頁 本体2,000円+税 978-4-8178-4301-2 商品番号:40623 略号:介法

日本加除出版

〒171-8516 東京都豊島区南長崎3丁目16番6号
TEL(03)3953-5642 FAX(03)3953-2061 (営業部)
http://www.kajo.co.jp/